机械类技工学校教改教材

机械常识与识图

机械工业部　统编

机 械 工 业 出 版 社

本书是根据机械工业部颁发的“机械类技工学校电气安装维修类专业《机械常识与识图》教学大纲”编写的。主要内容包括：机械识图，公差与配合，工程力学基础，常用金属材料及钢的热处理，机械传动，常用机构，联接，弹性元件，示数装置和液压传动等。

全书以《工人技术等级标准》为依据，遵循了“坚持标准，结合实际，着眼发展，体现特点，内容精炼，深浅适度”的原则，从有利于教师教学和学生学习特点出发，力求教材内容能适应电气维修生产技术的发展和现代化生产工人培训的要求。

本书可作为技工学校、职业高中等职业技术学校专业教材，也可作为企业职工自学用书。

图书在版编目（CIP）数据

机械常识与识图/机械工业部统编．—北京：机械工业出版社，1999.5（2025.8 重印）
机械类技工学校教改教材
ISBN 978-7-111-06510-4

Ⅰ．机… Ⅱ．机… Ⅲ．①机械学—基本知识—技工学校—教材 ②机械图—识图法—技工学校—教材 Ⅳ．TH11

中国版本图书馆 CIP 数据核字（2000）第 04738 号

机械工业出版社（北京市百万庄大街 22 号 邮政编码 100037）
责任编辑：荆宏智 版式设计：张世琴 责任校对：刘志文
封面设计：姚 毅 责任印制：张 博
固安县铭成印刷有限公司印刷
2025 年 8 月第 1 版第 17 次印刷
184mm×260mm・12 印张・285 千字
标准书号：ISBN 978-7-111-06510-4
定价：29.80 元

电话服务 网络服务
客服电话：010-88361066 机 工 官 网：www.cmpbook.com
010-88379833 机 工 官 博：weibo.com/cmp1952
010-68326294 金 书 网：www.golden-book.com
封底无防伪标均为盗版 机工教育服务网：www.cmpedu.com

机 械 工 业 部
技工学校教材编审领导小组
（排名不分先后）

组长　郝广发

组员　于新民　董无岸　梁志杰　常国忠
　　　李清国　沈天宝　王文堂　刘亚琴
　　　李超群

机械行业技工学校专业教学指导委员会名单
（排名不分先后）

切削加工类专业

主任委员　梁志杰
秘　　书　李长江
副主任委员　周裕成　李翠萍　张云福
委　　员　刘冠华　吴秀峰　杨克信　徐红增
　　　　　陈之乾　李东光　邹纪堂　王文久
　　　　　朱兴培　张世光　李正中　曹　雁
　　　　　王浩清

钳 工 类 专 业

主任委员　常国忠
秘　　书　陈之乾
副主任委员　孟宪水　钱建国
委　　员　程宗义　王渭武　孟宪纲　陈继琨
　　　　　董国栋　肖海英　阎同谱　张立铨
　　　　　徐佐翥　徐　时　杨建敏　茹常有
　　　　　孙炎瞳

前　言

机械工业技工学校学习借鉴德国职业教育“双元制”的经验，结合我国国情，在车、钳、铣、铸、焊、冷作 6 个专业范围内开展“2∶1”教学改革，15 年来成果显著。毕业生的综合职业素质，特别是职业技能和从业适应能力有了明显的提高，普遍受到企业和其他用人单位的欢迎。教改教材也得到了广泛的好评。

1997 年，机械行业技工学校专业教学指导委员会认真总结“2∶1”教改经验，吸收各方面的意见和建议，依据机械工业部、劳动部颁发的机械工业《工人技术等级标准》和《职业技能鉴定规范》，以及劳动部印发的《技工学校专业目录》，对《机械类技工学校教学计划、教学大纲》和教改教材中的文化、理论课教材进行了修订、修改。同时，为适应技工学校教学改革进一步发展的需要，由行业电工仪表类专业教学指导委员会组织有关学校，依据新修订的电气安装维修类专业(包括企业供电和电气维修两个专业,简称电工专业)教学计划、教学大纲，编写了机械类技工学校电工专业理论课教改教材《电工数学》、《电工基础》、《电子技术基础》、《机械常识与识图》、《微机与应用》、《电机与变压器》、《电力拖动与控制》、《电工仪表与测量》、《输配电与安全技术》等 9 种，与已经出版的电工专业生产实习教材《电工技能培训理论》、《电工技能培训图册》相配套，形成了一套完整的、具有鲜明的教学改革特色的技工学校电工专业教材。新教材注意了贯彻最新国家标准，采用法定计量单位、最新电工名词术语和图形符号。根据教学大纲的要求，本套教材同时适用于初中生三年制和高中生两年制教学使用。

在编写过程中，尽管我们虚心学习各种不同版本同类教材的优点，力求编写出一套比较好的、更加实用的教材，但是由于种种条件的限制，教材中还是会存在这样或那样的问题，恳切希望专家和广大读者批评指正。

本教材由北京市机械工业技工学校负责编写，第一章由林小妹编写，第二章、第四章由赵香梅编写，第三章由宋燕琴编写，第五章至第十章由勾明编写，全书由赵香梅主编，王兆山主审。

机械行业技工学校
电工仪表类专业教学指导委员会

目　录

绪　论

一、引言

在科学技术日新月异发展的当今世界，为增强机电产品在国际、国内市场的竞争能力，机电工业的发展必须转变到依靠科技进步和提高劳动者素质的轨道上来。随着高新技术在生产领域中的应用，各专业知识之间的联系更加紧密，培养宽基础、复合型人才才能适应经济和技术发展的需要。作为一名电气安装维修工人，除应掌握本工种的专业知识之外，相关专业的基础知识也应具备。随着科技水平的提高，机电一体化的产品应用越来越广泛，熟悉一些机械方面的基本常识，不仅对自己的电气知识有补充作用，而且可为今后适应市场经济的综合能力发展奠定一定的技术基础，使自己成为一名新时代的技术工人。

二、本课程的性质、任务和学习方法

《机械常识与识图》是一门综合性的课程，是专业技术交融的纽带，是电气安装维修类专业的技术基础课。通过学习，使学生掌握一定的机械知识及有关国家标准，熟悉“工程语言”机械制图的内容和识读方法，以便在生产实践中能够看懂简单的零件图、装配图；熟悉常用金属材料的牌号及性能特点，了解热处理的方法；分析各种常用机构运动原理，掌握液压传动工作原理和应用；进行简单的受力分析及计算；并具有查阅有关资料的能力。

本课程内容涉及面广，各章相对独立性较强，是理论与实践相结合的技术学科，既强调理论基础，更注重实用特色。在教学过程中，应开设必要的实验，充分运用电化教学手段、教具模型、教学挂图和参观等辅助教学手段，重视理论联系实际，重视生产实习，不断培养分析和解决实际问题的能力。

三、本课程的主要内容

《机械常识与识图》共分十章，其主要内容包含以下几个部分：

1. 机械识图　讲述识图基础知识、投影作图、常用零件的画法、识读零件图、装配图的基本方法及有关国家标准的应用。

2. 工程力学基础　介绍机械零件的受力分析及强度计算。

3. 金属材料及钢的热处理　介绍常用金属材料牌号、性能指标及应用，以及钢的热处理方法。

4. 机械基础知识　讲述机械传动、机构和机械零件的原理及应用。

5. 液压传动　讲述液压传动原理和各种液压元件的作用以及它们在液压系统中的应用。

当前，机械产品(或设备)已向机电一体化的方向发展。以数控机床为例，它是以机械传动为基础，融入了电器、电子、微电脑控制等新的科学技术组成的自动化或半自动化的高效率机床。通过对本课程的学习，对数控机床的性能和工作原理的了解就会更加深刻，它是通过微电脑发布命令，经过电气(如步进电机等)和液压(如夹紧装置等)传动来执行，最后由机械传动完成的过程。在生产过程中，无论是安装还是维修，不管是电气原因还是机械故障，都能迎刃而解，在自己的工作岗位上发挥重要作用。

第一章　机 械 识 图

机械图样是工业生产中人们传递技术信息和思想的媒介与工具，因此，凡是从事工业生产的人，没有不和图样打交道的。对于未来的技术工人来说，必须具有一定的识图能力和初步的画图能力。

第一节　识图基础知识

国家标准《技术制图》是一项基础技术标准，国家标准《机械制图》是一项机械专业制图标准，它们是图样的绘制与使用的准绳，因此必须认真学习和遵守这些有关规定。

一、制图的一般规定

1. 图纸幅面和格式(GB/T14689—93)

(1) 图纸幅面尺寸　为了合理地利用图纸并便于保管，国家对图纸幅面做出了相应的规定，绘图时应优先选用表 1-1 中所规定的幅面尺寸。

表 1-1　图纸幅面尺寸　(mm)

幅面代号	A0	A1	A2	A3	A4
B × *L*	841 × 1189	594 × 841	420 × 594	297 × 420	210 × 297
e	20		10		
c	10			5	
a	25				

(2) 图框格式　在图纸上必须用粗实线画出图框，其格式如图 1-1 所示。

(3) 标题栏　图框右下角必须有一标题栏。国家标准《技术制图》对标题栏已作统一规

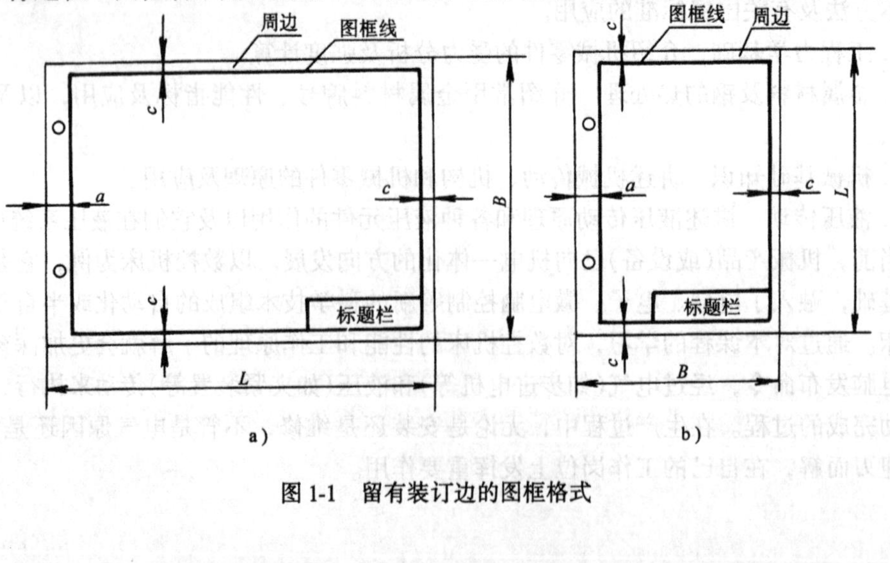

图 1-1　留有装订边的图框格式

定，建议在学校制图作业中采用图 1-2 所示的格式。

标题栏中的文字方向为看图的方向。

2. 比例（GB/T14690—93） 图中图形与其实物相应要素的线性尺寸之比称为比例。

（1）原值比例 比值为 1 的比例，即 1:1。

（2）放大比例 比值大于 1 的比例，如 2:1 等。

（3）缩小比值 比值小于 1 的比例，如 1:2 等。

需要按比例绘制图样时，应由表 1-2 规定的系列中选取适当的比例。

为了从图样上直接反映出实物的大小，应尽量采用 1:1 画图。当机件不宜采用 1:1 绘制图样时，也可用缩小或放大的比例画出。但不论放大或缩小，在图中所标注的尺寸数值必须是实物的实际大小，与图形的比例无关，如图 1-3 所示。

绘制同一机件的各个视图应采用相同的比例，并在标题的比例项目中填写所采用的比例。

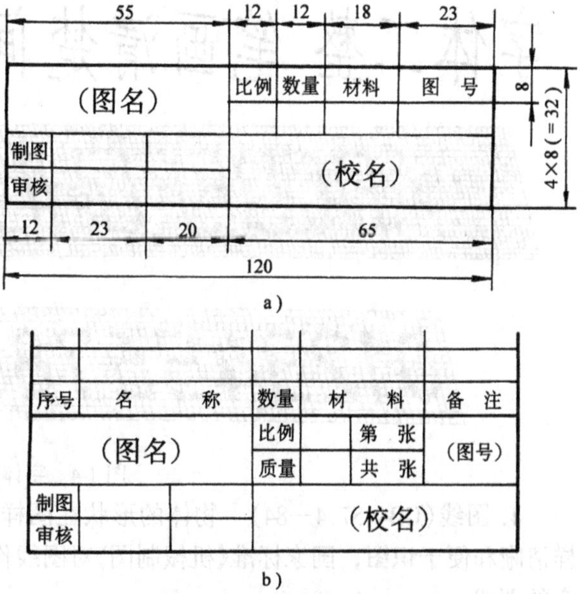

图 1-2 标题栏的格式

a）零件图用的标题栏 b）装配图用的标题栏

表 1-2 比例

种 类	比 例				
原值比例			1:1		
放大比例	5:1 5×10^n:1	2:1 2×10^n:1	1×10^n:1	4:1 4×10^n:1	2.5:1 2.5×10^n:1
缩小比例	1:2 1:2×10^n 1:3 1:3×10^n	1:5 1:5×10^n 1:4 1:4×10^n	1:10 1:1×10^n 1:6 1:6×10^n	1:1.5 1:1.5×10^n	1:2.5 1:2.5×10^n

注：n 为正整数

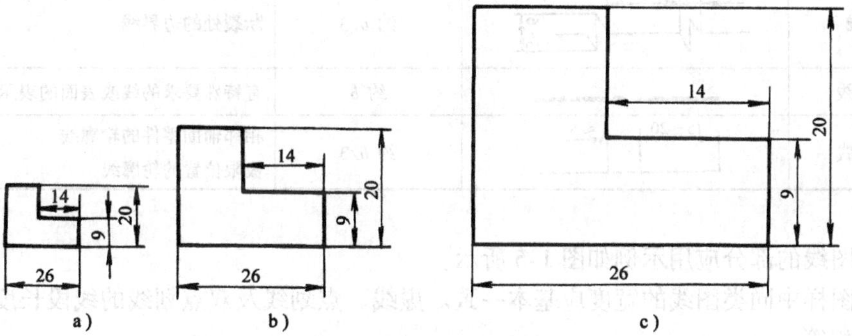

图 1-3 图形比例与尺寸数字

a）1:2 b）1:1 c）2:1

3. 字体(GB/T14691—93)　在图样和技术文件上书写的汉字、数字和字母都必须做到：字体工整、笔画清楚、间隔均匀、排列整齐。汉字应写成长仿宋体，并采用国家正式公布的简化字。字体示例如图 1-4 所示。

图 1-4　字体示例

4. 图线(GB4457.4—84)　物体的形状在图样上是用各种不同的图线画成的。为了使图样清晰和便于识图，国家标准《机械制图》对图线作了规定。绘制图样时，应采用表 1-3 中规定的图线。

表 1-3　图线的型式及应用

图线名称	图线型式及代号	图线宽度	应用举例
粗实线		b	可见轮廓线
虚线	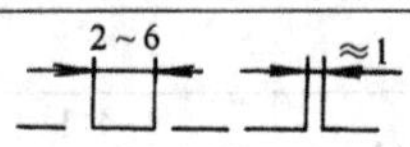	约 $b/3$	不可见轮廓线
细实线		约 $b/3$	尺寸线、尺寸界线、剖面线
细点划线	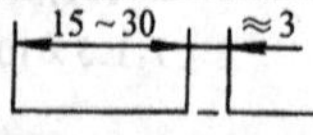	约 $b/3$	轴线 对称中心线
波浪线		约 $b/3$	断裂处的边界线 视图和剖视的分界线
双折线	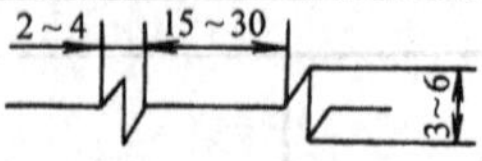	约 $b/3$	断裂处的边界线
粗点划线		约 b	有特殊要求的线或表面的表示线
双点划线		约 $b/3$	相邻辅助零件的轮廓线 极限位置的轮廓线

各种图线的部分应用示例如图 1-5 所示。

同一图样中同类图线的宽度应基本一致。虚线、点划线及双点划线的线段长度和间隔应各自大致相等。

5. 尺寸注法(GB4458.4—84)

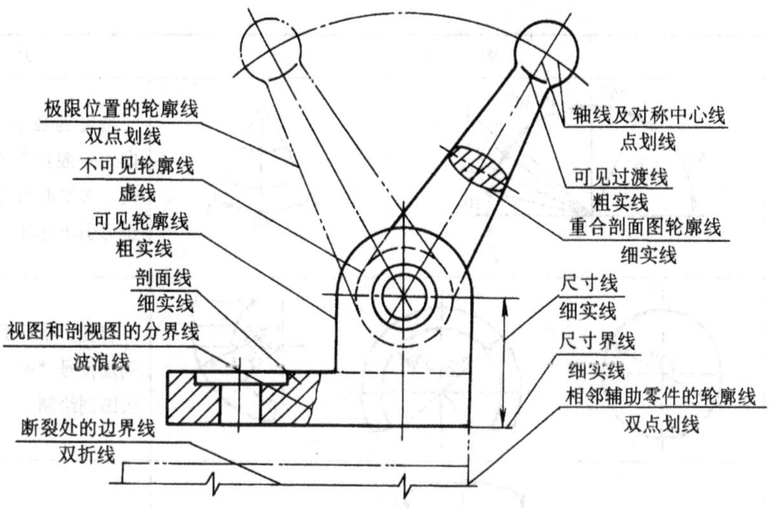

图 1-5　各种图线应用举例

（1）基本规则

1）机件的真实大小应以图样上所注的尺寸数值为依据，与图形的大小及绘图的准确度无关。

2）图样中（包括技术要求和其它说明）的尺寸，以毫米为单位时，不需标注计量单位的代号或名称，如采用其它单位，则必须注明相应的计量单位的代号或名称。

3）图样中所标注的尺寸，为该图样所示机件的最后完工尺寸，否则应另加说明。

4）机件的每一尺寸，一般只标注一次，并应标在反映该结构最清晰的图形上。

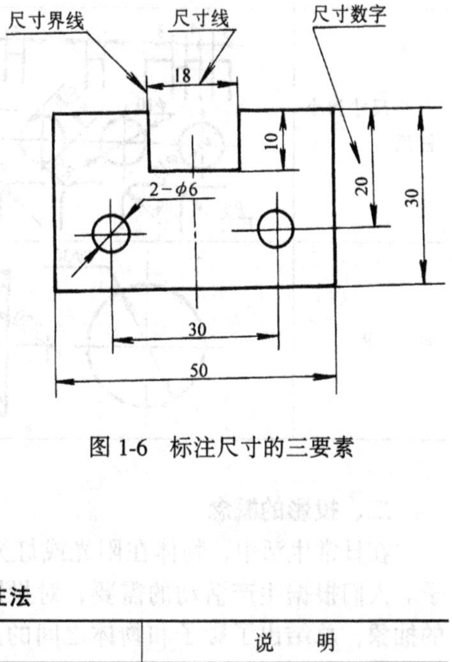

图 1-6　标注尺寸的三要素

（2）标注尺寸的三要素　一个完整的尺寸应包括尺寸界线、尺寸线和尺寸数字三个基本要素。尺寸线两端应画出箭头，并与尺寸界线接触，如图 1-6 所示。

常用尺寸的注法，见表 1-4。

表 1-4　常用尺寸的注法

标注内容	图　例	说　明
线性尺寸的数字方向	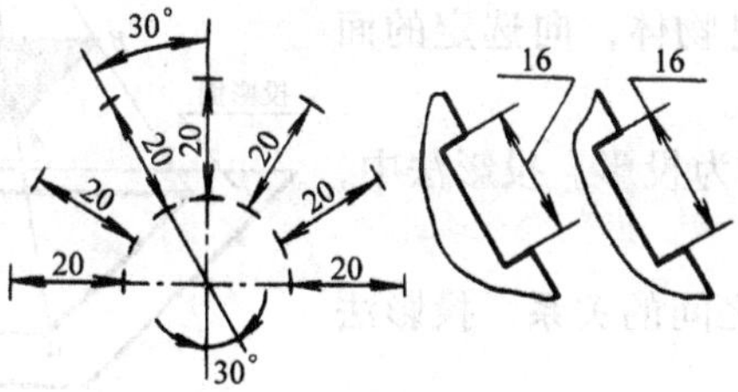	尺寸数字应按左图中的方向注写，并尽量避免在 30°范围内标注尺寸；当无法避免时，可按右图标注

（续）

标注内容	图　　例	说　　明
角　　度	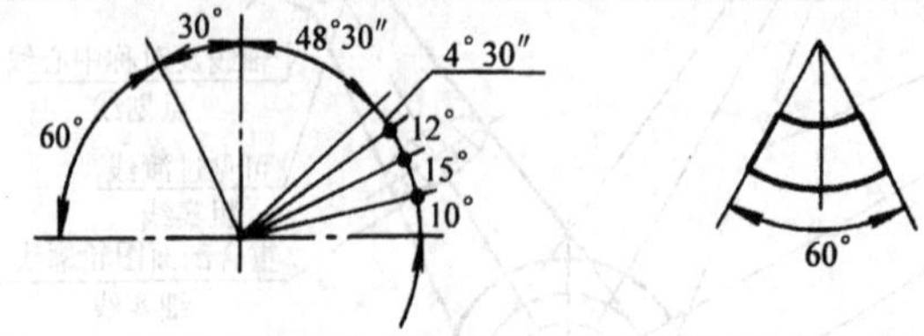	角度的数字一律写成水平方向，一般注写在尺寸线的中断处。必要时可写在上方或外面，也可引出标注
圆和圆弧	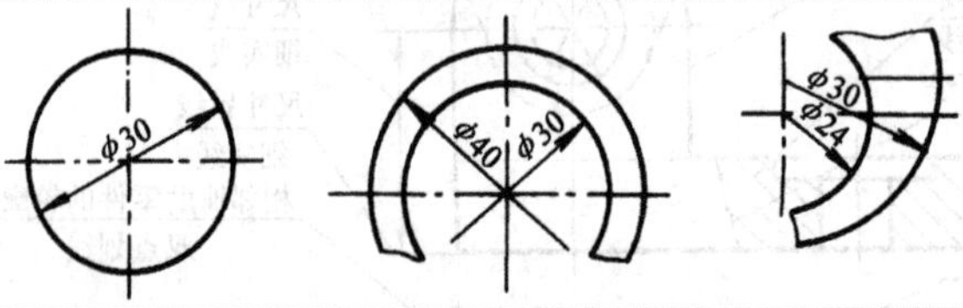	直径、半径的尺寸数字前应分别加符号“φ”、“R”。尺寸线应按图例绘制
大圆弧	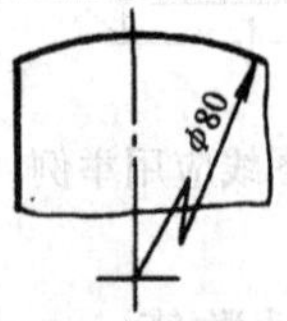	无法标出圆心位置时，可按图例标注
小尺寸和小圆弧	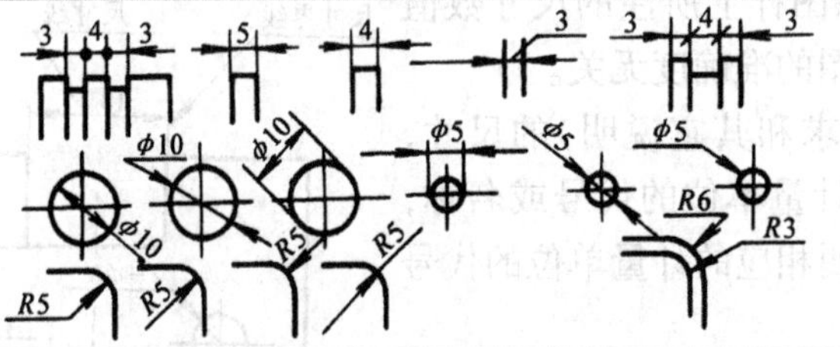	在没有足够的位置画箭头或写数字时，可按图例形式标注
球　　面	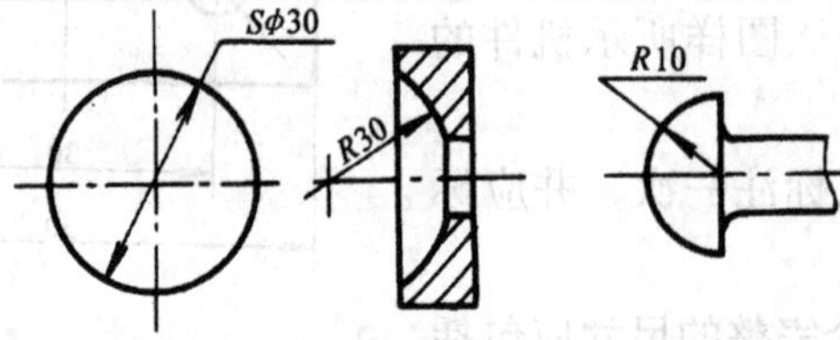	应在“φ”或“R”前加注符号“S”。对于螺钉、铆钉的头部、轴(包括螺杆)端部，以及手柄的端部等，在不引起误解情况下，可省略符号“S”

二、投影的概念

在日常生活中，物体在阳光或灯光的光线照射下，在地面上或墙壁上就会出现它的影子。人们根据生产活动的需要，对投影现象经过科学的抽象，总结出了影子和物体之间的几何关系，逐步形成了投影法。

所谓投影法，就是投射线通过物体，向选定的面投射，并在该面上得到图形的方法。

根据投影法所得到的图形，称为投影。投影法中，得到投影的面，称为投影面。

1. 投影法的分类　按投射线之间的关系，投影法分为两类。

(1) 中心投影法　投射线相交于一点的投影方法

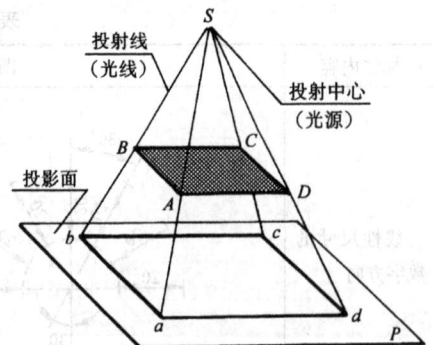

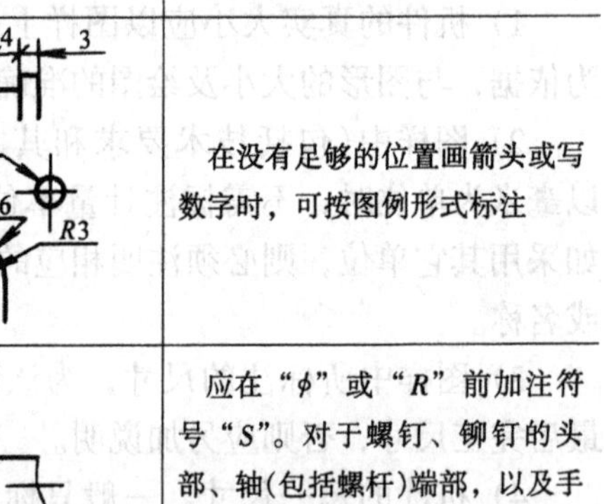

图 1-7　中心投影法

称为中心投影法，如图 1-7 所示。按中心投影法所得到的投影，称为中心投影。

用中心投影法得到的投影不能反映物体的真实大小，因此，在机械制图中不采用。

（2）平行投影法　投射线相互平行的投影方法称为平行投影法，如图 1-8 所示。

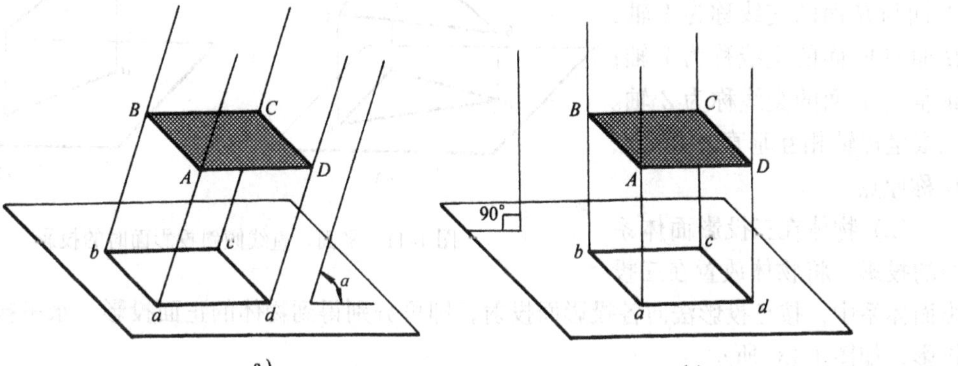

图 1-8　平行投影法

a）斜投影法　b）正投影法

根据投射线与投影面的角度不同，平行投影法分为两种：斜投影和正投影。

1）斜投影　相互平行的投射线与投影面倾斜时的投影，称为斜投影，如图 1-8a 所示。

2）正投影　相互平行的投射线与投影面垂直时的投影，称为正投影，如图 1-8b 所示。

由于正投影能真实地反映物体的形状和大小，而且作图方便，因此是机械制图采用的基本方法。这也是要求学习过程中应该掌握的。

2. 正投影的基本性质

（1）显实性　平面(或直线段)与投影面平行时，其投影反映实形(或实长)的性质，称为显实性,如图 1-9 所示。

（2）积聚性　平面（或直线段）与投影面垂直时，其投影积聚为一条直线（或一个点）的性质，称为积聚性，如图 1-10 所示。

（3）类似性　平面（或直线段）与投影面倾斜时，其投影变小(或变短)，但投影的形状仍为原来形状相类似的性质，称为类似性，如图 1-11 所示。

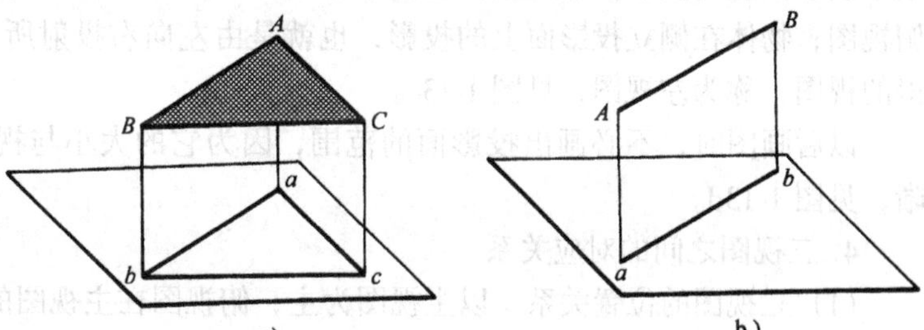

图 1-9　平面、直线平行投影面时的投影

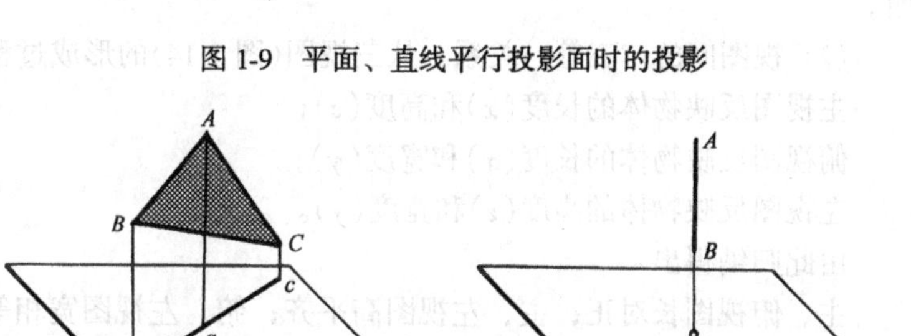

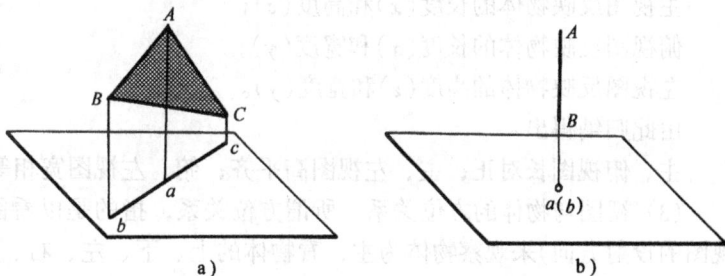

图 1-10　平面、直线垂直投影面时的投影

3. 三视图的形成过程

（1）三投影面体系的建立　三投影面体系由三个相互垂直的投影面所组成，如图 1-12 所示。三个投影面分

别为：正立投影面，简称正面，用 V 表示；水平投影面，简称水平面，用 H 表示；侧立投影面，简称侧面，用 W 表示。两投影面的交线称为投影轴。V 面与 H 面的交线称为 X 轴；H 面与 W 面的交线称为 Y 轴；W 面与 V 面的交线称为 Z 轴。三根坐标轴相互垂直，其交点 O 称原点。

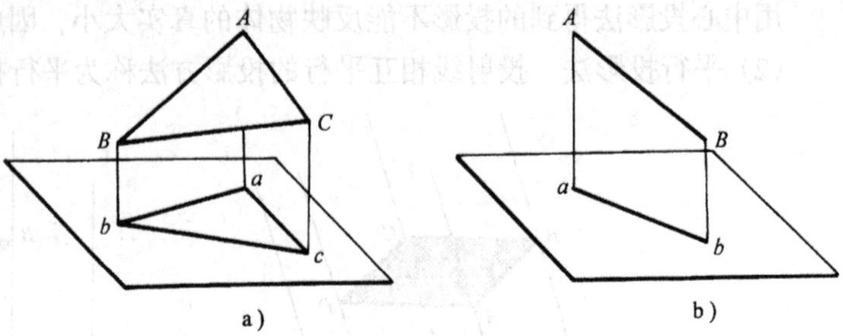

图 1-11　平面、直线倾斜投影面时的投影

(2) 物体在三投影面体系中的投影　将物体放置在三投影面体系中，按正投影法向各投影面投射，即可分别得到物体的正面投影、水平投影和侧面投影，如图 1-13a 所示。

(3) 三投影面展开　为了画图方便，需将相互垂直的三个投影面摊平在同一个平面上，规定：正投影面不动，将水平投影面绕 OX 轴向下旋转 90°，将侧投影面绕 OZ 轴向右旋转 90°(图 1-13b)，分别重合到正立投影面上(这个平面就是图纸)，见图 1-13c。应注意，水平投影面和侧立投影面旋转时 OY 轴被分为两处，分别用 OY_H（在 H 面上）和 OY_W（在 W 面上）表示。

在机械制图中，可把人的视线设想成一组平行的投射线，而把物体在投影面上的投影称为视图。物体在正立投影面上的投影，也就是由前向后投射所得的视图，称为主视图；物体在水平投影面上的投影，也就是由上向下投射所得的视图，称为俯视图；物体在侧立投影面上的投影，也就是由左向右投射所得的视图，称为左视图，见图 1-13c。

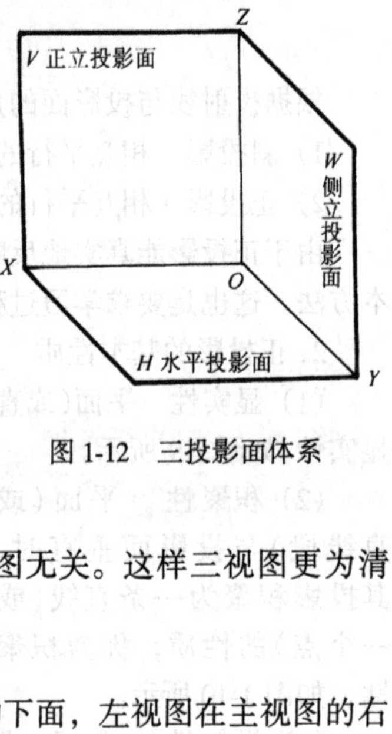

图 1-12　三投影面体系

以后画图时，不必画出投影面的范围，因为它的大小与视图无关。这样三视图更为清晰，见图 1-13d。

4. 三视图之间的对应关系

(1) 三视图的位置关系　以主视图为主，俯视图在主视图的下面，左视图在主视图的右面。

(2) 视图间的“三等”关系　从三视图(图 1-14)的形成过程中，可以看出：

主视图反映物体的长度(x)和高度(z)；

俯视图反映物体的长度(x)和宽度(y)；

左视图反映物体的高度(z)和宽度(y)。

由此归纳得出：

主、俯视图长对正；主、左视图高平齐；俯、左视图宽相等。

(3) 视图与物体的方位关系　所谓方位关系，指的是以看图(或绘图)者面对正面(即主视图的投射方向)来观察物体为主，看物体的上、下、左、右、前、后六个方位(图 1-15a)在三视图中的对应关系，如图 1-15b 所示。

主视图反映物体的上、下、左和右；

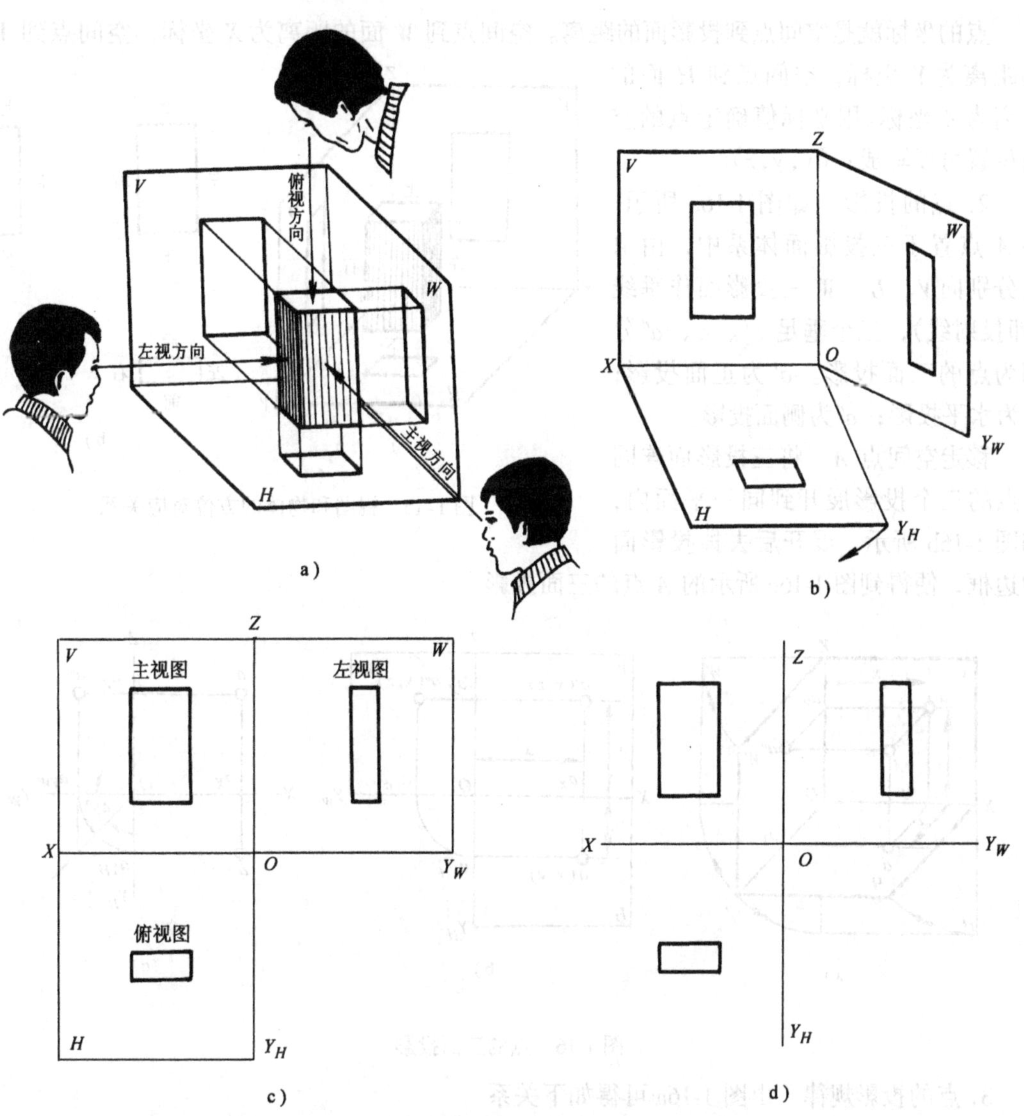

图 1-13　三视图的形成过程

俯视图反映物体的左、右、前和后；

左视图反映物体的上、下、前和后。

由图 1-15 可知，俯、左视图靠近主视图的一边(里边)，均表示物体的后面；远离主视图的一边(外边)，均表示物体的前面。

三、点的投影

任何物体的形状都是由点、线、面等几何元素所构成的，学习和掌握它们的投影规律和特性，才能理解机械图样所表达的内容。

1. 点的坐标　空间一点 A 在三投影面体系中的位置，是由空间点 A 的直角坐标值确定的。

图 1-14　视图间的“三等”关系

点的坐标就是空间点到投影面的距离。空间点到 W 面的距离为 X 坐标，空间点到 V 面的距离为 Y 坐标，空间点到 H 面的距离为 Z 坐标。用坐标值确定点的空间位置可以写成：(x,y,z)。

2. 点的投影　如图 1-16a 所示，将 A 点置于三投影面体系中，由 A 点分别向 V、H、W 三投影面作垂线（即投射线），三个垂足 a'、a、a'' 分别为点的三面投影。a' 为正面投影；a 为水平投影；a'' 为侧面投影。

移走空间点 A，将三投影面连同 A 点的三个投影展开到同一平面内，如图 1-16b 所示。展开后去掉投影面的边框，便得到图 1-16c 所示的 A 点的三面投影。

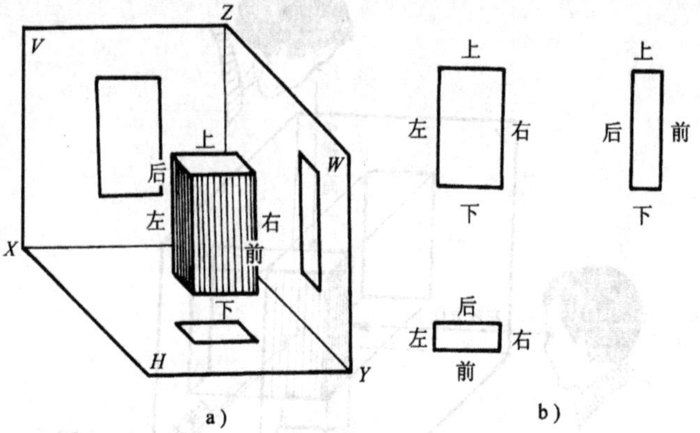

图 1-15　视图和物体的方位对应关系

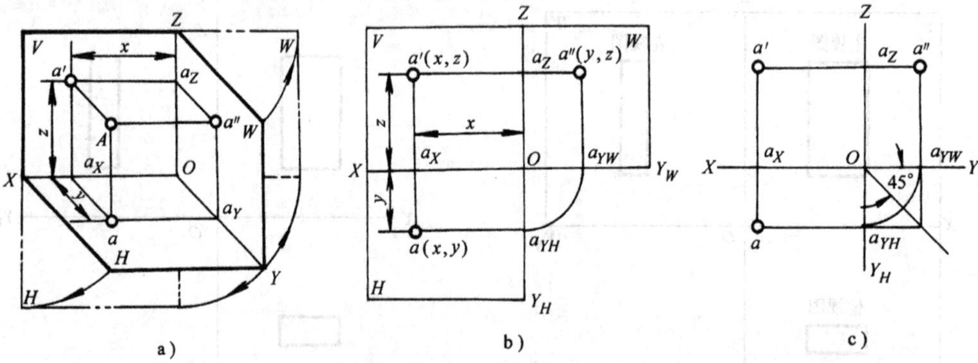

图 1-16　点的三面投影

3. 点的投影规律　由图 1-16a 可得如下关系

$$Aa'' = a\,a_Y = a'\,a_Z = O\,a_X = x$$

$$Aa' = a\,a_X = a''\,a_Z = O\,a_Y = y$$

$$Aa = a'\,a_X = a''\,a_Y = O\,a_Z = z$$

根据上面的关系，可得出点的投影规律：

（1）点的正面投影和水平投影的连线垂直于 OX 轴，即 $a'a \perp OX$。

（2）点的正面投影和侧面投影的连线垂直于 OZ 轴，即 $a'a'' \perp OZ$。

（3）点的水平投影到 OX 轴的距离，等于侧面投影到 OZ 轴的距离，即 $a\,a_X = a''\,a_Z$。

例 1-1　已知点 A 的坐标(10,20,30)，求出它的三面投影图。

根据点的空间直角坐标值的含义可知：$x = 10 = O\,a_X$、$y = 20 = O\,a_Y$、$z = 30 = O\,a_Z$。先画出投影轴，定出原点 O 之后，就可在相应投影轴上，定出 a_X、a_{YH}、a_{YW}、a_Z，然后根据点的三面投影图特性，作出 a、a'、a''，如图 1-17 所示。

例 1-2　已知点 B 的正面投影 b' 和水平投影 b，求作侧面投影 b''。作图步骤见图 1-18。

四、直线段的投影

空间两点确定一条空间直线段。空间直线段的投影可以通过直线段两端点的同面投影连线得到。

根据空间直线段对三个投影面的相对位置不同，可分为以下三种位置直线段(以后简称直线)：投影面垂直线、投影面平行线及一般位置直线。下面分别介绍它们的投影特性。

1. 投影面垂直线　垂直于一个投影面，与另外两个投影面平行的直线，叫做投影面垂直线。投影面垂直线有三种位置：

1）正垂线——垂直于 V 面的直线；

2）铅垂线——垂直于 H 面的直线；

3）侧垂线——垂直于 W 面的直线。

其投影特性是：在所垂直的投影面上的投影积聚成一点，其余的两个投影是反映实长的直线。各种投影面垂直线的图例及投影特性列于表 1-5 中。

2. 投影面平行线　平行于一个投影面，而倾斜于其它两个投影面的直线，叫做投影面平行线。投影面平行线也有三种位置：

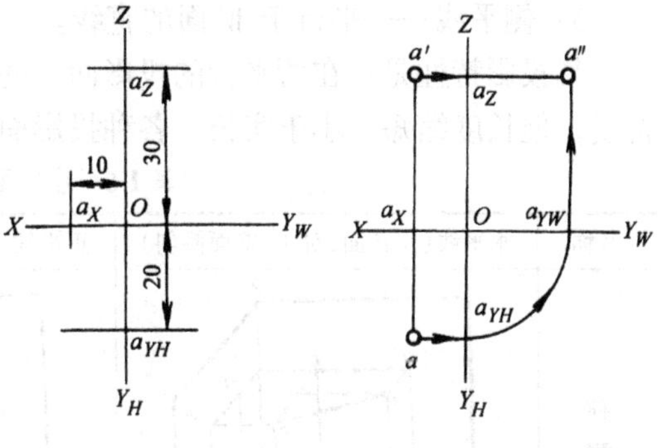

图 1-17　已知 A 点的坐标，作其三面投影图

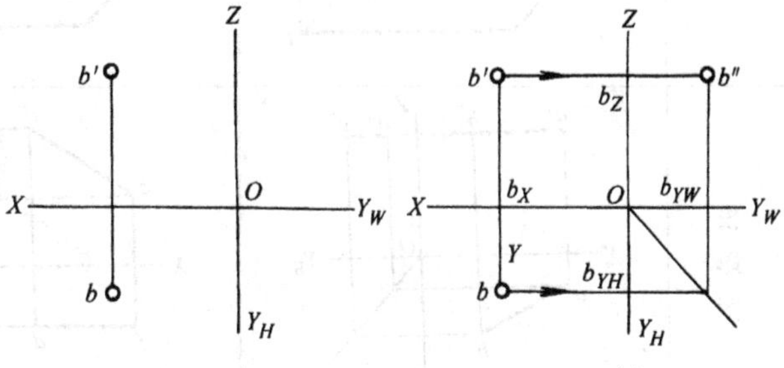

图 1-18　已知点的两面投影求第三面投影

表 1-5　投影面垂直线的投影特性

名称	铅垂线(⊥H,∥V 和 W)	正垂线(⊥V,∥H 和 W)	侧垂线(⊥W,∥H 和 V)
轴测图	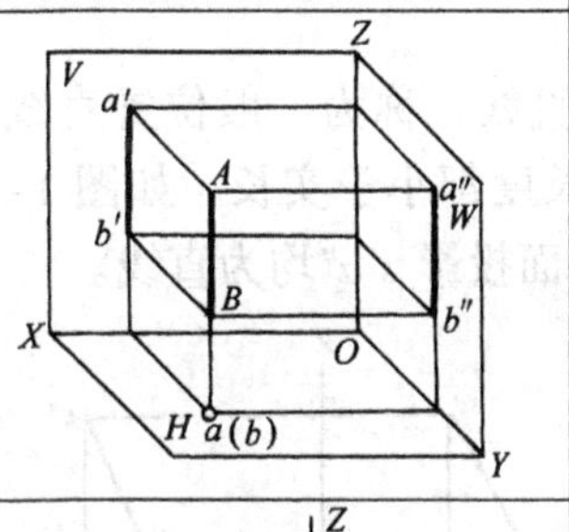	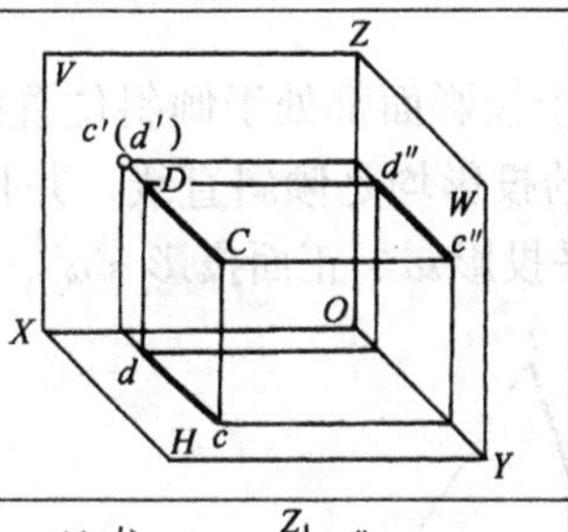	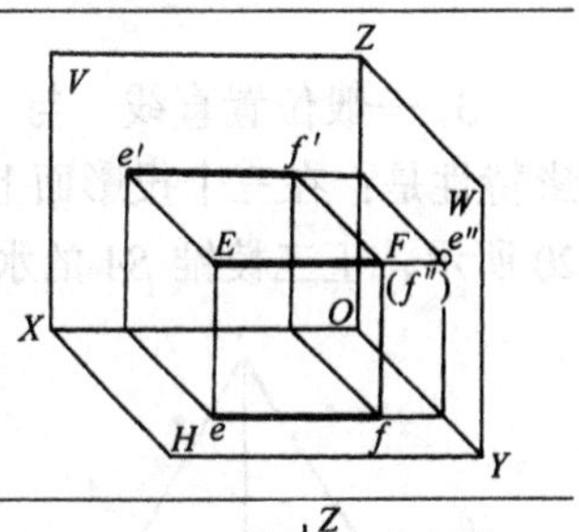
投影图	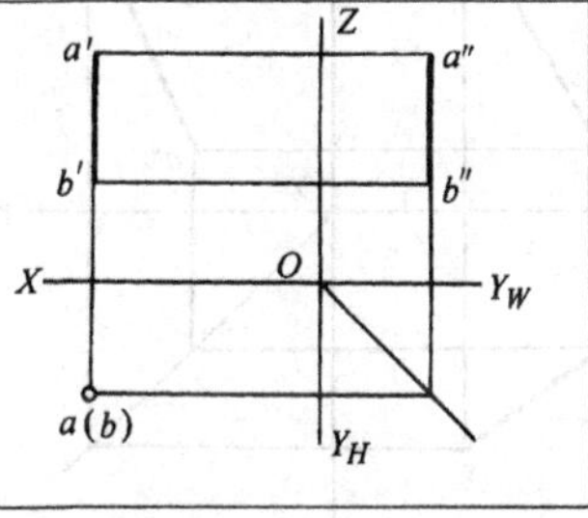	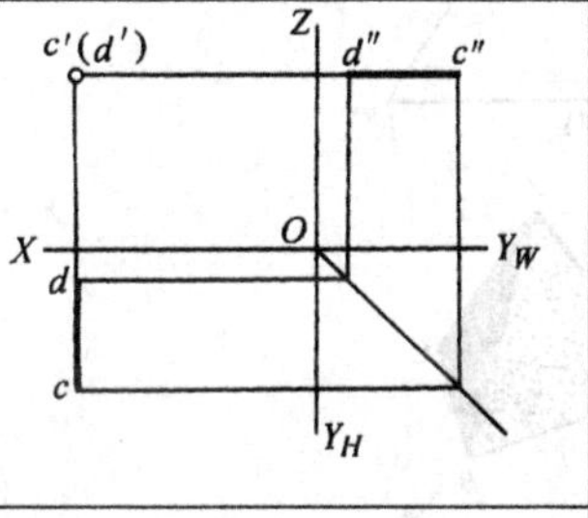	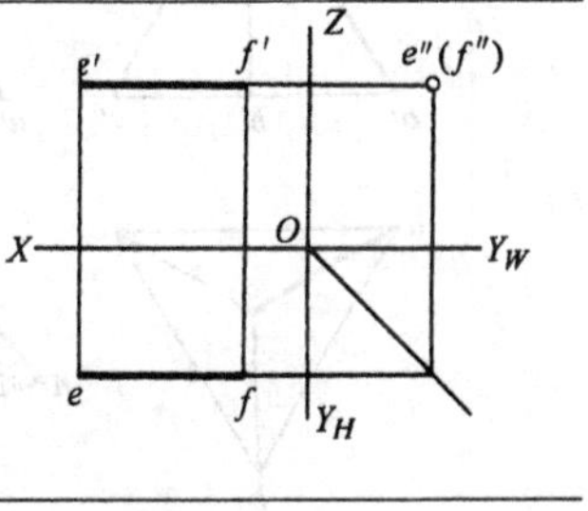
投影特性	1. 水平投影 $a(b)$ 成一点，有积聚性 2. $a'b'=a''b''=AB$，且 $a'b'\perp OX$，$a''b''\perp OY_W$	1. 正面投影 $c'(d')$ 成一点，有积聚性 2. $cd=c''d''=CD$，且 $cd\perp OX$，$c''d''\perp OZ$	1. 侧面投影 $e''(f'')$ 成一点，有积聚性 2. $ef=e'f'=EF$，且 $ef\perp OY_H$，$e'f'\perp OZ$

1）正平线——平行于 V 面的直线；

2）水平线——平行于 H 面的直线；

3）侧平线——平行于 W 面的直线。

其投影特性是：在所平行的投影面上的投影是一条反映实长的斜线；而其余两个投影是直线，但长度缩短，小于实长。各种投影面平行线的图例及投影特性列于表 1-6 中。

表 1-6　投影面平行线的投影特性

名称	水平线（// H 面，对 V、W 面倾斜）	正平线（// V 面，对 H、W 面倾斜）	侧平线（// W 面，对 V、H 面倾斜）
轴测图	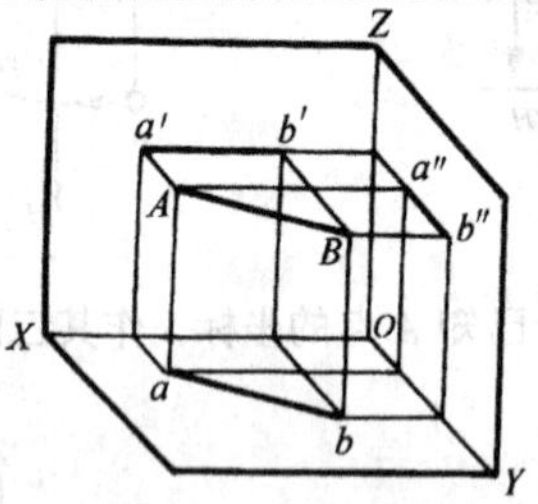	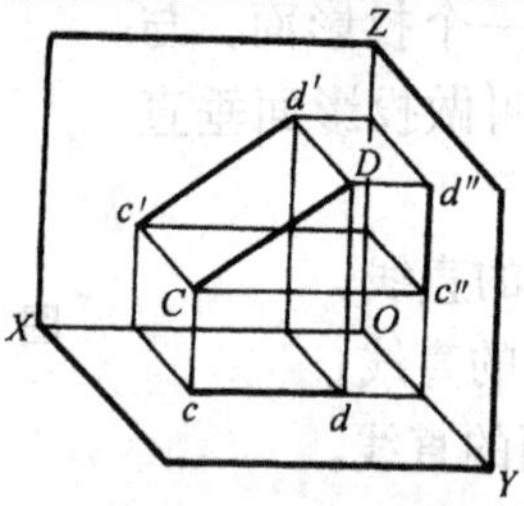	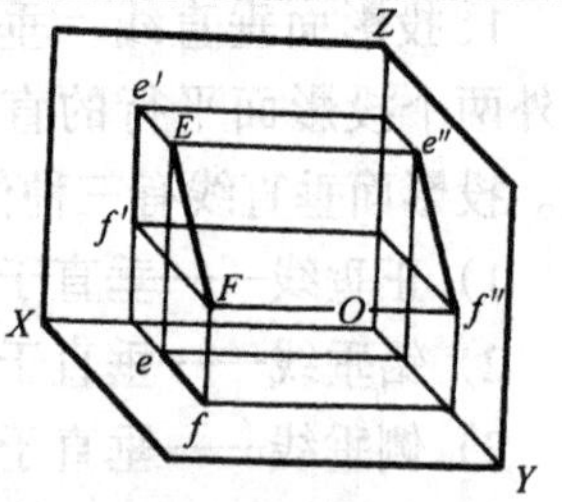
投影图	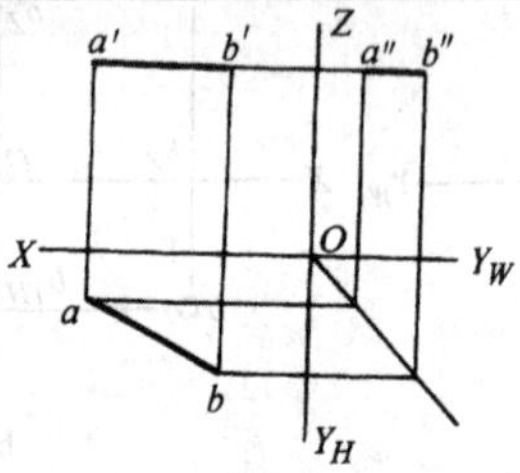	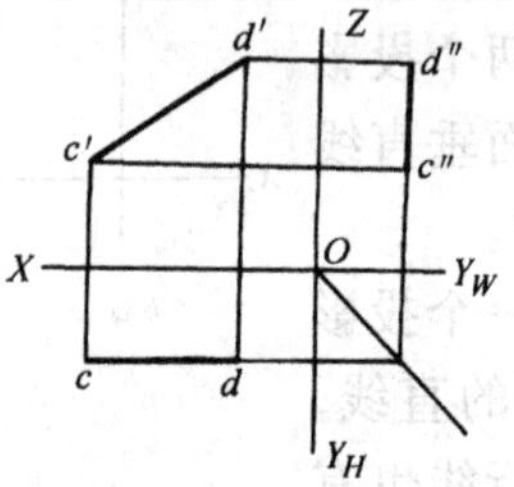	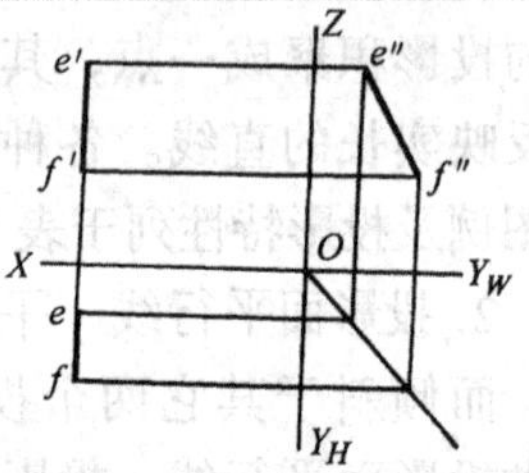
投影特性	1. 水平线 $ab = AB$ 2. 正面投影 $a'b' \parallel OX$，侧面投影 $a''b'' \parallel OY_W$，都不反映实长	1. 正平线 $c'd' = CD$ 2. 水平投影 $cd \parallel OX$，侧面投影 $c''d'' \parallel OZ$，都不反映实长	1. 侧平线 $e''f'' = EF$ 2. 水平投影 $ef \parallel OY_H$，正面投影 $e'f' \parallel OZ$，都不反映实长

3. 一般位置直线　与三个投影面都处于倾斜位置的直线，称为一般位置直线。它的投影特性是：在三个投影面上的投影均是倾斜直线，并且长度都小于实长。如图 1-19、图 1-20 所示，正三棱锥 SA 的水平投影 sa、正面投影 $s'a'$、侧面投影 $s''a''$ 均为直线。

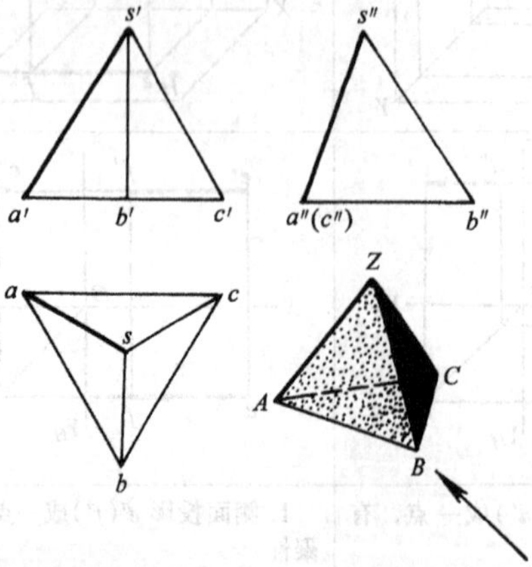

图 1-19　物体上直线的投影分析

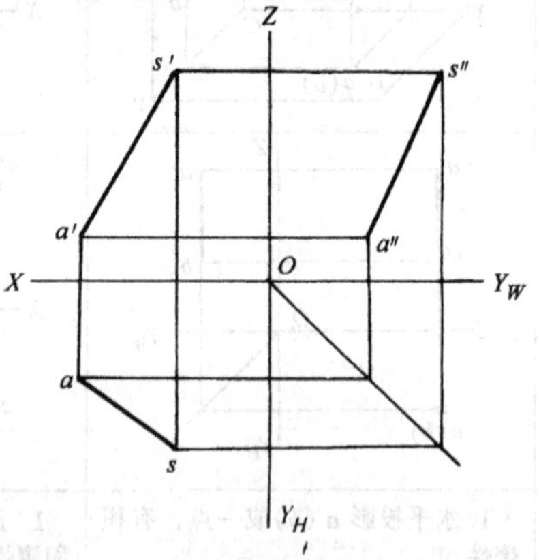

图 1-20　一般位置直线的三面投影图

五、平面的投影

平面可由不在同一直线上的三点、两条相交或平行的直线以及平面图形来确定，因此平面的投影也是以点、线的投影为基础的。作图时，可先求出它的各直线端点的投影，然后连接各直线端点的同面投影即得，如图1-21所示。

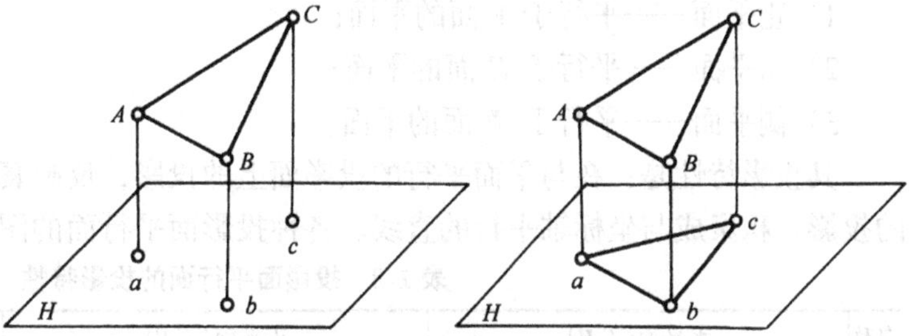

图1-21　平面的投影方法

根据空间平面对三个投影面的相对位置不同，可分为以下三种位置平面：投影面垂直面、投影面平行面和一般位置平面。下面分别介绍其投影特性。

1. 投影面垂直面　垂直于一个投影面，而倾斜于其它两个投影面的平面，叫做投影面垂直面。投影面垂直面也有三种位置：

1）正垂面——垂直于 V 面的平面；

2）铅垂面——垂直于 H 面的平面；

3）侧垂面——垂直于 W 面的平面。

其投影特性是：在与平面垂直的投影面上的投影，积聚成一条倾斜的直线；在另外两个投影面上的投影为原平面的类似形，但形状缩小。各种投影面垂直面的图例及投影特性列于表1-7中。

表1-7　投影面垂直面的投影特性

名称	铅垂面(⊥H)	正垂面(⊥V)	侧垂面(⊥W)
轴测图	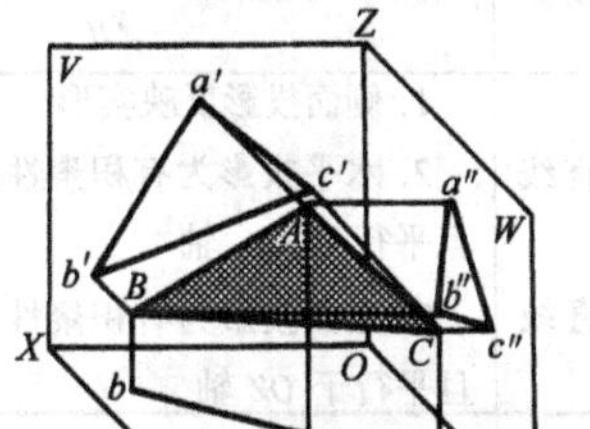	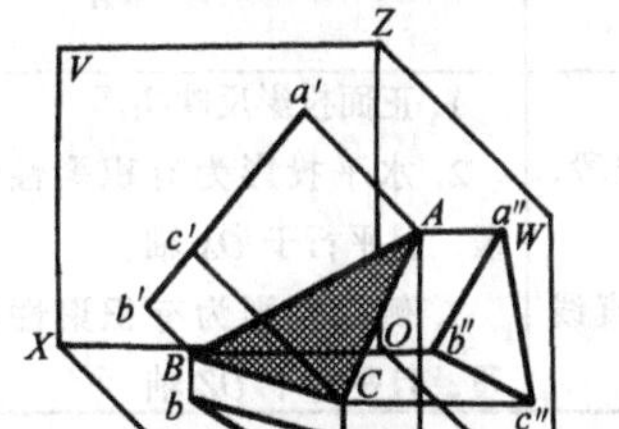	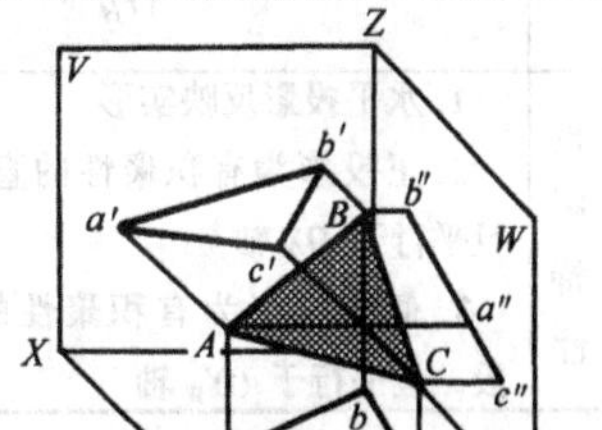
投影图	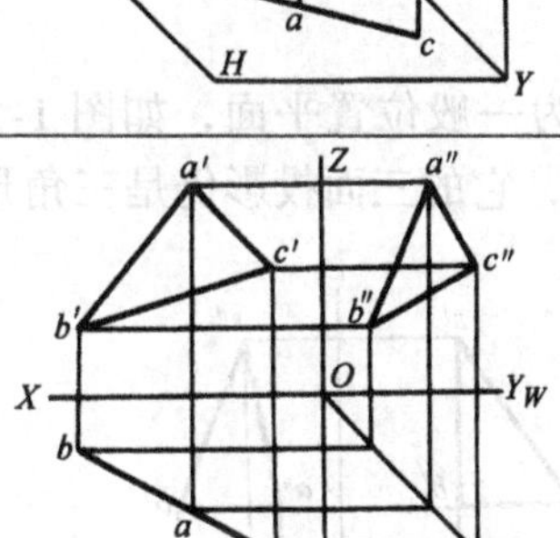	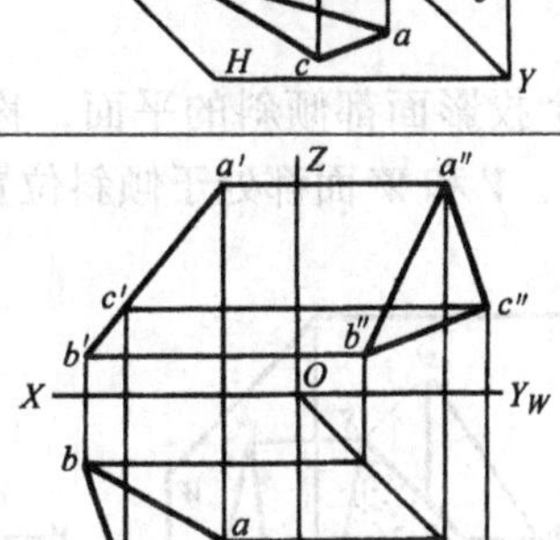	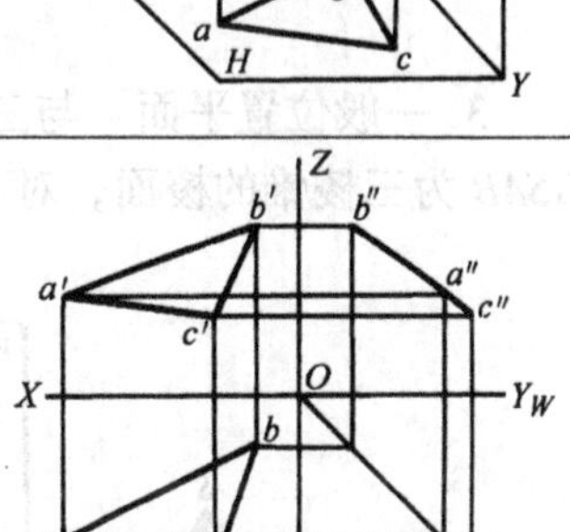
投影特性	1. 水平投影成为有积聚性的直线段 2. 正面投影和侧面投影为原形的类似形	1. 正面投影成为有积聚性的直线段 2. 水平投影和侧面投影为原形的类似形	1. 侧面投影成为有积聚性的直线段 2. 正面投影和水平投影为原形的类似形

2. 投影面平行面　平行于一个投影面，而垂直于其它两个投影面的平面，叫做投影面平行面。投影面平行面也可分为三种位置：

1）正平面——平行于 V 面的平面；

2）水平面——平行于 H 面的平面；

3）侧平面——平行于 W 面的平面。

其投影特性是：在与平面平行的投影面上的投影，反映真实形状；在另外两个投影面上的投影，积聚成与坐标轴平行的直线。各种投影面平行面的图例及投影特性列于表 1-8 中。

表 1-8　投影面平行面的投影特性

名称	水平面（// H）	正平面（// V）	侧平面（// W）
轴测图	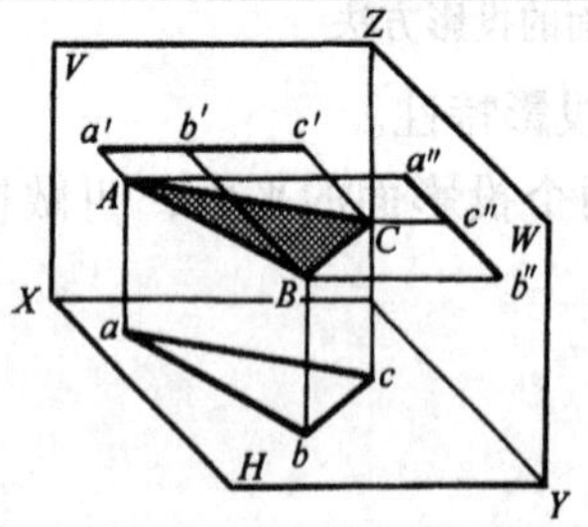	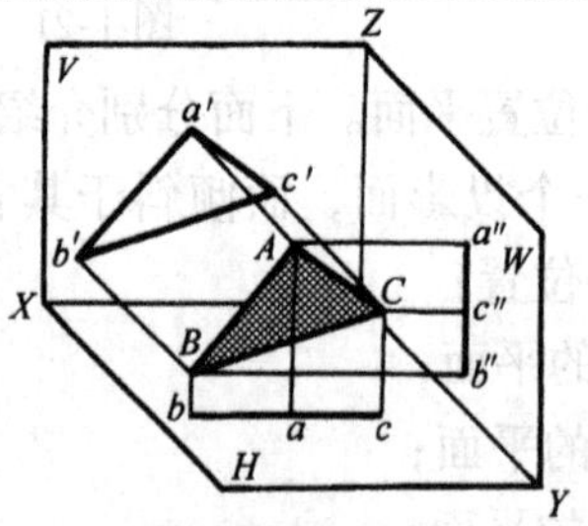	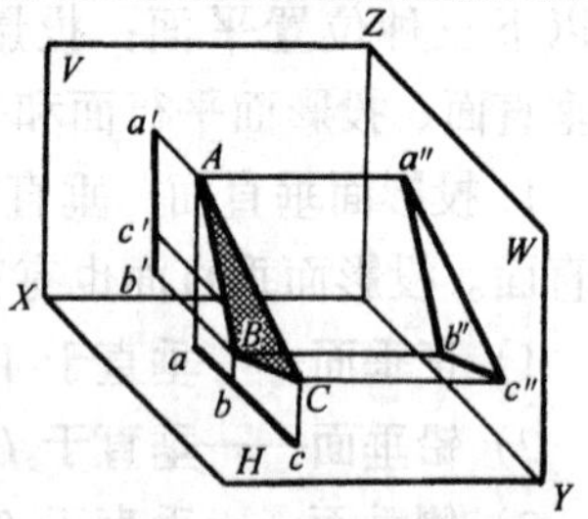
投影图	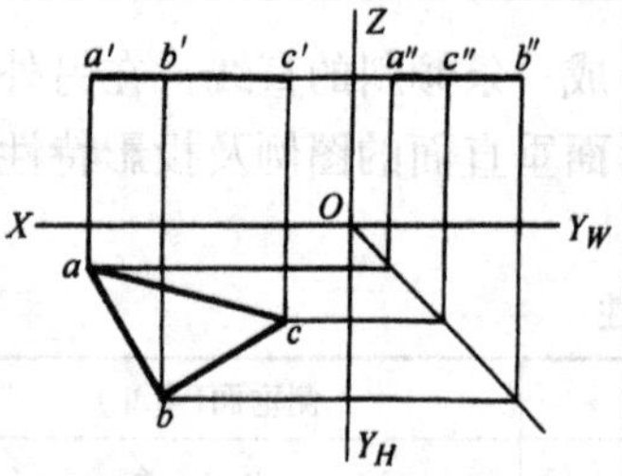	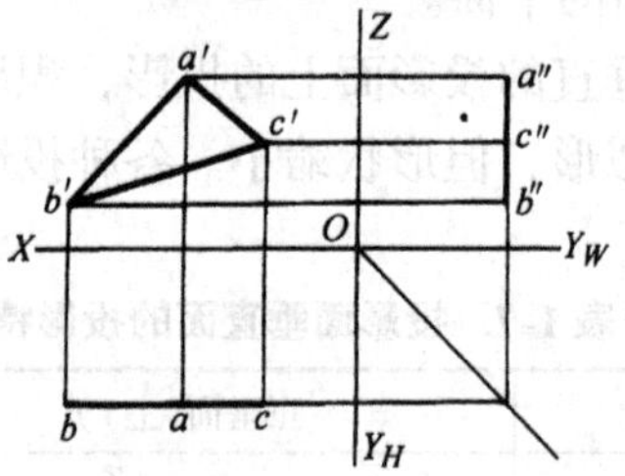	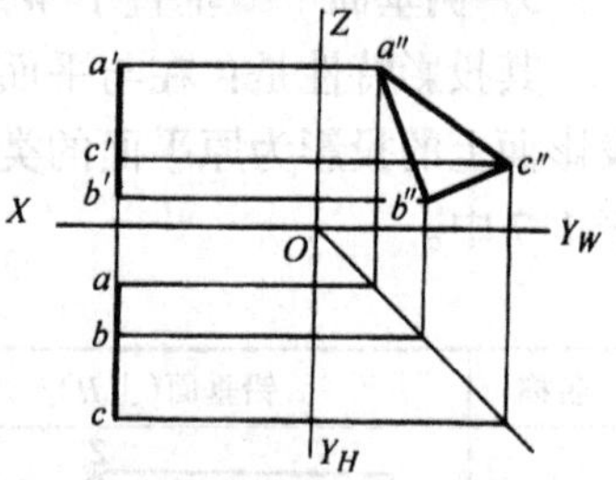
投影特性	1. 水平投影反映实形 2. 正投影为有积聚性的直线段，且平行于 OX 轴 3. 侧面投影为有积聚性的直线段，且平行于 OY_W 轴	1. 正面投影反映实形 2. 水平投影为有积聚性的直线段，且平行于 OX 轴 3. 侧面投影为有积聚性的直线段，且平行于 OZ 轴	1. 侧面投影反映实形 2. 水平投影为有积聚性的直线段，且平行于 OY_H 轴 3. 正面投影为有积聚性的直线段，且平行于 OZ 轴

3. 一般位置平面　与三个投影面都倾斜的平面，称为一般位置平面，如图 1-22 所示。ΔSAB 为三棱锥的棱面，对 H、V 和 W 面都处于倾斜位置，它的三面投影仍是三角形，不反

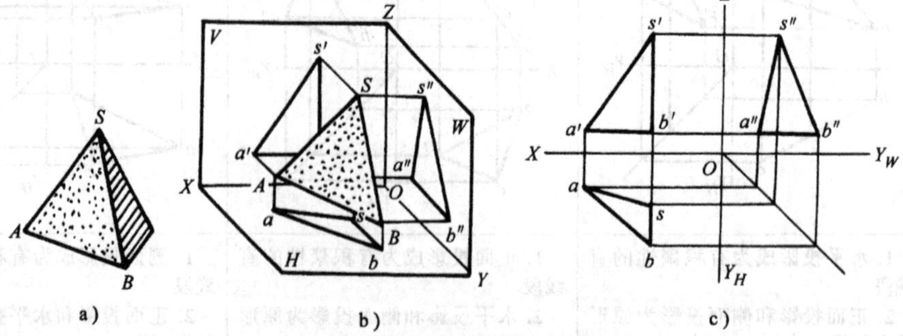

图 1-22　一般位置平面的投影

映实形，其投影特性为：

一般位置平面的三面投影都是小于原平面图形的类似形。

第二节　投 影 作 图[㊀]

一、基本体

一般机件的形状，都可以看成由柱、锥、台、球等基本几何体(简称基本体)按照一定的方式组合而成。基本体按其表面性质分为平面立体和曲面立体两类。表面均为平面的立体称为平面立体。表面为曲面或曲面与平面所围成的立体称为曲面立体。

1. 平面立体的投影

(1) 棱柱体　棱柱体通常是由棱面、顶面和底面围成，棱面和棱面的交线称为棱线。棱柱体有三棱柱、五棱柱、六棱柱等。下面以正六棱柱为例，说明棱柱体的投影。

1) 正六棱柱的投影　图 1-23a 为正六棱柱，置于三投影面体系中，六棱柱的顶面和底面平行于 *H* 面，前、后两棱面平行于 *V* 面。

六棱柱的顶面和底面的水平投影为反映实形的正六边形，其正面投影和侧面投影积聚为直线段。六棱柱的前后两棱面的正面投影为反映实形的矩形，水平投影和侧面投影积聚为直线段。六棱柱的左、右棱面与 *H* 面垂直，与 *V*、*W* 面倾斜，其水平投影积聚为直线段，正面投影和侧面投影均为类似形。

图 1-23b 为正六棱柱的三面投影，其作图步骤如下。

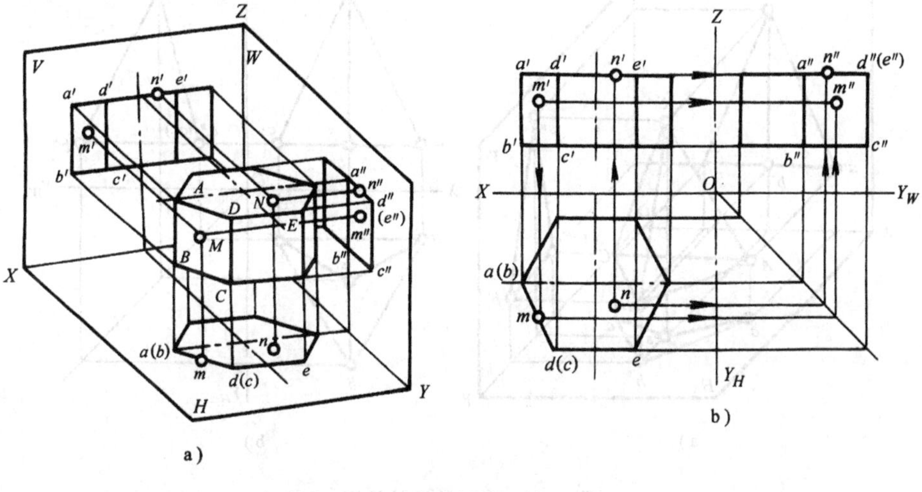

图 1-23　正六棱柱的投影及表面上取点

① 作三投影图中的中心线。

② 作水平投影正六边形，使其两对边平行于 *OX* 轴。

③ 再根据六棱柱的高度，在 *V*、*W* 面上作顶、底面的两水平线。

④ 由水平投影的正六边形按“长对正，宽相等”关系完成六棱柱的 *V*、*W* 面的投影。

2) 棱柱表面点的投影　当点属于基本体的某个表面时，则该点的投影必在所属表面的各

㊀ 根据教学需要，注重学生识图能力的培养，将第二节内容进行了适当的调整，删去了轴测图的画法，补充了机件表达方法的内容。因此，在课时安排方面可适当增加 1～2 学时。

同面投影范围内。若该表面的某一投影为可见,则该点的同面投影也可见;反之为不可见。棱面在某一投影面上的投影为不可见时,该棱面上点的投影需加括号,以表示其为不可见。

当棱柱的表面为特殊位置时,属于该棱面的点,可利用平面的积聚性投影求得。

如图 1-23 所示,已知六棱柱表面点 M 的正面投影 m',表面点 N 的水平投影 n,求 M、N 点的其余两面投影。

m' 位于矩形 $a'b'c'd'$ 内,且可见,说明 M 点位于六棱柱左前棱面 $ABCD$ 上。由于这个面的水平投影有积聚性,可利用点的投影规律,求出其水平投影 m;再根据点的两面投影 m' 与 m,求出第三投影 m'',并判断其可见性。

N 点所在的顶面,其正面投影和侧面投影均有积聚性。求 N 点的另外两面投影读者可自行分析。

(2) 棱锥　棱锥的底面为多边形,各棱面均为一个公共顶点的三角形。棱锥体有三棱锥、五棱锥、六棱锥等。下面以正三棱锥为例说明棱锥体的投影。

图 1-24 所示为正三棱锥的投影,它由底面△ABC 和三个棱面△SAB、△SBC 和△SAC 所组成。底面为水平面,其水平投影反映实形,正面和侧面投影积聚为一直线。棱面△SAC 为侧垂面,因此侧面投影积聚为一直线,水平投影和正面投影都是类似形。棱面△SAB 和△SBC 为一般位置平面,它的三面投影均为类似形。棱线 SB 为侧平线,棱线 SA、SC 为一般位置直线,棱线 AC 为侧垂线,棱线 AB、BC 为水平线。它们的投影特性读者可自行分析。

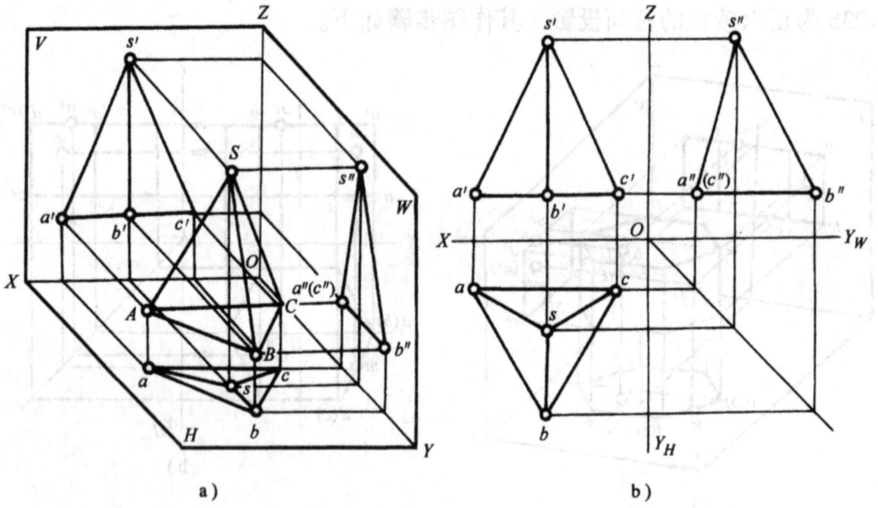

图 1-24　正三棱锥的投影

画正三棱锥的三视图时,先画出底面△ABC 的各个投影,再画出锥顶 S 的各个投影,连接各顶点的同名投影,即为正三棱锥的三视图。

2. 曲面立体的投影

(1) 圆柱体

1) 圆柱体的形成　圆柱体的表面由圆柱面、顶面和底面构成。圆柱面可看作是一条与轴线平行的直线绕轴线旋转一周而成的回转面。绕轴线旋转的直线称为母线,圆柱面上与轴线平行的任一直线称为素线,如图 1-25a 所示。

2) 圆柱体的投影　图 1-25b 所示的圆柱体轴线垂直 H 面,顶面和底面为水平面,其水平投影面上的投影反映实形，其正面和侧面投影积聚为一直线。圆柱面的水平投影有积聚性，圆柱面上任何点或线的投影都重合在其顶面和底面的水平投影的圆周上；圆柱面的正面投影和侧面投影均为柱面外形轮廓的投影(即为圆柱面可见与不可见分界线的投影,其正面投影为最左、最右两条素线的投影;侧面投影为最前、最后两条素线的投影)。可见在圆柱体的三面投影中，一个投影为圆，另外两个投影均为长方形线框。

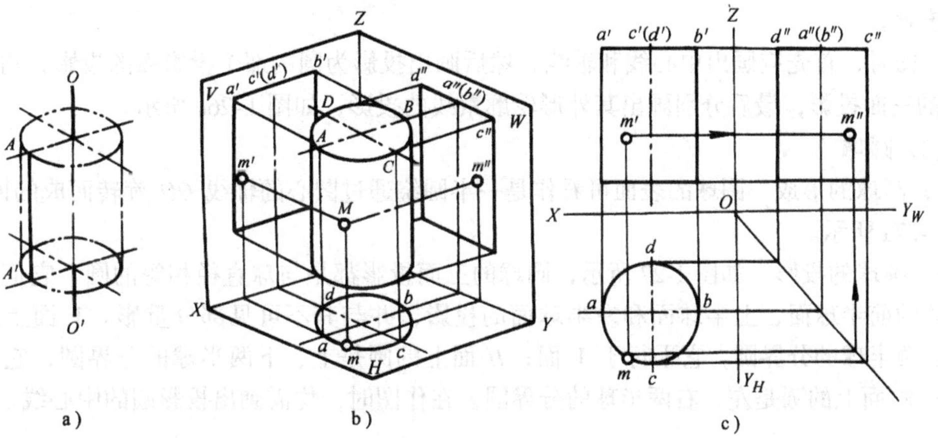

图 1-25　圆柱的投影及表面上取点

作图时，首先画出中心线和轴线，然后画投影为圆的那个投影，再画其余两个投影。

3）圆柱表面上求点　如图 1-25c 所示，已知圆柱表面点 M 的正面投影 m'，求 M 点在 H 面和 W 面的投影 m 和 m''。

根据 m' 可知 M 点位于圆柱面的前半部分。圆柱面的 H 面投影有积聚性，可由 m' 根据点的投影规律得到水平投影 m，再由 m' 和 m 求得 m''。因为 M 点在圆柱面的左半部分，所以 m'' 可见。

(2) 圆锥体

1）圆锥体的形成　圆锥体的表面由圆锥面和底面构成。圆锥面可看成是由一条与轴线相交的直线(母线)绕轴线旋转而成的回转面，如图 1-26a 所示。在圆锥面上，通过锥顶的任

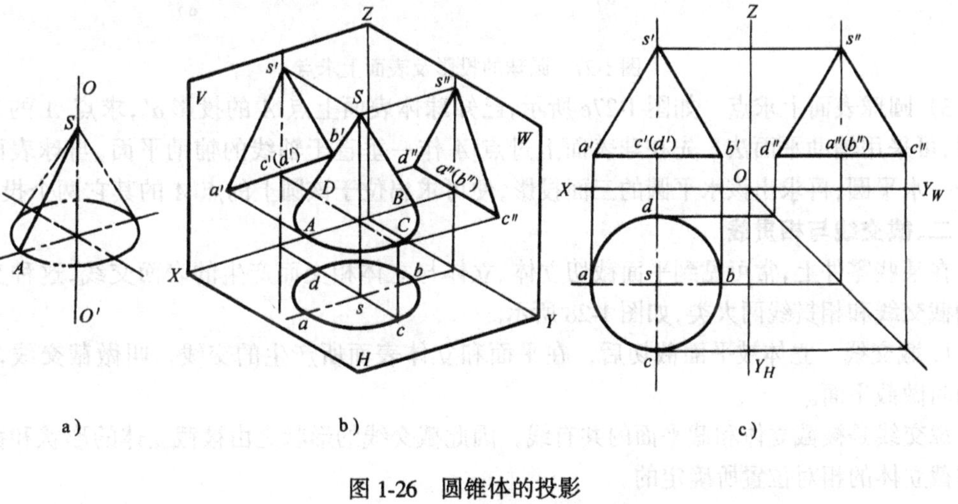

图 1-26　圆锥体的投影

一直线为素线。

2）圆锥体的投影　如图1-26b所示，当圆锥轴线垂直于 H 面时，底面圆为水平面，它的水平投影反映实形，其正面投影和侧面投影均积聚为直线段。圆锥面的正面投影为一等腰三角形，两腰为圆锥最左、最右两素线的投影。圆锥面的侧面投影为等腰三角形，其两腰为圆锥最前、最后两素线的投影。圆锥体的 H 面投影反映圆锥底面的实形，同时也表示圆锥面的投影。

作图时，首先应画出中心线和轴线，然后画出投影为圆的那个投影面的投影，再画出锥顶 S 的三面投影，最后分别画出其外形轮廓素线的投影，如图1-26c所示。

（3）圆球

1）圆球的形成　圆球的表面可看作是一半圆绕通过圆心的轴线 OO' 旋转而成的回转面，如图1-27a所示。

2）圆球的投影　如图1-27所示，圆球的三面投影都是与球直径相等的圆，它们分别表示球体的前半球面、上半球面和左半球面的投影，并与其不可见部分重影。V 面上的圆是前、后两半球的分界圆，它平行于 V 面；H 面上的圆是上、下两半球的分界圆，它平行于 H 面；W 面上的圆是左、右两半球的分界圆。在作图时，均需画出投影圆的中心线。

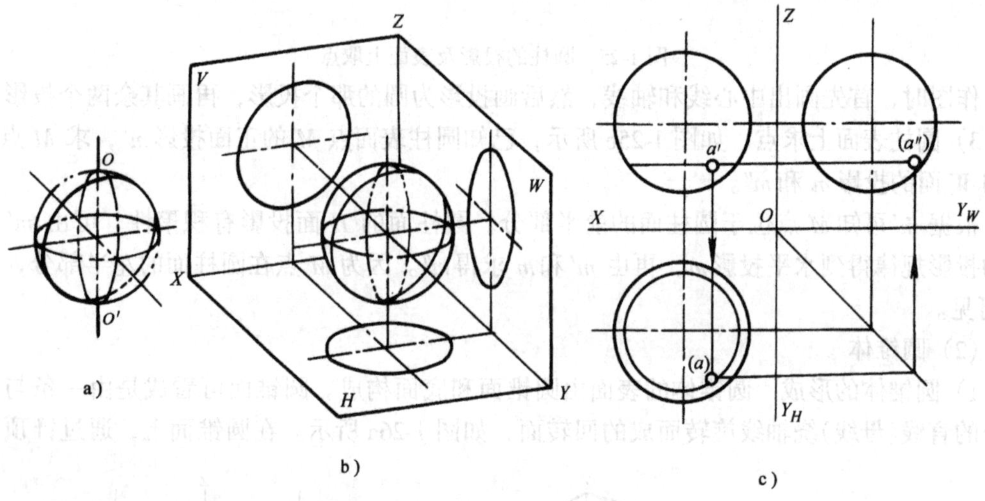

图1-27　圆球的投影及表面上求点

3）圆球表面上求点　如图1-27c所示，已知球体表面上点 A 的投影 a'，求点 A 的其它投影时，可采用辅助平面法。先在球表面上过点 A 作一垂直于轴线的辅助平面，与球表面的交线为一水平圆；再求出该水平圆的三面投影，便可求出位于该圆上的点 A 的其它两个投影。

二、截交线与相贯线

在某些零件上，常可见到平面截切立体、立体与立体相交而产生的表面交线，这种交线可分为截交线和相贯线两大类，如图1-28所示。

1. 截交线　立体被平面截切后，在平面和立体表面所产生的交线，叫做截交线，这个平面叫做截平面。

截交线是被截立体和截平面的共有线，因此截交线的形状是由被截立体的形状和截平面对被截立体的相对位置所确定的。

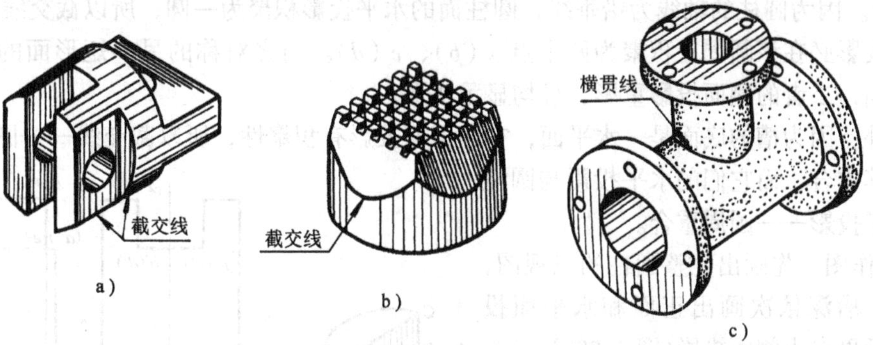

图 1-28　零件表面的交线实例

a)接头　b)千斤顶顶盖　c)三通管接头

(1) 圆柱的截交线　截平面与圆柱轴线的相对位置不同时，其截交线有三种不同的形状。当截平面平行圆柱轴线时，截交线是两平行线；当截平面垂直于轴线时，截交线是一个直径等于圆柱直径的圆；当截平面倾斜于圆柱轴线时，截交线是椭圆，见表 1-9。

表 1-9　平面与圆柱体的截交线

截平面的位置	平行于轴线	垂直于轴线	倾斜于轴线
截交线的形状	矩形	圆	椭圆
立体图	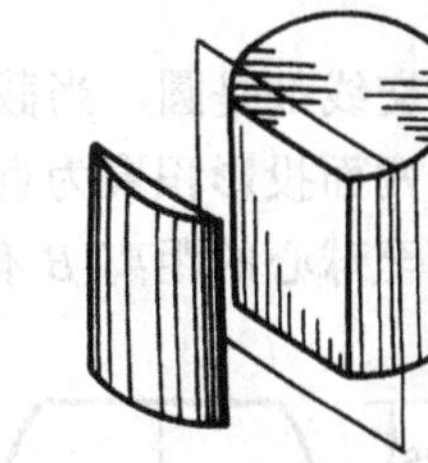	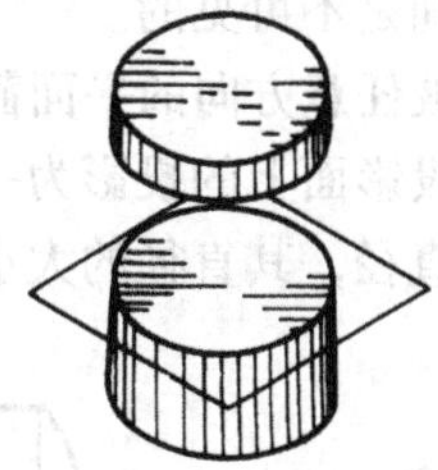	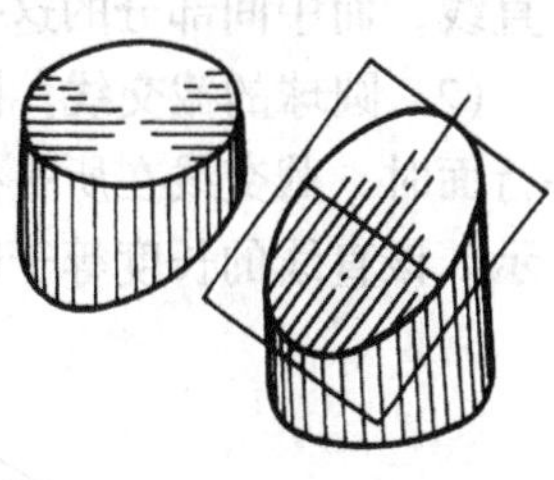
投影图	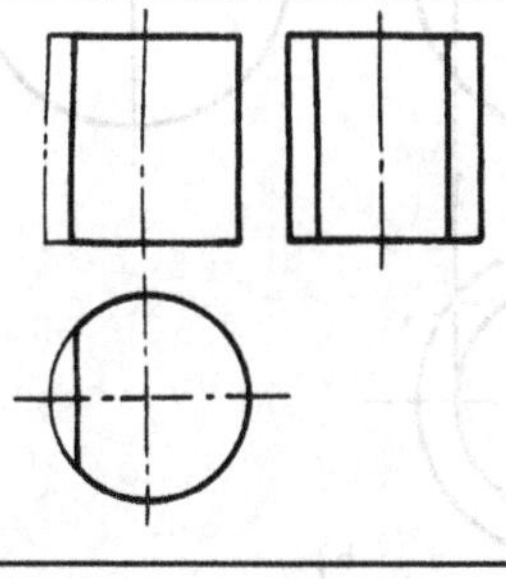	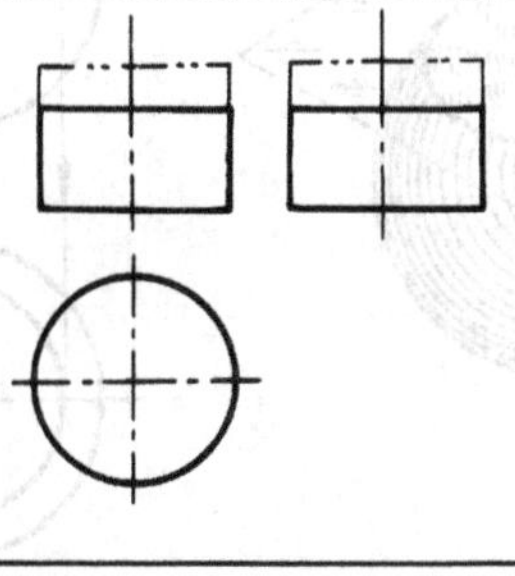	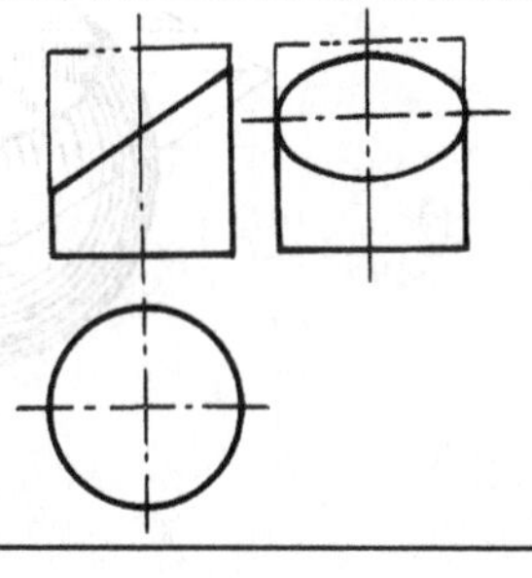

由于截交线是截平面与圆柱表面的共有线，截交线上的点，必定是截平面与圆柱表面的共有点。因此求截交线的实质就是求出一系列共有点的集合。

例 1-3　画出开槽圆柱的三视图(图 1-29a)。

1) 分析　圆柱开槽部分是由两个与轴线平行的侧平面和一个与轴线垂直水平面截切而成的。前者与圆柱面的截交线是两平行线，分别为矩形的前、后两边。后者与圆柱面的截交线是两段圆弧($\overset{\frown}{BF}$、$\overset{\frown}{DE}$)，为槽底平面的前、后两端。

由于矩形面是侧平面，它的正面投影有积聚性，所以截交线 AB 和 CD 的正面投影 $a'b'$、

$c'd'$重合。因为圆柱的轴线为铅垂线，圆柱面的水平投影积聚为一圆，所以截交线 AB 和 CD 的水平投影必在该圆周上积聚为两个点 a（b）、c（d）。与之对称的另一矩形面的投影特点与此相同，二者的侧面投影重影，且均显示实形。

此外，因为槽的底面是一水平面，它的正面投影有积聚性，所以截交线——圆弧的正面投影与其重合，而它们的水平投影与圆柱面的水平投影——圆周重合。

2）作图　先画出完整圆柱的三视图，按槽宽、槽深依次画出正面和水平面投影，然后再求出侧面投影(图 1-29b)。

作图时，应注意以下两点：

① 因圆柱的最前、最后素线均在开槽部位被切去，故左视图中的外形轮廓线，在开槽的部位向内“收缩”，其“收缩”程度与槽宽有关。

② 注意区分槽底的侧面投影的可见性。槽底是由两段直线、两段圆弧构成的平面图形，在侧面投影中，其投影积聚为一直线，而中间部分的这一区间是不可见的。

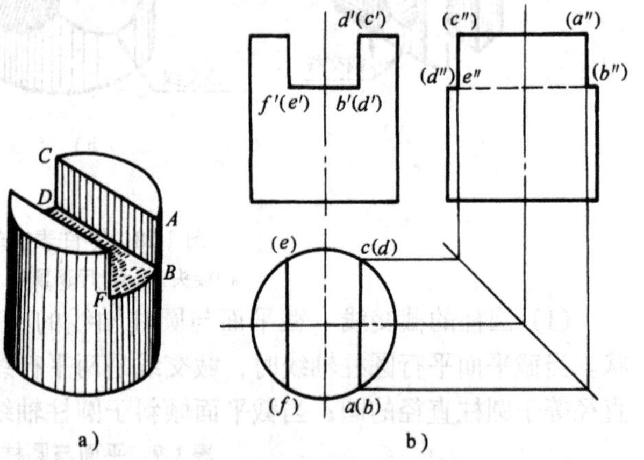

图 1-29　圆柱开槽的三视图画法

a）轴测图　b）三视图画法

(2) 圆球的截交线　圆球被任意方向的平面截切，其截交线都是圆。当截平面为投影面平行面时，截交线在所平行的投影面上的投影为一圆，其余两面投影积聚为直线，如图 1-30 所示。该直线的长度等于圆的直径，其直径的大小与截平面至球心的距离 B 有关。

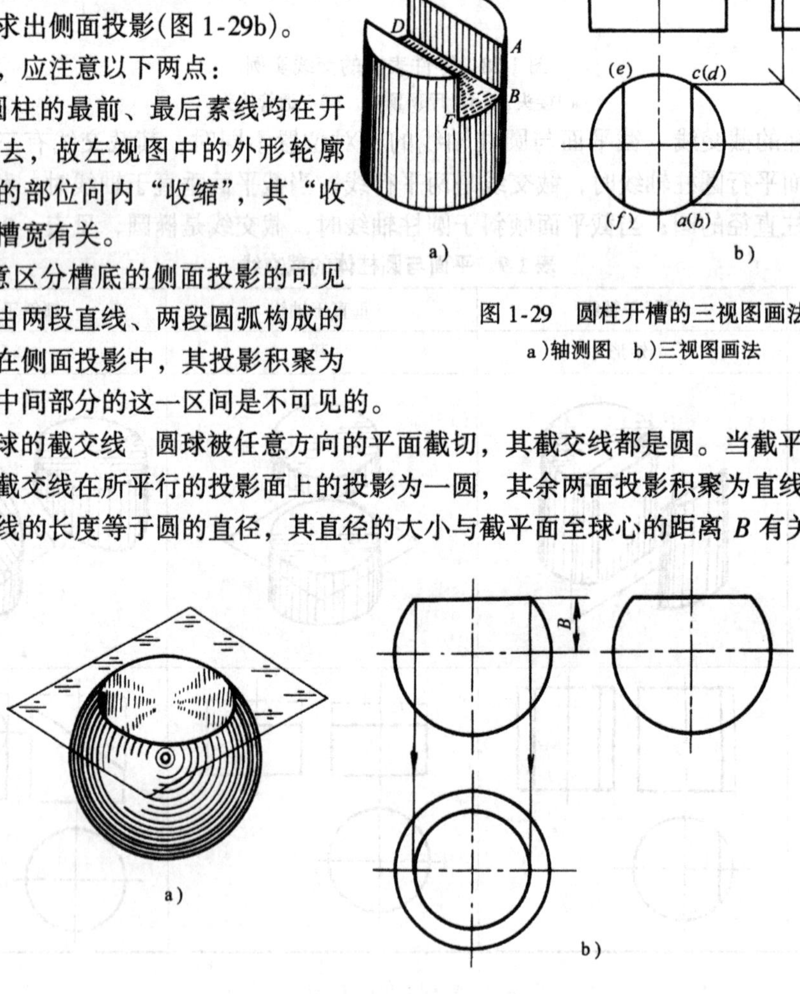

图 1-30　球被水平面截切的三视图画法

a）轴测图　b）三视图画法

例 1-4　画出半圆球开槽的三视图(图 1-31a)。

1）分析　由于半圆球被两个对称的侧平面和一个水平面所截切，所以两个侧平面与球面的截交线各为一段平行于侧面的圆弧，而水平面与球面的截交线为两段水平的圆弧。

2）作图　先画出完整半圆球的三视图，再根据槽宽和槽深依次画出正面、水平面和侧面投影。作图的关键在于确定圆弧半径 R_1 和 R_2，具体作法如图 1-31b、c 所示。

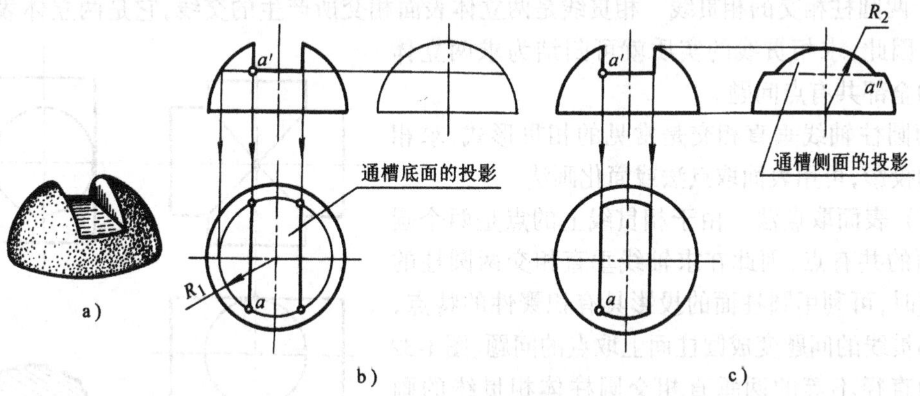

图 1-31　半球开槽的三视图画法

作图时，应注意以下两点：

① 因半圆球上平行于 W 面的圆素线被切去一部分，所以由开槽而产生的轮廓线在侧面的投影向内“收缩”，其圆弧半径如图 1-31c 所示。显然，槽越宽，半径 R_2 越小；槽越窄，半径越大。

② 注意区分槽底侧面投影的可见性，其分析与圆柱槽底的分析方法相同，不再赘述。

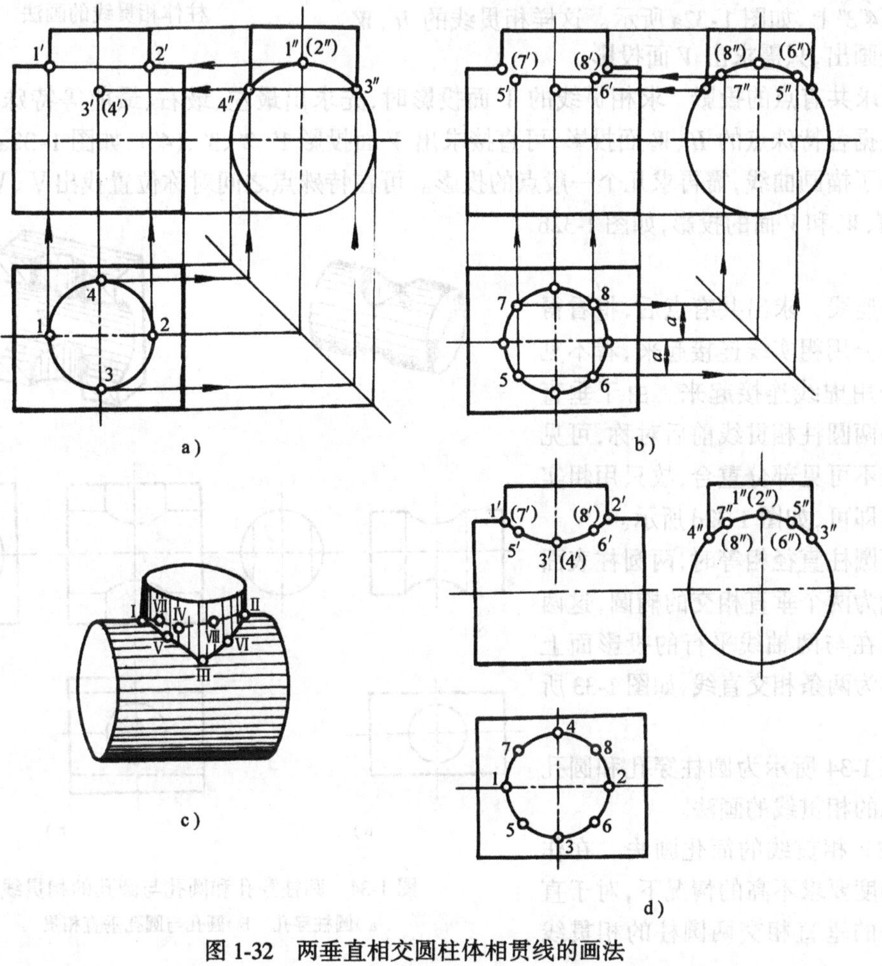

图 1-32　两垂直相交圆柱体相贯线的画法

2. 两圆柱相交的相贯线　相贯线是两立体表面相交所产生的交线，它是两立体表面的共有线。因此，求相贯线的实质就可归结为求两立体表面的全部共有点问题。

两圆柱轴线垂直相交是常见的相贯形式，求相贯线的投影，可用表面取点法或简化画法。

（1）表面取点法　由于相贯线上的点是两个圆柱表面的共有点，因此在求轴线垂直相交两圆柱的相贯线时，可利用圆柱面的投影具有积聚性的特点，把求相贯线的问题变成圆柱面上取点的问题。图 1-32 所示为直径不等的两垂直相交圆柱体相贯线的画法。

1）分析已知条件　因为小圆柱轴线垂直于 H 面，所以小圆柱面的 H 面投影积聚为圆，相贯线的 H 面投影积聚在该圆上。又因为大圆柱轴线垂直于 W 面，所以大圆柱的 W 面投影积聚为圆，相贯线的 W 面投影也积聚在该圆上，且应在大小圆柱共有部分的圆弧$\overparen{4''3''}$上，如图 1-32a 所示。这样相贯线的 H、W 面已经画出，只需求出 V 面投影。

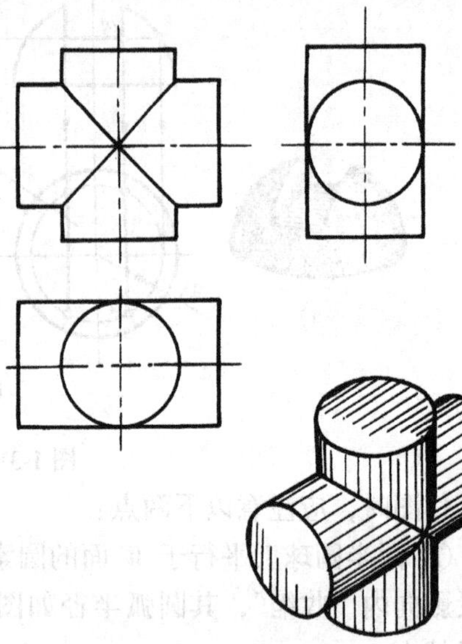

图 1-33　同直径两垂直相交圆柱体相贯线的画法

2)求共有点的投影　求相贯线的 V 面投影时，先求出最左、最右、最前等特殊点的投影，然后根据各特殊点的 H、W 面投影，可直接求出 V 面投影 $1'$、$2'$、$3'$、($4'$)，如图 1-32a 所示。

为了描画曲线，需再求几个一般点的投影。可在特殊点之间对称位置找出Ⅴ、Ⅵ、Ⅶ、Ⅷ四点的 H、W 和 V 面的投影，如图 1-32b 所示。

3)连线　求出共有点后，将看得见的部分用粗实线连接起来，看不见的部分用虚线连接起来。由于垂直相交的两圆柱相贯线前后对称，可见部分与不可见部分重合，故只用粗实线画出即可，如图 1-32d 所示。

两圆柱直径相等时，两圆柱表面的交线为两个垂直相交的椭圆，这两个椭圆在与两轴线平行的投影面上的投影为两条相交直线，如图 1-33 所示。

图 1-34 所示为圆柱穿孔和圆孔与圆孔的相贯线的画法。

（2）相贯线的简化画法　在作图精确度要求不高的情况下，对于直径不等的垂直相交两圆柱的相贯线

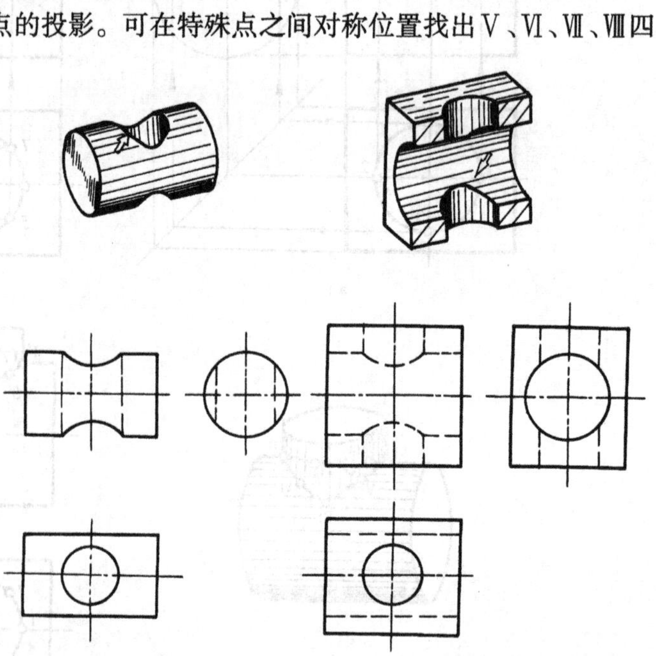

a）　b）

图 1-34　圆柱穿孔和圆孔与圆孔的相贯线

a）圆柱穿孔　b）圆孔与圆孔垂直相贯

的投影，可采用简化画法。作图方法是：以两圆柱的轮廓素线交点为圆心，以大圆柱的半径 $R_{大}$ 画圆弧，交小圆柱轴线 O，再以 O 为圆心，以 $R_{大}$ 为半径，画圆弧连接两个素线交点，如图 1-35 所示。

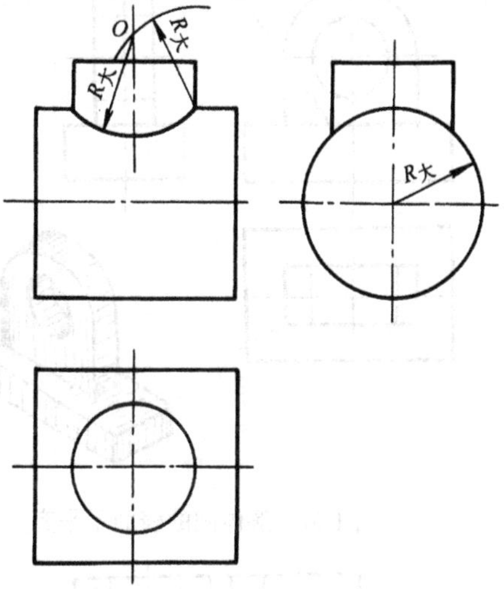

图 1-35　相贯线的简化画法

三、组合体的画法及尺寸标注

任何复杂的零件都可以看作由若干个基本几何体所组成。由两个或两个以上的基本几何体组成的形体，称为组合体。组合体有简有繁，种类很多。为了便于画图和看图，假想将组合体分解为若干基本几何体，并确定它们之间的组合形式、相互位置和表面连接关系，这种将组合体化整为零进行分析的方法称为形体分析法。

1. 组合体的组合形式　组合体按其组合形式可以分为三种：叠加类、切割类及综合类。

（1）叠加类组合体　叠加类组合体是由几个基本几何体叠加而成，如图 1-36b 所示。

（2）切割类组合体　切割类组合体是从基本几何体中切割去某些形体而成的组合体，如图 1-36a 所示。

（3）综合类组合体　由若干个基本几何体既有叠加又有切割而形成的组合体，如图 1-36c 所示。

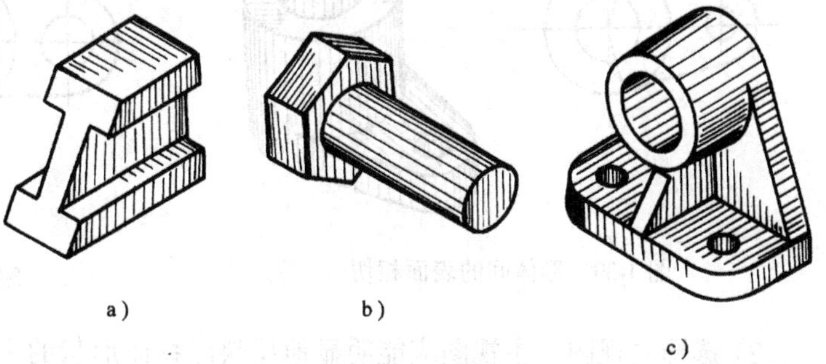

图 1-36　组合体的分类

a）切割类　b）叠加类　c）综合类

2. 组合体的表面连接关系及投影　组合体各形体之间的表面连接关系可以分为四种：不平齐、平齐、相切、相交。

（1）当两形体的表面不平齐时，中间应该有线隔开，如图 1-37 所示。

（2）当两形体的表面平齐时，中间应该没有线隔开，如图 1-38 所示。

（3）相切　指两基本几何体表面光滑过渡。当两形体表面相切时，在相切处应该不画线，如图 1-39 所示。

（4）相交　指两基本几何体表面彼此相交，在相交处应该画出交线，如图 1-40 所示。

3. 组合体三视图的画法　下面以图 1-41 所示轴承座为例，说明画组合体三视图的步骤。

1）形体分析　画图之前，首先应对组合体进行形体分析，将其分解成几个组成部分，明确组合形式，进一步了解相邻两形体之间分界线的特点，然后再考虑视图的选择。

图 1-41a 所示轴承座由底板、圆筒、肋板和支承板组成，也就是说可分为图 1-41b 所示的几个部分。底板、肋板和支承板之间的组合形式为叠加；支承板的左右侧面和圆筒外表面相切；肋板和圆筒之间相交；底板上切出两个圆孔。由此可知轴承座属于综合类的组合形式。

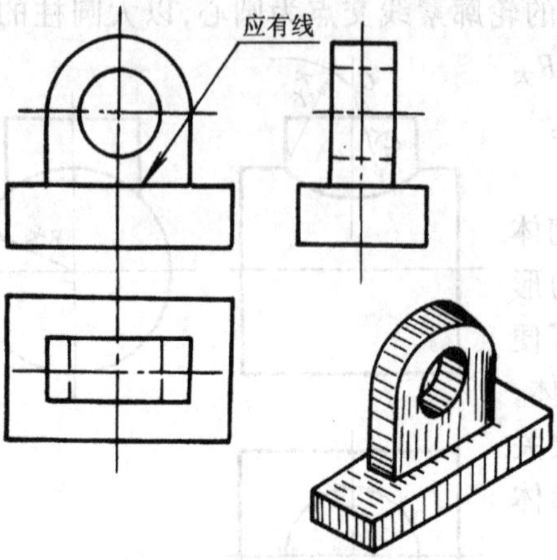

图 1-37　形体间的表面不平齐

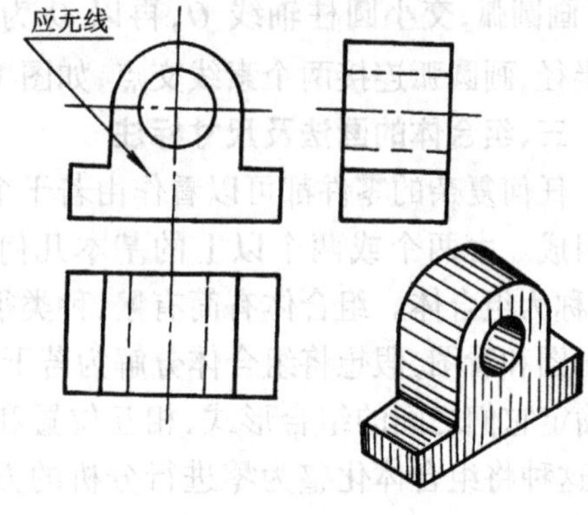

图 1-38　形体间的表面平齐

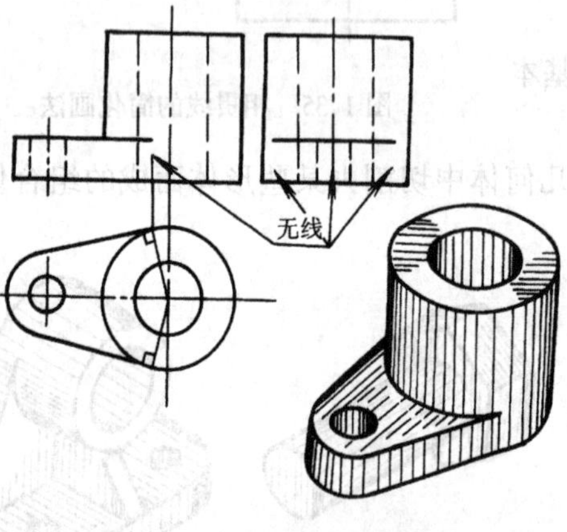

图 1-39　形体间的表面相切

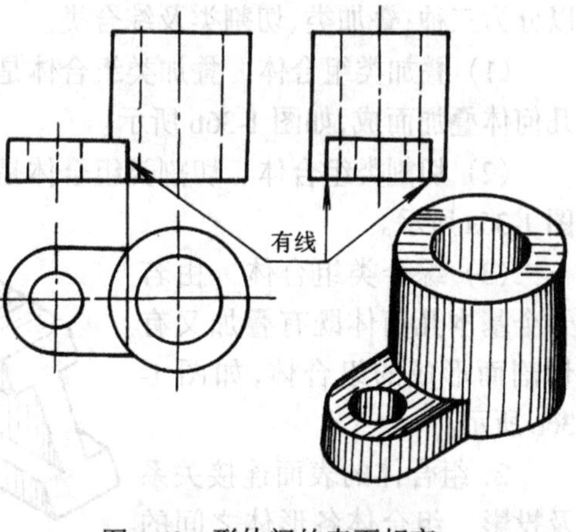

图 1-40　形体间的表面相交

2）选择主视图　主视图应能明显地反映出物体形状的主要特征，同时还要考虑到物体的正常位置，并力求使主要平面和投影面平行，以便使投影获得实形。图 1-41a 的轴承座，从箭头方向看去所得视图，满足了上述的基本要求，可作为主视图。主视图投影方向选定以后，俯视图和左视图也就随着确定了。

3）作图　视图确定后，就要根据物体的大小，选择适当的比例和图幅。注意所选幅面要留有余地，以便标注尺寸和画标题栏等。

布置视图时，要根据各视图每个方向的最大尺寸和视图间的空档，确定各个视图的位置，以保证在标注尺寸后尚有适当宽裕。整个图面布置要均匀并充分地利用图幅。

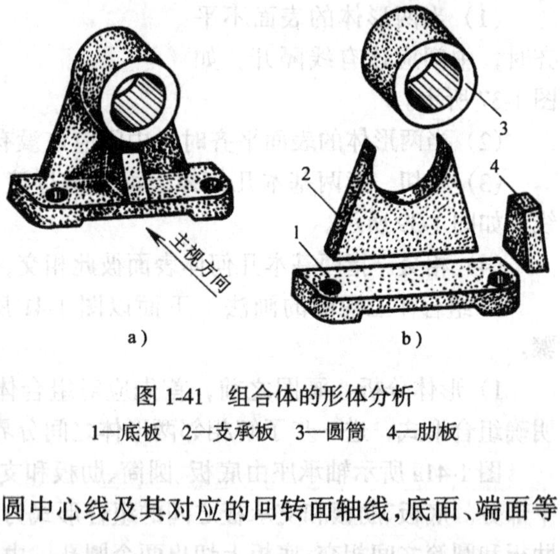

a）　　b）

图 1-41　组合体的形体分析

1—底板　2—支承板　3—圆筒　4—肋板

画图时要先画各个视图的对称中心线、大圆中心线及其对应的回转面轴线，底面、端面等投影，作为骨架，其步骤见表 1-10。

表 1-10　轴承座的画图步骤

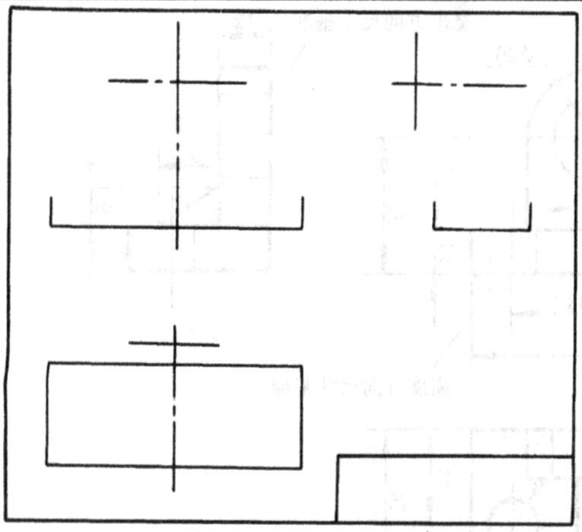

a)布置视图并画出各视图的基准线

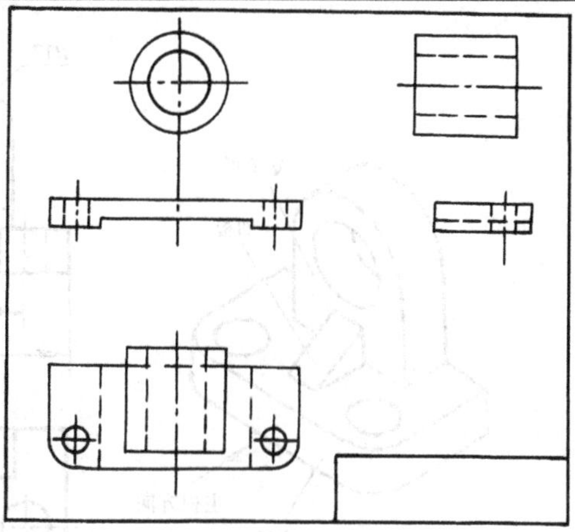

b)画空心圆柱和底板

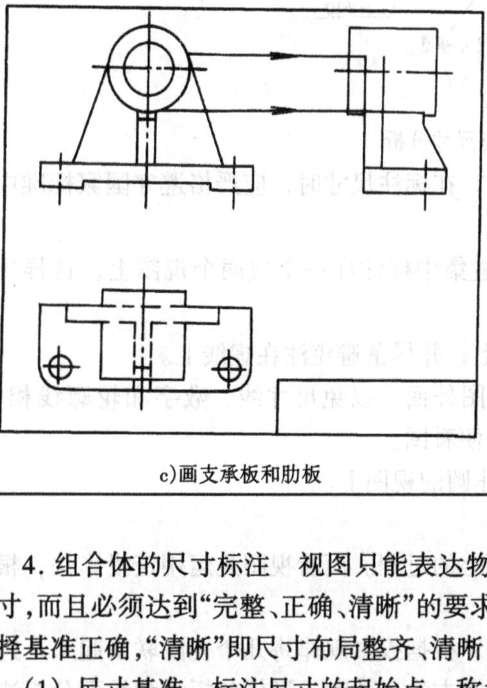

c)画支承板和肋板

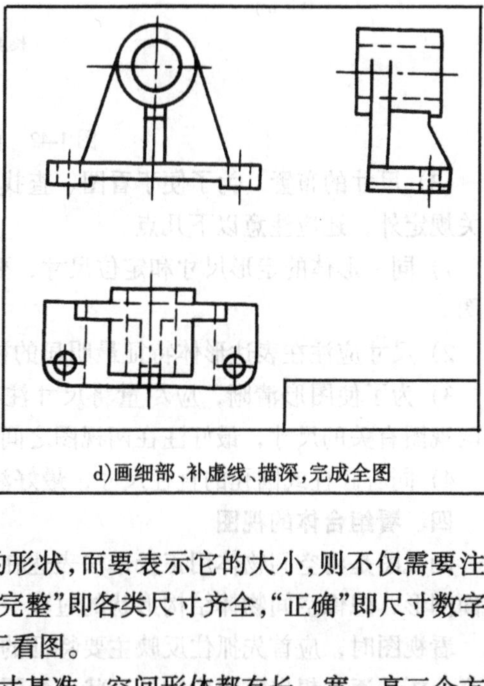

d)画细部、补虚线、描深，完成全图

4. 组合体的尺寸标注　视图只能表达物体的形状，而要表示它的大小，则不仅需要注出尺寸，而且必须达到“完整、正确、清晰”的要求。“完整”即各类尺寸齐全，“正确”即尺寸数字和选择基准正确，“清晰”即尺寸布局整齐、清晰，便于看图。

(1) 尺寸基准　标注尺寸的起始点，称为尺寸基准。空间形体都有长、宽、高三个方向的尺寸，所以必须有三个方向的尺寸基准。如图 1-42 所示的轴承座，组合体的对称面为长度方向的尺寸基准。底板、支承板的后面为宽度方向的基准，底板的底面为高度方向的尺寸基准。

(2) 尺寸的分类　根据尺寸在三视图中的作用可分为三类。

1) 定形尺寸　确定组合体各部分大小的尺寸。如图 1-42 中支承板圆弧半径“*R*17”、轴孔直径“ϕ20”及支承板的宽度尺寸“12”，底板的长“58”、宽“34”、高“10”。

2) 定位尺寸　确定形体之间相互位置的尺寸。如图 1-42 中底板上圆孔的中心位置尺寸“38”、“23”及底板到圆筒轴线的位置尺寸“32”。

3) 总体尺寸　确定组合体总长、总宽、总高的尺寸。如图 1-42 中总长“58”，总宽

“34”，总高“49”（32 + 17）。

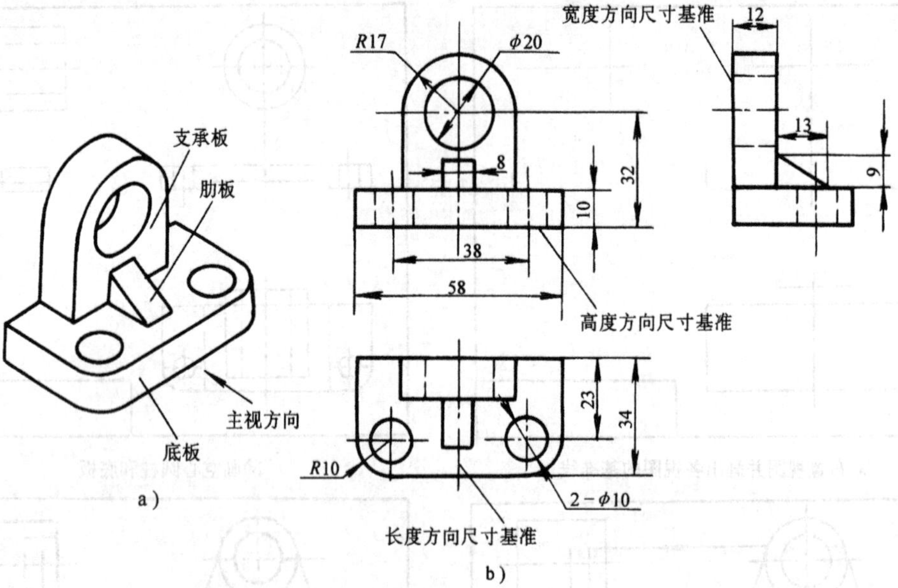

图 1-42　轴承座尺寸分析

（3）尺寸的布置　为了便于看图、查找尺寸，在标注尺寸时，应严格遵守国家标准中的有关规定外，还应注意以下几点。

1）同一形体的定形尺寸和定位尺寸，要尽量集中标注在一个或两个视图上，这样便于看图。

2）尺寸应注在表达形体特征最明显的视图上，并尽量避免注在虚线上。

3）为了使图形清晰，应尽量将尺寸注在视图外面，以免尺寸线、数字和轮廓线相交。与两视图有关的尺寸，最好注在两视图之间，以便看图。

4）同心圆柱或圆孔的直径尺寸，最好注在非圆的视图上。

四、看组合体的视图

画视图是将空间物体用正投影法表达在平面上的过程。而看视图是运用正投影法，根据平面图形，想像空间物体结构形状的过程。

看视图时，应首先抓住反映主要特征的视图，根据投影规律将几个视图联系起来，进行综合分析，逐步想出空间形体的形状。看图的基本方法有两种：形体分析法和线面分析法。

1. 形体分析法　用形体分析法读组合体三视图时，先将视图划分为若干个线框，然后将各组对应线框联系起来，按照投影规律从图上逐个识别出各基本形体的形状，确定它们之间的相对位置、组合形式和表面连接关系，最后综合想像出组合体的整体形状。

下面以图 1-43 所示轴承座为例，说明用形体分析法读组合体三视图的一般步骤：

1）分析视图　如图 1-43a 所示，轴承座有主、俯、左三个视图，主视图较多地反映了轴承座的形状特征和整体特点。左视图上位置特征较为明显。从主、俯两视图可以看出轴承座是左右对称的。

2）划分线框对投影　从反映形状特征较多的主视图入手，将其划分为四个封闭线框，即将轴承座分为四部分，如图 1-43a 所示。根据投影规律，分别找出四个线框在另外两个视图中的对应投影。

3）逐一识别形体并判定相对位置　由图1-43b所示的一组对应线框，可看出形体Ⅰ是一个中上部有一半圆通槽的四棱柱。

由图1-43c所示的一组对应线框，可看出形体Ⅱ是一个三角块(形体Ⅲ形状同形体Ⅱ)。由图1-43d所示的一组对应线框，可看出形体Ⅳ是一个带弯边的长方形底板，其上钻了两个小圆孔。

轴承座四个组成部分的形状确定后，对照三视图可看出它们之间的相对位置：四棱柱Ⅰ在底板Ⅳ的上面，左右居中，两者后面平齐。三角块Ⅱ、Ⅲ分别在底板Ⅳ上面、四棱柱Ⅰ的左右两侧，与Ⅰ、Ⅳ的后面平齐。

4）综合归纳、想整体　将Ⅰ、Ⅱ、Ⅲ、Ⅳ部分的形状、相对位置、表面连接关系及组合形式归纳到一起，综合想像出轴承座的整体形状，如图1-43e所示。

2. 线面分析法　运用线、面投影规律，分析视图中的线条、线框的含义和空间位置，

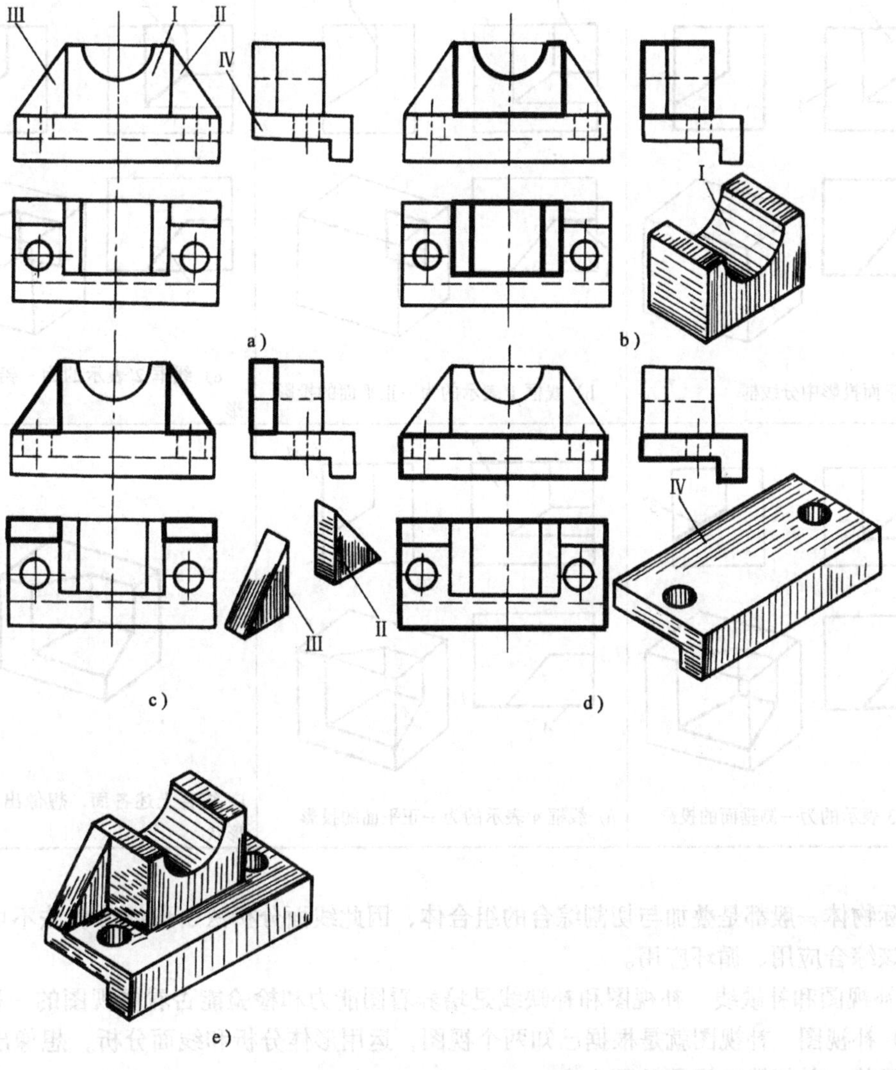

图1-43　轴承座的读图方法

从而想像出这些线面所表示的形状及在组合体上的位置。下面以表 1-11 为例，说明线面分析读图方法和步骤。这种方法主要用来分析切割类组合体。

(1) 初步了解　由表 1-11 图 a 所示三视图中初步认定，这是一个左上方靠前有一缺口的长方体。

(2) 逐个分析　根据线面投影的规律，主视图中四个线框 1′、2′、3′、4′都可在俯、左视图中一一找到对应的图线或线框，即 1′—1—1″，2′—2—2″，3′—3—3″，4′—4—4″。根据三视图特征可以确定Ⅰ、Ⅳ为正平面(表 1-11 图 b、e)，Ⅱ为铅垂面(表 1-11 图 c)，Ⅲ为侧垂面(表 1-11 图 d)。

(3) 综合想像　根据以上分析想像出各部分形状和它们之间的相对位置，综合起来想整体。原基本体为长方体，左上方前部被一个正平面、一个铅垂面和一个侧垂面切割后所形成的形体(表 1-11 图 f)。

表 1-11　线面分析法读图

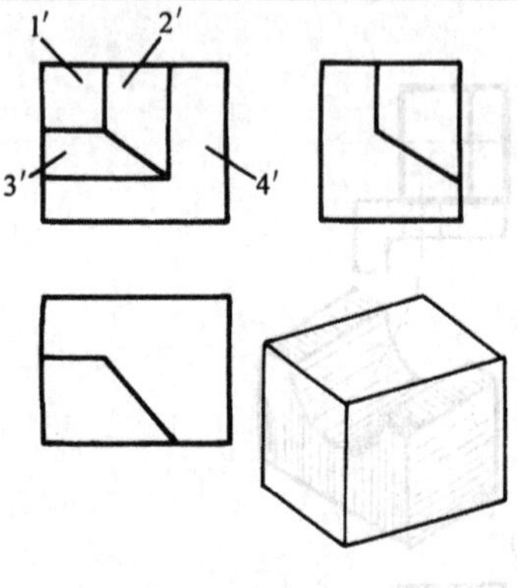 a) 在正面投影中分线框	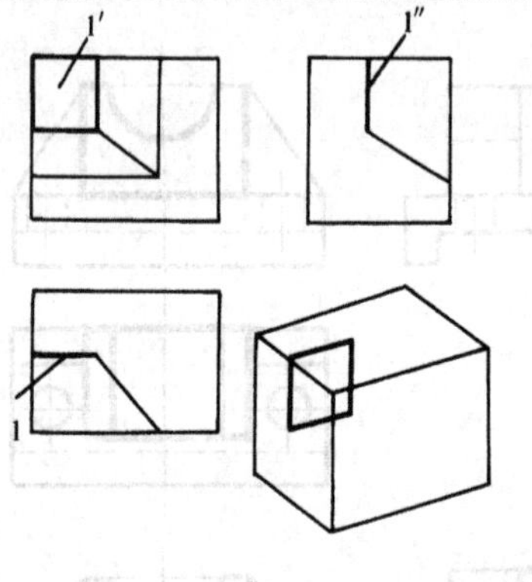 b) 线框 1′表示的为一正平面的投影	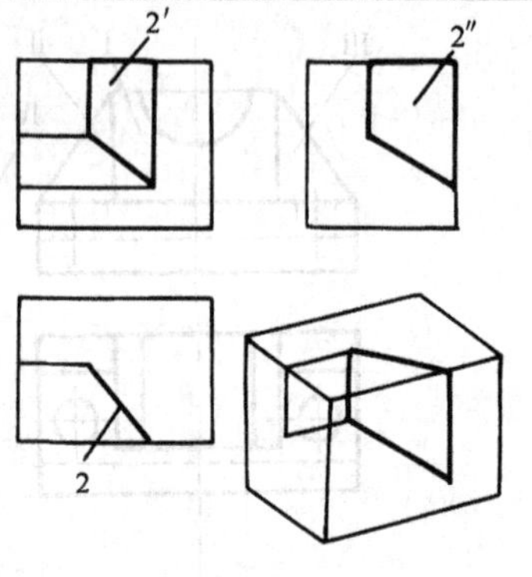 c) 线框 2′表示的为一铅垂面的投影
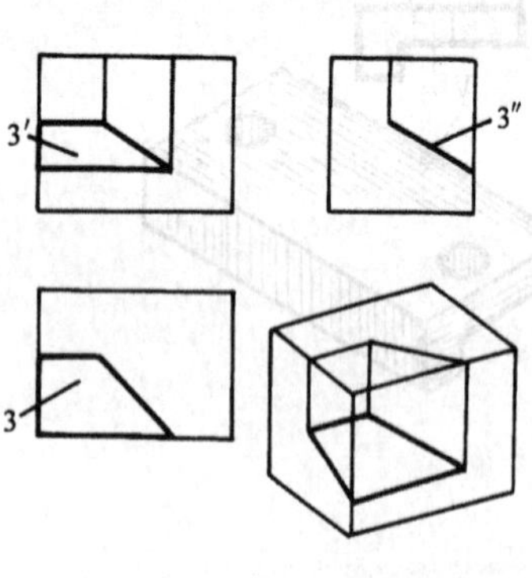 d) 线框 3′表示的为一侧垂面的投影	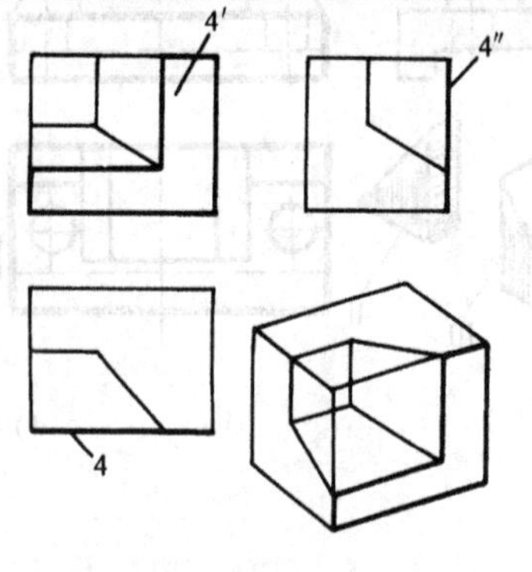 e) 线框 4′表示的为一正平面的投影	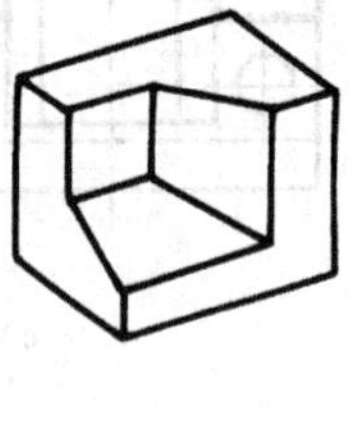 f) 综合上述各面，想像出该物体的形状

实际物体一般都是叠加与切割综合的组合体，因此线面分析法、形体分析法不可绝对分开，应该综合应用、循环应用。

3. 补视图和补缺线　补视图和补缺线是培养看图能力和检验能否看懂视图的一种方法。

(1) 补视图　补视图就是根据已知两个视图，运用形体分析和线面分析，想像出组合体的结构形状，并把第三视图补画出来。

例 1-5 由图 1-44a所示的两个视图，补画左视图。

其步骤见图 1-44b～图 1-44f。

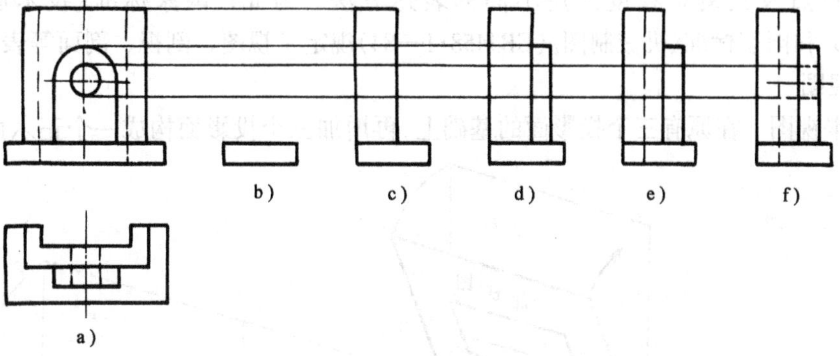

图 1-44 由已知两视图补画第三视图的步骤

(2) 补缺线 主要是利用形体分析法和线面分析法，分析已知视图并补全图中遗漏的图线，使视图表达完整、正确。

例 1-6 由图 1-45补画俯、左视图中的缺线。

由图 1-45a 可以看出，组合体由四部分组成，即中间为半圆筒，半圆筒上部是小圆筒，半圆筒左右两侧是凸耳。

凸耳的下表面与半圆筒下面在同一平面上，但凸耳上表面与半圆筒的柱面相交，应有交线，如图 1-45b 所示。

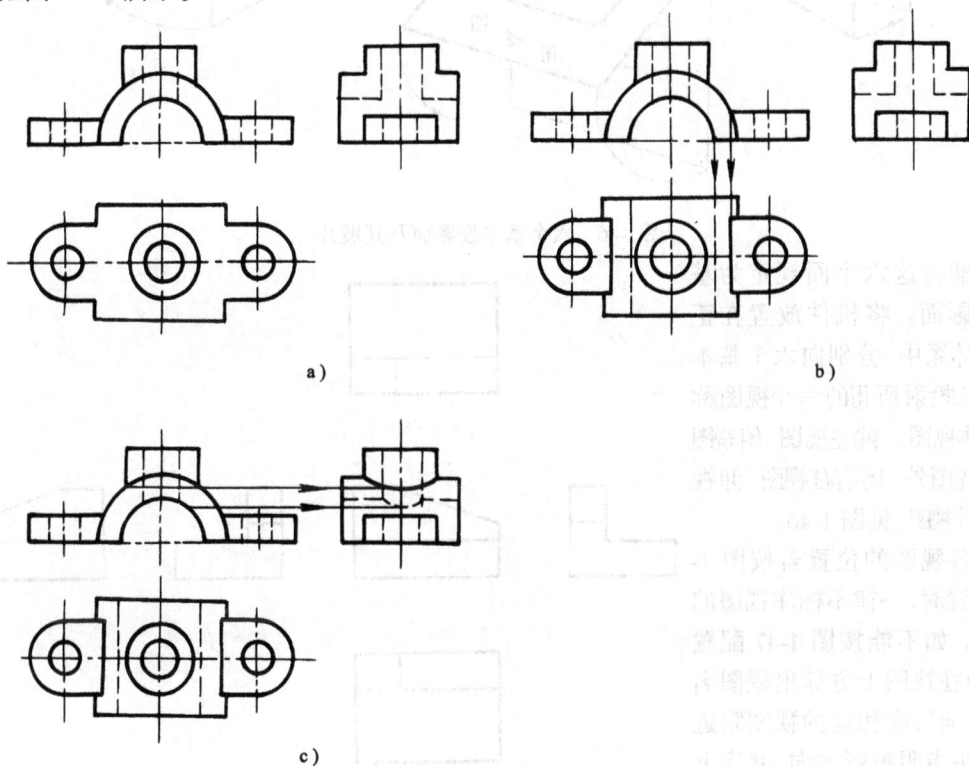

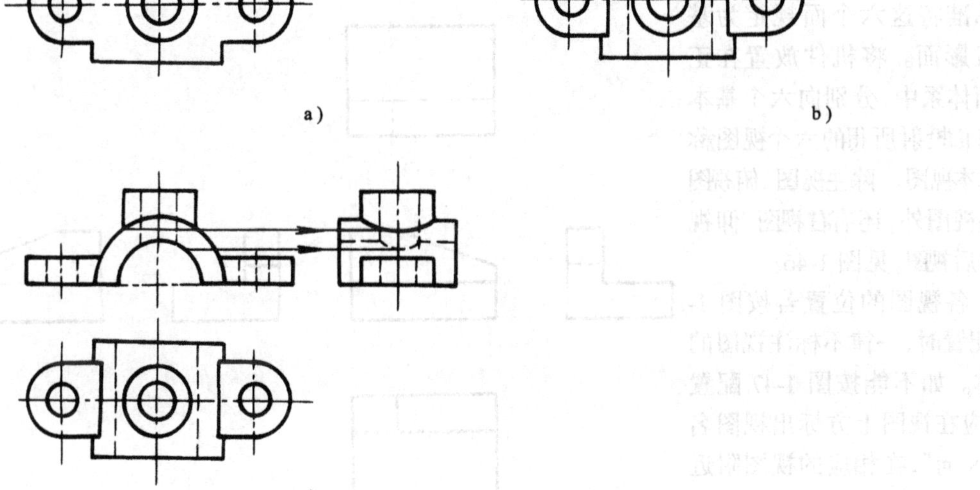

图 1-45 补画俯、左视图中的缺线

半圆筒和小圆筒轴线垂直相交，两外圆柱面有相贯线，如图1-45c所示。

要想把机件的结构形状表达正确、完整，图形清晰、简练，便于他人看图，必须根据机件的结构特点及其复杂程度采用不同的表达方法。为此，国家标准《技术制图》(GB/T14692—93)和国家标准《机械制图》(GB4458·1—84)规定了视图、剖视、剖面等表达方法。

五、视图

1. 基本视图　在原有三个投影面的基础上，再增加三个投影面构成一个正六面体系。国家标准将这六个面规定为基本投影面。将机件放置在正六面体系中，分别向六个基本投影面投射所得的六个视图称为基本视图。除主视图、俯视图和左视图外，还有右视图、仰视图和后视图，见图1-46。

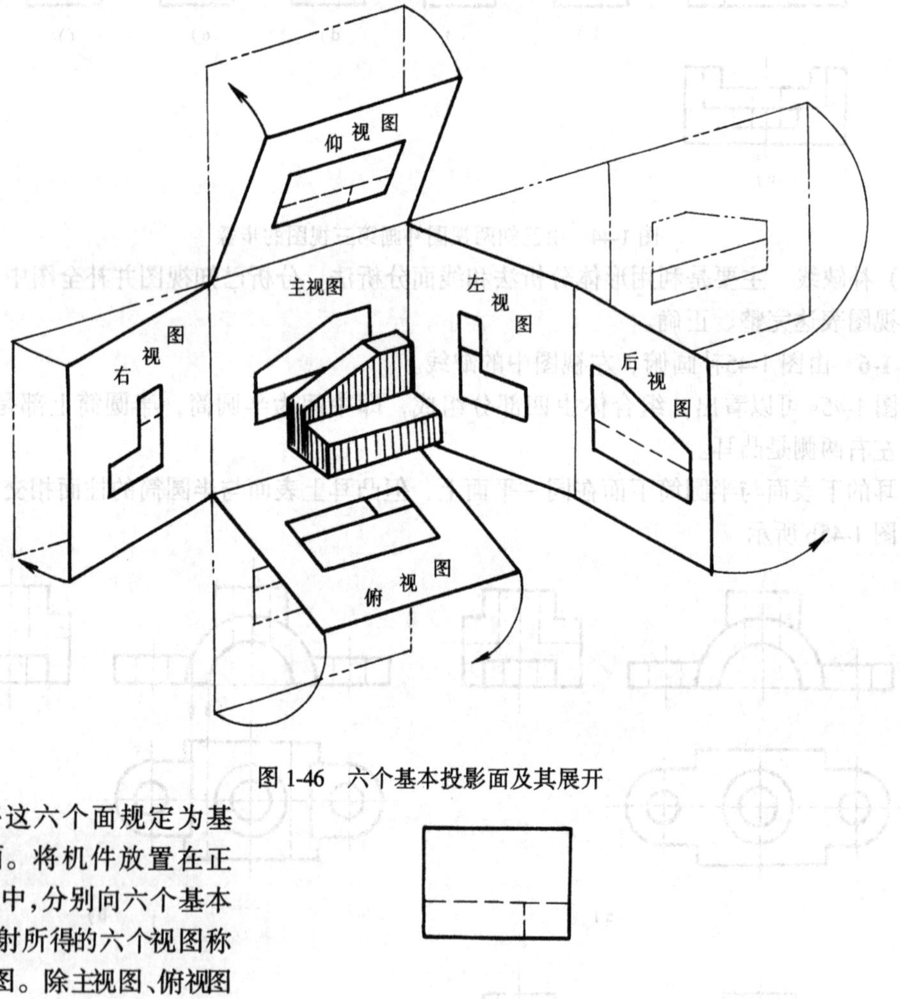

图1-46　六个基本投影面及其展开

各视图的位置若按图1-47配置时，一律不标注视图的名称。如不能按图1-47配置时，应在视图上方标出视图名称"×向"，在相应的视图附近用箭头指明投影方向，并注上同样的字母，见图1-48。

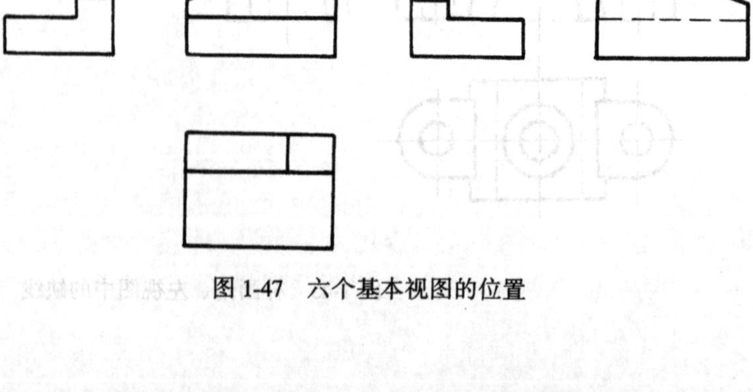

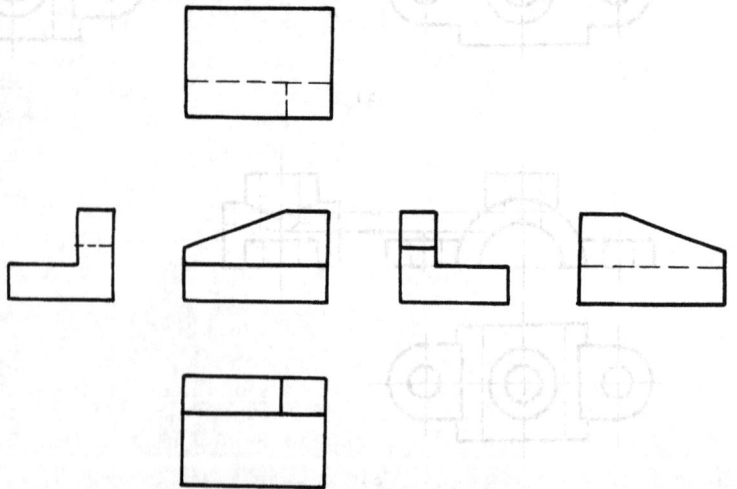

图1-47　六个基本视图的位置

六个基本视图的投影规律与所讲过的三视图一致，即主、俯、仰、后视图长对正，主、右、后、左视图高平齐，俯、右、仰、左视图宽相等。

2. 局部视图　将机件的某一部分向基本投影面投射所得到的视图称为局部视图。局部视图是基本视图的局部图形，是在机件上有部分结构形状需表达清楚而没有必要画出完整的基本视图时的一种简练的表达方法，如图 1-49a 中的 *B* 向。

画局部视图时，一般在局部视图上方标出视图的名称“×向”，在相应的视图附近用箭头指明投射方向，并注上同样的字母，见图 1-49a。

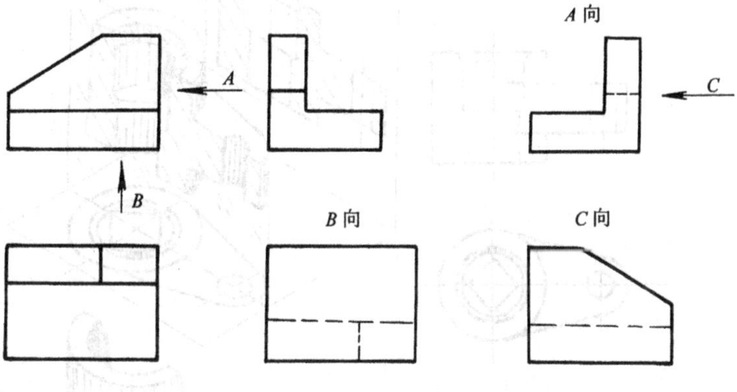

图 1-48　不按基本视图位置配置示例

当局部视图按投影关系配置，中间又没有其它图形时，可省略标注，见图 1-49b。

局部视图和斜视图的断裂边界应以波浪线表示。当所表示的局部结构是完整的，且外轮廓线又成封闭时，波浪线可省略不画。

3. 斜视图　将机件向不平行于任何基本投影面的平面投射所得到的视图称为斜视图，如图 1-49 中的“*A* 向”视图。

斜视图一般按投影关系配置(图 1-49a)，必要时也可以配置在其它适当位置。为了便于画图，允许将图形旋转，其标注形式为“×向旋转”，见图 1-49b。

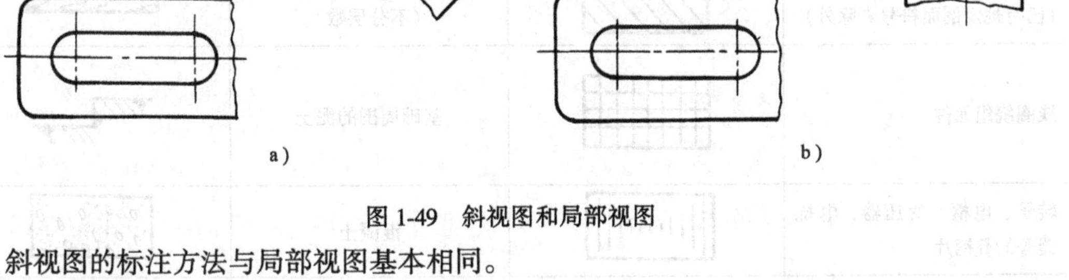

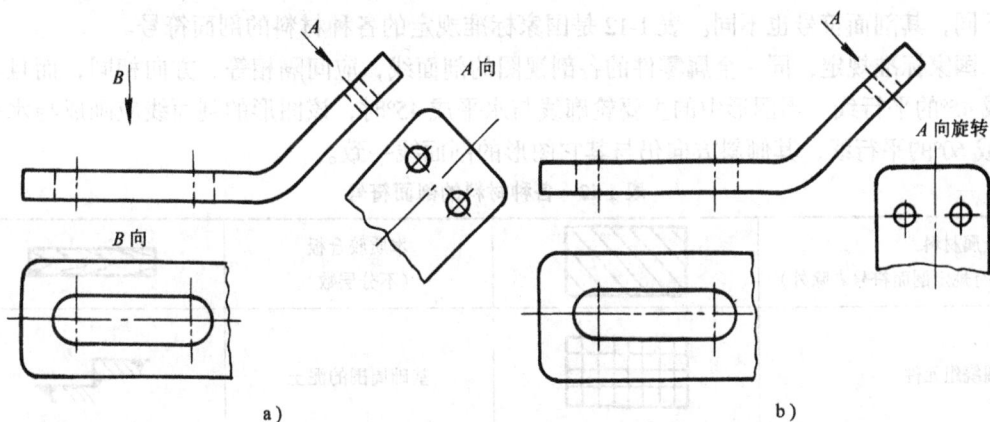

图 1-49　斜视图和局部视图

斜视图的标注方法与局部视图基本相同。

六、剖视图

1. 剖视图的概念　为了清晰地表达机件的内部结构，假想用剖切面剖开机件，移去观察者与剖切面之间的部分，将其余部分向投影面投射所得的图形，称为剖视图，如图 1-50 所示。

2. 剖视图的画法

(1) 剖切位置　剖切面(多为平面)应尽量通过较多的内部结构(孔、槽等)的轴线或对称

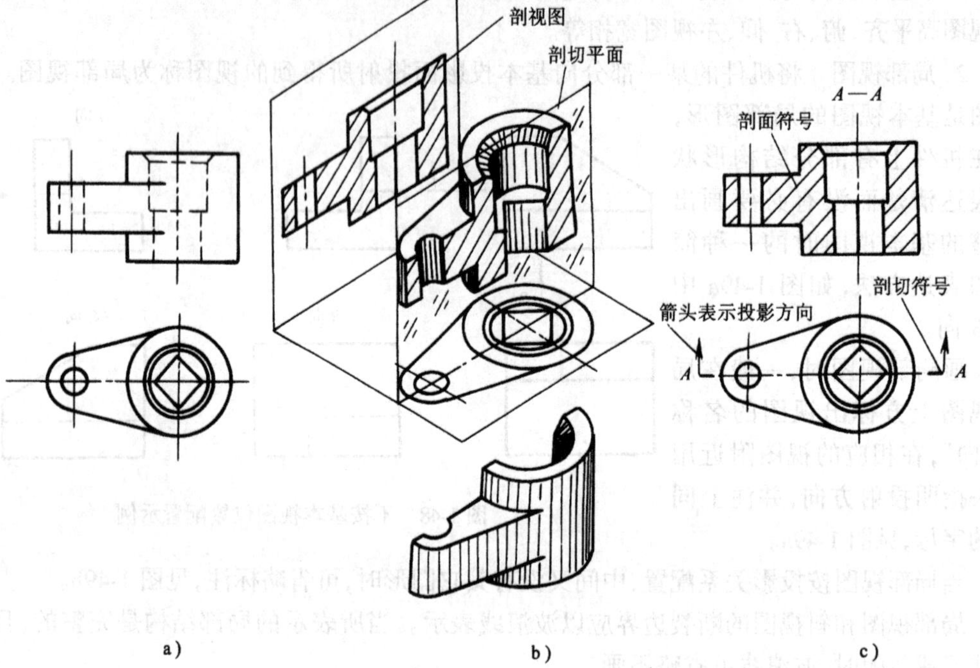

图 1-50 剖视图的形成

平面，并平行于选定的投影面。

（2）不要漏线 应将机件移走后留下部分的所有可见轮廓线画齐全，不要遗漏。

（3）剖面符号 画剖视图时，在机件与剖切面相接触的部分应画上剖面符号。零件的材料不同，其剖面符号也不同。表 1-12 是国家标准规定的各种材料的剖面符号。

国家标准规定，同一金属零件的各剖视图的剖面线，应间隔相等、方向相同，而且与水平成 45°的平行线。当图形中的主要轮廓线与水平成 45°时，该图形的剖面线应画成与水平成 30°或 60°的平行线，其倾斜方向仍与其它图形的剖面线一致。

表 1-12 各种材料的剖面符号

金属材料 （已有规定剖面符号者除外）	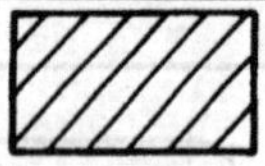	木质胶合板 （不分层数）	
线圈绕组元件	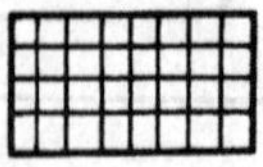	基础周围的泥土	
转子、电枢、变压器、电抗器等的叠钢片		混凝土	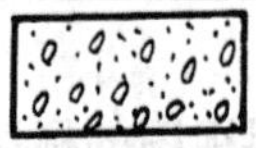
非金属材料 （已有规定剖面符号者除外）		钢筋混凝土	
型砂、填砂、粉末冶金、砂轮、陶瓷刀片、硬质合金刀片等		砖	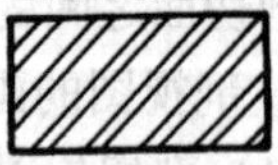

（续）

玻璃及供观察用的其它透明材料	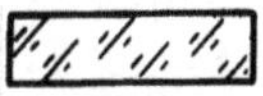	格网（筛网、过滤网等）	
木材：纵剖面 横剖面	 	液体	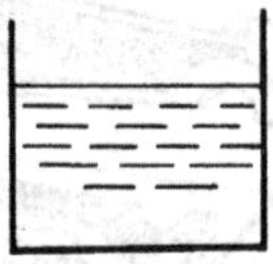

(4) 相关视图完整　剖视图是假想剖切画出的，所以与其相关的其它视图应保持完整。在剖视图中，已表达清楚的结构，虚线可省略不画；在没有剖开的视图中，表达内、外结构的虚线也可按同样原则处理。

3. 剖切方法

(1) 单一剖切面　用一个平行于某一基本投影面的平面剖开机件的方法，称为单一剖。这种剖切方法应用较广，如图 1-50 所示的全剖视图、图 1-57 所示的半剖视图及图 1-59 所示的局部剖视图都是用单一剖的方法得到的剖视图。

(2) 两相交的剖切平面　用两相交的剖切平面(交线垂直于某一基本投影面)剖开机件的方法称为旋转剖，如图 1-51、图 1-52 和图 1-53 所示。

1) 采用旋转剖画剖视图时的注意事项：

① 先假想按剖切位置剖开机件，然后将被剖切平面剖开的结构及其有关部分旋转到与选定的投影面平行后再进行投射，见图 1-51。

② 在剖切平面后的其它结构一般仍按原来位置投射，如图 1-52 中的油孔。

③ 当剖切后产生不完整要素时，应将此部分按不剖绘制，如图 1-53 中的臂。

2) 旋转剖的标注　在剖视图上方用字母标出剖视图的名称“×—×”，在相应的视图上用剖切符号在起、止和转折处表示剖切位置，并注上相应的字母。用箭头在剖切符号的起止处表示投射方向。

(3) 几个平行的剖切平面　用几个平行的剖切平面剖开机件的方法，称为阶梯剖，如图 1-54 所示。

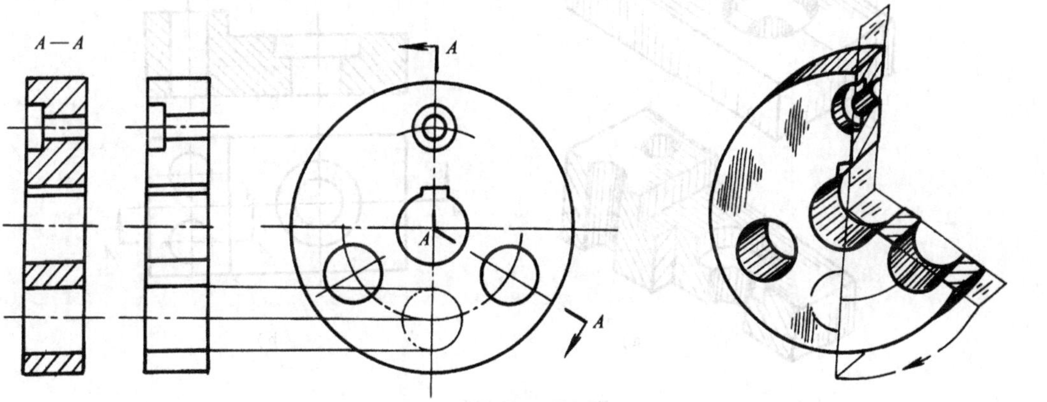

图 1-51　旋转剖(一)

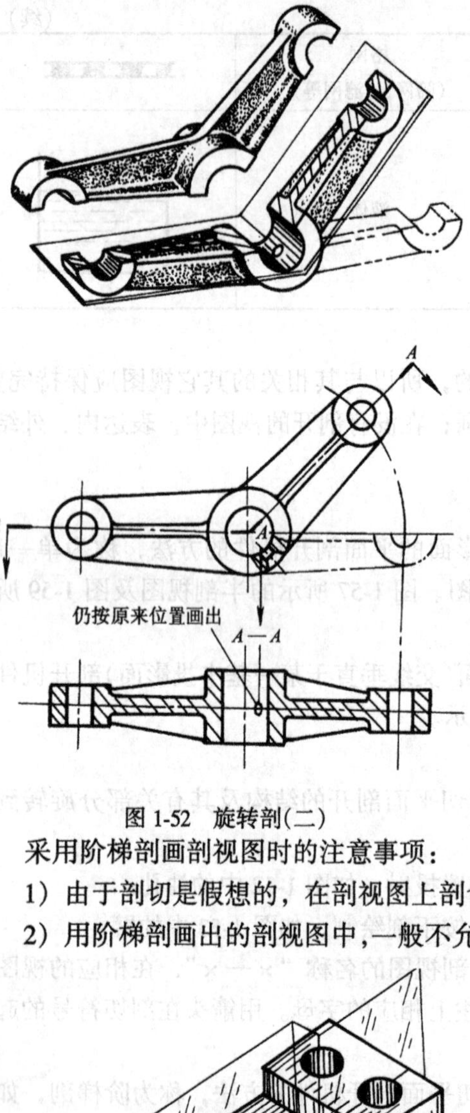

图 1-52 旋转剖(二)

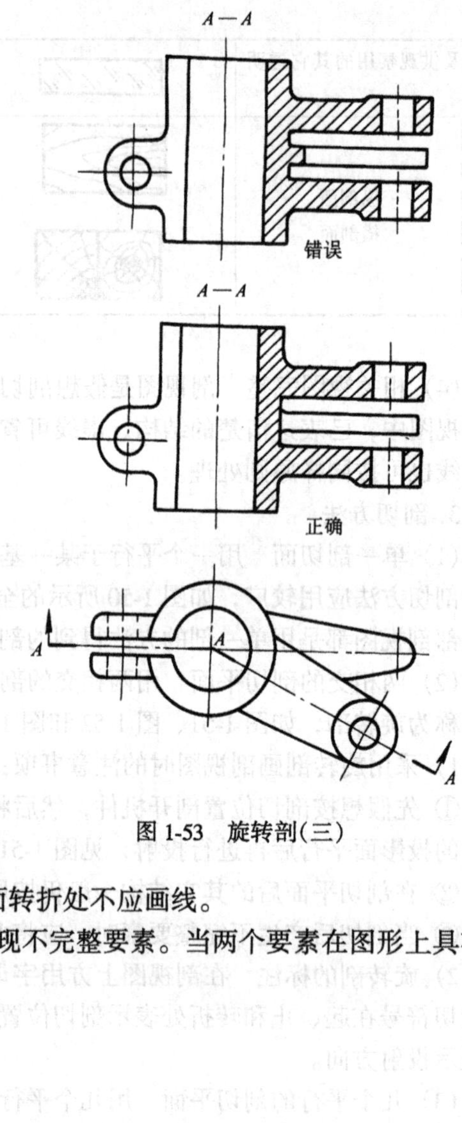

图 1-53 旋转剖(三)

采用阶梯剖画剖视图时的注意事项：

1）由于剖切是假想的，在剖视图上剖切平面转折处不应画线。

2）用阶梯剖画出的剖视图中，一般不允许出现不完整要素。当两个要素在图形上具有公

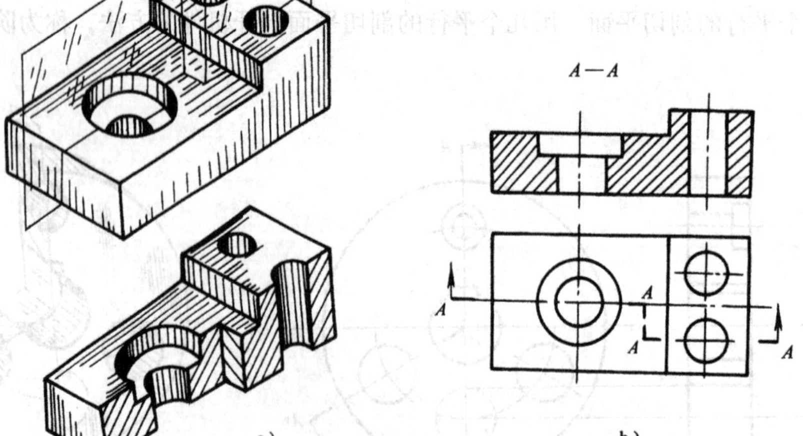

图 1-54 阶梯剖(一)

共对称中心线或轴线时,可以各画一半，此时应以对称中心线或轴线为界，如图 1-55 所示。

阶梯剖的标注与旋转剖的标注基本相同。

(4) 不平行于任何基本投影面的剖切面　用不平行于任何基本投影面的剖切平面剖开机件的方法，称为斜剖，如图 1-56 所示。

采用斜剖画剖视图时的注意事项：

1) 斜剖视图所在的投影面平行于剖切平面，但不平行于任何基本投影面。

2) 斜剖视图一般配置在与剖切符号相对应的位置上，见图 1-56b；在不引起误解时，允许将图形旋转，标注形式为"×—×旋转"，见图 1-56c。

4. 剖视图的种类　按剖切平面剖开机件的范围不同，可分为全剖视图、半剖视图和局部剖视图。

(1) 全剖视图　用剖切平面完全地剖开机件所得的剖视图，称为全剖视图，见图 1-50。它包括前面介绍的几种常用剖切方法所得的剖视图(图 1-51 至图 1-56)。

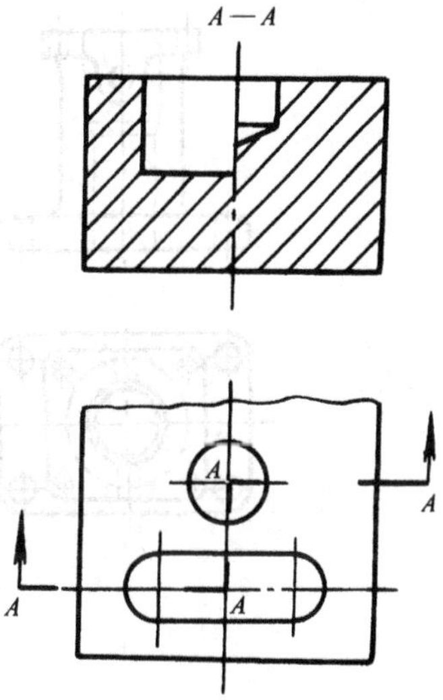

图 1-55　阶梯剖(二)

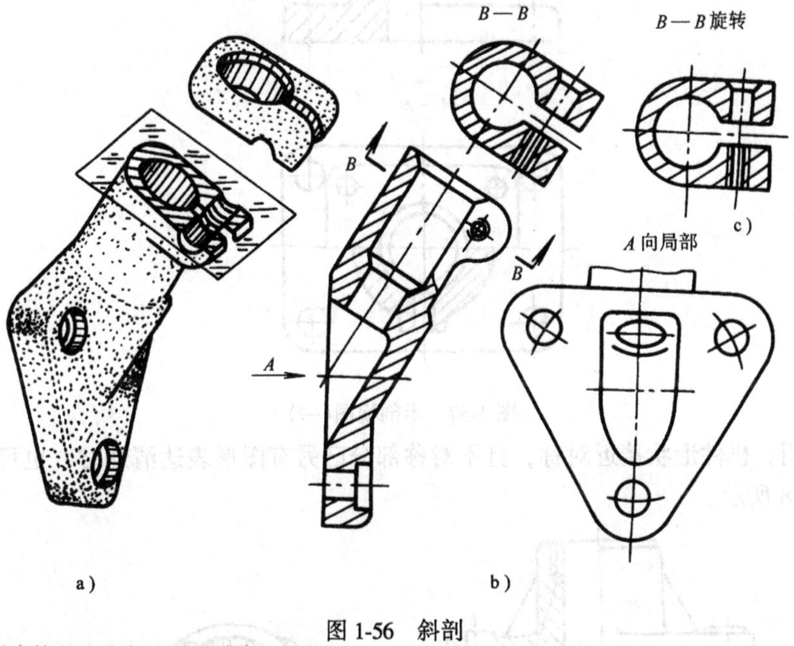

图 1-56　斜剖

当机件的外形简单或机件的外形在其它视图中已表达清楚时，常采用全剖视图来表达机件的内部结构。

(2) 半剖视图　当机件具有对称平面时，在垂直于对称平面的投影面上投射所得的图形，以对称中心线为界，一半画成剖视，另一半画成视图，这种剖视图称为半剖视图，如图 1-57 所示。

画半剖视图时的注意事项：

1) 绘制半剖视图的对象是内外形状都需要表达的对称机件。

2) 半个视图与半个剖视图的分界线应是点划线。

3）采用半剖视图后，不剖的一半一般不画虚线。

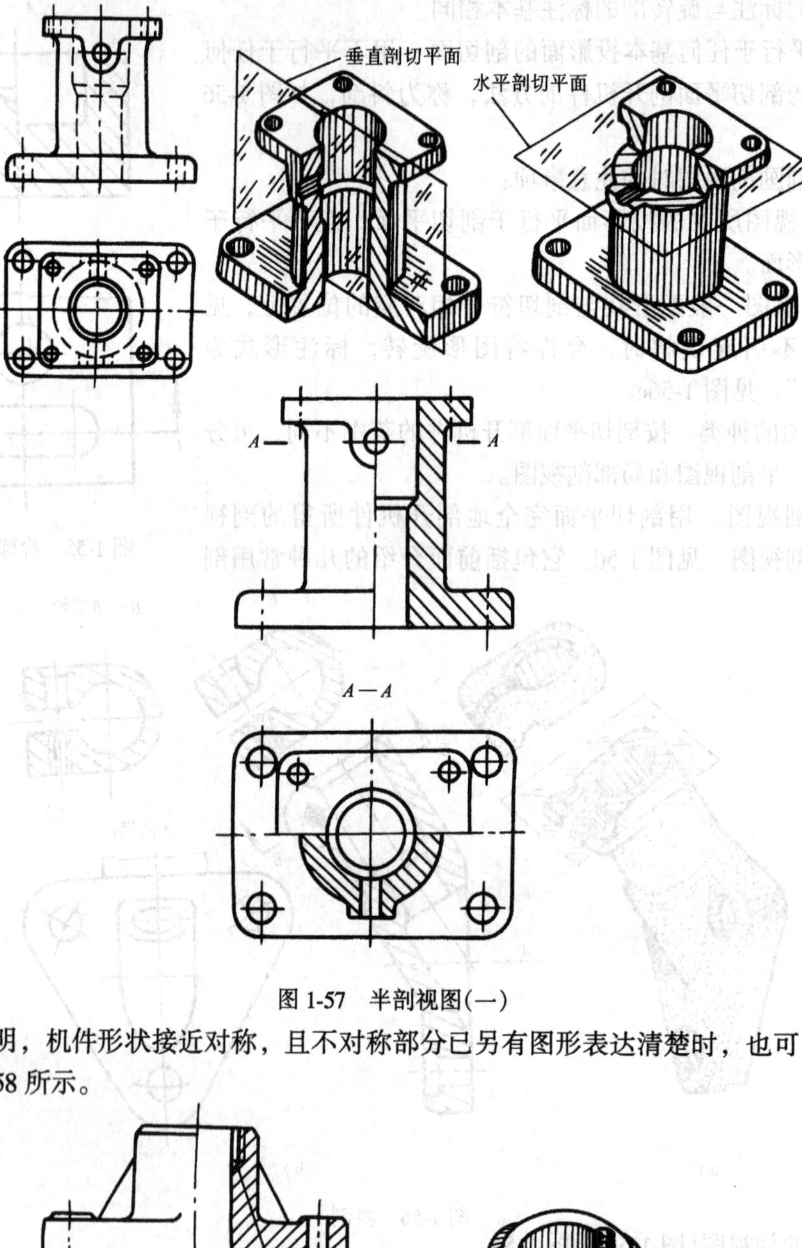

图 1-57 半剖视图(一)

必须说明，机件形状接近对称，且不对称部分已另有图形表达清楚时，也可以画成半剖视。如图 1-58 所示。

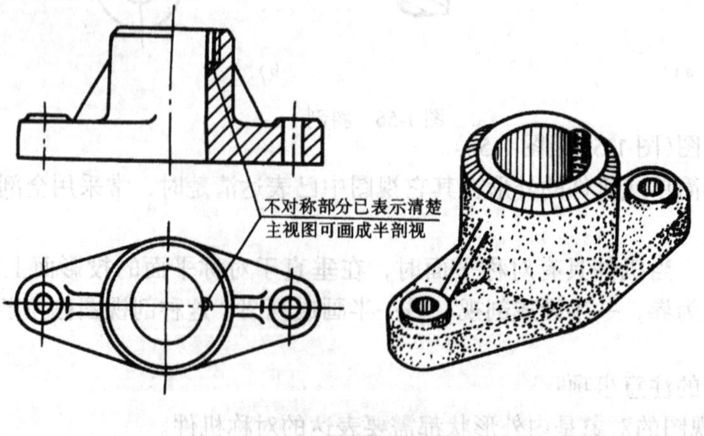

图 1-58 半剖视图(二)

(3) 局部剖视图　用剖切平面局部地剖开机件所得的剖视图称为局部剖视图，如图 1-59 所示。

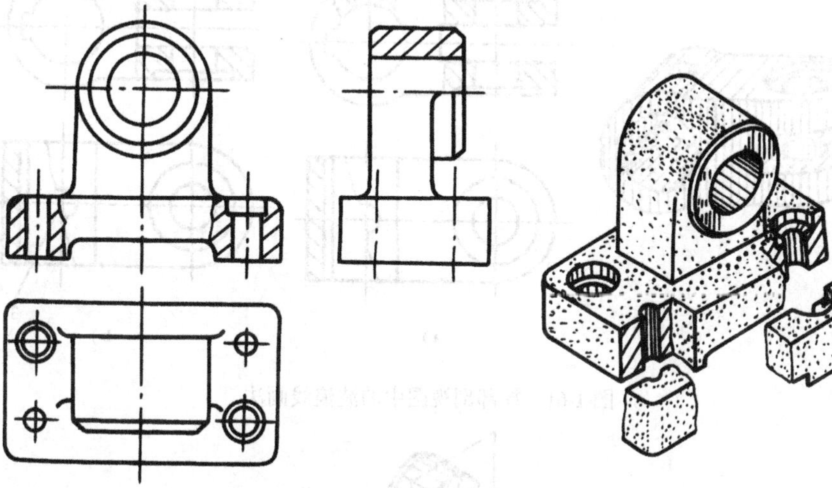

图 1-59　局部剖视图(一)

局部剖视图应用比较广泛，常用于下列情况：

1) 当机件只有局部的内部结构需要表达，或因需要保留部分外部形状而不宜采用全剖视图时(见图 1-59)。

2) 当机件的轮廓线与对称中心线重合，不宜采用半剖视图时(见图 1-60)。

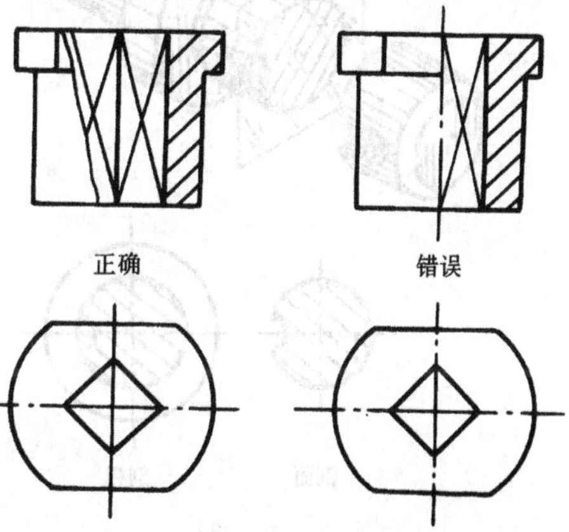

图 1-60　局部剖视图(二)

局部剖视图以波浪线为界，波浪线不应与轮廓线重合(或用轮廓线代替)，也不能超出轮廓线，如图 1-61 所示 1、2、3 处均为错误的画法。但当被剖切的结构为回转体时，允许以该结构的轴线为局部剖视图与视图的分界线，如图 1-59 左视图所示。

5. 剖视图的标注　绘制剖视图时，一般应在剖视图的上方用字母标出剖视图的名称“×—×”；在相应的视图上用剖切符号表示剖切位置，用箭头表示投射方向并注以相同的字母，见图 1-50 至图 1-56。

当剖视图按投影关系配置，中间又没有其它图形隔开时，可省略箭头，如图 1-57 中的 *A*—*A*。

单一剖切平面通过机件的对称平面或基本对称的平面，且剖视图按投影关系配置，中间又没有其它图形隔开时，可省略标注，见图 1-57 和图 1-58。

当单一剖切平面的剖切位置明显时，局部剖视图的标注可省略，见图 1-59 至图 1-61。

七、剖面图

1. 剖面图的概念　假想用剖切平面将机件的某处切断，仅画出断面的图形，这样的图形称为剖面图，如图 1-62 所示。

必须注意：剖面图和剖视图是有区别的，剖面图仅画出机件被切断表面的形状，而剖视

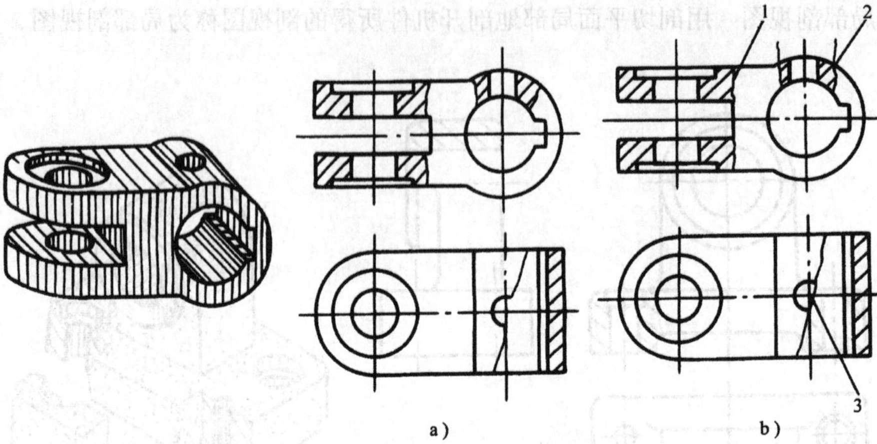

图 1-61 局部剖视图中的波浪线画法

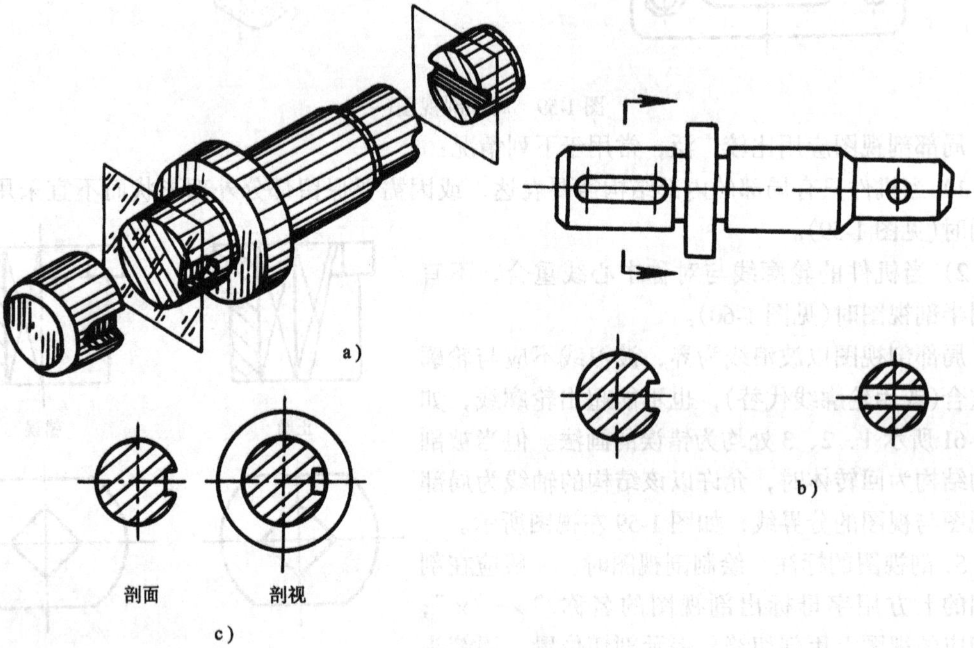

图 1-62 剖面图

图则要求画出剖切以后所有部分的投影，如图 1-62c 所示。

2. 剖面图的分类　根据剖面图在绘制时的配置不同，剖面可分为两种：

(1) 移出剖面　画在视图轮廓之外的剖面称为移出剖面，如图 1-62b 所示。

移出剖面的轮廓线用粗实线画出。移出剖面应尽量配置在剖切位置延长线上；必要时，也可画在其它位置。

当剖切平面通过回转面形成的孔或凹坑的轴线时，这些结构按剖视绘制，如图 1-63 所示。

当剖切平面通过非圆孔，会导致出现完全分离的两个剖面时，则这些结构按剖视绘制，如图 1-64 所示。

由两个或多个相交的剖切平面剖切得出的移出剖面，中间一般应断开绘制，如图 1-65 所

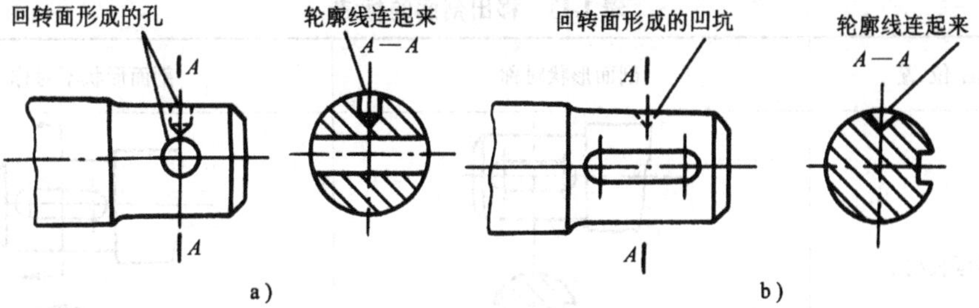

图 1-63 通过圆孔等剖面的画法

示。

(2) 重合剖面 画在视图轮廓之内的剖面称为重合剖面，如图 1-66 所示。

重合剖面的轮廓线规定用细实线绘制。当视图中的轮廓线与重合剖面中的图形重迭时，视图中的轮廓线仍应连续画出，不可间断。

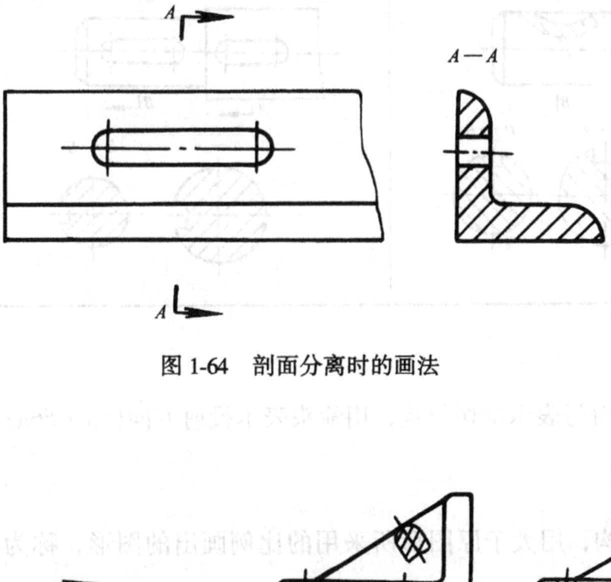

图 1-64 剖面分离时的画法

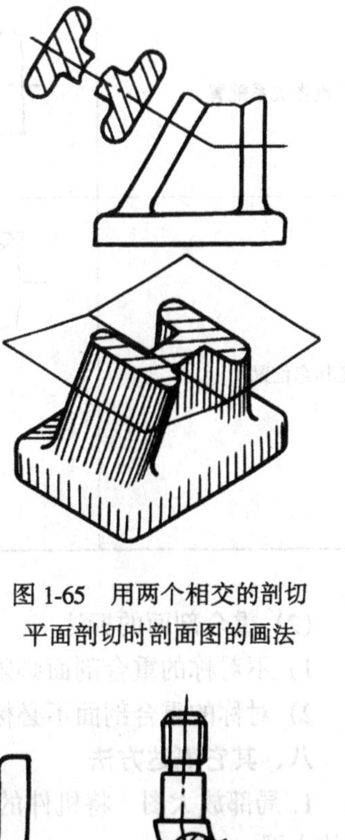

图 1-65 用两个相交的剖切平面剖切时剖面图的画法

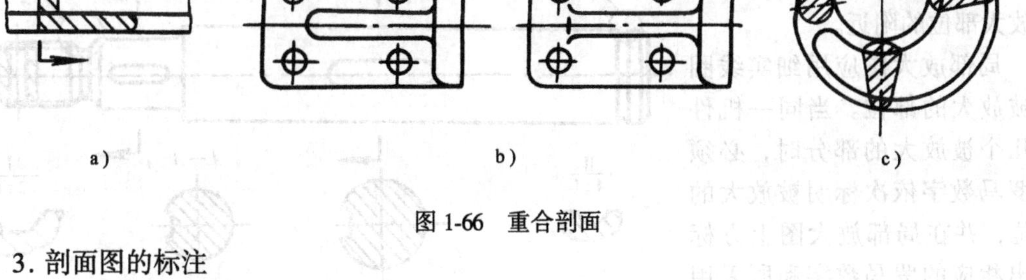

图 1-66 重合剖面

3. 剖面图的标注

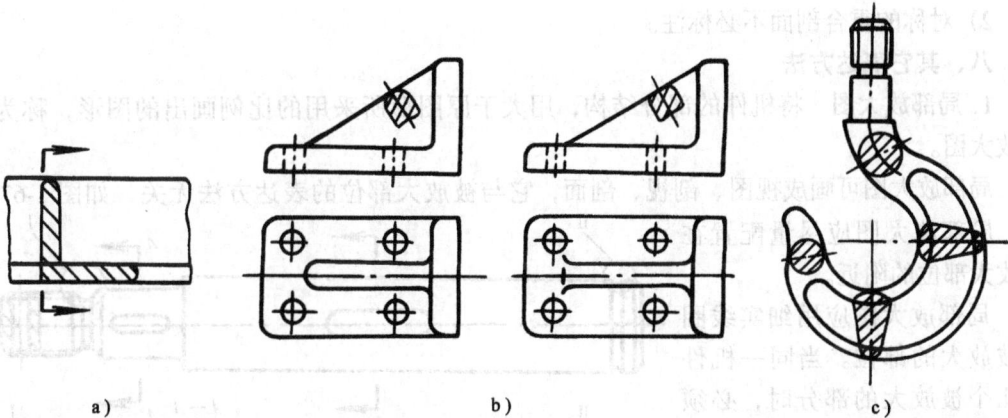

(1) 移出剖面的标注 见表 1-13。

表 1-13　移出剖面的标注

剖 面 位 置	剖面形状对称	剖面形状不对称
在剖切符号延长线上	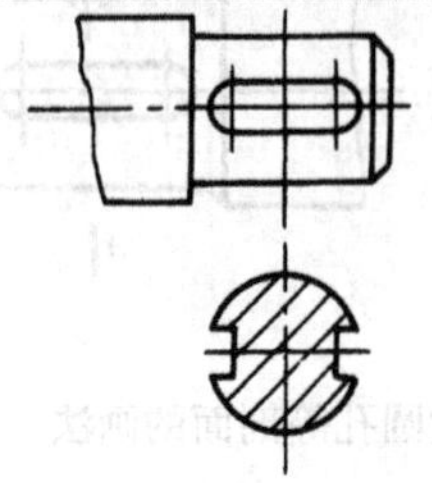	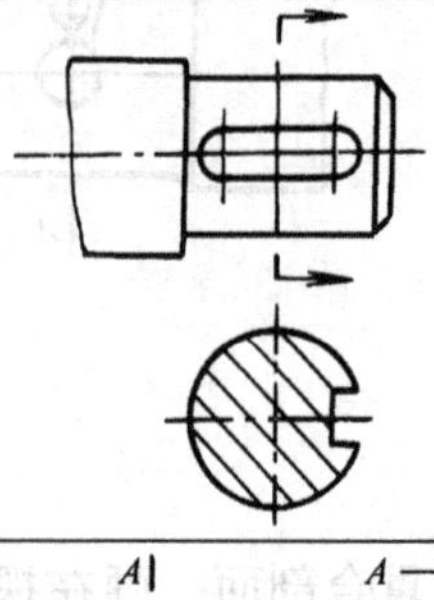
按投影关系配置	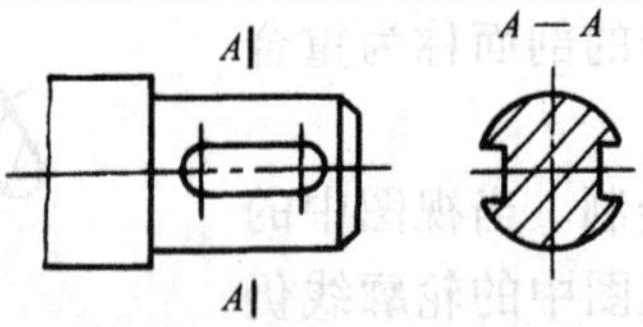	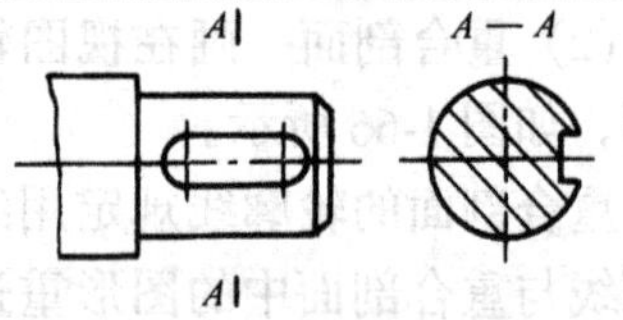
在其它位置	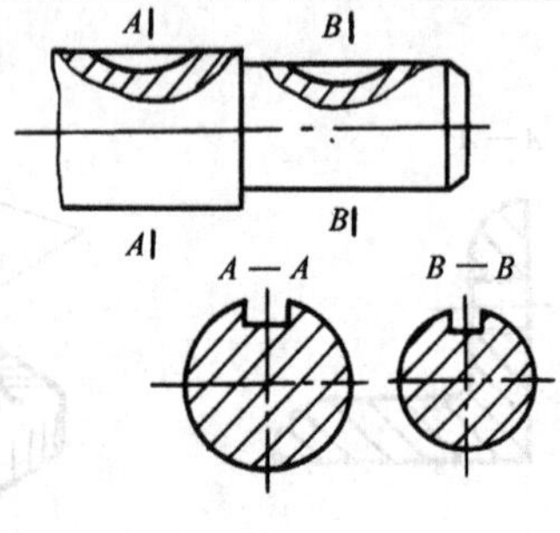	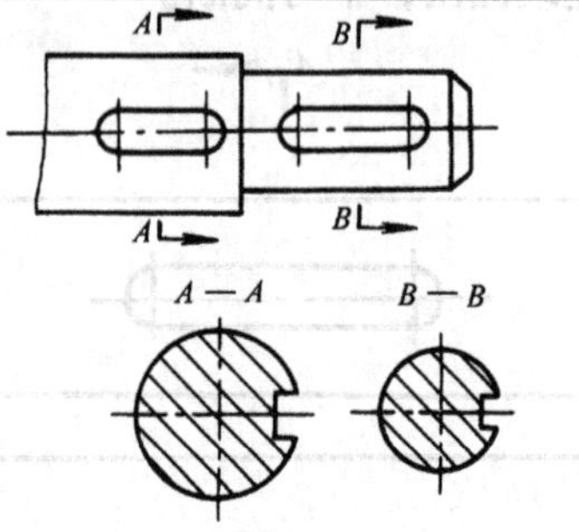

(2) 重合剖面的标注

1）不对称的重合剖面必须用剖切符号表示剖切位置，用箭头表示投射方向(图 1-66a)。

2）对称的重合剖面不必标注。

八、其它表达方法

1. 局部放大图　将机件的部分结构，用大于原图形所采用的比例画出的图形，称为局部放大图。

局部放大图可画成视图、剖视、剖面，它与被放大部位的表达方法无关，如图 1-67 所示。局部放大图应尽量配置在被放大部位的附近。

局部放大图应用细实线圈出被放大的部位。当同一机件有几个被放大的部分时，必须用罗马数字依次标明被放大的部位，并在局部放大图上方标注出相应的罗马数字和所采用的比例，见图 1-67。

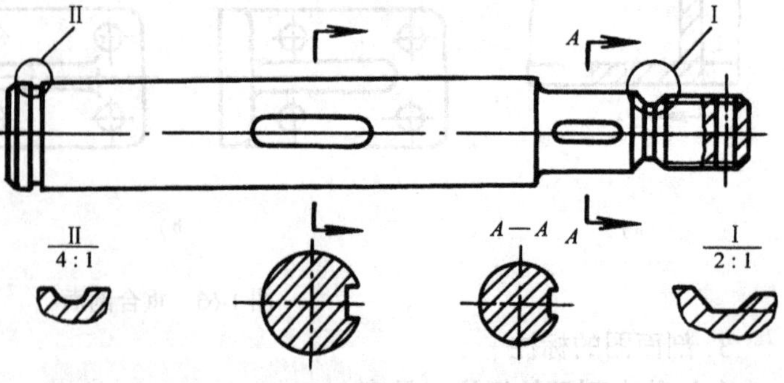

图 1-67　局部放大图

2. 简化画法

(1) 相同结构的简化画法　当机件上具有若干相同结构(齿、槽、孔等)，并按一定规律分布时，只需要画出几个完整结构，其余用细实线连接或用点划线表示其中心位置，并注明总数，如图 1-68 所示。

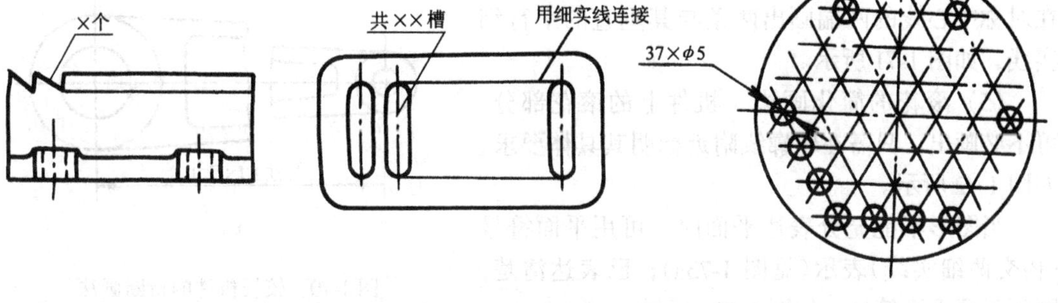

图 1-68　相同结构的简化画法

(2) 剖视图中的简化画法　对机件上的肋、轮辐及薄壁等，如按纵向剖切，这些结构都不画剖面符号，而用粗实线将它与其邻接部分分开。当机件回转体上均匀分布的肋、轮辐、孔等结构不处于剖切平面上时，可将这些结构旋转到剖切平面上画出，如图1-69所

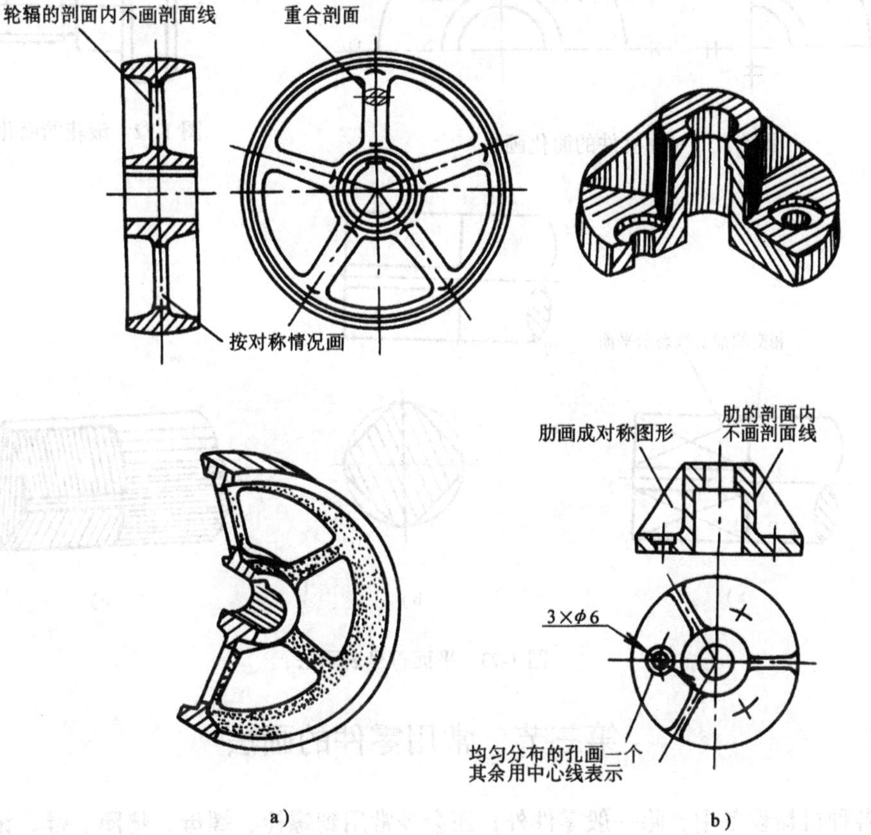

图 1-69　剖视图中的简化画法

示。

(3) 较长机件的折断画法　较长的机件(如轴、杆、型材等),沿长度方向的形状一致或按一定规律变化时,可断开缩短绘制,如图 1-70 所示。

(4) 对称机件的简化画法　在不致引起误解时,对于对称机件的视图可以只画一半或1/4,并在对称中心线的两端画出两条与其垂直的平行细实线,如图 1-71 所示。

(5) 滚花的简化画法　机件上的滚花部分,可不必画出,只需在轮廓线附近标明其具体要求,如图 1-72 所示。

当图形不能充分表达平面时,可用平面符号(相交两细实线)表示(见图 1-73a);已表达清楚,则可不画平面符号,如图 1-73b 所示。

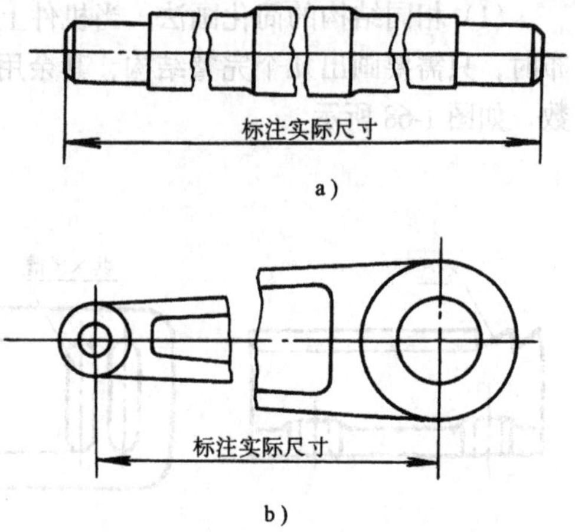

图 1-70　较长机件的折断画法

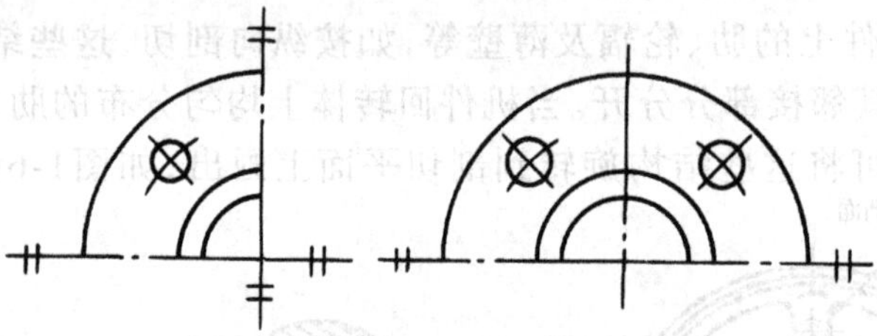

图 1-71　对称机件的简化画法

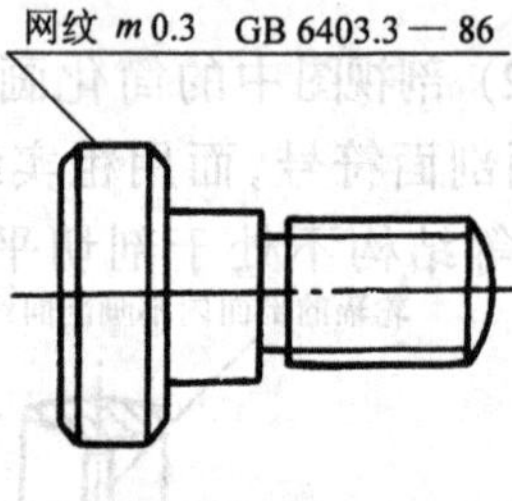

图 1-72　滚花的简化画法

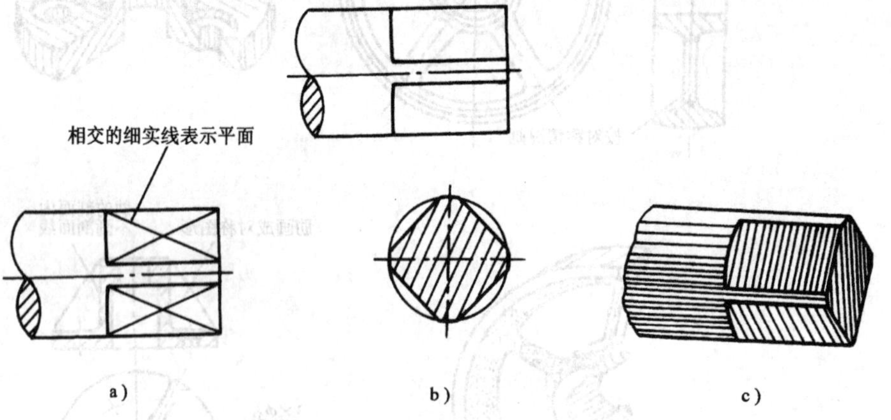

图 1-73　平面符号表示法

第三节　常用零件的画法

在各种机械设备中,除一般零件外,还会经常用到螺栓、螺母、垫圈、键、销、齿轮等标准件和常用件。

由于这些零件用途广，用量大，为了便于批量生产和使用，对它们的结构与尺寸都已全部或部分实行了标准化。为了提高绘图效率，对上述零件某些结构和形状不必按其真实投影画出，而是根据相应的国家标准所规定的画法、代号和标记进行绘图与标注。

本节主要介绍这些零件的规定画法，以及与此有关的内容。

一、螺纹

螺纹的用途很广，它用于联接、紧固，也可以用来传递动力。螺纹是根据螺旋线的形成原理加工出具有相同剖面的连续凸起和沟槽。螺纹可以在车床上进行加工，如图 1-74 所示。

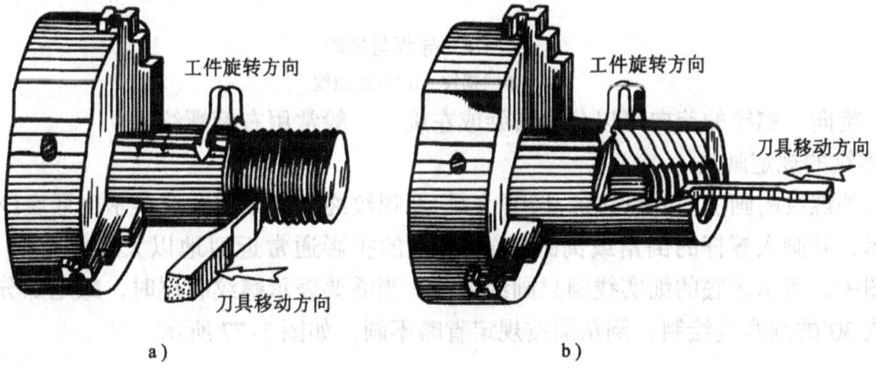

图 1-74 在车床上加工螺纹

a)车外螺纹 b)车内螺纹

螺纹分外螺纹和内螺纹两种，成对使用。在圆柱或圆锥外表面加工的螺纹称外螺纹，在圆柱或圆锥内表面上加工的螺纹称内螺纹。

1. 螺纹的要素

(1) 牙型 在通过螺纹轴线的剖面上，螺纹的轮廓形状称牙型。常见的牙型有三角形、梯形和锯齿形等(参见表 1-14)。

(2) 直径 直径有大径(d、D)、中径(d_2、D_2)和小径(d_1、D_1)之分，如图 1-75 所示。

大径一般又称为螺纹的公称直径。它是指与外螺纹牙顶或内螺纹牙底相切的假想圆柱的直径。

小径是指与外螺纹牙底或内螺纹牙顶相切的假想圆柱的直径。

中径是指一个假想圆柱的直径，在此直径的圆柱面上，牙型上的凹槽与凸起沿轴向的宽度相等。

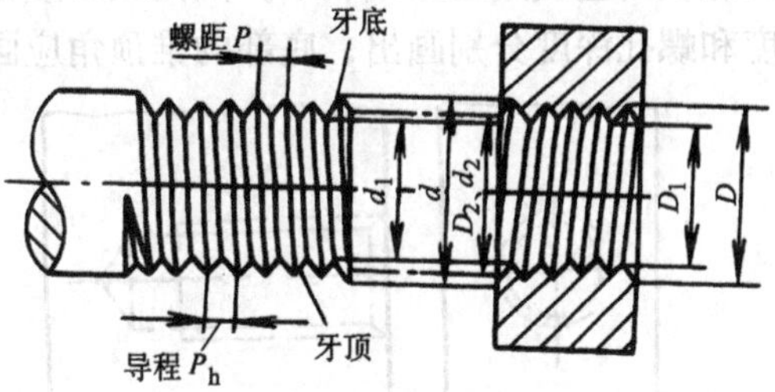

图 1-75 螺纹的名称

(3) 线数(n) 螺纹有单线与多线之分。沿一条螺旋线所形成的螺纹称单线螺纹；沿两条或两条以上螺纹线所形成的螺纹称多线螺纹。

(4) 导程(P_h)和螺距(P) 螺距是指相邻两牙在中径线上对应两点间的轴向距离。导程是指在同一条螺旋线上，相邻两牙在中径线上对应两点间的轴向距离。

应注意：螺距和导程是两个不同的概念，如图 1-76 所示。螺距、导程、线数的关系是：

$$\text{螺距 } P = \frac{\text{导程 } P_h}{\text{线数 } n}$$

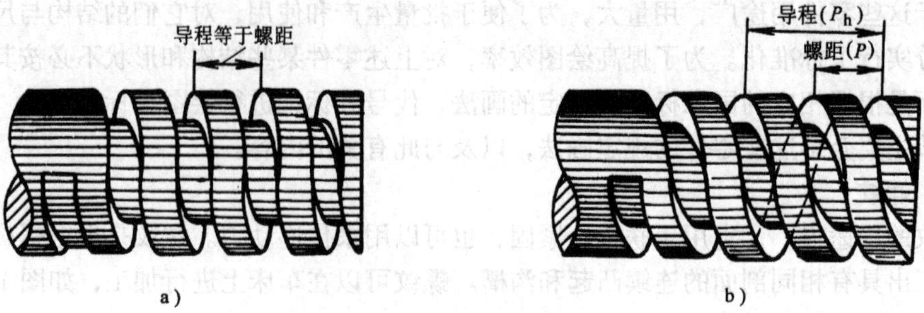

图 1-76　导程与螺距

a)单线螺纹　b)双线螺纹

(5) 旋向　螺纹的旋向可以分为右旋或左旋，一般常用右旋螺纹。

2. 螺纹的规定画法

(1) 外螺纹的画法　外螺纹的牙顶(大径)及螺纹终止线用粗实线表示，牙底(小径)用细实线表示，并画入螺杆的倒角或倒圆部分(小径的投影通常近似地以大径的 0.85 倍画出)。在端视图中，表示牙底的细实线圆只画约¾圈。当需要表示螺纹收尾时，螺尾部分的牙底用与轴线成 30°的细实线绘制。倒角圆按规定省略不画，如图 1-77 所示。

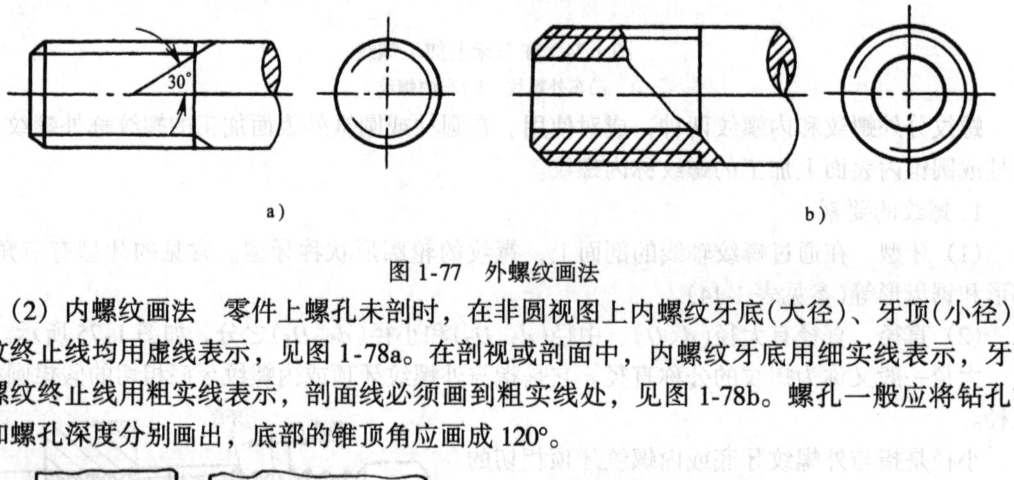

图 1-77　外螺纹画法

(2) 内螺纹画法　零件上螺孔未剖时，在非圆视图上内螺纹牙底(大径)、牙顶(小径)和螺纹终止线均用虚线表示，见图 1-78a。在剖视或剖面中，内螺纹牙底用细实线表示，牙顶及螺纹终止线用粗实线表示，剖面线必须画到粗实线处，见图 1-78b。螺孔一般应将钻孔深度和螺孔深度分别画出，底部的锥顶角应画成 120°。

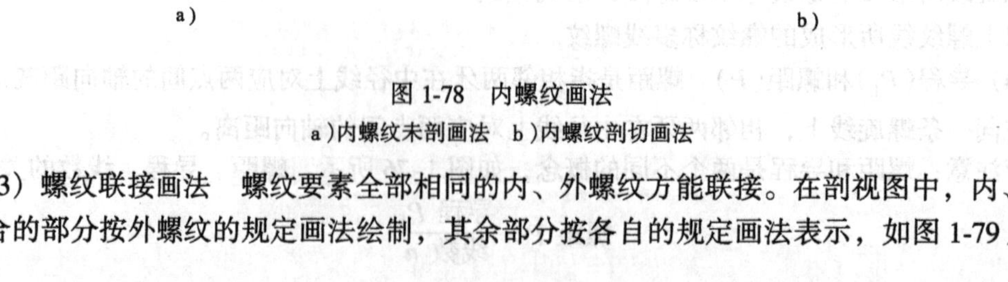

图 1-78　内螺纹画法

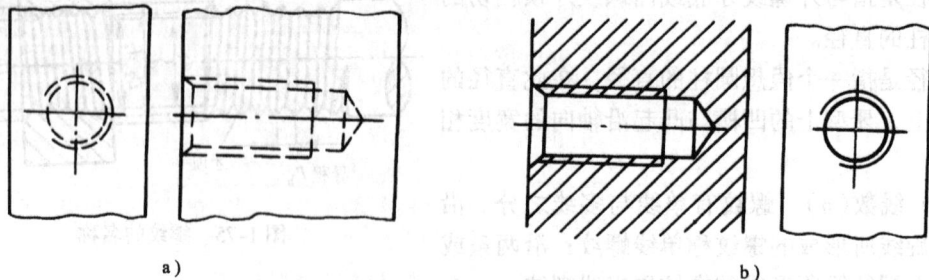

a)内螺纹未剖画法　b)内螺纹剖切画法

(3) 螺纹联接画法　螺纹要素全部相同的内、外螺纹方能联接。在剖视图中，内、外螺纹旋合的部分按外螺纹的规定画法绘制，其余部分按各自的规定画法表示，如图 1-79 所示。

3. 螺纹的标记与标注

(1) 螺纹的标记　由于螺纹规定画法不能表示螺纹种类和螺纹各要素，因此绘制螺纹图样时，必须按照国家标准所规定的格式和相应代号进行标注。

一般完整的标记由螺纹代号、螺纹公差带代号和旋合长度代号组成，中间用“—”分开。

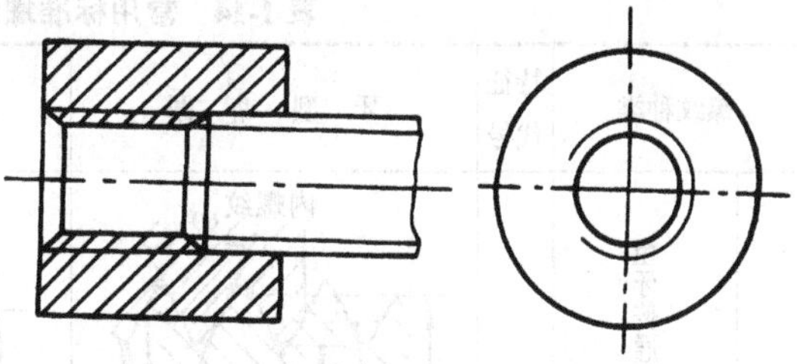

图 1-79　螺纹联接的画法

例如：M10—5g6g—S

- S——旋合长度代号
- 5g6g——公差带代号(5g 为中径公差带,6g 为顶径公差带)
- M10——螺纹代号(粗牙普通螺纹,公称直径 10mm,右旋)

Tr40 × 14 (P7) LH—8e—L

- L——旋合长度代号
- 8e——公差带代号(表示中径公差带)
- Tr40 × 14 (P7) LH——螺纹代号(梯形螺纹,公称直径 40mm,双线,导程 14mm,螺距 7mm,左旋)

螺纹代号说明牙型、螺距、旋向等内容。

螺纹的公差带代号由数字和字母组成,数字表示公差等级,字母表示公差带的位置(小写字母表示外螺纹公差带,大写字母表示内螺纹公差带)。

普通螺纹旋合长度分为短(S)、中(N)、长(L)三种，一般多采用中等旋合长度，其代号 N 省略。梯形螺纹旋合长度分为中(N)和长(L)两种，一般多采用中等旋合长度，其代号 N 省略。

在标注螺纹标记时应注意：

1) 单线螺纹和右旋螺纹用得十分普遍，故线数和右旋均省略不注。左旋螺纹应标注符号“LH”。粗牙普通螺纹不标注螺距。

2) 管螺纹又分为用螺纹密封的管螺纹和非螺纹密封的管螺纹两种。它们的标记由螺纹特征代号、尺寸代号(和公差等级代号)组成。1½螺纹标记示例如下：

用螺纹密封的管螺纹
- 圆锥内螺纹：Rc1½
- 圆柱内螺纹：Rp1½
- 圆锥外螺纹：R1½

非螺纹密封的管螺纹
- 内螺纹：G1½
- A 级外螺纹：G1½A
- B 级外螺纹：G1½B

(2) 螺纹的标注　公称直径以毫米为单位的螺纹(如普通螺纹、梯形螺纹和锯齿形螺纹等)，其标记直接注在大径的尺寸线上；管螺纹的标记一律注在大径处引出的水平折线上，见表 1-14。

表 1-14 常用标准螺纹的种类、牙型与标注

<table>
<tr><th colspan="3">螺纹种类</th><th>特征代号</th><th>牙型略图</th><th>标注示例</th><th>说明</th></tr>
<tr><td rowspan="6">联接螺纹</td><td colspan="2">粗牙普通螺纹</td><td rowspan="2">M</td><td>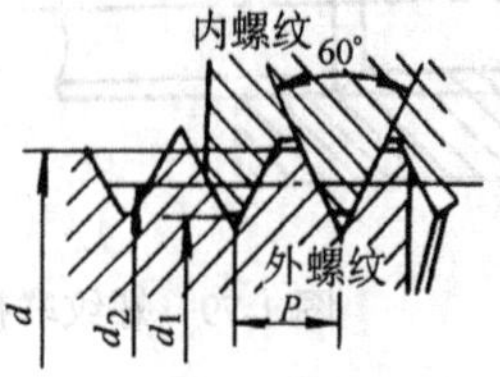</td><td>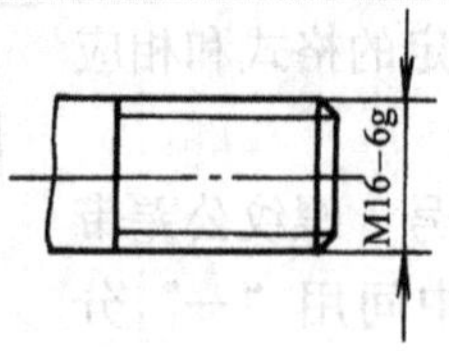</td><td>粗牙普通螺纹，公称直径 16mm，右旋，中径与大径公差带均为 6g，中等旋合长度</td></tr>
<tr><td colspan="2">细牙普通螺纹</td><td>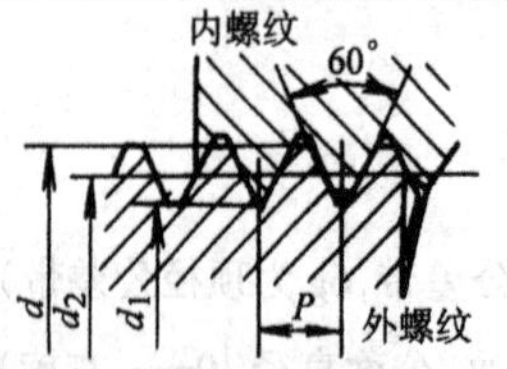</td><td>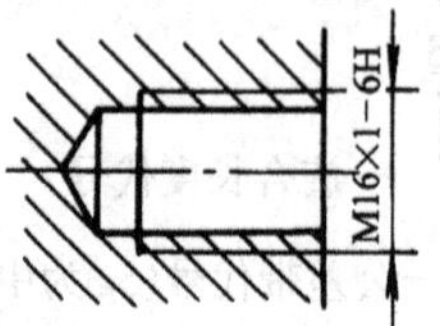</td><td>细牙普通螺纹，公称直径 16mm，螺距 1mm，右旋，中径与顶径公差带均为 6H，中等旋合长度</td></tr>
<tr><td colspan="2">非螺纹密封的管螺纹</td><td>G</td><td>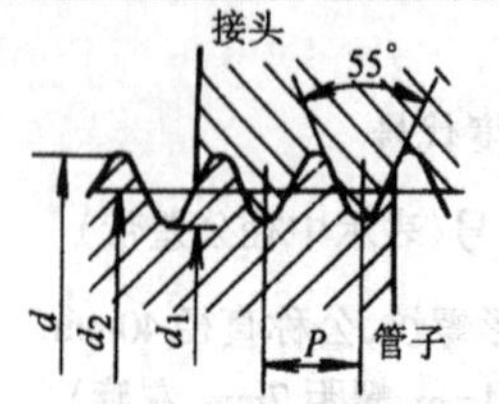</td><td>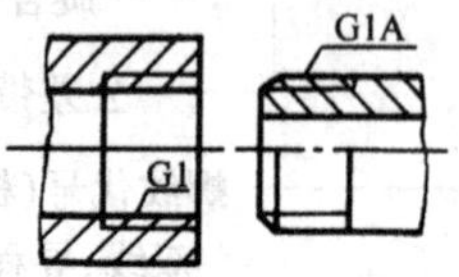</td><td>非螺纹密封的圆柱管螺纹
G—螺纹特征代号
1—尺寸代号
A—外螺纹公差等级代号</td></tr>
<tr><td rowspan="3">用螺纹密封的管螺纹</td><td>圆锥内螺纹</td><td>Rc</td><td rowspan="3">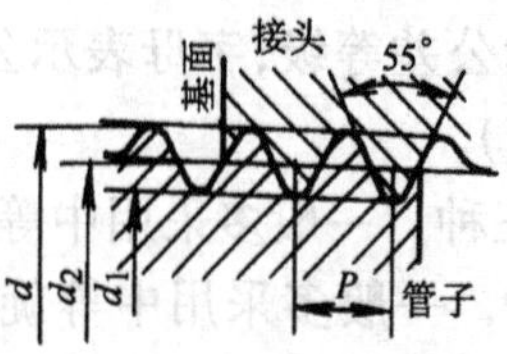</td><td rowspan="3">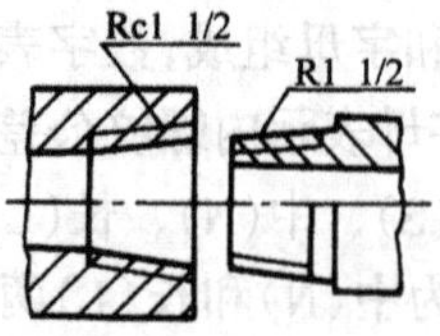</td><td rowspan="3">用螺纹密封的管螺纹
Rc—用螺纹密封的圆锥内螺纹
Rp—用螺纹密封的圆柱内螺纹
R—用螺纹密封的圆锥外螺纹
$1\frac{1}{2}$—尺寸代号</td></tr>
<tr><td>圆柱内螺纹</td><td>Rp</td></tr>
<tr><td>圆锥外螺纹</td><td>R</td></tr>
<tr><td rowspan="2">传动螺纹</td><td colspan="2">梯形螺纹</td><td>Tr</td><td>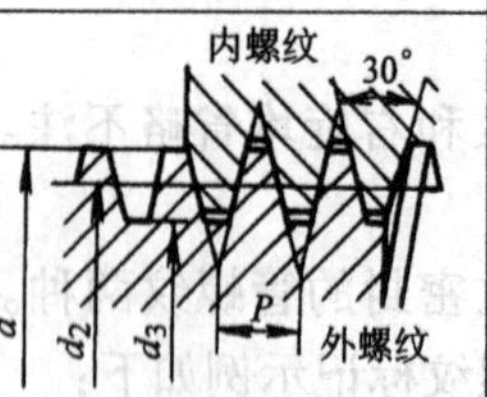</td><td>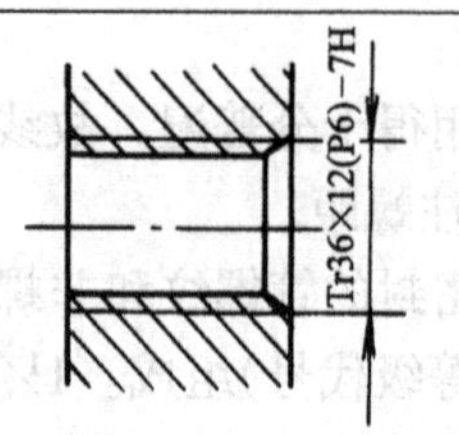</td><td>梯形内螺纹，公称直径 36mm，双线，导程 12mm，螺距 6mm，右旋，中径公差带为 7H，中等旋合长度</td></tr>
<tr><td colspan="2">锯齿形螺纹</td><td>B</td><td>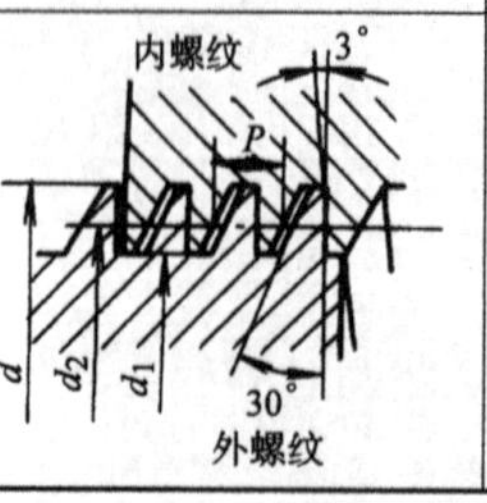</td><td>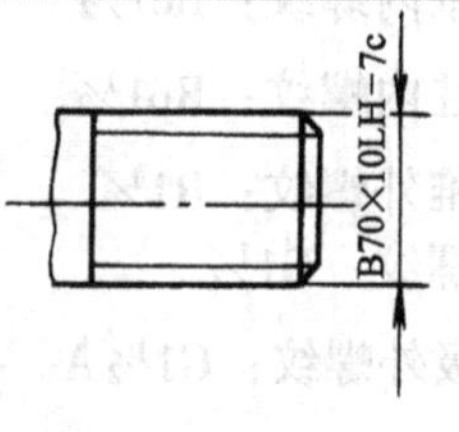</td><td>锯齿形外螺纹，公称直径 70mm，单线，螺距 10mm，左旋，中径公差带为 7e，中等旋合长度</td></tr>
</table>

二、螺纹联接件

常用的螺纹联接件有：螺栓、双头螺柱、螺钉、螺母、垫圈等。这些标准件均已标准化，它们各部分的结构和尺寸可查阅有关标准或手册。表 1-15 列举了常用联接件及其标记。

表 1-15　常用螺纹联接件及其标记举例

名　称	图　例	标 记 示 例
六角头螺栓	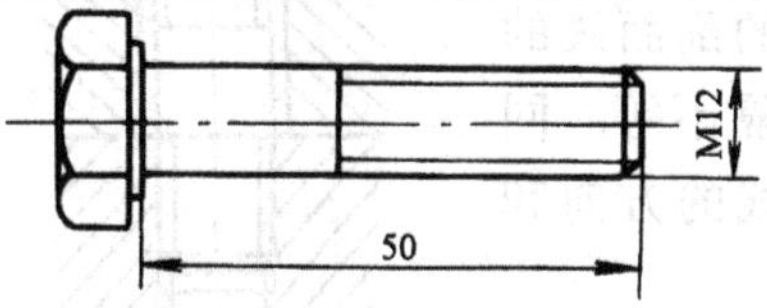	螺栓　GB5782—86　M12×50
开槽沉头螺钉	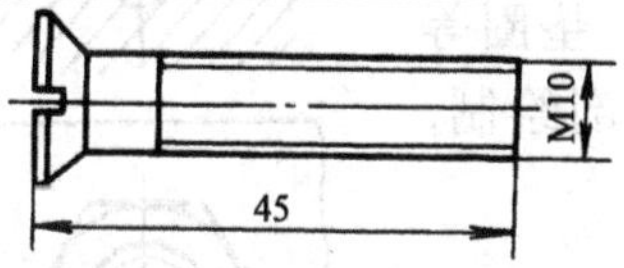	螺钉　GB68—85　M10×45
双头螺柱	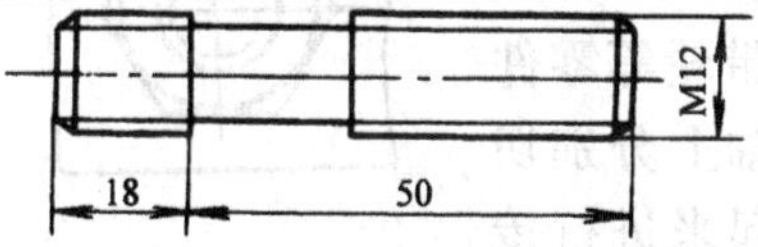	螺柱　GB899—88　M12×50
六角螺母	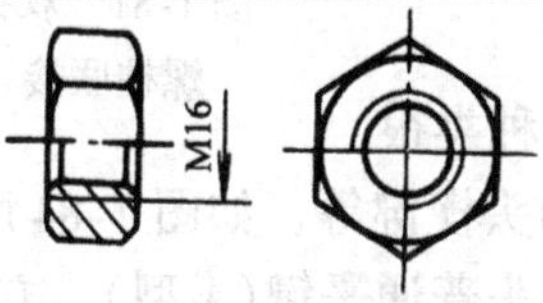	螺母　GB6170—86　M16
垫圈	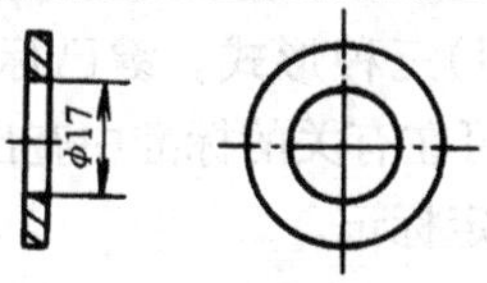	垫圈　GB97.1—85—16

1. 螺栓联接　螺栓用于联接厚度不大的两零件。两零件的通孔直径比螺栓大径略大（≈1.1d），将螺栓穿入通孔中，在螺杆一端套上垫圈，以增加支承面和防止擦伤零件表面，再拧紧螺母，如图 1-80 所示。

2. 双头螺柱联接　当两个被联接的零件有一个较厚，不宜钻通时，可采用双头螺柱联接。通常在较薄的零件上钻孔，其直径比双头螺柱的大径稍大（≈1.1d），在较厚的零件上则加工出螺孔。双头螺柱的两头制有螺纹，一端旋入较厚零件的通孔中，称旋入端；另一端穿过较薄零件上的通孔，再套上垫圈，用螺母拧紧，称紧固端，如图 1-81 所示。

3. 螺钉联接　螺钉用在受力不大和不常拆卸的地方，有紧定螺钉和联接螺钉两种。螺钉联接一般是在较厚的主体零件上加工出螺孔，而在另一被联接零件上加工成通孔，然后把螺钉穿过通孔旋进螺孔，从而达到联接的目的，如图 1-82 所示。

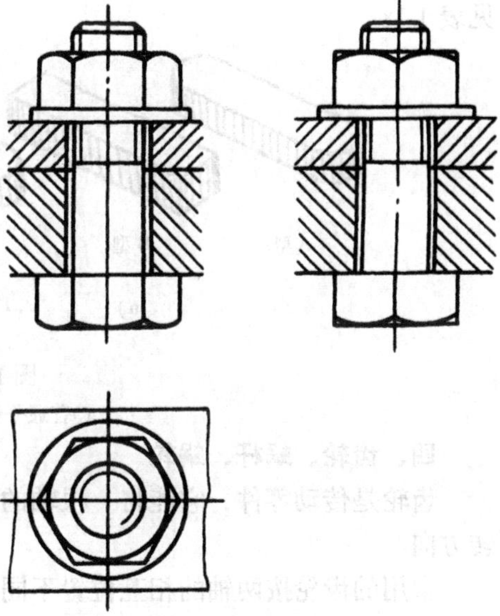

图 1-80　螺栓联接

识图时应注意以下规定：

（1）两个零件的接触面画一条线，不接触面画两条线。

（2）表示两相邻金属零件的剖面线的方向相反，或者方向一致、间隔不等。同一个零件在各个视图中，剖面线的方向和间隔应保持一致。

（3）剖切面通过螺钉、螺栓、垫圈等零件的轴线时，这些零件均按不剖绘制，即仍画外形。

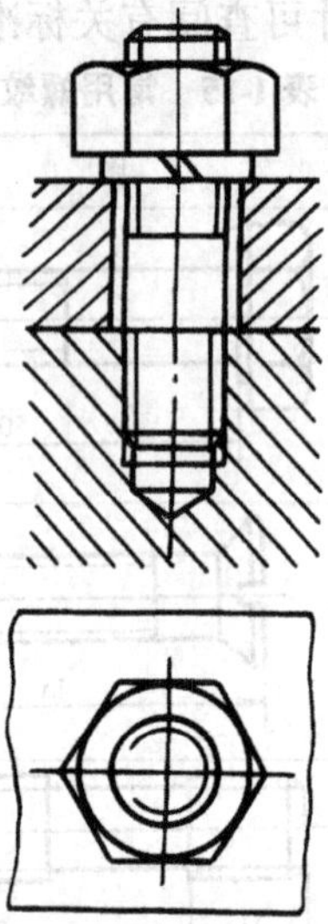

图 1-81　双头螺柱联接

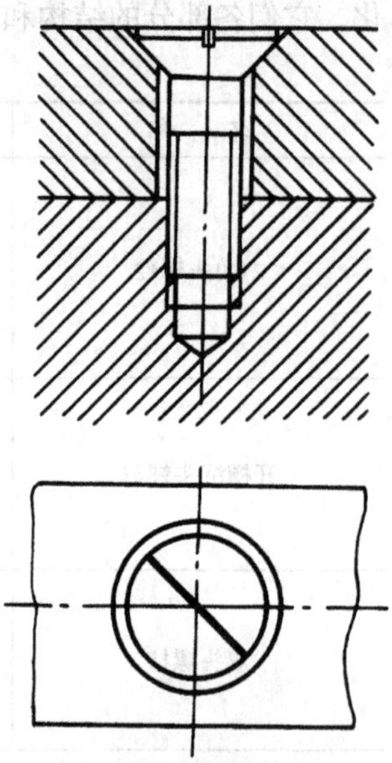

图 1-82　螺钉联接

三、键、销联接

1. 键联结　为了使齿轮、带轮等零件和轴一起转动，通常在轮孔和轴上分别切制出键槽，用键将轴、轮联结起来进行传动，如图 1-83 所示。

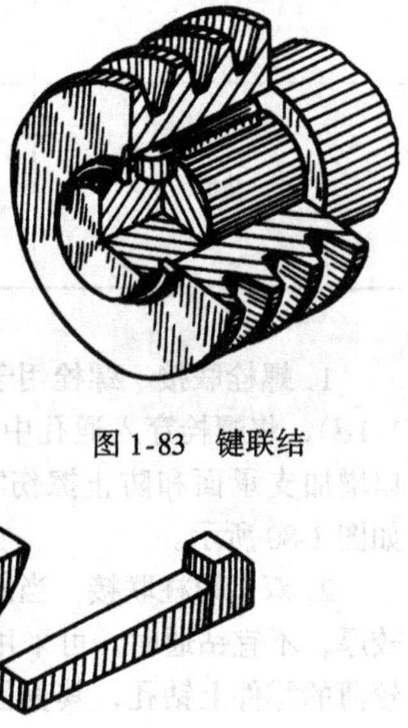

图 1-83　键联结

（1）常用键的种类和标记　键的种类很多，常用的有普通平键、半圆键和钩头楔键等，如图 1-84 所示。平键应用最广，按轴槽结构可分为圆头普通平键（A 型）、方头普通平键（B 型）和单圆头普通平键（C 型）三种形式。键已标准化，其结构形式和尺寸都有相应的规定，可在有关的标准中查出。

表 1-16 列举了常用键的形式和规定标记。

（2）键联结的画法　见表 1-17。

2. 销联接　销主要用于零件间的联接或定位。常用的销有：圆柱销、圆锥销、开口销等。它们的形式、规定标记和联接画法见表 1-18。

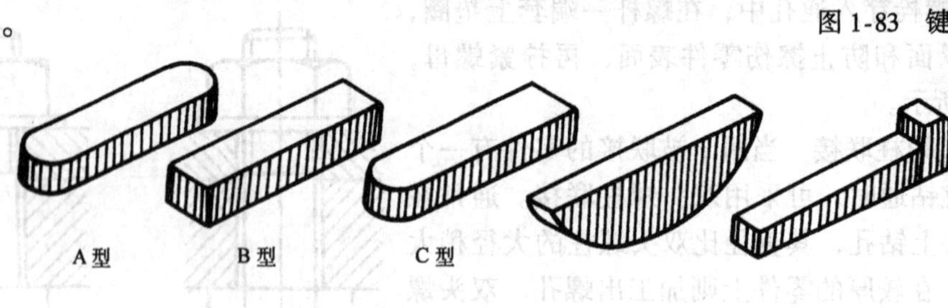

图 1-84　常用的几种键

a）普通平键　b）半圆键　c）钩头楔键

四、齿轮、蜗杆、蜗轮

齿轮是传动零件，它能将一根轴的动力及旋转运动传递给另一根轴，也可改变转速和旋转方向。

常用的齿轮按两轴的相互位置不同分如下三种：

（1）圆柱齿轮　用于平行两轴间的传动。

表 1-16 键的形式和标记示例

名称	标准号	图 例	标 记 示 例
普通平键	GB1096—79	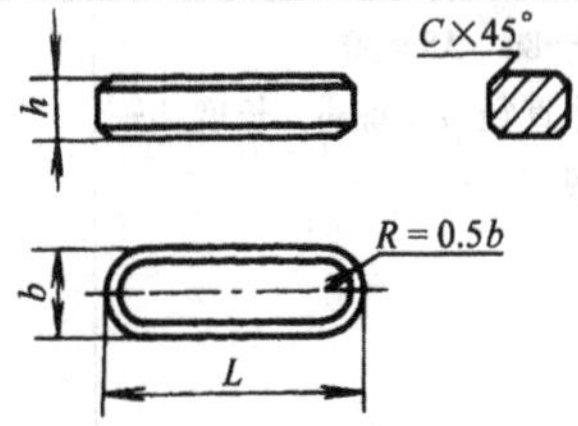	圆头普通平键(A 型) $b = 16mm$，$h = 10mm$，$L = 100mm$ 标记：键 16×100 GB1096—79 方头普通平键(B 型) $b = 16mm$，$h = 10mm$，$L = 100mm$ 标记：键 B16×100 GB1096—79
半圆键	GB1099—79	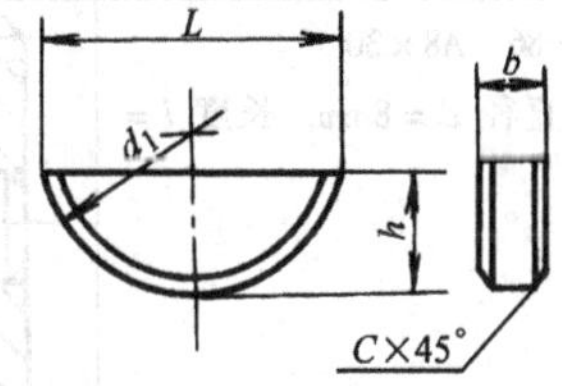	半圆键 $b = 6mm$，$h = 10mm$，$d_1 = 25mm$ 标记：键 6×10×25 GB1099—79
钩头楔键	GB1565—79	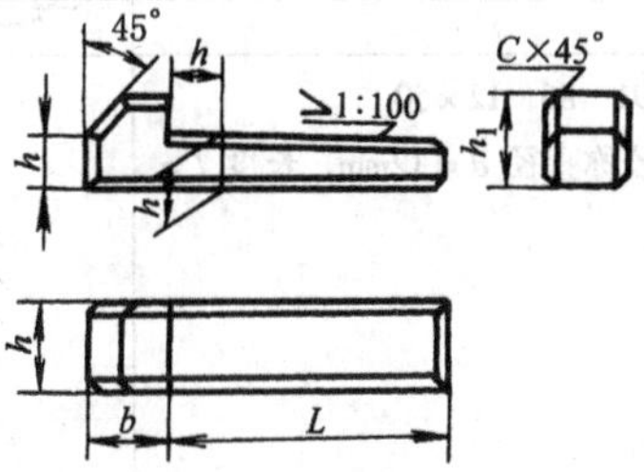	钩头楔键 $b = 16mm$，$h = 10mm$，$L = 100mm$ 标记：键 16×100 GB1565—79

表 1-17 键联结的画法

名 称	联 结 画 法	说 明
普通平键	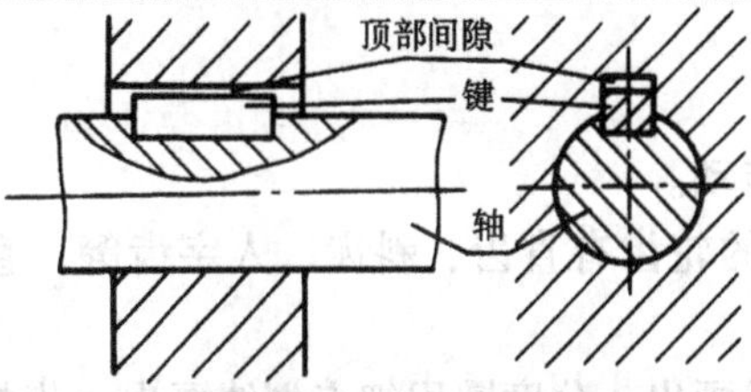	1. 键侧面接触 2. 顶面留有一定间隙 3. 键的倒角或圆角可省略不画
半圆键	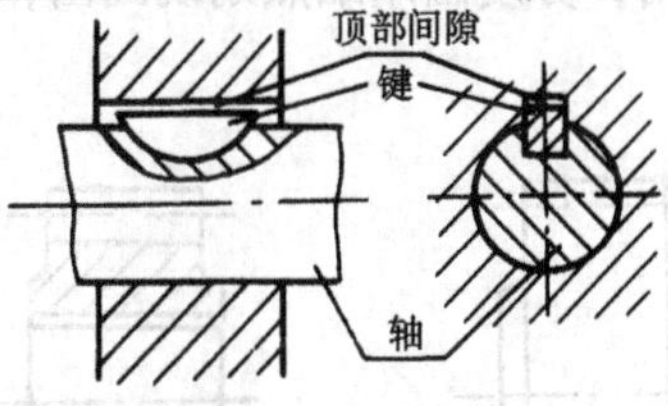	1. 键侧面接触 2. 顶面有间隙
钩头楔键	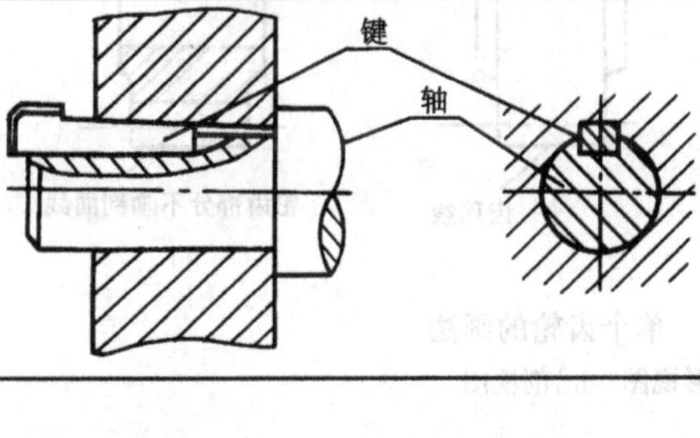	键与槽在顶面、底面、侧面同时接触，均无间隙

表 1-18　销的形式、标记与联接画法

名称	形　式	标记示例	联接画法示例
圆柱销	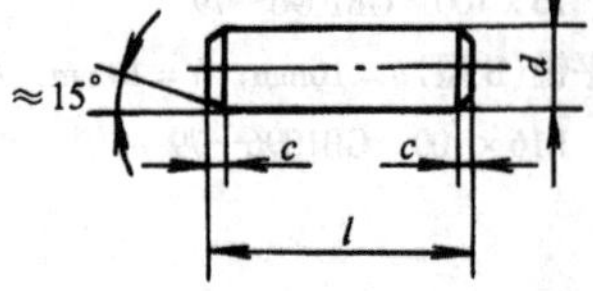	销　GB119—86　A8×30 表示公称直径 d = 8mm，长度 l = 30mm，A 型	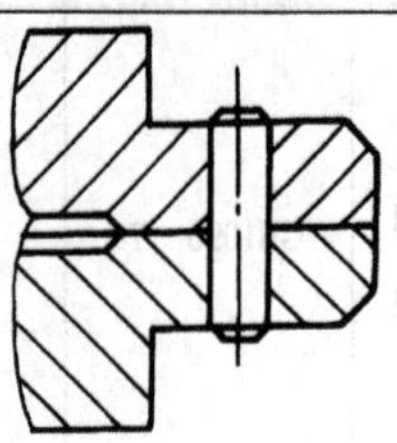
圆锥销	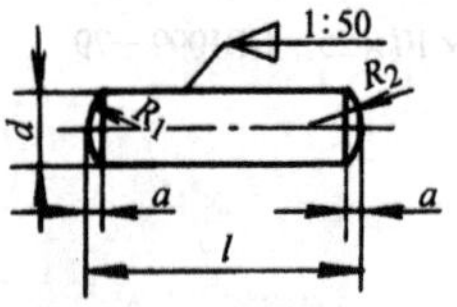	销　GB117—86　A8×30 表示公称直径 d = 8mm，长度 l = 30mm，A 型	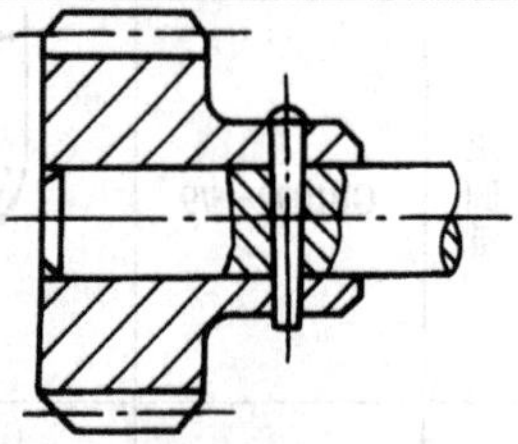
开口销	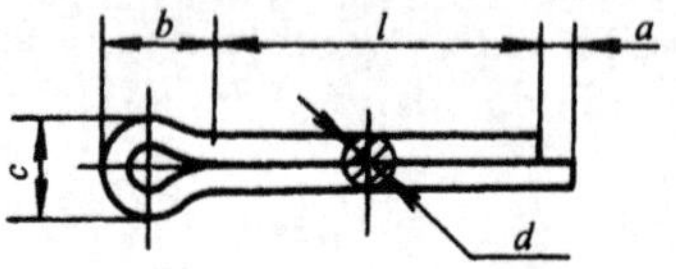	销　GB91—86　12×50 表示公称直径 d = 12mm，长度 l = 50mm	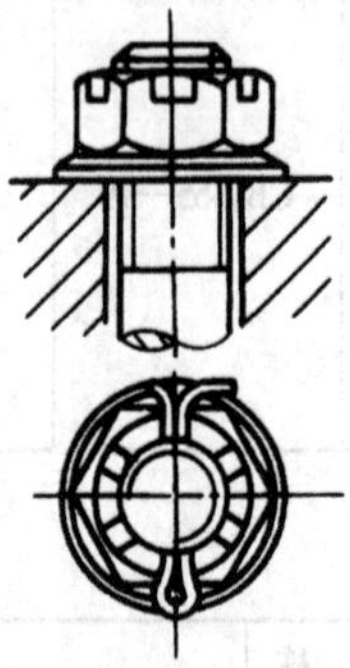

（2）锥齿轮　用于相交两轴间的传动。

（3）蜗杆与蜗轮　用于交叉两轴间的传动。

1. 圆柱齿轮的画法与识读　圆柱齿轮的轮齿有直齿、斜齿、人字齿等，直齿圆柱齿轮是齿轮中常用的一种。

（1）单个齿轮的画法　齿顶圆用粗实线画出，分度圆用细点划线画出，齿根圆用细实线或省略不画，如图 1-85a 所示。

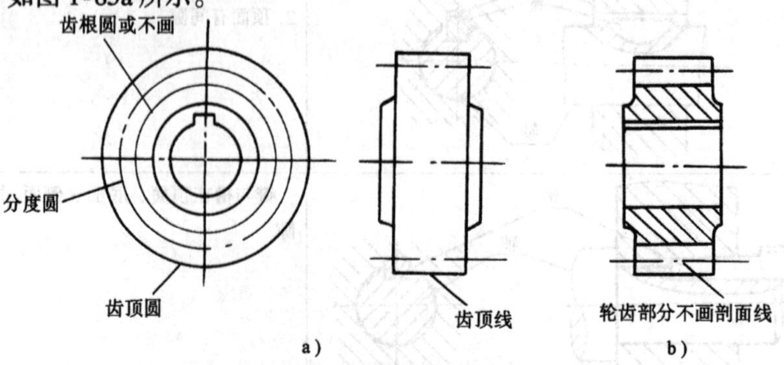

图 1-85　单个齿轮的画法
a）外形视图　b）剖视图

在剖视图中，作全剖时(或作半剖时)，规定轮齿部分按不剖处理，即轮齿部分不画剖面线。这时齿顶线、齿根线用粗实线表示，分度线用细点划线表示，如图 1-85b 所示。

(2) 齿轮啮合时的画法　在垂直轴线的视图上，啮合区的齿顶圆均用粗实线绘制，如图 1-86a 所示，图 1-86b 为省略画法。

在投影非圆的剖视图中，啮合区内，两分度圆重合处画一条细点划线。齿根线均为粗实线，两齿顶线，一条画粗实线(一般主动轮齿顶)，另一条被遮盖的齿顶线，用虚线表示或省略不画。

2. 蜗杆、蜗轮的画法与识读

蜗杆传动用于垂直交叉两轴之间的传动。在一般情况下，蜗杆是主动件，蜗轮是从动件。蜗杆传动的速比大，结构紧凑，但效率低。蜗杆常用单头或双头，在啮合传动时，如蜗杆旋转一圈，蜗轮只转过一个齿或两个齿，因

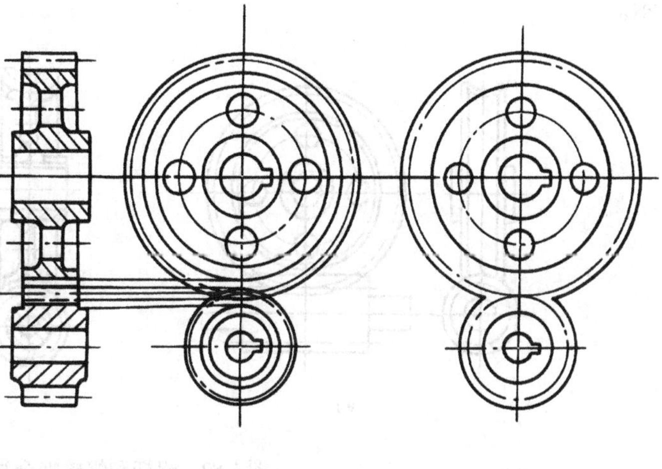

a)　　b)

图 1-86　齿轮啮合的画法

a)剖视图及投影为圆的视图　b)齿根圆省略不画

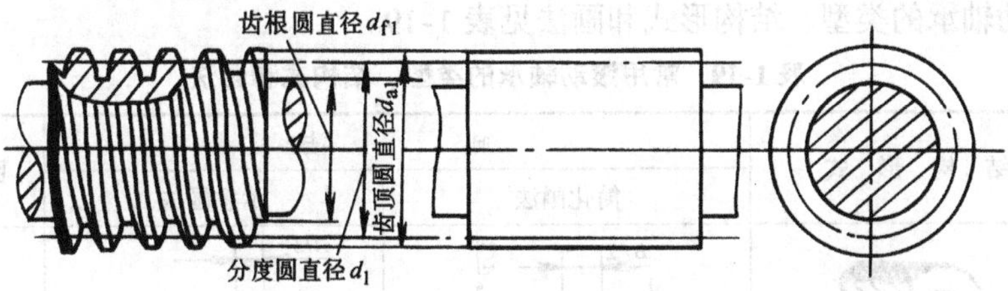

图 1-87　蜗杆的画法

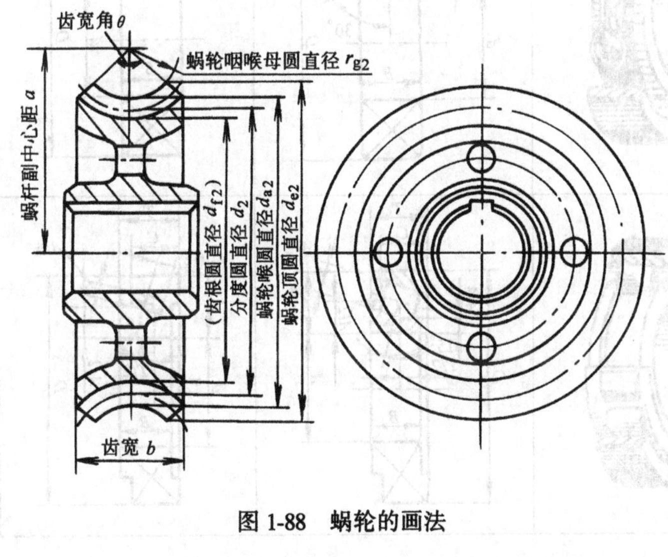

图 1-88　蜗轮的画法

此可得到大的速比。蜗杆和蜗轮的轮齿是螺旋形的，蜗轮的齿顶面常制成环面。一对啮合的蜗杆、蜗轮的模数相同，且蜗轮的螺旋角和蜗杆的导程角大小相等、方向相同。

蜗杆和蜗轮的规定画法如图 1-87 和图 1-88 所示，蜗杆和蜗轮的啮合画法如图 1-89 所示。

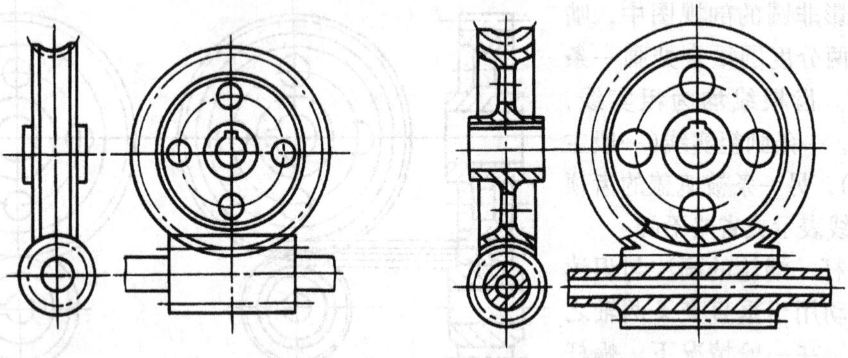

图 1-89　蜗杆和蜗轮啮合画法

五、滚动轴承

滚动轴承是支承轴的部件，已经标准化，因此不必再画它的零件图。在装配图中，也只是根据外径 D、内径 d 和宽度 B 等几个主要尺寸，按简化或示意画法表示。

常用滚动轴承的类型、结构形式和画法见表 1-19。

表 1-19　常用滚动轴承的类型、结构式和画法

轴承类型	结构形式	画法		图示符号
		简化画法	示意画法	
深沟球轴承		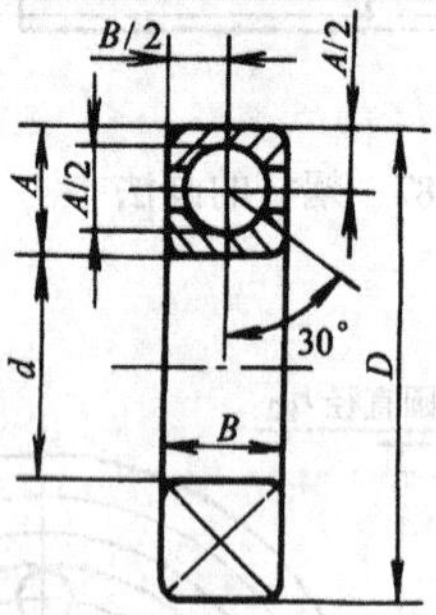	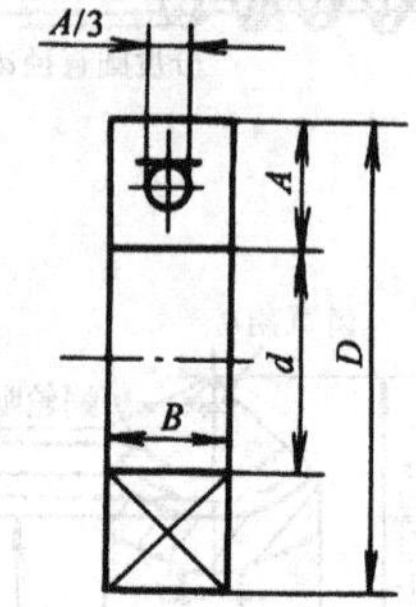	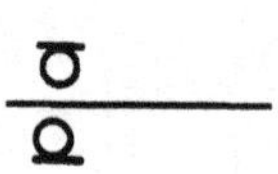
圆锥滚子轴承	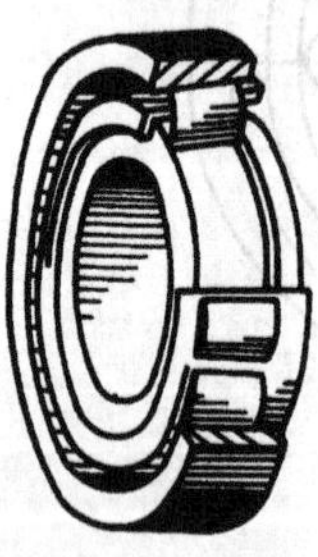	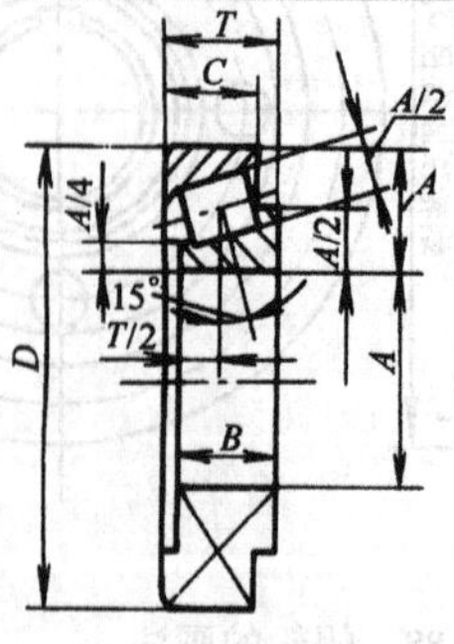	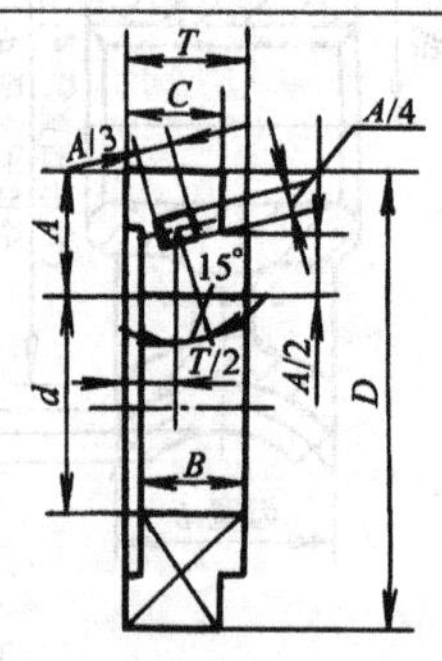	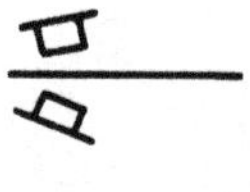

（续）

轴承类型	结构形式	画法		图示符号
		简化画法	示意画法	
推力球轴承		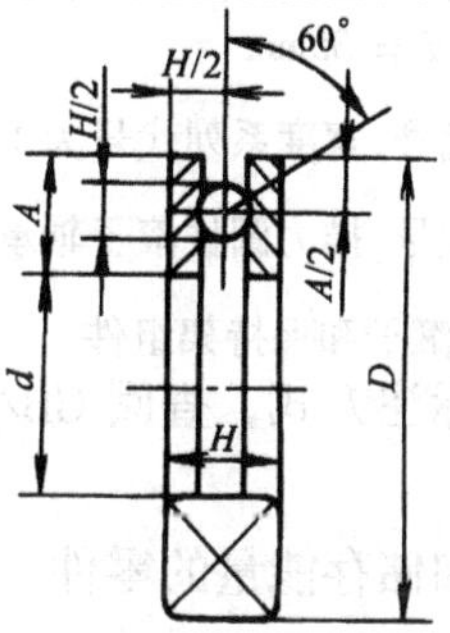	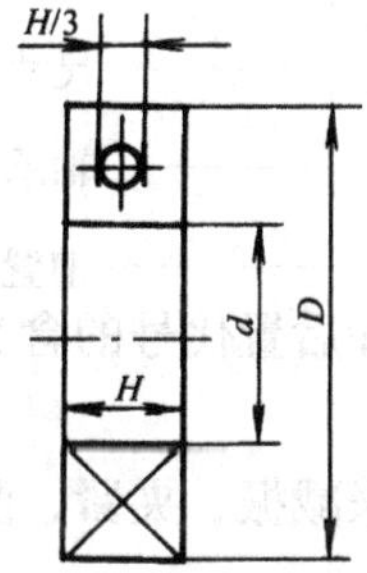	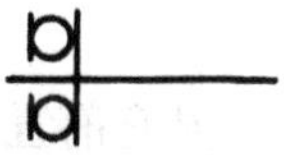

滚动轴承代号是由字母加数字来表示滚动轴承的结构、尺寸、公差等级、技术性能等特征的产品符号，它由基本代号、前置代号和后置代号构成，其排列方式如下：

前置代号　基本代号　后置代号

基本代号表示轴承的基本类型、结构和尺寸，是轴承代号的基础。基本代号由轴承类型代号、尺寸系列代号、内径代号构成，其排列方式如下：

轴承类型代号	尺寸系列代号	内径代号

轴承基本代号举例：

6 2 08
- 08 —— 内径代号：$d = 40\text{mm}$
- 2 —— 尺寸系列代号(02)：宽度系列代号 0 省略，直径系列代号为 2
- 6 —— 轴承类型代号：深沟球轴承

3 03 12
- 12 —— 内径代号：$d = 60\text{mm}$
- 03 —— 尺寸系列代号：宽度系列代号为 0，直径系列代号为 3
- 3 —— 轴承类型代号：圆锥滚子轴承

5 13 10
- 10 —— 内径代号：$d = 50\text{mm}$
- 13 —— 尺寸系列代号：高度系列代号为 1，直径系列代号为 3
- 5 —— 轴承类型代号：推力球轴承

前置代号用字母表示，后置代号用字母(或加数字)表示。前置、后置代号是轴承在结构形状、尺寸、公差、技术要求等有改变时，在其基本代号左右添加的代号。例如：

前置代号——基本代号

K 8 11 07

——内径代号：d = 35mm

——尺寸系列代号：宽度系列代号为 1，直径系列代号为 1

——轴承类型代号：推力圆柱滚子轴承

——前置代号：滚子和保持架组件

其它前置代号和后置代号的含义及标注方式，查阅 GB/T272—93。

六、弹簧

弹簧是一种用来减振、夹紧、测力和储存能量的零件。其种类多，用途广，这里只介绍圆柱螺旋弹簧。

根据用途不同，圆柱螺旋弹簧可分为压缩弹簧、拉伸弹簧和扭转弹簧，如图 1-90 所示。

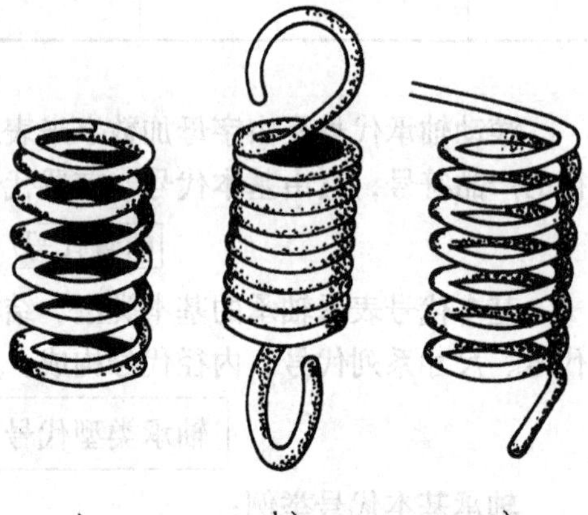

a)　　b)　　c)

图 1-90　圆柱螺旋弹簧

a）压缩弹簧　b）拉伸弹簧　c）扭转弹簧

1. 圆柱螺旋压缩弹簧的各部名称及尺寸关系(见图 1-91)

(1) 弹簧丝直径 d

(2) 弹簧直径

弹簧中径 D_2　弹簧的平均直径 $D_2 = D - d$

弹簧内径 D_1　弹簧内圈直径 $D_1 = D - 2d$

弹簧外径 D　弹簧外圈直径 $D = D_2 + d$

(3) 节距 t　除支承圈外，相邻两圈沿轴向的距离。

(4) 有效圈数 n、支承圈数 n_2 和总圈数 n_1　为了使压缩弹簧工作时受力均匀，保证轴线垂直于支承面，制造时必须将两端并紧且磨平。这部分圈数仅起支承作用，称为支承圈。支承圈有 1.5 圈、2 圈和 2.5 圈三种，其中 2.5 圈用得较多。除支承圈外，保持相等节距的圈数称为有效圈数。有效圈和支承圈之和称为总圈数。即：$n_1 = n + n_2$

(5) 自由高度(或长度) H_0　弹簧在不受外力时的高度

$$H_0 = nt + (n_2 - 0.5)d$$

(6) 弹簧展开长度 L　制造时弹簧丝的长度

$$L \approx \pi D_2 n_1$$

2. 圆柱螺旋压缩弹簧的规定画法(见图 1-92)

(1) 在平行于弹簧轴线的投影面上的视图中，其各圈的轮廓应画成直线，见图 1-92a。常采用通过轴线的全剖视，见图 1-92b。

(2) 螺旋弹簧均可画成右旋，但左旋螺旋弹簧不论画成左旋或右旋，一律要注出旋向“左”字。

(3) 有效圈数在四圈以上时，螺旋弹簧的中间部分可以省略不画，并允许适当缩短图形的长度，但尺寸 H_0 不变。

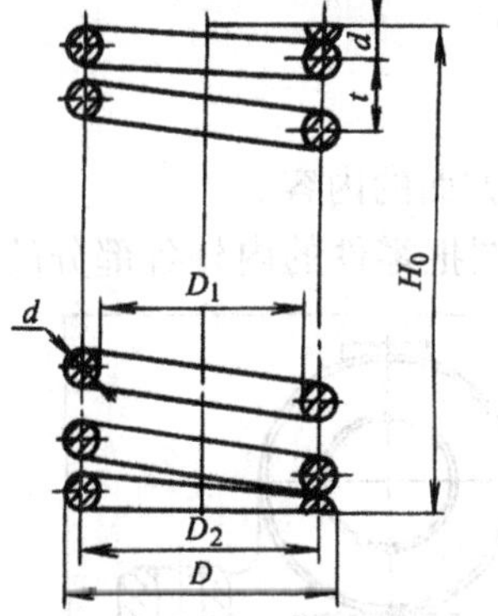

图 1-91　压缩弹簧的尺寸

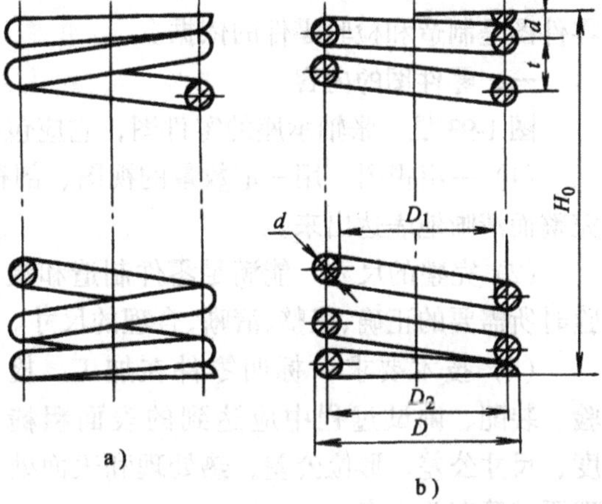

图 1-92　螺旋压缩弹簧视图的画法

第四节　零　件　图

一台机器是由许多作用各异的零件，按一定的次序和要求装配而成的。用来正确、完

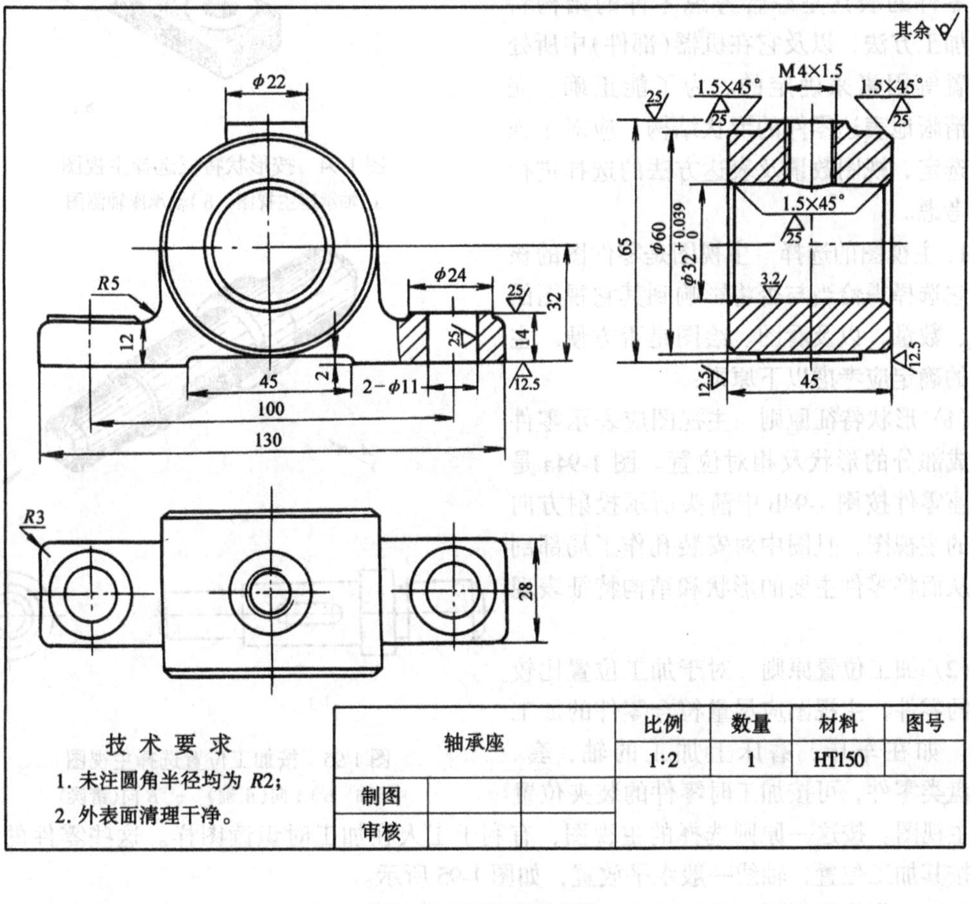

图 1-93　轴承座零件图

整、清晰、合理地表达零件的结构形状、尺寸大小和加工时的技术要求的图样称为零件图。零件图是制造和检验零件的依据。

一、零件图的内容

图 1-93 是一张轴承座的零件图，它应包括以下四个方面的内容。

（1）一组视图　用一定数量的视图、剖视图、剖面图把零件的内外各部分的形状正确、完整而清晰地表达出来。

（2）完整的尺寸　能满足零件制造和检验时所需要的正确、完整、清晰、合理的尺寸。

（3）技术要求　标明零件在加工、检验、装配、调试过程中应达到的表面粗糙度、尺寸公差、形位公差、热处理和表面处理要求等有关内容。

（4）标题栏　填写零件名称、比例、数量、材料、图号及签署制图、校核等人员的姓名和日期。

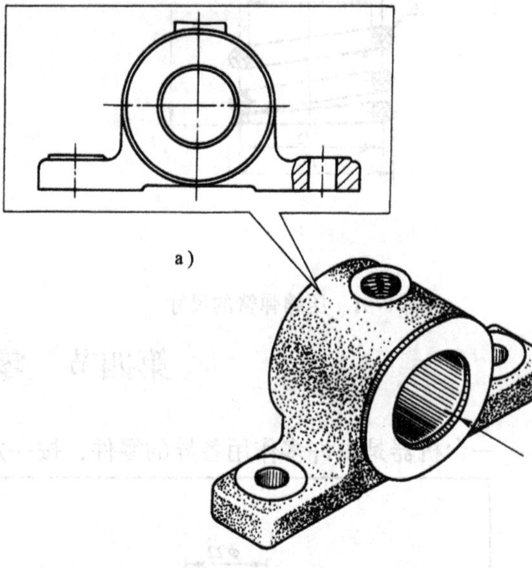

a)　b)

图 1-94　按形状特征选择主视图

a）轴承座主视图　b）轴承座轴测图

二、零件图的视图选择

零件的表达是综合考虑零件的结构特点、加工方法，以及它在机器（部件）中所处的位置等因素来确定的。为了能正确、完整、清晰地表达零件的形状结构，应对主视图的选定、视图数量及表达方法的选择进行认真考虑。

1. 主视图的选择　主视图是零件图的核心，它选择得恰当与否将影响到其它视图的位置、数量，以及看图、绘图是否方便。主视图的确定应考虑以下原则：

（1）形状特征原则　主视图应表示零件各组成部分的形状及相对位置。图 1-94a 是轴承座零件按图 1-94b 中箭头所示投射方向选定的主视图，且图中对安装孔作了局部剖视，从而将零件主要的形状和结构特征表现出来。

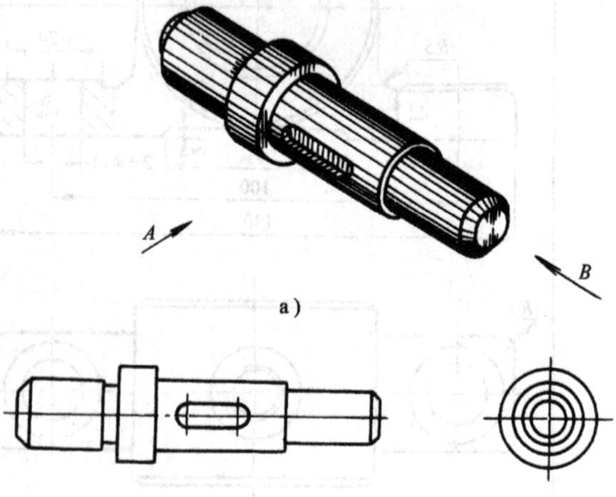

a)　b)　c)

图 1-95　按加工位置选择主视图

a）轴　b）*A* 向（正确）　c）*B* 向（错误）

（2）加工位置原则　对于加工位置比较单一的零件，主视图应尽量符合零件的加工位置。如在车床、磨床上加工的轴、套、轮、盘类零件，可按加工时零件的装夹位置选择主视图。按这一原则选择的主视图，有利于工人在加工时识读图样。这些零件的主视图，按其加工位置，轴线一般水平放置，如图 1-95 所示。

（3）工作位置原则　主视图的选择，应尽量符合它在机器（部件）上所处的位置。图 1-96

所示为汽车上前拖钩的主视图，它反映在汽车上所处的位置。对于支架、外壳、箱体类零件，因在加工过程中具有多种工序，加工位置也往往不同，因此一般将该零件按工作位置放置，作为主视图的投射方向。

2. 其它视图的选择　在主视图确定后，其它视图的选择可按以下要求考虑：

（1）在能够充分而清晰地表达零件形状结构的前提下，所选用的视图数量要尽可能少。

（2）分析零件在主视图中尚未表达清楚的部分，从而确定还应选取哪些视图来作出相应的表达。显然，所选视图应有其表达的重点内容。如图 1-97 所示零件的主视图，除了圆筒上部长圆孔的形状、宽度没有表明外，其它部分已基本表达清楚。如果选用图 1-97a 所示的左视图来表示长圆孔，则只能表明其宽度，而形状不能表明。如在主视图上方作一局部视图(简化画法)，则该方案既完整又简明，见图 1-97b。

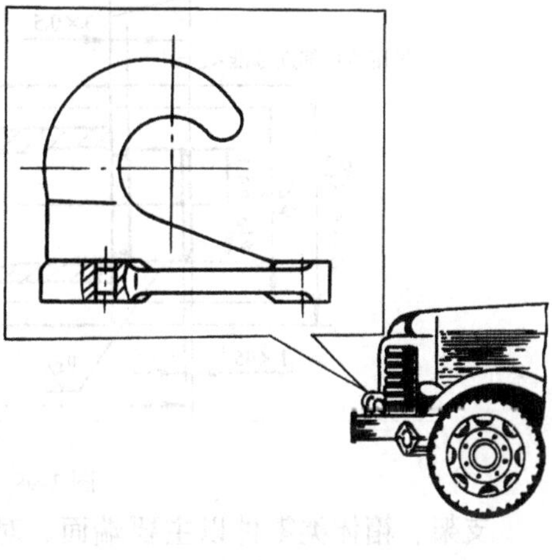

图 1-96　按工作位置选择主视图

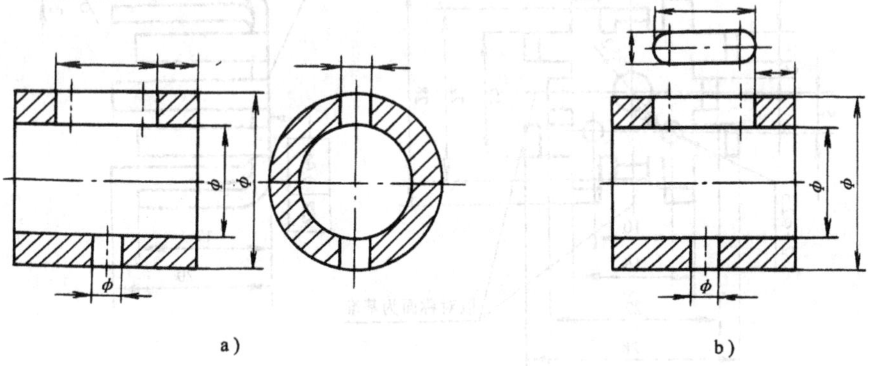

图 1-97　其它视图的选择

三、零件图的尺寸标注

零件图上的尺寸是反映设计要求的主要内容之一。尺寸的标注要贯彻执行前面已讲到的国家标准 GB4458.4—84 的有关规定，并做到完整、清晰、合理。这里只简单介绍有关合理地标注尺寸的一些基本知识。所谓合理地标注尺寸，即标注的尺寸不但符合设计要求，还应便于加工、测量和检验。要达到以上要求，重要的是正确选择尺寸基准，同时考虑到加工方面的要求。

1. 尺寸基准的选择　图样中标注尺寸的起点，称为尺寸基准。在零件的长、宽、高三个方向上，每个方向至少应有一个基准。在零件结构形状比较复杂的情况下，为适应设计和工艺等方面的要求，零件某个方向的尺寸基准往往不只一个，但其中有一个主要基准，其它为辅助基准。各方向上的辅助基准是在主要基准的基础上建立起来的。通常选择零件的工作底面、端面、接合面、轴线、对称中心线等部位作为尺寸基准。轴或套类零件，绝大部分在车床、磨床上进行加工，所以常取轴线作为径向尺寸基准，取其一个端面为轴向尺寸基准，如图 1-98 所示。

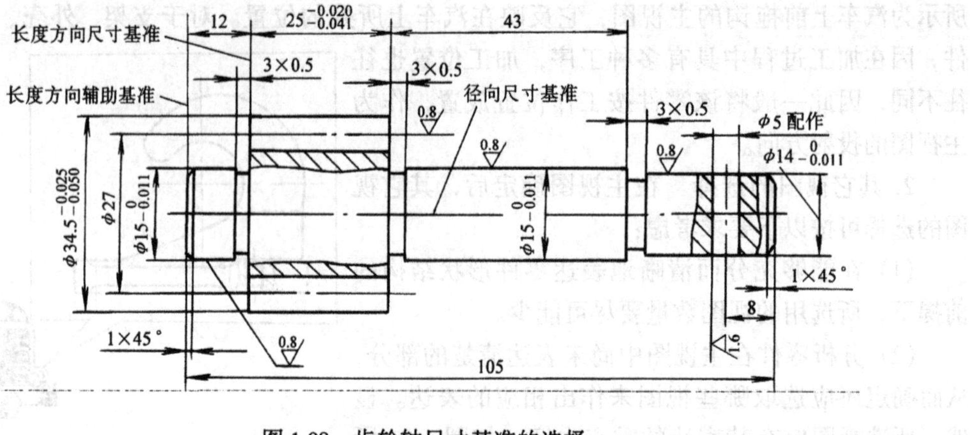

图 1-98　齿轮轴尺寸基准的选择

支架、箱体类零件以主要端面、对称中心线、轴线和工作底面为尺寸基准，如图 1-99 所示的大功率半导体管散热片，是以对称面及底面作为尺寸基准的。

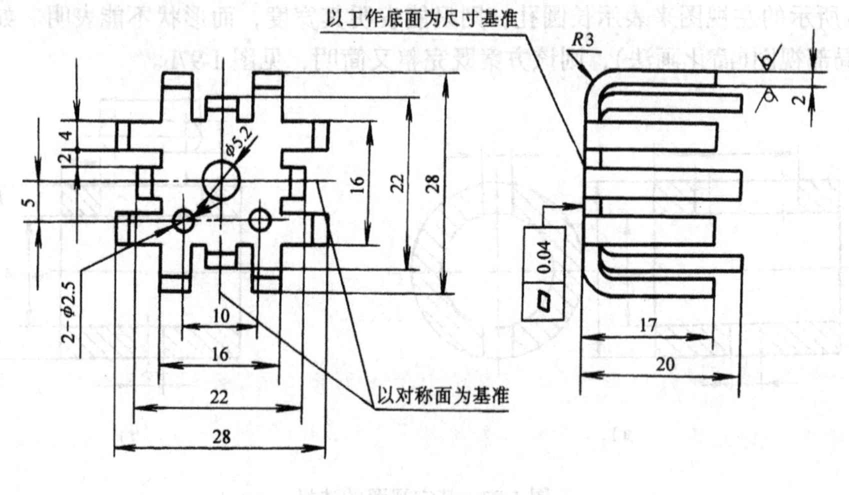

图 1-99　尺寸标注及其基准的选择

2. 避免将尺寸注成封闭的尺寸链　图 1-100 所示小轴，在轴向尺寸标注中，不仅对全长尺寸(L)进行了标注，而且还对轴上各段长度(A、B、C)连续地进行标注，这就形成了封闭的尺寸链。这样标注，虽然轴的各段长度可得到保证，但各段尺寸在加工后产生的误差积累起来，就可能超出总长尺寸所允许的误差。因此，在标注尺寸时，应选择其中次要的一段空出不注(称为开口环)，如图 1-101 所示。

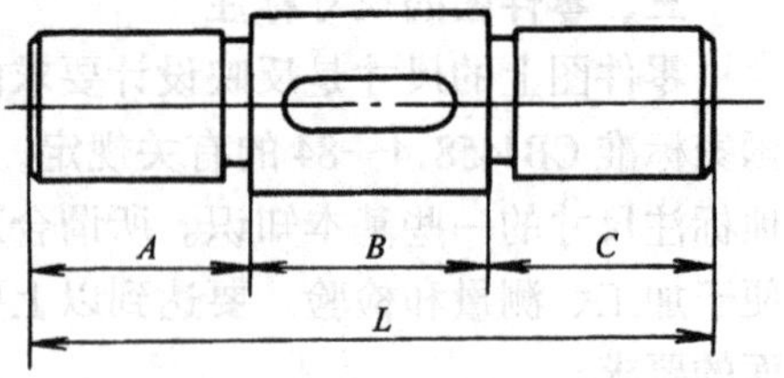

图 1-100　封闭尺寸链

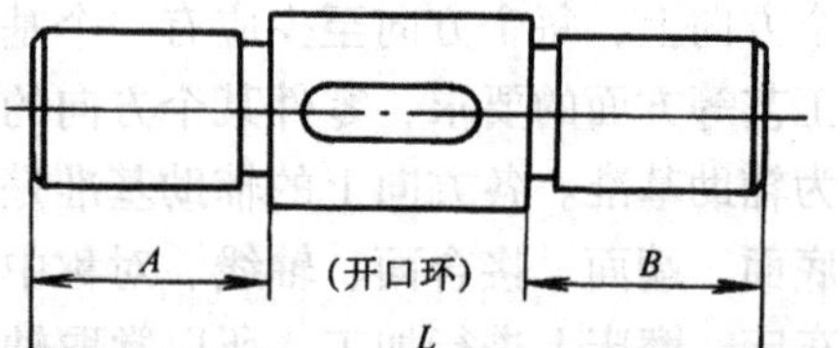

图 1-101　确定开口环

3. 考虑零件加工方面的要求　尺寸标注也要考虑到零件加工、测量的方法和顺序(即工序)。对于采用不同方法(即不同工序)进行加工的尺寸要分开标注。同一方法(即同一工序)加工的尺寸，应尽量集中在一起标注，这样有利于各工序操作者进行识图、加工和测量。

四、零件图的技术要求

在零件图上，除了具有表达零件结构形状的视图和表示其大小的尺寸外，还必须有制造零件应达到的技术要求。

零件图上应注写的技术要求，一般包括以下几个方面：表面粗糙度；尺寸公差；表面形状及位置公差；零件的一些其它技术要求。

1. 表面粗糙度

（1）表面粗糙度的概念　表面粗糙度是指加工表面上具有的较小间距和峰谷所组成的微观几何形状特性。

表面粗糙度对机器零件的耐磨性、抗疲劳强度、配合性质和耐腐蚀性等均有直接的影响，所以在选择表面粗糙度要求时，应考虑在降低成本的前提下，尽可能地减小微观几何形状误差。

（2）表面粗糙度符号　表面粗糙度符号的意义及说明见表 1-20。

表 1-20　表面粗糙度符号

符　　号	意　义　及　说　明
	基本符号，表示表面可用任何方法获得。当不加注粗糙度参数值或有关说明（例如：表面处理、局部热处理状况等）时，仅适用于简化代号标注
	基本符号加一短划，表示表面是用去除材料的方法获得。例如：车、铣、钻、磨、剪切、抛光、腐蚀、电火花加工、气割等
	基本符号加一小圆，表示表面是用不去除材料的方法获得。例如：铸、锻、冲压变形、热轧、冷轧、粉末冶金等 或者是用于保持原供应状况的表面（包括保持上道工序的状况）
	在上述三个符号的长边上均可加一横线，用于标注有关参数和说明
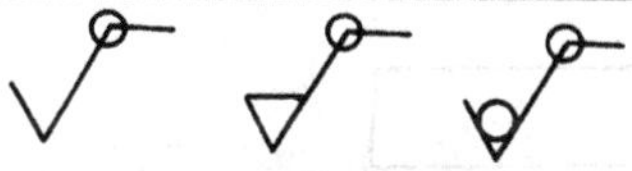	在上述三个符号上均可加一小圆，表示所有表面具有相同的表面粗糙度要求

国家标准中规定，常用表面粗糙度评定参数有：轮廓算术平均偏差（R_a）、微观不平度十点高度（R_z）和轮廓最大高度（R_y）。一般情况下，R_a 为最常用的评定参数。

在表面粗糙度符号上，按规定位置填写评定参数值等，组成表面粗糙度代号。三种常用评定参数（R_a、R_z、R_y）的允许值均以 μm（微米）为单位，且当标注轮廓算术平均偏差时，省略“R_a”符号。

（3）表面粗糙度代（符）号的标注方法　表面粗糙度代（符）号应标注在可见轮廓线、尺寸线、尺寸界线或它们的延长线上。符号的尖端必须从材料外指向表面，代号中数字及符号的注写方向应与尺寸数字方向一致如图 1-102 所示。

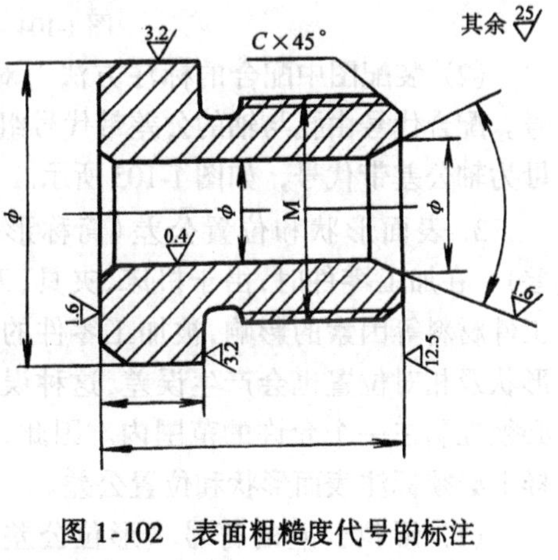

图 1-102　表面粗糙度代号的标注

在同一张图样上，每一表面只标注一次粗糙度代(符)号，并尽可能靠近有关的尺寸线。当零件所有表面具有同一表面粗糙度要求时，可在图样右上角统一标注，如图 1-103 所示。当零件所有表面中大部分粗糙度相同时，可将相同的粗糙度代(符)号标注在图样右上角，前面加“其余”二字，如图 1-102 所示。

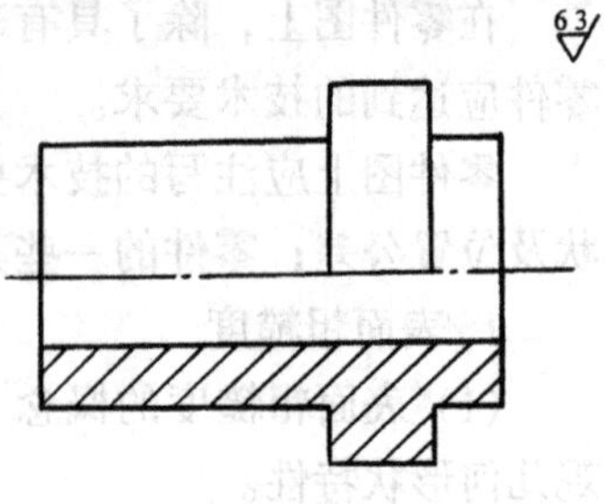

图 1-103　所有表面粗糙度相同的标注

2. 公差与配合　为保证零件具有互换性，应对其尺寸规定一个允许变动的范围——允许尺寸的变动量，称为尺寸公差。

配合是指两个基本尺寸相同的，相互结合的孔和轴公差带之间的关系。由于孔、轴实际尺寸不同，装配后松紧程度不同，可分别形成间隙配合、过盈配合和过渡配合。

(1) 零件图中公差的标注方法　第一种方法是在基本尺寸后面标注公差带代号。公差带代号由基本偏差代号与标准公差等级代号组成，并用与尺寸数字相同字号书写，如图 1-104a 所示。

第二种方法是在基本尺寸后面标注上、下偏差数值，如图 1-104b 所示。

标注偏差数值时，上偏差应注在基本尺寸的右上方；下偏差应与基本尺寸注在同一底线上，字体应比基本尺寸数字小一号。

第三种方法是在基本尺寸后面同时标注公差带代号和上、下偏差值，如图 1-104c 所示。

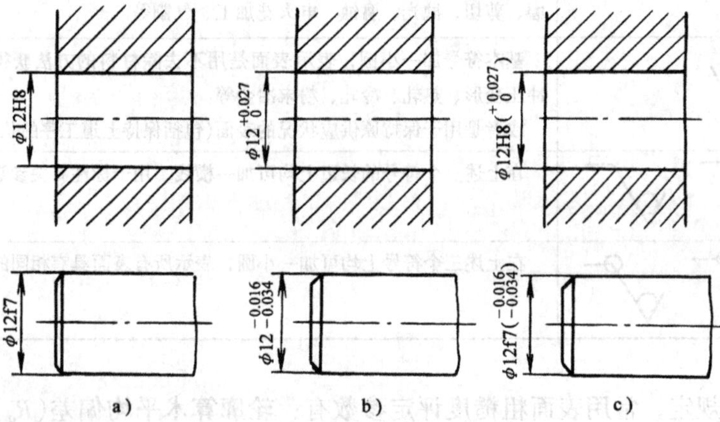

图 1-104　零件图中公差的标注方法

(2) 装配图中配合的标注方法　对于配合要求的尺寸，应在基本尺寸之后标注配合代号。配合代号由孔与轴的公差带代号组合而成，并写成分数形式，分子为孔公差带代号，分母为轴公差带代号，如图 1-105 所示。

3. 表面形状和位置公差(简称形位公差)　在加工零件时，由于机床、夹具、刀具、工件材料等因素的影响，被加工零件的几何形状及相对位置也会产生误差，这种误差也必须控制在一个允许的范围内。因此，在图样上必须标注表面形状和位置公差。

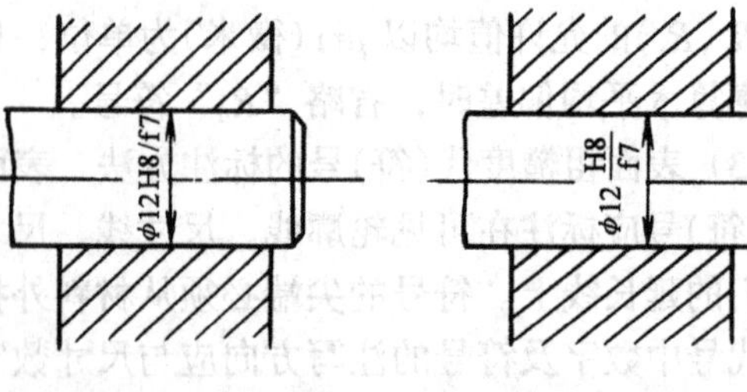

图 1-105　装配图中配合的标注方法

(1) 形位公差的符号　形位公差符号

的内容有：各项公差特征符号、附加符号、基准符号、公差数值及填写上列各项所用的框格——公差框格。

公差特征符号见表 1-21。

表 1-21　形位公差的公差特征符号

分类	特征	符号
形状公差	直线度	—
	平面度	▱
	圆度	○
	圆柱度	⌭
形状或位置公差	线轮廓度	⌒
	面轮廓度	⌓

分类		特征	符号
位置公差	定向	平行度	//
		垂直度	⊥
		倾斜度	∠
	定位	同轴度	◎
		对称度	⌯
		位置度	⌖
	跳动	圆跳动	↗
		全跳动	⌰

公差框格是用细实线画成的，由两格或多格横向连成的矩形方框，框内各格的填写顺序自左向右，如图 1-106 所示。

框格一端与指引线相连，指引线另一端以箭头指向被测要素。被测要素的位置公差，总是对一定基准要素而言的；基准要素在图样上用基准符号表示；基准符号为一加粗的短划；短划应靠近基准要素。

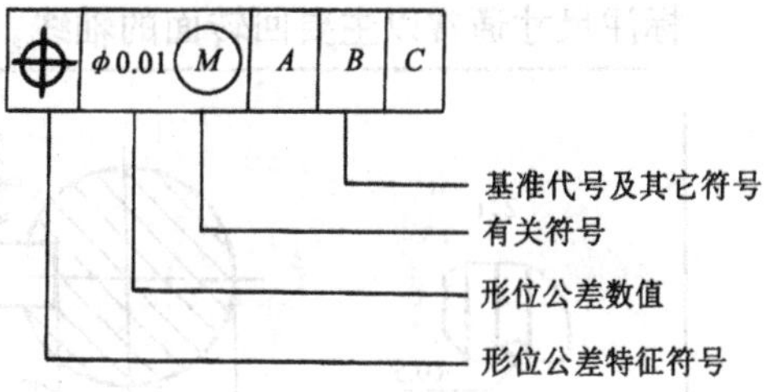

图 1-106　公差框格

基准代号由基准符号、圆圈、连线及大写字母所组成，图 1-107 所示。

(2) 形位公差的标注　如图 1-108 所示。

五、读典型零件图

正确、熟练地看懂零件图，是技术工人必须具备的基本功。一般零件按其结构形状的特点，大体可分为轴套类、轮盖类、叉架类和箱体类。在学习过程中，掌握各类零件的形状结构和表达方法特点，对提高读图的能力很有帮助。

读零件图的一般步骤是：一看标题栏，了解零件概貌；二看视图，想像零件形状；三看尺寸标注，明确各部大小；四看技术要求，掌握质量指标。下面分析各类零件的结构特征和尺寸标注特点。

1. 轴套类零件　包括各种轴、套筒和衬套等。零件表面多数为同一轴线上数段不同直径的回转体组成，一般长度方向的总长比回转体最大直径大。表达方式为，常把轴线处于水平位置，用一个基本视图将轴上各段回转体表达出来，轴上的其它结构如键槽、销孔等常用剖面、局部剖视、局部放大等画法表达。轴套类零件以轴线

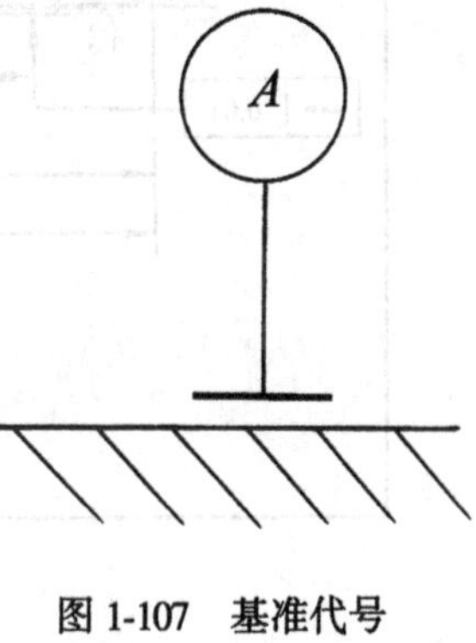

图 1-107　基准代号

作为径向基准，以重要的端面作为长度方向基准，如图 1-109 所示。

图上注有偏差的尺寸都是重要尺寸，例如 $\phi16^{+0.012}_{+0.007}$。公差大小和表面粗糙度有一定的关系。轴径公差较小，则它的表面粗糙度的高度参数 R_a 也较小（为 1.6∨）。在视图中未注表面粗糙度处，均按图纸右上角“其余 12.5∨”的要求进行加工。图中的公差框格 |—|0.01| 表示圆柱面素线的直线度公差值为 0.01mm。

2. 轮盖类零件　结构以回转体为主体（或其它平板形），厚度方向的尺寸小于其它两方向的尺寸，例如手轮、端盖等。通常由铸件或锻件毛坯经过切削加工而成，其上常有轴孔、凸台、螺孔、销孔、轮辐、键槽等结构。

表达轮盖类零件，一般用主、左或主、俯两个基本视图，以反映轮盖厚度方向的一面作为主视图，用单一剖切或旋转剖、阶梯剖等作出全剖或半剖视图。

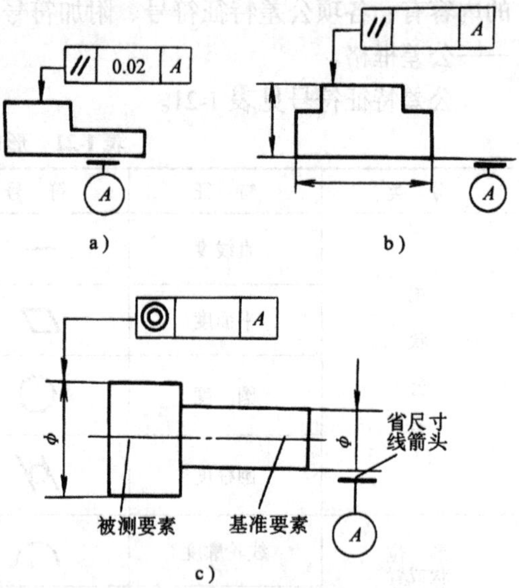

图 1-108　形位公差的标注

a）被测部位与基准符号的标注　b）基准要素或被测要素为线或表面时的标注法　c）基准、被测要素为轴线或中心平面时的标注法

标注尺寸通常以主要回转面的轴线，主要形体的对称轴线，或经加工的较大结合面为

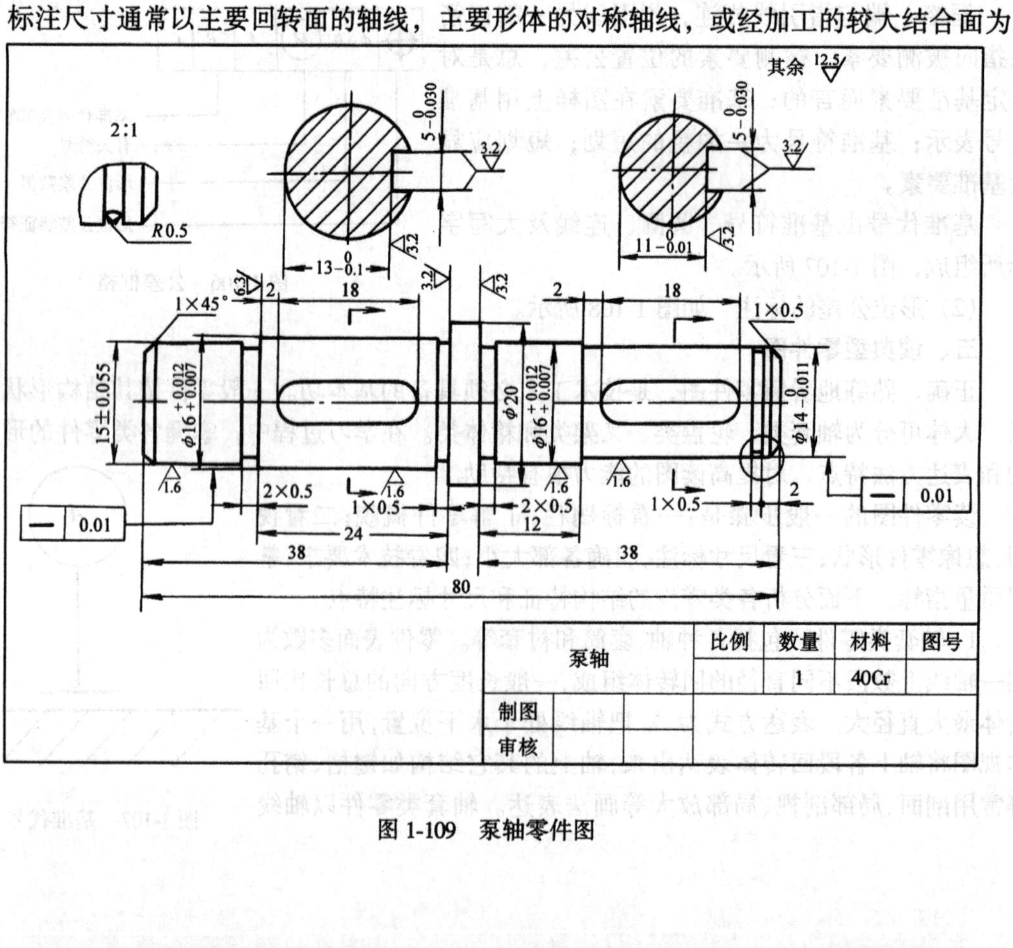

图 1-109　泵轴零件图

长、宽、高方向的基准，如图 1-110 所示。

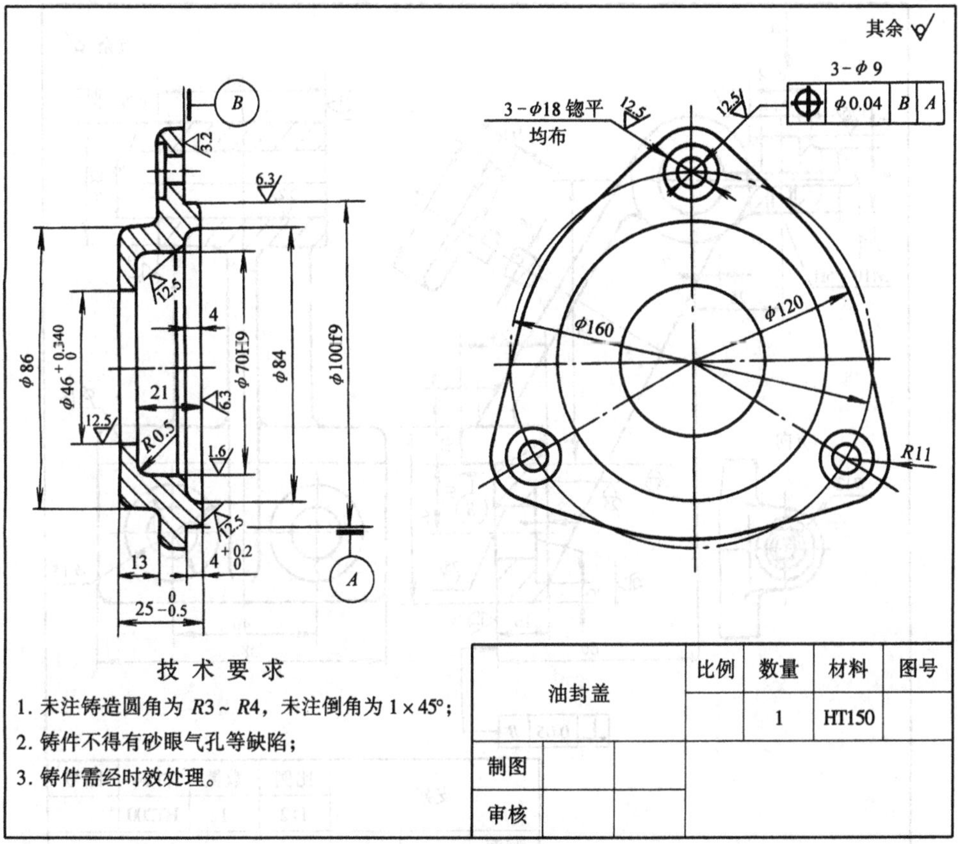

图 1-110　油封盖零件图

一般轮盖类零件的主体部分往往不需切削加工，只有工作端面、轮的外缘和连接孔等需经切削加工，因此这些部分的尺寸精度、表面粗糙度和形位公差有时要求比较严格。如图上注有 ϕ70H9 的表面粗糙度的高度参数 R_a 为 1.6，图中的形位公差框格 ⌖ | ϕ0.04 | B | A 表示 3 个 ϕ9 孔轴线对由基准 A、B 所确定的 3 孔理想位置轴线的位置度公差为 ϕ0.04mm。

3. 叉架类零件　常见的连杆、拨叉、支架、杠杆等，都属于叉架类零件，主要起支承、连接、拨动和操作等作用。这类零件毛坯也多为铸、锻件，结构形状比较复杂，需进行多种机械加工。因此，在选择主视图时，主要考虑工作位置和形状特征。

图 1-111 所示的支架属叉架类零件，其主视图是根据它的工作位置选择的，支架右下侧的厂形体是安装时的固定部分，故选择主视图位置时以此形体作为依据。该零件的主视图采用了两处局部剖视：一处为右下侧表达台阶孔的结构，另一处为左上方表达 ϕ11 光孔和 M10 螺孔形状。左视图用以表达两安装孔的位置和整个支架左视方向的形状，并用局部剖视表达孔 $\phi 20^{+0.027}_{0}$ 的内部形状。

除了两个基本视图外，图 1-111 中还选用了一个 A 向局部视图、一个移出剖面图分别表示凸缘部分的形状和 T 形肋板的断面形状。

图中长度方向基准选择安装面的右侧面，高度方向基准选厂形状的水平面，支承孔轴线的定位尺寸 60 和 80 就是以上述相互垂直的安装面为基准标注的。由于左视图是对称的，因此宽度方向选用支架的前后对称面为基准，分别注出 50、40 和 82 等尺寸。

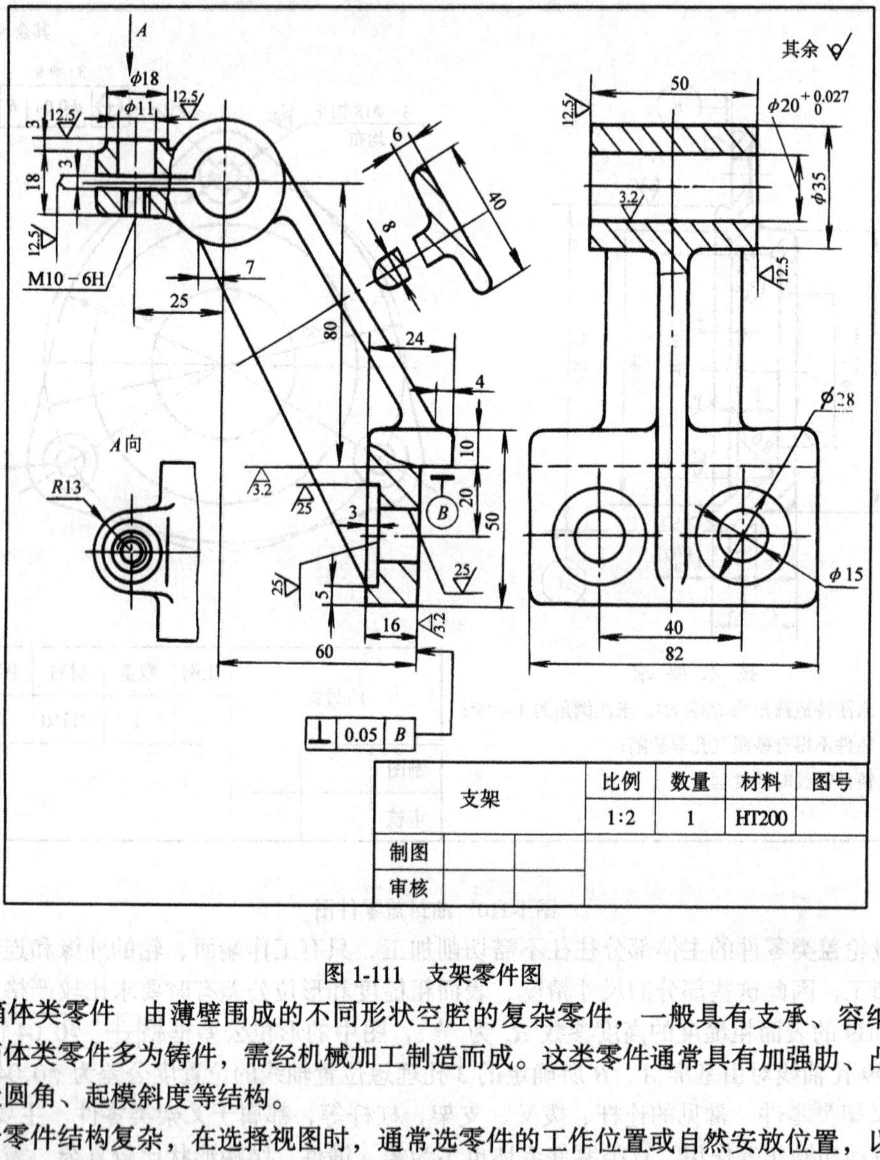

图 1-111　支架零件图

4. 箱体类零件　由薄壁围成的不同形状空腔的复杂零件，一般具有支承、容纳和密封作用。箱体类零件多为铸件，需经机械加工制造而成。这类零件通常具有加强肋、凸台、凹坑、铸造圆角、起模斜度等结构。

由于零件结构复杂，在选择视图时，通常选零件的工作位置或自然安放位置，以最能反映零件形状特征的一面为主视图；采用三个以上基本视图，并根据需要选择合适的视图、剖视、剖面或其它规定画法来表达其复杂的内外结构。

由于箱体类零件形状复杂，标注的尺寸也较多，通常选主要孔的轴线、零件的对称平面或较大的加工平面、结合面作为尺寸基准，孔与孔之间、孔与加工面之间的距离应直接注出，如图 1-112 所示。

从以上四类零件图例的分析过程中可以看出，读零件图的方法是由概括了解到细致分析，以分析视图、想像形状为核心，联系尺寸和技术要求来进行。分析图形离不开尺寸，分析尺寸往往同时要看技术要求。读零件图是一项很细致的工作，不仅需要广泛的技术知识，而且需要一定的实践经验。

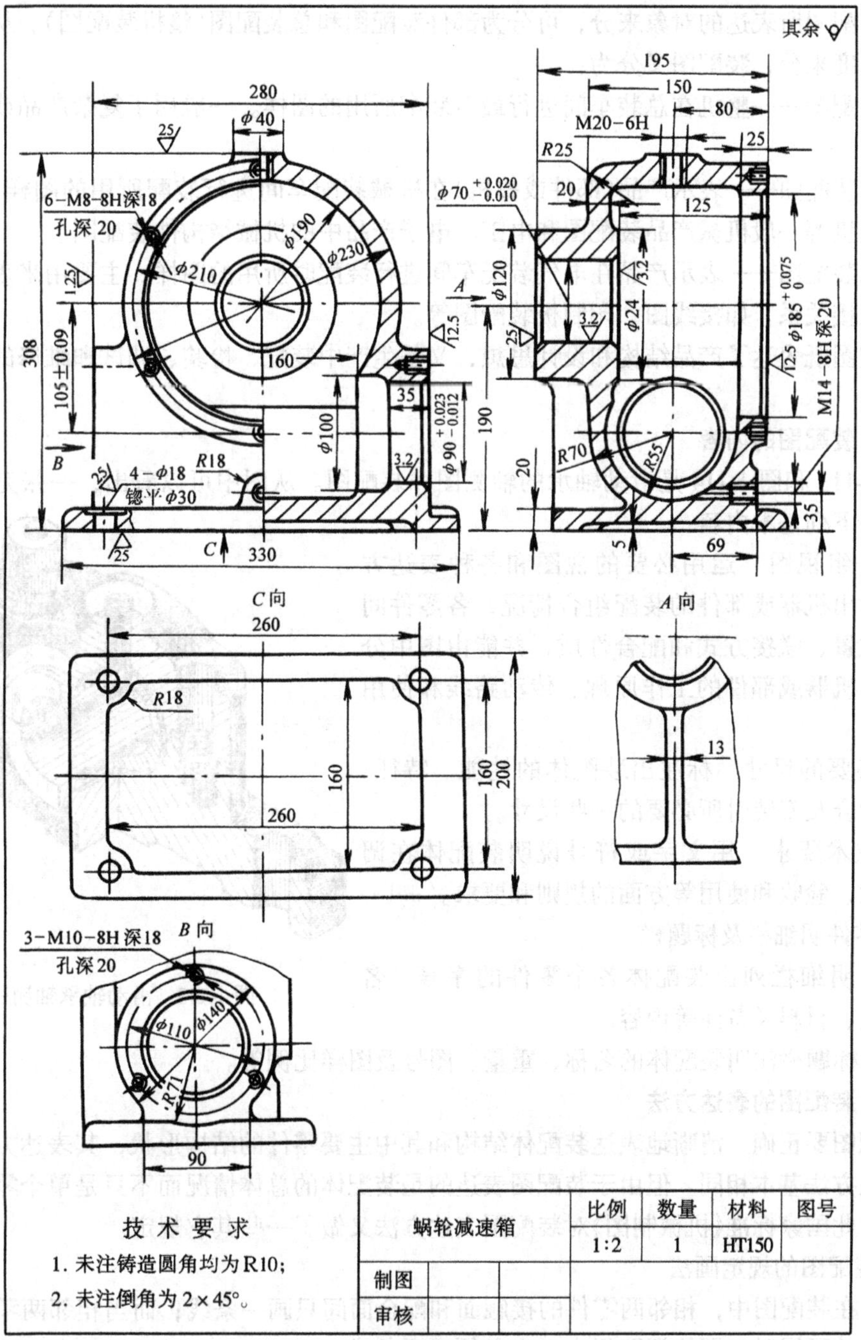

图 1-112　蜗轮减速箱零件图

第五节　装　配　图

任何机器或部件都是由若干零件按一定的技术要求装配而成的。表达整台机器或部件的工作原理、装配关系、联接方式及结构形状的图样称为装配图。

按装配图所表达的对象来分，可分为部件装配图和总装配图(整机装配图)。从生产管理和工艺角度来分，装配图又分为：

总装配图——整机在总装车间进行最后装配所用的图样。一般用于复杂产品或较复杂产品。

结构装配图——表示产品(部件或整机)在机械装配车间进行装配所用的图样，如虎钳、手摇绕线机等一般机械产品装配图和电工、电子产品中的机械结构件装配图。

电气装配图——表示产品在电气装配车间进行装配时所用的图样。主要用来表达元器件之间的联接关系，如接线图、印制板装配图等。

装配图既表达了产品结构和设计思想，又是生产中装配、检验、调试和维修的技术依据和准则。

一、装配图的内容

图 1-113 和图 1-114 是滑动轴承的轴测图和装配图。从图中可以看出，一张完整的装配图应具备下列基本内容：

1. 一组视图　运用必要的视图和各种表达方法，表达出机器或部件的装配组合情况，各零件间的相互位置、联接方式和配合性质，并能由图中分析了解到机器或部件的工作原理、传动路线和使用性能等。

2. 必要的尺寸　标注出装配体的性能、特征、检验、配合及安装时所必要的一些尺寸。

3. 技术要求　用文字或符号说明装配体在调整、试验、验收和使用等方面的规则和要求。

4. 零件明细栏及标题栏

(1) 明细栏列出装配体各个零件的序号、名称、数量、材料及备注等内容。

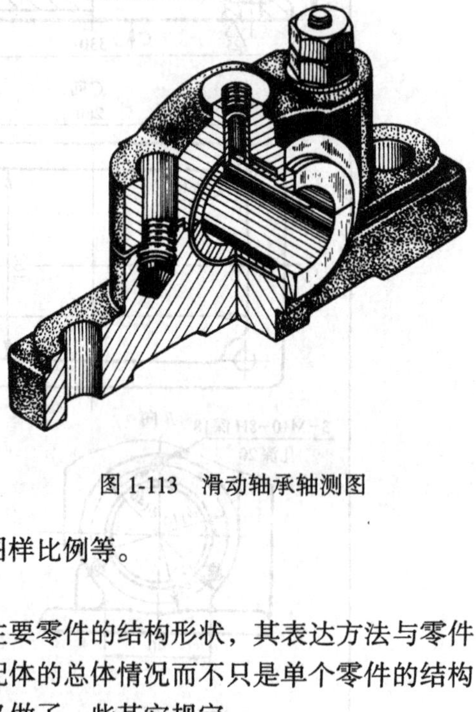

图 1-113　滑动轴承轴测图

(2) 标题栏注明装配体的名称、重量、图号及图样比例等。

二、装配图的表达方法

装配图要正确、清晰地表达装配体结构和其中主要零件的结构形状，其表达方法与零件图的表达方法基本相同。但由于装配图表达的是装配体的总体情况而不只是单个零件的结构形状，因此国家标准《机械制图》对装配图表达方法又做了一些其它规定。

1. 装配图的规定画法

(1) 在装配图中，相邻两零件的接触面和配合面间只画一条线；而当相邻两零件有关部分基本尺寸不同时，即使间隙很小，也必须画两条线。

如图 1-114 中，在主视图中轴承座 1 与轴承盖 4 的接触面之间，俯视图中下轴衬 2 与轴承座 1 的配合面之间，都只画一条线。而主视图中螺柱 6 与轴承盖 4 上的螺柱孔之间为非接触面，必须画两条线。

(2) 相邻两零件的剖面线的倾斜方向应相反。若相邻零件多于两个时，则有的零件的剖面线，应以间隔不同与其相邻的零件相区别。同一零件在各视图上的剖面线画法应一致。

如图 1-114 中，轴承座 1 与轴承盖 4 采用倾斜方向相反的剖面线。

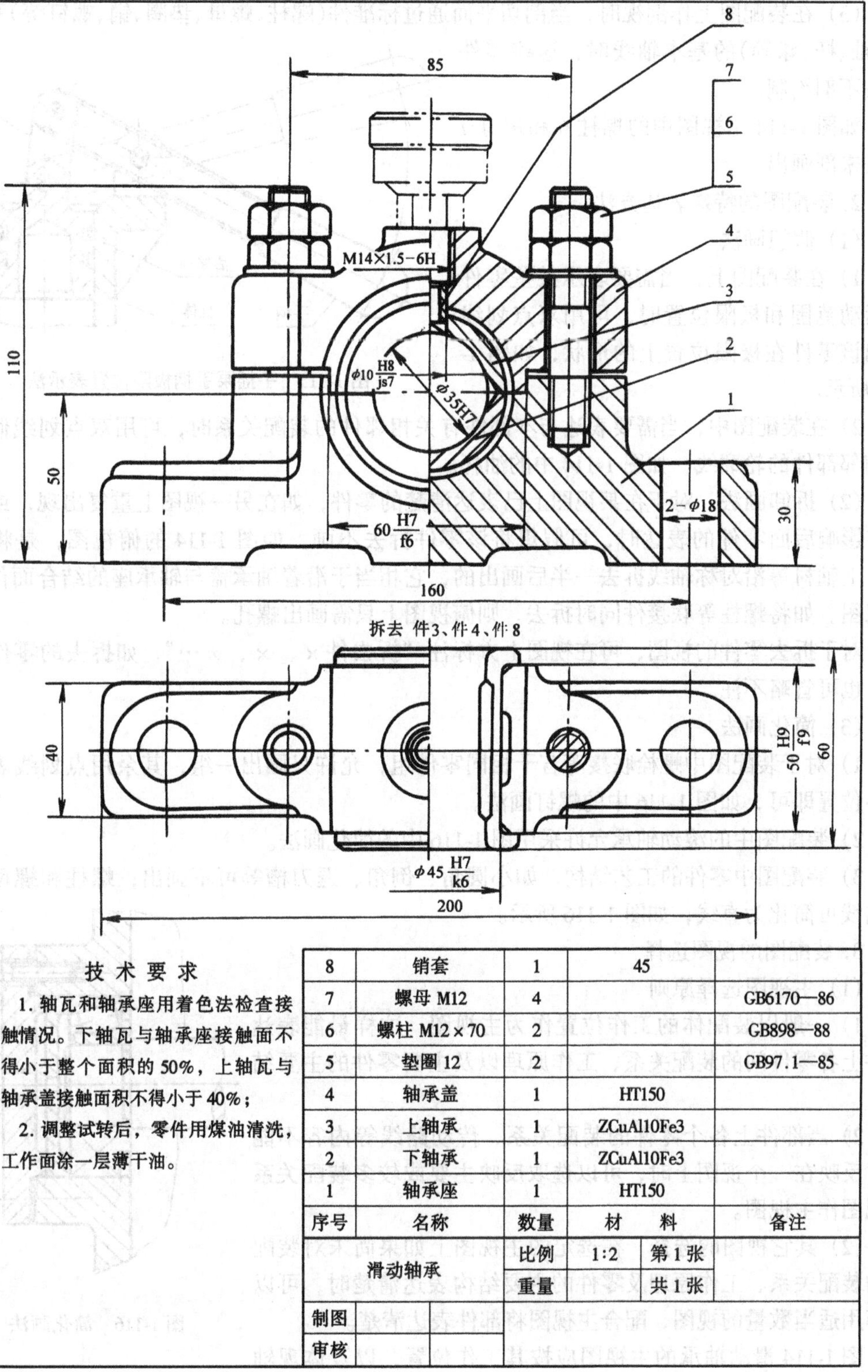

技 术 要 求

1. 轴瓦和轴承座用着色法检查接触情况。下轴瓦与轴承座接触面不得小于整个面积的 50%，上轴瓦与轴承盖接触面积不得小于 40%；

2. 调整试转后，零件用煤油清洗，工作面涂一层薄干油。

序号	名称	数量	材料	备注
8	销套	1	45	
7	螺母 M12	4		GB6170—86
6	螺柱 M12×70	2		GB898—88
5	垫圈 12	2		GB97.1—85
4	轴承盖	1	HT150	
3	上轴承	1	ZCuAl10Fe3	
2	下轴承	1	ZCuAl10Fe3	
1	轴承座	1	HT150	

滑动轴承		比例	1:2	第1张
		重量		共1张
制图				
审核				

图 1-114　滑动轴承装配图

(3) 在装配图上作剖视时，当剖切平面通过标准件(螺柱、螺母、垫圈、销、螺钉等)和实心件(轴、杆、球等)的基本轴线时，这些零件均按不剖绘制。

如图 1-114 主视图中的螺柱 6 和螺母 7 均按未剖画出。

2. 装配图的特殊表达方法

(1) 假想画法

1) 在装配图上，当需要表示某些零件的运动范围和极限位置时，可用双点划线画出该零件在极限位置上的形状，如图 1-115 所示。

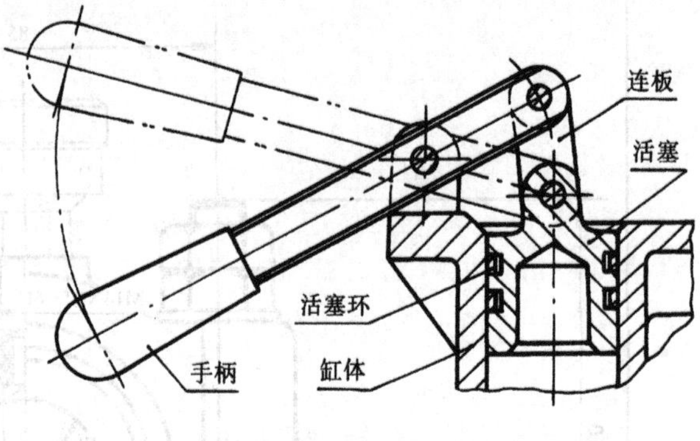

图 1-115　手摇泵手柄极限位置表示法

2) 在装配图中，当需要表达与本部件有关相邻件的装配关系时，可用双点划线假想画出相邻部件的轮廓线，如图 1-114 中的油杯。

(2) 拆卸画法　对于在某视图上已表达清楚的零件，如在另一视图上重复出现，或其图形将影响后面零件的表达时，可假想将该零件拆去不画。如图 1-114 的俯视图，是将轴承盖、上轴衬等沿对称轴线拆去一半后画出的，它相当于沿着轴承盖与轴承座的结合面作的半剖视图。如将螺柱等联接件同时拆去，则俯视图上只需画出螺孔。

对于拆去零件的视图，可在视图上方标注“拆去件 ×、×、×…”，如拆去的零件明显时，也可省略不注。

(3) 简化画法

1) 对于装配图中螺栓联接等若干相同零件组，允许只画出一组，其余用点划线表示出中心位置即可，如图 1-116 中的螺钉画法。

2) 装配图中的滚动轴承允许采用图 1-116 中的简化画法。

3) 装配图中零件的工艺结构，如小圆角、倒角、退刀槽等可不画出；螺柱和螺母的头部曲线可简化为直线，如图 1-116 所示。

3. 装配图的视图选择

(1) 主视图选择原则

1) 一般以装配体的工作位置作为主视图，这样最能表达部件上各零件间的装配关系、工作原理以及主要零件的主要结构。

2) 当部件上各个零件的装配关系、传动路线等内容不能同时反映在一个视图上时，可以选取反映主要或较多装配关系的视图作主视图。

(2) 其它视图的选择　在选定的主视图上如果尚未对装配体的装配关系、工作原理及零件的主要结构表达清楚时，可以选择用适当数量的视图，配合主视图将部件表达清楚。

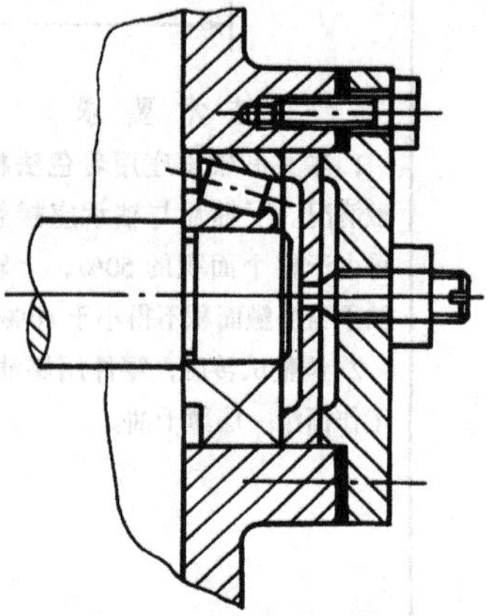

图 1-116　简化画法

图 1-114 滑动轴承的主视图应按其工作位置，以及体现轴承盖、轴承座形状特征的一面作为主视图的投射方向，并通过双头螺柱的轴线进行半剖。这样所确定的主视图就可清楚地显示该装配体的形状结构特征，以及大部分零件的相对位置和

装配关系。主视图确定后，对于滑动轴承宽度方向的形状结构，则应选用俯视图来加以表达，并采用拆卸画法来表明轴衬的结构特点，以及它和轴承盖、轴承座的装配关系。

三、装配图的尺寸标注

装配图应注有以下几类尺寸：

1. 性能(规格)尺寸　这类尺寸表明装配体的性能和规格的大小。如图 1-114 中轴承孔直径 $\phi 35$，它反映所支承的轴的直径大小。

2. 装配关系尺寸　这类尺寸表明装配体上相关零件之间的装配关系：

(1) 配合尺寸　如图 1-114 中的 $\phi 35H7$、$60\frac{H7}{f6}$。

(2) 主要轴线的定位尺寸　如图 1-114 中 $\phi 35H7$ 孔的中心高 50。

3. 安装尺寸　表示部件安装在机器上或机器安装在地基上所需要的尺寸。如图 1-114 中轴承座上两安装孔的直径 $\phi 18$ 和两孔中心距 160。

4. 总体尺寸　是装配体总长、总宽、总高的尺寸，它是包装、安装所占用体积、面积的设计所需之尺寸。如滑动轴承的总长 200，总宽 60，总高 110。

5. 其它主要尺寸　这类尺寸是指在设计时经过计算而确定的尺寸。如图 1-114 中联接轴承盖与轴承座的两螺柱的中心距 85。

四、零件编号和明细栏

为了便于看图和生产管理，对组成部件的所有零件(组件)，应在装配图上编写序号，并在标题栏上方编制相应的明细栏。

1. 序号编排方法　将组成部件的所有零件(包括标准件)进行统一编号。相同的零(部)件编一个序号，一般只标注一次。序号应写在视图外明显的位置上。序号的注写形式如图 1-117 所示，其注写规定如下：

(1) 序号的字号应比图上尺寸数字大一号(图 1-117a)或大两号(图 1-117b)。一般从被注零件的轮廓内用细实线画出指引线。在零件一端画圆点，另一端画水平细实线或细实线圆。

(2) 当指引线所指零件很薄，或是涂黑的剖面而不便画圆点时，则可以箭头代替圆点，箭头直接指在该部的轮廓线上(图 1-117d)

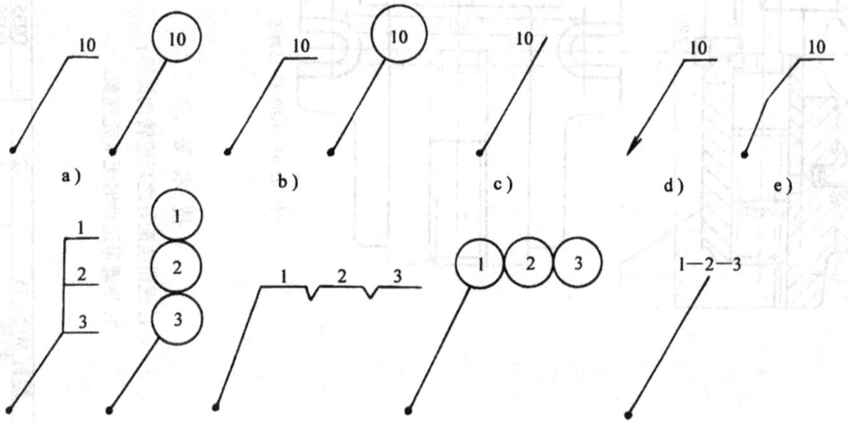

图 1-117　序号的注写形式

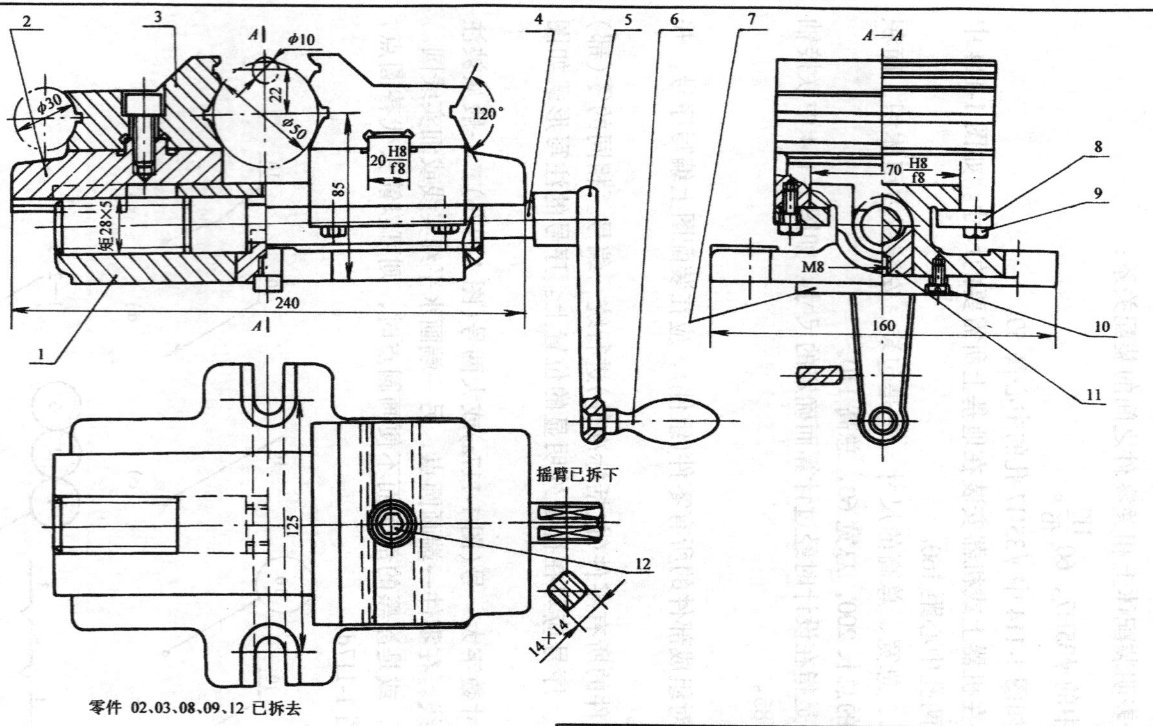

技 术 要 求

1. 虎钳装配好之后应转动灵活；
2. 半螺母运动时无卡死现象。

序号	名称	数量	材料	备注
12	螺钉 M12×25	2	Q235	GB70—85
11	挡块	1	Q235	
10	螺钉 M15×15	2	Q235	GB65—85
9	螺钉 M6×20	8	Q235A	GB70—85
8	压板	4	45	
7	定位键	1	45	
6	手柄	1	Q235A	
5	摇臂	1	Q235A	
4	螺杆	1	45	
3	钳口	2	50	
2	半螺母	2	HT200	左右螺纹各一件
1	钳体	1	HT200	

轴用虎钳	比例	1:1	第 1 张
	重量		共 10 张
制图			
审核			

图 1-118 轴用虎钳装配图

(3) 画指引线不要相互交叉，不要与剖面线平行，必要时允许画成一次折线(图 1-117e)。

(4) 对于一组联接件，可按图 1-117f 的形式引注。

(5) 序号应按顺时针(或逆时针)方向整齐地顺次排列。如在整个图上无法连续时，可只在每个水平或垂直方向顺次排列。

2. 明细栏　明细栏一般绘制在标题栏上方。明细栏应按编号顺序自下而上地进行填写。位置不够时，可在标题栏毗邻的左侧续编，但应尽可能与右侧对齐。

五、识读装配图

识读装配图目的是通过对装配图逐步分析研究、了解各部件之间的相互位置、联接方式、装配关系以及主要零组件的结构形状和作用,从而了解装配体的性能、工作原理和用途。

识读装配图的方法和步骤如下：

1. 概括了解　看装配图首先看标题栏、明细表和产品说明书等有关技术资料,了解装配体的名称、性能、功用。从视图中大致了解装配体的形状、尺寸和技术要求,对装配体有一个初步的认识。

图 1-118 是轴用虎钳的装配图,该虎钳是机床夹持轴类零件的专用工具,以便在轴上铣槽或钻孔。从明细表可以看出,该虎钳由 12 种零件组成,其中 9、10、12 是标准件。轴用虎钳的规格性能已在图中的主视图上用双点划线表示出,它能夹持的最大轴径为 50mm,最小轴径为 10mm。图 1-119 是它的轴测图。

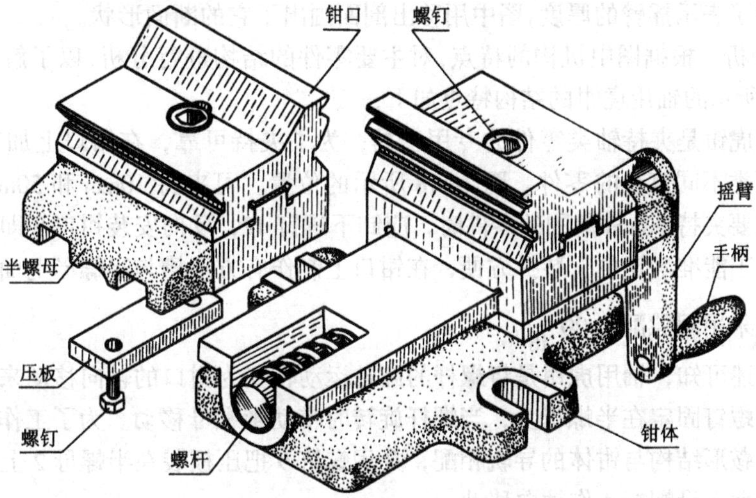

图 1-119　轴用虎钳轴测图

由图 1-118 可知,轴用虎钳的装配图共采用了三个基本视图(主视图、俯视图、左视图)和两个移出剖面图来表达各零件间的装配关系。在标题栏的上方注有技术要求，指出虎钳装配好之后，螺杆应转动灵活，半螺母移动时无卡死爬行现象。

2. 原理分析　要看懂一张装配图，必须了解图中所表示的机器或部件的工作原理。对于简单的装配图可以从图中直接看出。如果零件数目较多、图形复杂或者是新产品，就要配合说明书或其它技术资料进行读图。

轴用虎钳的工作原理示意图如图 1-120 所示,顺时针转动手柄,通过摇臂带动螺杆旋转(螺杆为矩形螺纹,外径为 28mm,螺距 5mm)。由于挡块限制螺杆沿轴向位移,因此螺杆只能作旋转运动,与它相配的半螺母沿轴向左右移动,从而带动钳口夹紧被加工零件。应该指出:半螺母左右各一个(参看图 1-119),形状相同,但螺旋方向相反。左边的半螺母为右螺纹,右边的半螺母为左螺纹。与它相配的螺杆 4,右端为左螺纹,左端为右螺纹。这样,当螺杆旋转时,两个半螺母才会同时前进或后退,操作方便,生产率高,与一般虎钳(只能靠一个钳口移动来夹紧工件)相比,它有明显优点。

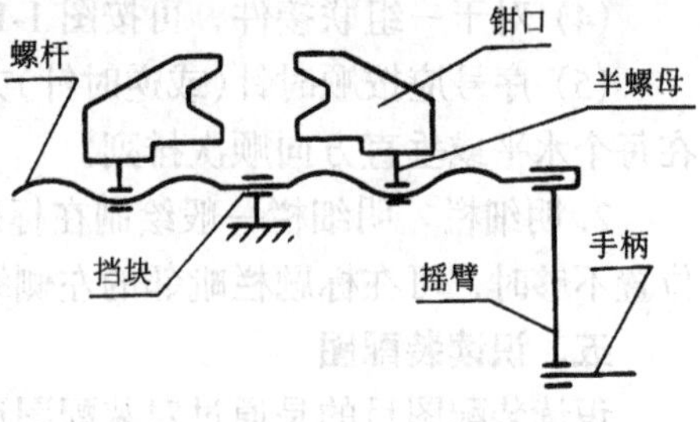

图 1-120　轴用虎钳工作原理示意图

3. 视图分析　看懂装配图中各视图的相互关系和作用,并对各视图进行全面的分析。轴用虎钳(图 1-118)采用三个基本视图表示它的装配关系。主视图左右不对称,左边采用局部剖视(实际上是半剖视),表达钳口 3、半螺母 2、螺钉 12、钳体 1、挡块 11 和定位键 7 等零件的装配关系和联接方式。主视图的右边有两处用局部剖视,以看清螺杆与钳体、手柄与摇臂的装配关系。

俯视图采用拆卸画法,假想把左边的半螺母 2 与钳口 3 拆下,以反映钳体 1 和螺杆 4 的外形。右边为了看清螺杆 4 的头部形状,假想把摇臂拆去不画,并用移出剖面表示螺杆端部的结构,其截面形状为 14×14 的正方形。

左视图的图形对称,采用半剖视,既表达外形又表达钳体的内部结构,以看清挡块、螺钉、钳体、定位键的装配关系,还采用局部剖视表示半螺母的鞍形结构与钳体 1、压板 8、螺钉 9 的联接形式。为了表示摇臂的厚度,图中用移出剖面画出了它的断面形状。

4. 结构分析　根据图中机构的特点,对主要零件的结构进行分析,以了解它的性能和作用。图 1-118 所示的轴用虎钳的结构特点如下:

(1) 轴用虎钳是夹持轴类零件的专用工具,为了夹持可靠,在钳口上加工有三个 V 形槽,可夹持三类不同直径的零件。图 1-118 所示的位置,可夹持 10mm 和 50mm 直径范围内的零件。当需要夹持 30mm 范围的零件时,应卸下螺钉 12,反向安装钳口 3 即可。为了使钳口 3 与半螺母工能准确定位,装拆方便,在钳口上制作有方形槽与半螺母上面的方形凸块相配,它们之间采用间隙配合 $20\,\frac{H8}{f8}$。

(2) 由前述可知,轴用虎钳是将螺杆的旋转运动转变为钳口的轴向移动来夹持加工零件的;而钳口用螺钉固定在半螺母上,当螺杆旋转时带动半螺母移动。为了工作可靠,移动平稳,半螺母的鞍形结构与钳体的导轨相配,并用螺钉 9 把压板装在半螺母 2 上,因而它只能在钳体的导轨面上沿螺杆 4 作轴向移动。

(3) 轴用虎钳是机床的夹具,它用两个螺栓固定在工作台上。为保证被加工轴的轴线与工作台轴线平行或垂直,在钳体 1 的底座上装有定位键 7,它插入机床工作台的 T 形槽内,保证虎钳能准确定位。

(4) 防止螺杆旋转时产生轴向移动,在钳体的底面上加工有方形孔,插入挡块 11,卡住螺杆的轴颈,因此螺杆的轴向位移被限制,只能作旋转运动。在挡块的底面上加工有 M8 螺孔,当拆下定位键 7 后,用 M8 螺钉旋入螺孔中,即能方便地取出挡块。因此螺孔 M8 是装拆零件必不可少的工艺孔。

5. 尺寸分析　虎钳装配图中标注的尺寸,包括了前面讲述的五类尺寸,现着重分析其中的配合尺寸。由图 1-118 可知,在主视图中钳口 3 与半螺母 2 相配处为保证其精度和装拆方便采用$\frac{H8}{f8}$间隙配合。同理，在左视图中为了保证半螺母 2 与钳体间能运动自如，也采用$\frac{H8}{f8}$间隙配合。

根据上面轴用虎钳的实例，可归纳出看装配图的步骤为：

1）从标题栏中了解装配图的名称、规格、比例、设计单位及日期等内容。

2）阅读装配图中有关说明或者与图有关的技术资料，对装配图所表示的机器的工作原理、性能及用途有初步了解。

3）看懂装配图中各视图的投影关系，研究各辅助视图的作用。

4）找出装配图中主要零件的视图关系，并想像它们的大致形状。

5）结合明细表逐一研究各个零件的形状、联接方式、配合性质和零件在机器中的作用。

6）分析装配图中各零件的装配与拆卸方法及先后顺序。

以上各点在整个看图过程中是交错进行的，最终目的是看懂装配图。

复 习 题

1. 图纸幅面有几种规格？
2. 图线有几种形式？主要用途各是什么？绘制时应注意什么问题？
3. 标注尺寸的基本原则是什么？
4. 什么叫投影法？怎样分类？各有什么特点？
5. 正投影法的基本性质是什么？
6. 三视图是怎样形成的？它的投影规律是什么？
7. 试述三视图之间的位置关系、尺寸关系和方位关系。

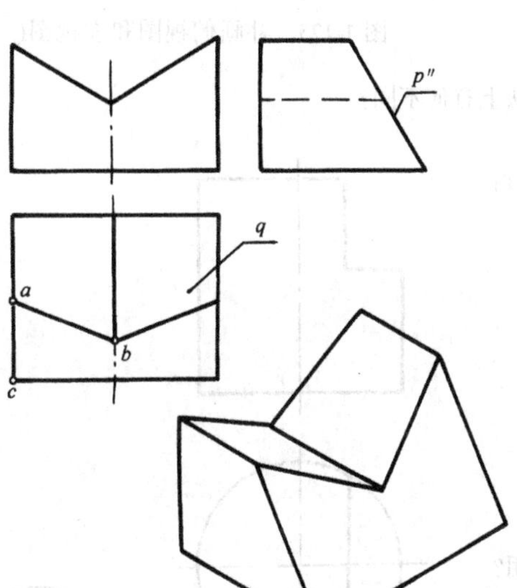

直线 AB 是______线，
直线 AC 是______线。
平面 P 是______面，
平面 Q 是______面。

图 1-121　判别线面的空间位置(一)

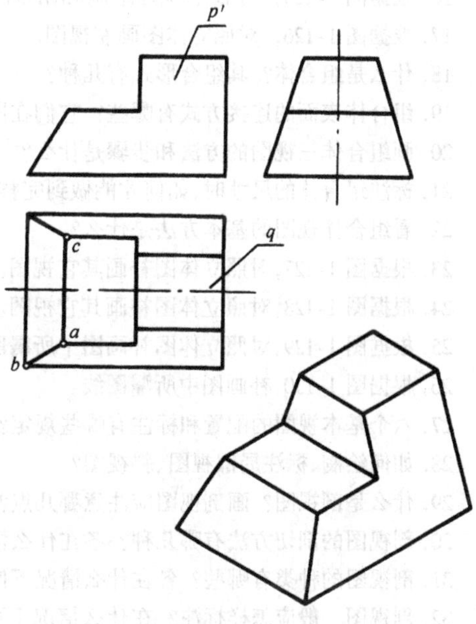

直线 AB 是______线，
直线 AC 是______线，
平面 P 是______面，
平面 Q 是______面。

图 1-122　判别线面的空间位置(二)

8. 试述三面投影体系中点的投影规律。

9. 空间的直线和平面各可分成几类？它们的投影特性是什么？

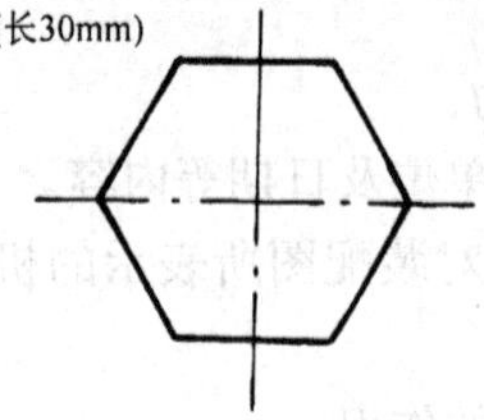

图 1-123　补画主视图和俯视图

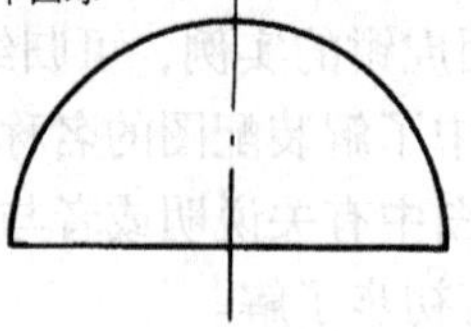

图 1-124　补画俯视图和左视图(一)

10. 在物体的三视图中，根据已给的标记，求直线 *AB*、*AC* 和平面 *P*、*Q* 的另外两个投影，并在立体图上标出其位置，注明是什么直线和什么平面(见图 1-121、图 1-122)。

11. 已知六棱柱的一个视图及尺寸，画全它的三视图(见图 1-123)。

12. 已知半圆球的一个视图，画全它的三视图(见图 1-124)。

13. 什么是截交线？如何求作截交线？

14. 截平面与圆柱轴线的相对位置不同，其截交线有几种不同的情况？

15. 什么是相贯线？

16. 根据图 1-125，对照立体图补画和俯视图左视图。

17. 根据图 1-126，对照立体图画左视图。

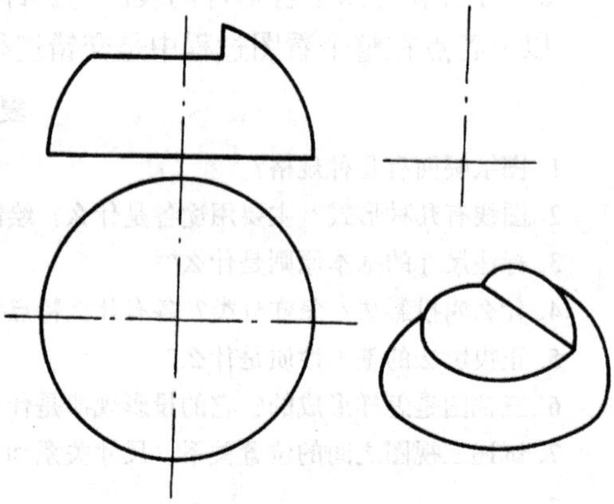

图 1-125　补画俯视图和左视图(二)

18. 什么是组合体？其组合形式有几种？

19. 组合体表面的连接方式有哪些？它们在图线的画法上有何不同？

20. 画组合体三视图的方法和步骤是什么？

21. 标注组合体的尺寸时，如何才能做到完整、正确、清晰？

22. 看组合体视图的基本方法是什么？

23. 根据图 1-127，对照立体图补画其它视图。

24. 根据图 1-128，对照立体图补画其它视图。

25. 根据图 1-129，对照立体图补画图中所漏图线。

26. 根据图 1-130，补画图中所漏图线。

27. 六个基本视图的配置和标注有哪些规定？

28. 如何绘制、标注局部视图、斜视图？

29. 什么是剖视图？画剖视图应注意哪几点？

30. 剖视图的剖切方法有哪几种？各在什么情况下使用？

31. 剖视图的种类有哪些？各在什么情况下使用？

32. 剖视图一般应怎样标注？在什么情况下可以省略箭头或省略标注？

33. 什么是剖面？剖面与剖视有何区别？

34. 如何绘制、标注移出剖面和重合剖面？

35. 螺纹的五要素是什么？

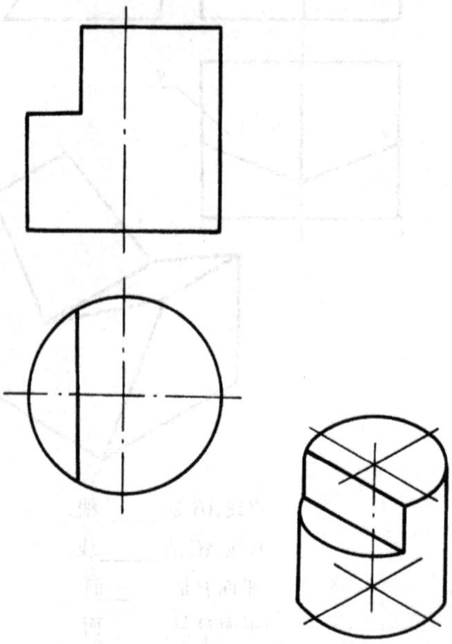

图 1-126　补画左视图

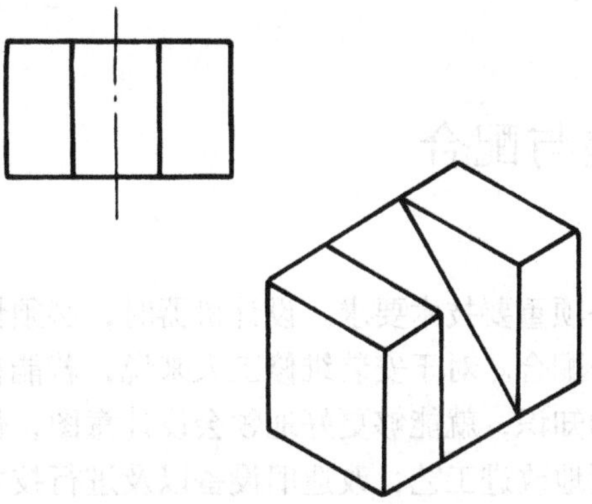

图 1-127　补画俯视图和左视图(三)

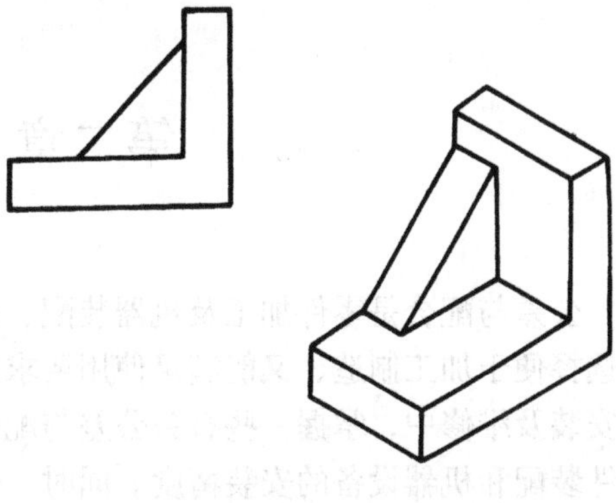

图 1-128　补画俯视图和左视图(四)

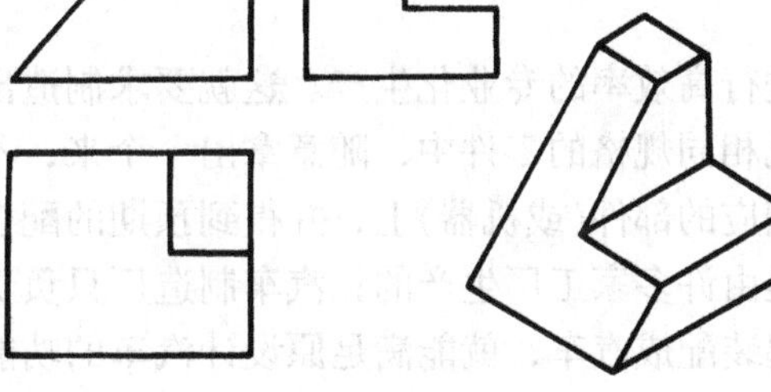

图 1-129　补画漏线(一)

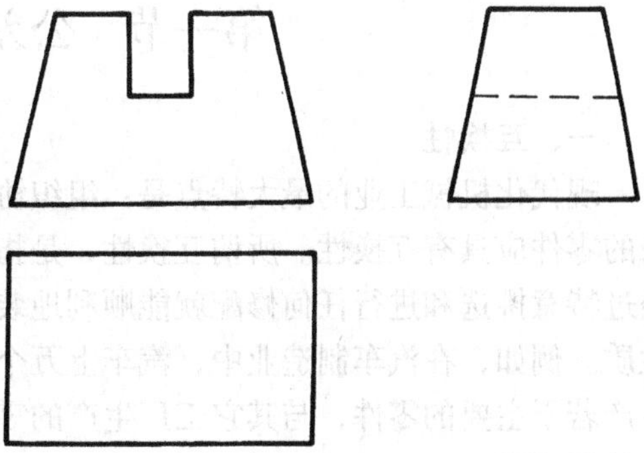

图 1-130　补画漏线(二)

36. 绘制螺纹联接的规定画法有哪些?

37. 螺纹的标记由哪些组成?

38. 解释下列螺纹的含义

1) M12—6h—S

2) Tr22×10 (P5)LH—6e—L

39. 常用螺纹联接件有哪些?

40. 零件图包括几个方面的内容?

41. 如何选择零件图的主视图?

42. 在零件图上标注尺寸有什么要求? 如何选择尺寸基准?

43. 在零件图上标注尺寸应注意哪些问题?

44. 零件图的技术要求有哪些?

45. 形位公差的公差特征符号有哪些?

46. 典型零件包括哪些? 各类零件的视图表达特点是什么?

47. 读零件图的步骤是什么?

48. 什么是装配图? 装配图包括哪些内容?

49. 装配图视图选择的原则是什么?

50. 在装配图上有哪些规定画法?

51. 在装配图上有哪些特殊画法?

52. 在装配图上一般要标注哪些尺寸?

53. 识读装配图按什么方法和步骤?

第二章　公差与配合

公差与配合是零件加工及机器装配、使用的一项重要技术要求。设计机器时，必须慎重地选择便于加工制造、又能满足使用要求的公差与配合。对于安装维修工人来说，若能在设备安装及维修中，掌握一些有关公差与配合方面的知识，就能够更好地领会设计意图，保证零件装配和机器设备的安装精度。同时，也为不断地改进工艺，改造旧设备以及进行技术革新奠定了必要的技术基础。

第一节　公差配合的有关概念

一、互换性

现代化机械工业的最大特点是：组织协作和进行高效率的专业化生产。这就要求制造出来的零件应具有互换性。所谓互换性，是指从一批相同规格的零件中，随意拿出一个来，不经过特意挑选和进行任何修配就能顺利地装配到相应的部件(或机器)上，并得到预期的配合性质。例如，在汽车制造业中，汽车上万个零件是由许多家工厂生产的；汽车制造厂只负责生产若干主要的零件，与其它工厂生产的零件一起装配成汽车，就能满足原设计汽车的功能和使用要求。

零件有了互换性，就可以缩短机器的制造、装配周期，有利于组织专业化协作生产和使用现代化的工艺设备，从而保证产品质量，提高劳动生产率和经济效益，并为机器的维修带来很大的方便。

互换性按其互换程度，可分为完全互换和不完全互换。前者要求零、部件在装配时，不需要挑选和辅助加工；后者则允许零、部件在装配前进行预先分组或在装配时采用调整等措施。

为了达到零件具有互换性的目的，并不一定要求零件按基本尺寸丝毫不差地加工，只要保证零件尺寸在一个合理的界限范围内就可以了。在这个界限范围内的尺寸，既能满足零件的配合性质，又使零件加工具有良好的经济合理性。

二、孔和轴

在机械制造中，孔和轴的装配形式是最典型的，孔以其内表面包容轴的外表面。在国家标准中，规定了孔和轴的定义。

(1) 孔　通常指工件的圆柱形内表面，也包括非圆柱形内表面(由二平行平面或切面形成的包容面)。

(2) 轴　通常指工件的圆柱形外表面，也包括非圆柱形外表面(由二平行平面或切面形成的被包容面)。

由此可见,孔和轴具有广泛的含义,不仅表示通常理解的概念,即圆柱形的内、外表面,而且也包括由二平行平面或切面形成的包容面和被包容面。例如,在图 2-1 所示的各表面中,由 D_1、D_2、D_3 和 D_4 各尺寸确定的各组平行平面或切面所形成的包容面都可称为孔;由 d_1、d_2、d_3

和 d_4 各尺寸确定的圆柱形外表面和各组平行平面或切面所形成的被包容面都可称为轴。

如果二平行平面或切面既不能形成包容面，也不能形成被包容面，那么它们既不是孔，也不是轴，如图 2-1 中由 L_1、L_2 和 L_3各尺寸确定的各组平行平面或切面。

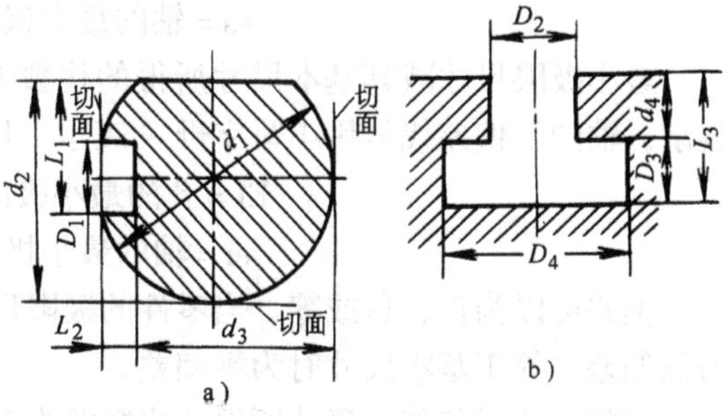

图 2-1　孔和轴

三、偏差与公差

为了清楚地理解偏差与公差的基本概念，下面先介绍一些有关尺寸的术语。

1. 尺寸的基本术语及定义

(1) 尺寸　以特定单位表示线性尺寸值的数值称为尺寸。例如，在零件图样上标注轴和孔的直径 ϕ20mm，两轴线间距离 40mm，圆弧半径 0.5mm 等都是尺寸。国家标准规定，在机械图样上标注的尺寸都以 mm 为单位，标注时可将单位省略。

(2) 基本尺寸　通过它应用上、下偏差可算出极限尺寸的尺寸，如图 2-2 所示。基本尺寸可以是一个整数或一个小数值。

基本尺寸是在设计中根据强度、刚度、运动结构、工艺、造型等不同要求来确定，并按标准尺寸调整，使其标准化。它有利于简化刀具、量具和型材的规格。基本尺寸表示尺寸的基本大小，而不是实际加工要求的尺寸。

(3) 实际尺寸　通过测量获得的某一孔、轴的尺寸。在生产加工过程中，由于被测零件形状误差的存在，测量器具与被测工件接触状态的不同，其测量误差不可避免地存在，因此，实际尺寸并非是被测尺寸的真值。通常所指实际尺寸均指局部实际尺寸。

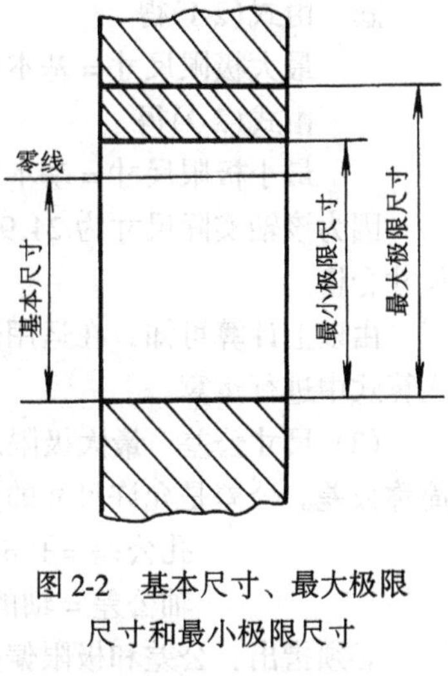

图 2-2　基本尺寸、最大极限尺寸和最小极限尺寸

(4) 极限尺寸　一个孔或轴允许的尺寸的两个极端。实际尺寸应位于其中，也可达到极限尺寸。

孔或轴允许的最大尺寸称为最大极限尺寸；孔或轴允许的最小尺寸称为最小极限尺寸，如图 2-2 所示。

极限尺寸是设计时根据零件的使用要求和加工性，以基本尺寸为基数确定其尺寸的变动范围的。它表示零件加工后的实际尺寸在其范围内就是合格的。

2. 偏差与公差的基本术语

(1) 零线　在公差与配合图解中，表示基本尺寸的一条直线，以其为基准确定偏差和公差，见图 2-2。通常，零线沿水平方向绘制，正偏差位于其上，负偏差位于其下，如图 2-3 所示。

(2) 偏差　某一尺寸(实际尺寸、极限尺寸，等等)减其基本尺寸所得的代数差。偏差可以分为极限偏差和实际偏差。

极限尺寸减其基本尺寸所得的代数差为极限偏差。由于极限尺寸有两个极端值，所以国标把上偏差和下偏差称为极限偏差，见图 2-3。

最大极限尺寸减其基本尺寸所得的代数差称为上偏差。孔的上偏差代号用大写字母 ES

表示；轴的上偏差代号用小写字母 es 表示，用公式表示为

$$\begin{aligned} ES &= \text{孔的最大极限尺寸} - \text{基本尺寸} \\ es &= \text{轴的最大极限尺寸} - \text{基本尺寸} \end{aligned} \tag{2-1}$$

最小极限尺寸减其基本尺寸所得的代数差称为下偏差。孔的下偏差代号用大写字母 EI 表示；轴的下偏差代号用小写字母 ei 表示，用公式表示为

$$\begin{aligned} EI &= \text{孔的最小极限尺寸} - \text{基本尺寸} \\ ei &= \text{轴的最小极限尺寸} - \text{基本尺寸} \end{aligned} \tag{2-2}$$

偏差可以为正、负或零。当零件的极限尺寸大于基本尺寸时为正偏差；小于基本尺寸时为负偏差；等于基本尺寸时为零偏差。

实际尺寸减其基本尺寸所得的代数差为实际偏差。合格工件尺寸的实际偏差应限制在极限偏差范围之内。

例 2-1 已知某轴的基本尺寸为 $\phi 25$mm，它的上偏差为 -0.020mm，下偏差为 -0.041mm。加工后测得实际尺寸为 $\phi 24.970$mm，试求该轴的最大极限尺寸和最小极限尺寸，并判断该实际尺寸是否合格。

解 由式(2-1)得

最大极限尺寸 = 基本尺寸 + es = 25mm + (− 0.020)mm = 24.98mm

由式(2-2)得

最小极限尺寸 = 基本尺寸 + ei = 25mm + (− 0.041)mm = 24.959mm

因为该轴实际尺寸为 24.970mm，位于最大极限尺寸和最小极限尺寸之间，所以该零件尺寸合格。

由以上计算可知，在运用偏差值进行计算时，一定要把上、下偏差的“+”、“−”号代入算式中进行运算。

(3) 尺寸公差 最大极限尺寸减最小极限尺寸之差，或上偏差减下偏差称为尺寸公差，简称公差。公差是允许尺寸的变动量，是一个没有符号的绝对值，用公式表示为

$$\begin{aligned} \text{孔公差} &= \text{孔的最大极限尺寸} - \text{孔的最小极限尺寸} = ES - EI \\ \text{轴公差} &= \text{轴的最大极限尺寸} - \text{轴的最小极限尺寸} = es - ei \end{aligned} \tag{2-3}$$

必须指出：公差和极限偏差既有联系，又有区别。它们都是设计时给定的。公差大小决定了允许尺寸变动范围的大小，它表明对一批工件的尺寸均匀程度的要求，是工件加工精度的指标，但不能用公差判断工件尺寸的合格性。极限偏差表示工件尺寸允许变动的极限值，是用来控制实际偏差、判断工件尺寸是否合格的依据。

例 2-2 现有两根轴，一根轴的尺寸为 $\phi 10^{+0.028}_{+0.019}$mm，另一根轴的尺寸为 $\phi 10^{+0.037}_{+0.028}$mm。若采用相同的加工方法，问加工这两根轴的难易程度是否一样？

解 由于加工方法相同，因此难易程度就取决于公差的大小。公差大，则加工容易；反之，则加工困难。

由式(2-3)可得两轴公差为

$$es - ei = (+0.028)\text{mm} - (+0.019)\text{mm} = 0.009\text{mm}$$

$$es - ei = (+0.037)\text{mm} - (+0.028)\text{mm} = 0.009\text{mm}$$

两根轴的公差值均为 0.009mm，基本尺寸又相同，而且采用同一种加工方法，因此，控制这两根轴的加工尺寸，难易程度是一样的。

由于零件图上采用基本尺寸与上、下偏差的标注形式，使用上、下偏差来计算它们之间的相互关系比用极限尺寸更为简便，应用也更广泛。

(4) 公差带　在公差带图解中，由代表上偏差和下偏差或最大极限尺寸和最小极限尺寸的两条直线所限定的一个区域称为公差带。它是由公差大小和相对零线的位置来确定的，见图 2-3。

从图中可见,公差带包括“公差带大小”和“公差带位置”两个参数。公差带大小取决于公差数值的大小,公差带相对于零线的位置取决于极限偏差的大小。在公差与配合制中,确定公差带相对零线位置的那个极限偏差称为基本偏差。它可以是上偏差或下偏差,一般为靠近零线的那个偏差,如图 2-3 为下偏差。大小相同而位置不同的公差带,它们对工件的精度要求相同,而对工件尺寸大小要求不同。只有既给定公差值,又同时给定一个极限偏差,才能完整地确定一个具体的公差带,来表达对工件尺寸的设计要求。

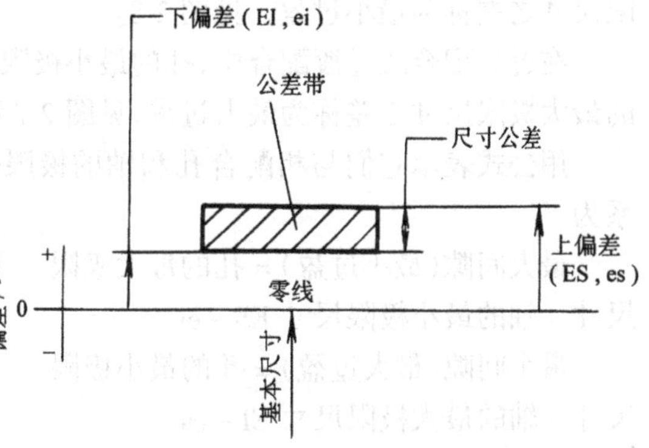

图 2-3　公差带图解

四、配合的基本术语

1. 配合　一对基本尺寸相同的孔和轴,按照各自的公差带进行加工,由于孔和轴的公差带都是按一定的使用要求给定的,只要其实际尺寸都在公差带所限制的范围内,这对孔和轴装配到一起后,就能达到预期的设计要求。所以,把基本尺寸相同的,相互结合的孔和轴公差带之间的关系称为配合。

由于机器上各种孔和轴结合部位的使用要求不同,对孔和轴装配后的松紧要求也不同,反映在装配后具有不同的配合性质。

2. 间隙和过盈　孔的尺寸减去相配合的轴的尺寸之差为正称为间隙,如图 2-4 所示。

孔的尺寸减去相配合的轴的尺寸之差为负称为过盈,如图 2-5 所示。

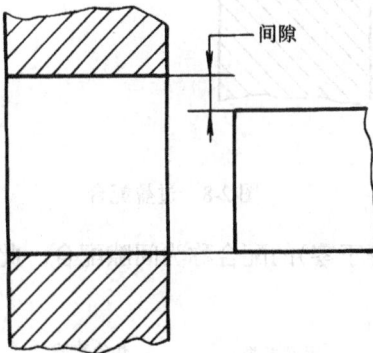

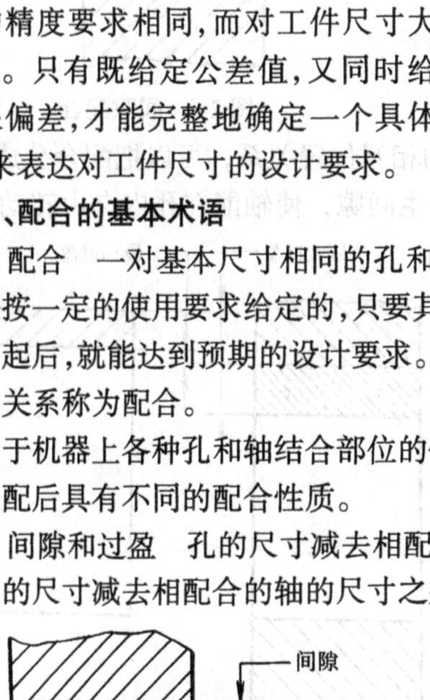

图 2-4　间隙

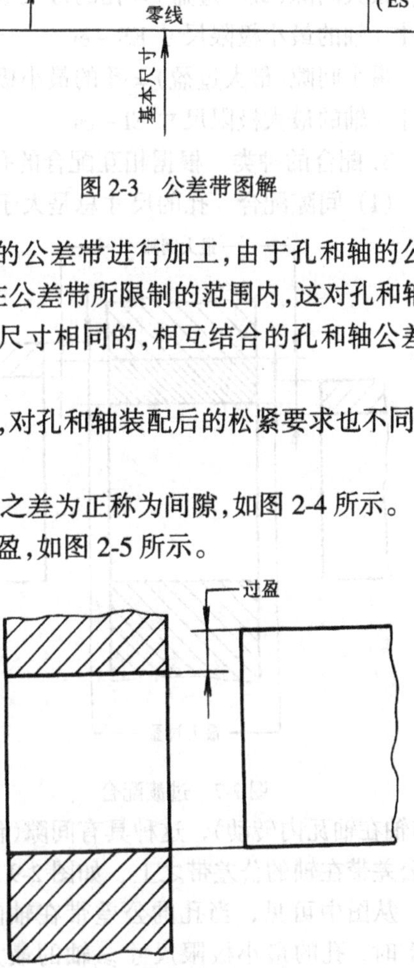

图 2-5　过盈

设计时给定了相互配合的孔和轴的极限尺寸(或极限偏差)以后，也就相应地确定了间隙或过盈允许变动的界限，亦称为极限间隙或极限过盈。

极限间隙有最小间隙和最大间隙。

在间隙配合中，孔的最小极限尺寸减轴的最大极限尺寸之差称为最小间隙，见图 2-6。

在间隙配合或过渡配合中，孔的最大极限尺寸减轴的最小极限尺寸之差称为最大间隙，见图 2-6 和图 2-7。

极限过盈有最小过盈和最大过盈。

在过盈配合中，孔的最大极限尺寸减轴的最小极限尺寸之差称为最小过盈，见图 2-8。

在过盈配合或过渡配合中，孔的最小极限尺寸减轴的最大极限尺寸之差称为最大过盈，见图 2-7 和图 2-8。

用公式表示它们与相配合孔和轴的极限偏差的关系为

最大间隙（最小过盈）= 孔的最大极限尺寸 − 轴的最小极限尺寸 ES − ei

最小间隙（最大过盈）= 孔的最小极限尺寸 − 轴的最大极限尺寸 EI − es　　(2-4)

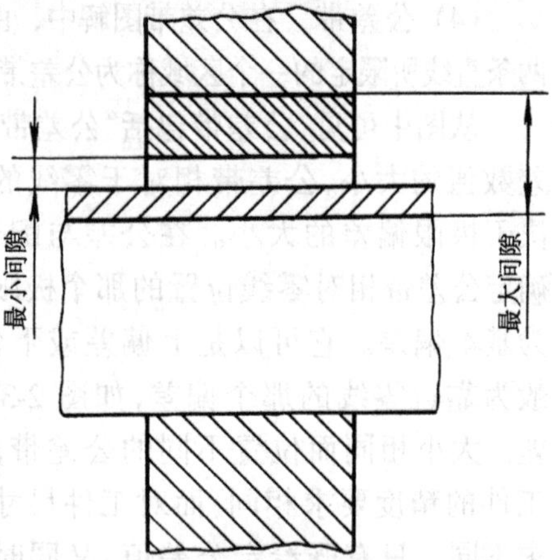

图 2-6　间隙配合

3. 配合的种类　根据相互配合的孔和轴公差带的相互位置关系，可以把配合分成三类：

(1) 间隙配合　孔的尺寸总是大于轴的尺寸，产生间隙，使轴能在孔内自由转动或滑动（如轴在轴瓦内转动），这种具有间隙（包括最小间隙等于零）的配合称为间隙配合。此时，孔的公差带在轴的公差带之上，如图 2-9 所示。

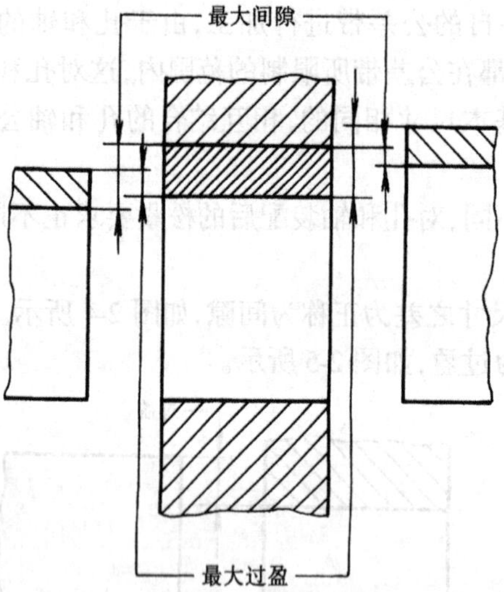

图 2-7　过渡配合

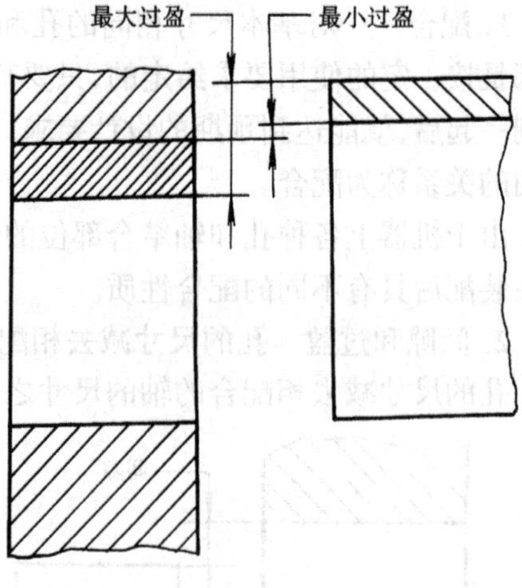

图 2-8　过盈配合

从图中可见，当孔的公差带在轴的公差带之上时，孔的最小极限尺寸 ≥ 轴的最大极限尺寸或 EI ≥ es，则形成间隙配合。间隙的大小决定着孔与轴配合的松紧程度，而表示松紧程度要求的特征值是最大间隙和最小间隙。在生产加工中，出现极限间隙的机会不多，经常用平均间隙来表现配合性质。

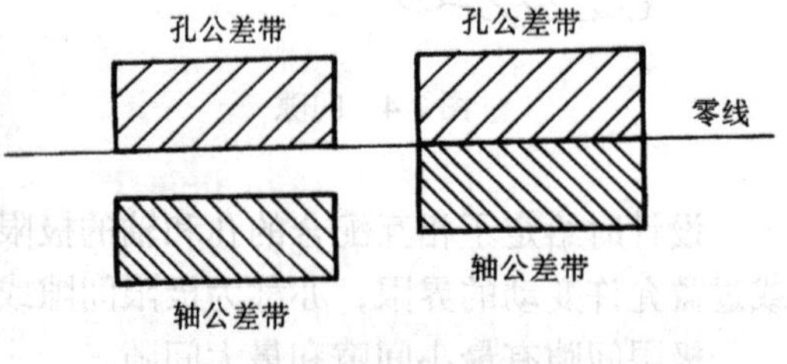

图 2-9　间隙配合示意图

例 2-3 $\phi 25^{+0.052}_{\ 0}$mm 的孔与 $\phi 25^{-0.065}_{-0.117}$mm 的轴相配合，试求它们的最大间隙和最小间隙？

解 最大间隙 = 孔的最大极限尺寸 - 轴的最小极限尺寸 =

$$25.052\text{mm} - 24.883\text{mm} = +0.169\text{mm}$$

最小间隙 = 孔的最小极限尺寸 - 轴的最大极限尺寸 =

$$25\text{mm} - 24.935\text{mm} = +0.065\text{mm}$$

(2) 过盈配合 孔的尺寸总是小于轴的尺寸，产生过盈，当轴装入孔内时，就不能自由活动了。如火车轮孔的内径小于车轴的外径时，装配后，车轴与轮就构成了一个整体，这种具有过盈（包括最小过盈等于零）的配合称为过盈配合。此时，孔的公差带在轴的公差带之下，如图 2-10 所示。

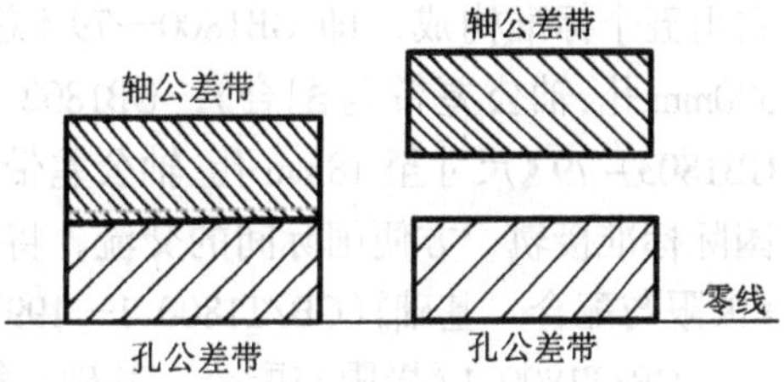

图 2-10 过盈配合示意图

从图中可见，当孔的公差带在轴的公差带之下时，孔的最大极限尺寸≤轴的最小极限尺寸或 ES≤ei，则形成过盈配合。过盈的大小决定了孔与轴配合的松紧程度，而表示松紧程度要求的特征值是最大过盈和最小过盈。

例 2-4 $\phi 25^{+0.021}_{\ 0}$mm 的孔与 $\phi 25^{+0.061}_{+0.048}$mm 的轴相配合，试求最大过盈和最小过盈？

解 由式(2-4)得

$$\text{最大过盈} = EI - es = 0\text{mm} - 0.061\text{mm} = -0.061\text{mm}$$

$$\text{最小过盈} = ES - ei = 0.021\text{mm} - 0.048\text{mm} = -0.027\text{mm}$$

很显然，用极限偏差计算比用极限尺寸计算更简便。

(3) 过渡配合 孔与轴的尺寸相比较，可能稍大、也可能稍小于轴的尺寸，即可能具有间隙或过盈的配合称为过渡配合。此时，孔的公差带与轴的公差带相互交叠，如图 2-11 所示。图中列出可能发生的三种不同的孔、轴公差带交叠形式。

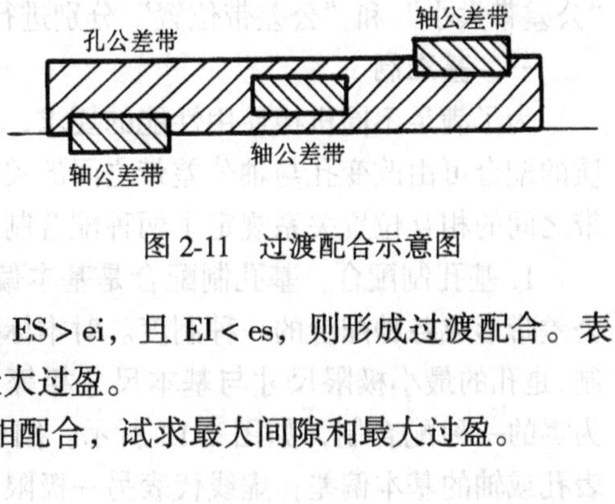

图 2-11 过渡配合示意图

从图中可见，当孔的公差带与轴的公差带相互交叠时，孔的最大极限尺寸 > 轴的最小极限尺寸，且孔的最小极限尺寸 < 轴的最大极限尺寸，即 ES > ei，且 EI < es，则形成过渡配合。表示过渡配合松紧程度要求的特征值是最大间隙和最大过盈。

例 2-5 $\phi 25^{+0.021}_{\ 0}$mm 的孔与 $\phi 25^{+0.028}_{+0.015}$mm 的轴相配合，试求最大间隙和最大过盈。

解 根据式(2-4)

$$\text{最大间隙} = ES - ei = 0.021\text{mm} - 0.015\text{mm} = +0.006\text{mm}$$

$$\text{最大过盈} = EI - es = 0\text{mm} - 0.028\text{mm} = -0.028\text{mm}$$

(4) 配合公差 上述三种配合是由国标规定的。由这三种配合种类可以看出，孔、轴公差带的大小，可以控制着各自的实际尺寸变动范围，而孔、轴公差带相对于零线的位置的不同，则决定了配合性质的不同。当孔、轴公差带的相对位置确定之后，孔、轴之间的间隙或过盈大小，总是被控制在孔、轴的公差范围之内，这个允许间隙或过盈的变动量称为配合公差，其数值为组成配合的孔、轴公差之和。它是一个没有符号的绝对值。

配合公差表明装配后的精度。对于某一具体的配合，其配合公差越大，配合时形成的间隙或过盈可能出现的差别越大，也就是配合后产生的松紧差别程度也越大，即配合的精度越低。反之，配合公差越小，则配合的精度越高。配合精度越高，孔和轴加工越困难，加工成本越高。反之，加工越容易，加工成本相对降低。

第二节　公差配合国标的构成

《公差与配合》国家标准(GB1800～1804—79)，主要适用于金属材料和切削加工的尺寸。它由五个标准构成，即 GB1800—79《总论　标准公差与基本偏差》；GB1801—79《尺寸至500mm 孔、轴公差带与配合》；GB1802－79《尺寸大于 500 至 3150mm 常用孔、轴公差带》；GB1803－79《尺寸至 18mm 孔、轴公差带》和 GB1804—79《未注公差尺寸的极限偏差》。现为与国际标准接轨，方便国际间的交流，将要把名称改为《极限与配合》，并把原 GB1800—79 在《极限与配合　基础》(GB/T1800.1—1997)的总标题下分为三个部分：

GB/T1800.1《极限与配合　基础　第 1 部分：词汇》；

GB/T1800.2《极限与配合　基础　第 2 部分：公差、偏差和配合的基本规定》；

GB/T1800.3《极限与配合　基础　第 3 部分：标准公差和基本偏差数值表》。

由于现仅完成第一部分，故本教材仍采用《公差与配合》名称，但在有关尺寸、偏差、公差、配合的各基本术语和定义上已采用了 GB/T1800.1—1997 的词汇，同时代替 GB1800—79 中的“术语及定义”部分。

新的公差制等效采用了国际公差制。国际公差制由“标准公差系列”与“基本偏差系列”组成，前者代表公差带的大小，后者代表公差带的位置。二者结合构成孔与轴的不同公差带，而配合则由孔、轴公差带结合而成。国际公差制是对形成配合的两个基本要素——“公差带大小”和“公差带位置”分别进行标准化。

一、基准制

为了满足不同机械使用性能的要求，国家标准设置了一定数量不同性质的配合。不同性质的配合可由改变孔与轴公差带之间的关系来达到。为了简便起见，国家标准对孔与轴公差带之间的相互位置关系规定了两种配合制，即基孔制配合和基轴制配合。

1. 基孔制配合　基孔制配合是基本偏差为一定的孔的公差带，与不同基本偏差的轴的公差带形成各种配合的一种制度。对本标准极限与配合制，是孔的最小极限尺寸与基本尺寸相等、孔的下偏差为零的一种配合制，如图 2-12 所示。图中水平实线代表孔或轴的基本偏差；虚线代表另一极限，表示孔和轴之间可能的不同组合与它们的公差等级有关。

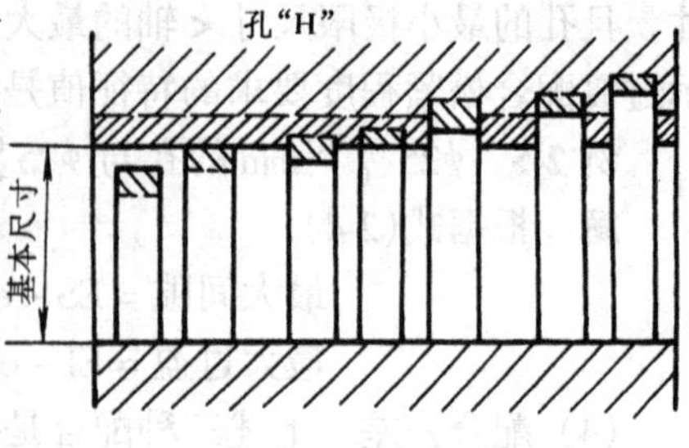

图 2-12　基孔制配合

基孔制配合的孔为基准孔，代号为“H”。轴为非基准件，由于基本偏差不同，它们的公差带和基准孔公差带形成不同的相对位置，以此可判断其配合种类。

2. 基轴制配合　基轴制配合是基本偏差为一定的轴的公差带，与不同基本偏差的孔的公差带形成各种配合的一种制度。对本标准极限与配合制，是轴的最大极限尺寸与基本尺寸相等、轴的上偏差为零的一种配合制，如图 2-13 所示。

基轴制配合的轴为基准轴，代号为“h”。孔为非基准件，随着基准轴与相配合孔的公差带相互位置的不同，可以形成不同种类的配合。

基准孔和基准轴可统称为基准件。

二、标准公差系列

标准公差是国家标准所规定的任一公差，用以确定所需的公差带大小。其目的在于将公差带的大小加以标准化，而公差带的大小反映了尺寸的精确程度，所以设置标准公差也就是将尺寸的精确程度加以标准化。

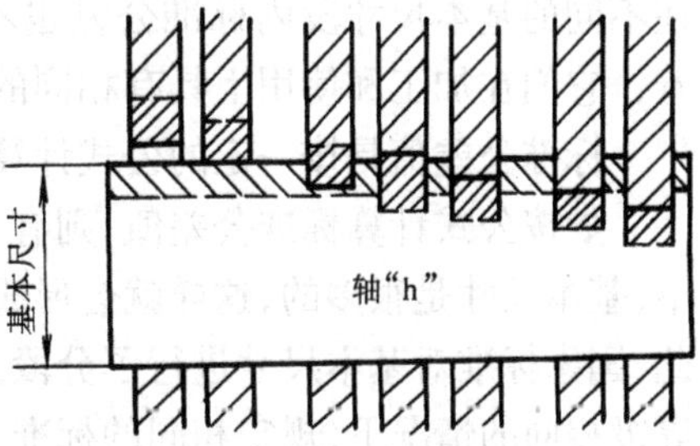

图 2-13　基轴制配合

GB1800—79 规定的标准公差数值如表 2-1 所示。由表可见，标准公差数值由公差等级和基本尺寸决定。

标准规定了 20 个公差等级，按公差增大的顺序排列分别为：IT01、IT0、IT1、IT2、IT3、IT4……IT17、IT18。IT 表示标准公差，也就是国际公差（ISO 公差），阿拉伯数字表示公差等级代号。如 IT3 代表标准公差 3 级。从 IT01 至 IT18，依次降低，而相应的标准公差依次增大。

表 2-1　标准公差数值

基本尺寸 /mm		公差等级																			
		IT01	IT0	IT1	IT2	IT3	IT4	IT5	IT6	IT7	IT8	IT9	IT10	IT11	IT12	IT13	IT14	IT15	IT16	IT17	IT18
大于	至	/μm													/mm						
—	3	0.3	0.5	0.8	1.2	2	3	4	6	10	14	25	40	60	0.10	0.14	0.25	0.40	0.60	1.0	1.4
	6	0.4	0.6	1	1.5	2.5	4	5	8	12	18	30	48	75	0.12	0.18	0.30	0.48	0.75	1.2	1.8
6	10	0.4	0.6	1	1.5	2.5	4	6	9	15	22	36	58	90	0.15	0.22	0.36	0.58	0.90	1.5	2.2
10	18	0.5	0.8	1.2	2	3	5	8	11	18	27	43	70	110	0.18	0.27	0.43	0.70	1.10	1.8	2.7
18	30	0.6	1	1.5	2.5	4	6	9	13	21	33	52	84	130	0.21	0.33	0.52	0.84	1.30	2.1	3.3
30	50	0.6	1	1.5	2.5	4	7	11	16	25	39	62	100	160	0.25	0.39	0.62	1.00	1.60	2.5	3.9
50	80	0.8	1.2	2	3	5	8	13	19	30	46	74	120	190	0.30	0.46	0.74	1.20	1.90	3.0	4.6
80	120	1	1.5	2.5	4	6	10	15	22	35	54	87	140	220	0.35	0.54	0.87	1.40	2.20	3.5	5.4
120	180	1.2	2	3.5	5	8	12	18	25	40	63	100	160	250	0.40	0.63	1.00	1.60	2.50	4.0	6.3
180	250	2	3	4.5	7	10	14	20	29	46	72	115	185	290	0.46	0.72	1.15	1.85	2.90	4.6	7.2
250	315	2.5	4	6	8	12	16	23	32	52	81	130	210	320	0.52	0.81	1.30	2.10	3.20	5.2	8.1
315	400	3	5	7	9	13	18	25	36	57	89	140	230	360	0.57	0.89	1.40	2.30	3.60	5.7	8.9
400	500	4	6	8	10	15	20	27	40	63	97	155	250	400	0.63	0.97	1.55	2.50	4.00	6.3	9.7
500	630	4.5	6	9	11	16	22	30	44	70	110	175	280	440	0.70	1.10	1.75	2.8	4.4	7.0	11.0
630	800	5	7	10	13	18	25	35	50	80	125	200	320	500	0.80	1.25	2.00	3.2	5.0	8.0	12.5
800	1000	5.5	8	11	15	21	29	40	56	90	140	230	360	560	0.90	1.40	2.30	3.6	5.6	9.0	14.0
1000	1250	6.5	9	13	18	24	34	46	66	105	165	260	420	660	1.05	1.65	2.60	4.2	6.6	10.5	16.5
1250	1600	8	11	15	21	29	40	54	78	125	195	310	500	780	1.25	1.95	3.10	5.0	7.8	12.5	19.5
1600	2000	9	13	18	25	35	48	65	92	150	230	370	600	920	1.50	2.30	3.70	6.0	9.2	15.0	23.0
2000	2500	11	15	22	30	41	57	77	110	175	280	440	700	1100	1.75	2.80	4.40	7.0	11.0	17.5	28.0
2500	3150	13	18	26	36	50	69	93	135	210	330	540	860	1350	2.10	3.30	5.40	8.6	13.5	21.0	33.0

注：基本尺寸小于 1mm 时，无 IT14 至 IT18。

表中同属于一个公差等级的标准公差值，虽然随基本尺寸的不同而不同，但仍应认为它们具有同等的精确程度。如同属于 7 级的标准公差(IT7)，当基本尺寸在 >30~50mm 尺寸段内时，IT7 = 0.025mm；而基本尺寸在 >400~500mm 尺寸段内时，IT7 = 0.063mm。由此可见，在不同的基本尺寸段内标准公差也不同，但它们的公差等级却都可以是相同的，这就意味着，它们在加工和使用上具有相同的精确程度。

标准公差值是按一定的公式计算得来的，所用公式可见 GB1800—79 的附表 1 和附表 2。

如按公式计算标准公差值,则有一个基本尺寸就应该有一个相应的公差值。在生产实践中,基本尺寸是很多的,这样就会形成一个庞大的公差数值表,反而给生产带来诸多不便。因此,国家标准对基本尺寸进行了分段。尺寸分段后,对同一尺寸段内的所有基本尺寸,在公差等级相同的情况下,规定相同的标准公差。基本尺寸分段可查阅国标 GB1800—79 中的表 1。

三、基本偏差系列

基本偏差是本标准中用以确定公差带相对于零线位置的上偏差或下偏差,一般为靠近零线的那个偏差。它是确定公差带位置的参数,基本上与公差等级无关。为了满足各种配合性质的需要,必须将孔与轴的公差带位置标准化,为此,在本标准规定的基本偏差系列中,基本尺寸≤500mm 范围内,孔、轴各有 28 种,它们的代号用拉丁字母表示,大写表示孔,小写表示轴,如图 2-14 所示。在 26 个拉丁字母中,除 I、L、O、Q、W (i、l、o、q、w) 等 5 个字母不采用外，其余 21 个字母都采用了，另外加上用两个字母表示的有 7 个。而基本尺寸 > 500mm 范围内，孔、轴各有 14 个基本偏差。

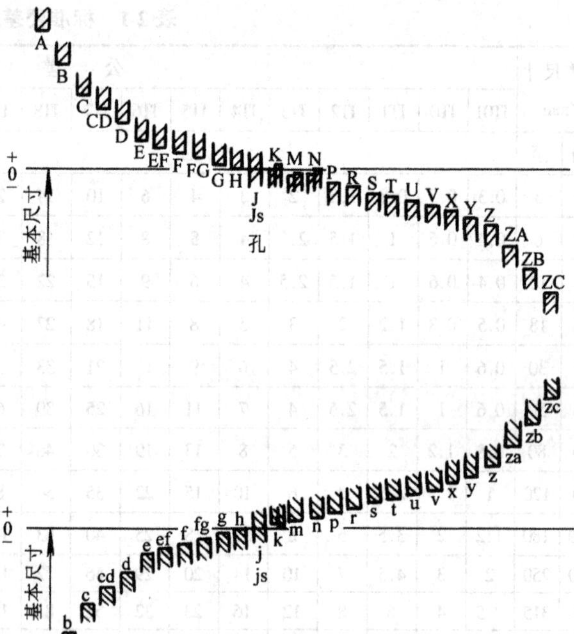

图 2-14　基本偏差系列

由图 2-14 可见，对于孔，A~H 以下偏差 EI 为基本偏差，J~ZC (JS 除外) 以上偏差 ES 为基本偏差；对于轴，a~h 以上偏差 es 为基本偏差，j~zc (js 除外) 以下偏差 ei 为基本偏差。图中仅绘出了公差带的一端，对另一端未绘出，以开口表示，因为它取决于公差等级的高低。另外，从孔与轴形成的配合看，由 A 至 ZC (a 至 zc) 依次渐紧，一般情况下，A 至 H (a 至 h) 可以得到间隙配合；J 至 N (j 至 n) 可以得到过渡配合；P 至 ZC (p 至 zc) 可以得到过盈配合。

孔和轴的基本偏差数值，可直接查阅国标 GB1800—79 中的表 3 (轴的基本偏差数值) 和表 4 (孔的基本偏差数值)。

基本偏差决定了公差带中的一个极限偏差，即靠近零线的那个偏差，从而确定了公差带的位置，另一个极限偏差的数值，可由基本偏差和标准公差的数值按下列公式计算

对于孔　$EI = ES - IT$ 和 $ES = EI + IT$　(2-5)

对于轴　$ei = es - IT$ 和 $es = ei + IT$　(2-6)

例 2-6　已知 ϕ40D7，查标准公差和基本偏差并计算另一极限偏差。

解　从国标表 4 中可查到 D 的基本偏差为下偏差 EI，其数值为

$$EI = 80\mu m = 0.080mm$$

从表 2-1 中可查到标准公差数值为

$$IT = 25\mu m = 0.025mm$$

代入式(2-5)可得另一极限偏差为

$$ES = EI + IT = 0.080mm + 0.025mm = 0.105mm$$

以上通过计算求出另一极限偏差，再标注在图样上。这种方法在实际工作中使用不方便，所以国标中列出了孔、轴的极限偏差表(GB1801—79 中的表 2 和表 1)，只要知道了公差带代号，利用表 2 和表 1，就可以很快查出孔，轴的极限偏差数值。如查例 2-6 中 ϕ40D7 的极限偏差，因为 D 为大写，应查孔的极限偏差表(表 2)；找到基本偏差 D、公差等级 7 的一栏向下查；再从“大于 30 至 40”基本尺寸段的一栏向右查，与 D7 向下查的一栏相交，得极限偏差为 $^{+105}_{+80}$ μm；经单位换算，ϕ40D7 为 $\phi 40^{+0.105}_{+0.080}$mm。

第三节　公差配合代号的标注与识读

一、公差配合代号的标注

1. 公差带代号及标注　国标规定孔、轴公差带代号用基本偏差代号与公差等级代号组成。如：H8、F8、K7、P7 等为孔的公差带代号；h7、f7、k6、p6 等为轴的公差带代号。在图样上标注时，可采用图 2-15 所示的示例之一。

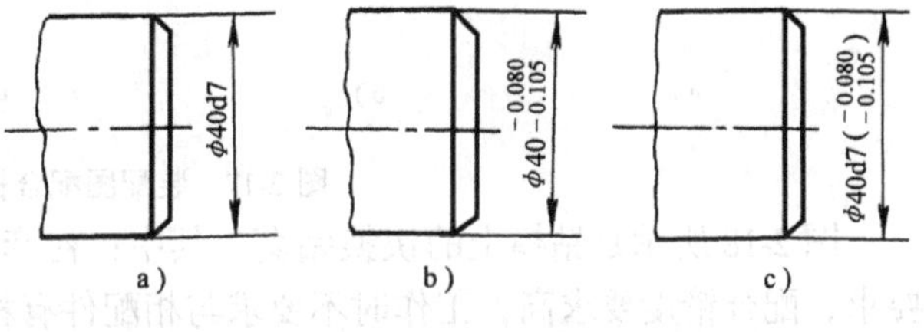

图 2-15　公差带的标注

2. 配合代号及标注　国标规定用孔、轴公差带的组合表示配合代号。将相配合孔、轴的公差带代号写成分数形式，分子为孔的，分母为轴的，如 $\frac{H8}{f7}$ 或 H8/f7。带有配合的尺寸，用基本尺寸和配合代号表示，如 $\phi 45\frac{H8}{f7}$ 或 ϕ45H8/f7。

基孔制配合是由基准孔公差带(基本偏差 H)与任一轴公差带组成的配合，例如，ϕ25H9/d9、ϕ70H7/u6、ϕ200H7/m6；基轴制配合是由基准轴公差带(基本偏差 h)与任一孔公差带组成的配合，例如，ϕ50D9/h9、ϕ100V7/h6、ϕ125M7/h6。可见，分子中含有 H 的均为基孔制配合；分母中含有 h 的均为基轴制配合。对分子中含有 H 同时分母中又含有 h 的配合，如 ϕ60H8/h7，一般优先视为基孔制配合，也可视为基轴制配合。这是一种最小间隙为零的间隙配合。

配合代号在装配图上的标注如图 2-16 所示，任取一种形式即可。

若需在装配图中标注配合零件的极限偏差时，一般按图 2-17a 的形式标注，将孔的基本尺寸和极限偏差注写在尺寸线的上方，轴的基本尺寸和极限偏差注写在尺寸线的下方；也允

许按图 2-17b 的形式标注。若需要明确指出装配件的代号时，可按图 2-17c 的形式标注。

在装配图中，当标准件和外购件与零件配合时，由于标准件和外购件的公差已由有关标准或生产厂家所规定，如滚动轴承、平键等,为了简便明确，可仅标注其相配零件的公差带代号，不必标注标准件或外购件的公差带，如图 2-17d 所示。

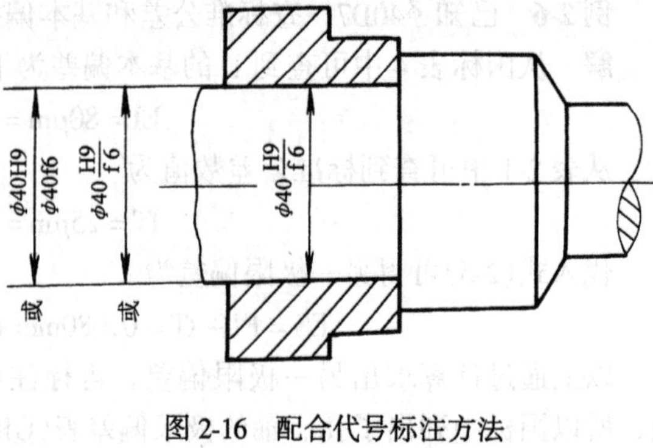

图 2-16　配合代号标注方法

二、公差配合代号的识读

在生产加工中，必须要读懂所要加工零件的零件图和装配图，理解图样上的公差配合代号所表示的基本含义，才能采用合理的加工方法，生产出合格的产品来。

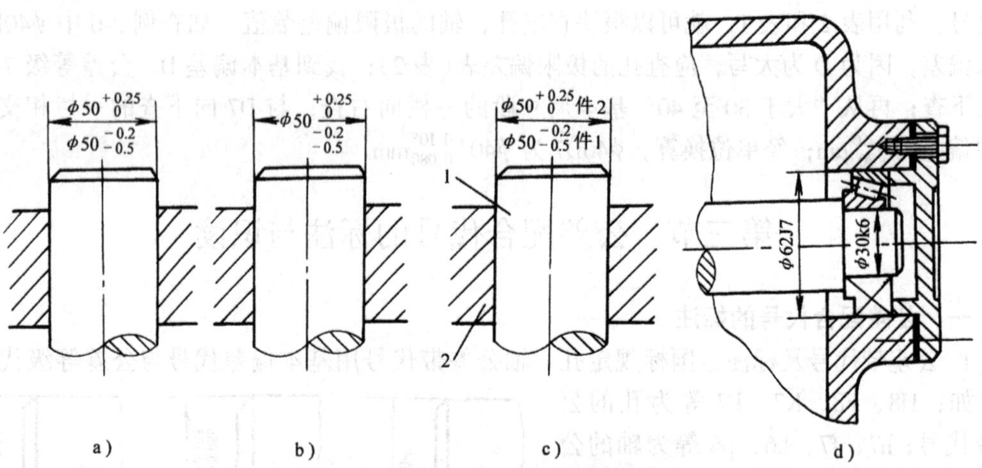

图 2-17　装配图配合标注示例

图 2-18 所示是钻模上的快换钻套，其中：衬套是钻模的重要配合部位，有较严的定位要求，配合精度要求高，工作时不要求与相配件有相对运动。快换钻套是引导旋转着的钻头进给的，需要经常更换，它的外径和衬套的配合，既有准确定心的要求，又需要一定的间隙保证更换迅速；它的内径既要保证一定的导向精度，又要防止间隙过小而卡住。由于钻头视为标准件，其本身的直径公差带相当于基准轴，所以快换钻套的公差配合代号的意义为：

φ10F7：基本尺寸为 10mm 的基轴制的孔，基本偏差代号是 F，标准公差为 7 级。

φ15H7/g6：基本尺寸为 15mm，标准公差为 7 级的基准孔与基本偏差为 g，标准公差 6 级的轴的配合。

φ22H7/n6：基本尺寸为 22mm，标准公差为 7 级的基准孔与标准公差为 6 级的轴的过渡配合。

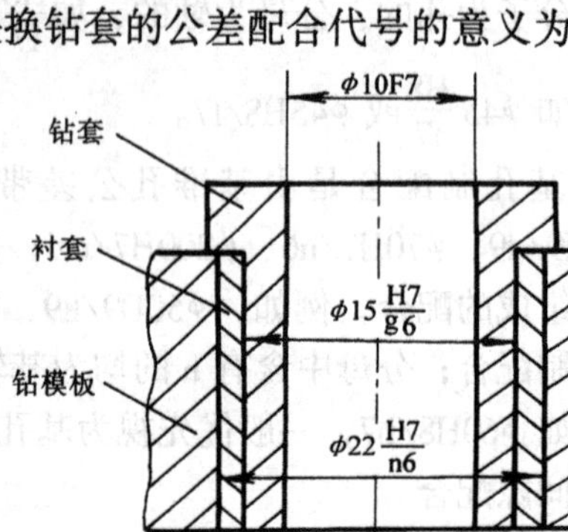

图 2-18　快换钻套

由此可见，对于公差带代号的识读，主要是识读出其基本尺寸的大小；是孔还是轴；属于什么基准制；基本偏差代号是什么；标准公差为哪级即可。对于配合代号的识读，主要是分别识读出孔、轴的公差带代号及配合类型即可。

识读出公差配合代号的基本含义，就可查阅孔、轴的极限偏差表，得到具体的上、下偏差数值，即可进行加工。

第四节　表面粗糙度简介

在机械加工过程中，由于切削在工件表面上留下的刀具加工痕迹，切屑分裂时的材料塑性变形，工艺系统中的高频振动以及刀具和零件表面的摩擦等原因，会使零件加工表面产生微小的峰谷，这些零件加工表面上具有的较小间距的微小峰谷组成的微观几何形状特性称为表面粗糙度。

表面粗糙度是影响零件及产品性能的一项重要指标。零件表面的粗糙程度如何，对零件表面的摩擦磨损、疲劳强度、耐腐蚀性、接触刚度、配合性质、测量精度、结合的紧密性、噪声以及外观等功能都有很大的影响，并由此直接影响到机器的使用性能和寿命，特别对运转速度快，装配精度高，密封性要求严的产品，更有重要的意义。为此，我国发布了一系列有关表面粗糙度的国家标准，它涉及到表面粗糙度的基本概念、术语、参数、符号、标注方法以及评定比较样块和测量仪器的规定等各个方面，基本形成了表面粗糙度标准体系，给产品设计和制造提供了技术依据。

一、表面粗糙度的基本概念

1. 表面粗糙度有关表面及其参数的术语和定义

(1) 实际表面　物体与周围介质分隔的表面，见图 2-19。表面粗糙度正是从实际表面测量评定的。

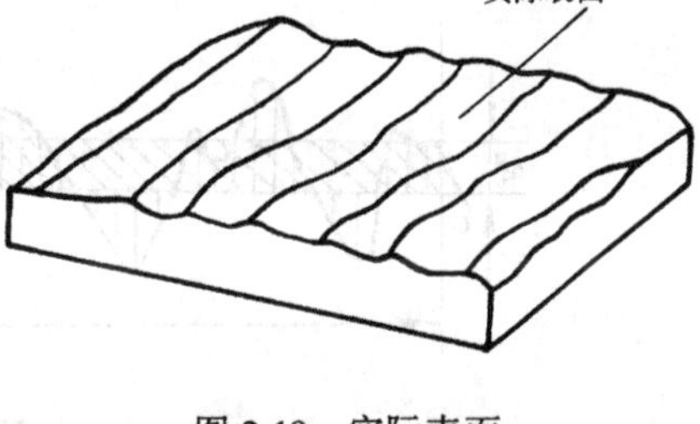

图 2-19　实际表面

(2) 实际轮廓　平面与实际表面相交所得的轮廓线。

(3) 取样长度(l)　用于判别具有表面粗糙度特征的一段基准线长度，见图 2-20。规定和选择 l 是为了限制和减弱表面波纹度对表面粗糙度测量结果的影响。

(4) 评定长度(l_n)　评定轮廓所必须的一段长度，它可包括一个或几个取样长度，见图 2-20。

(5) 轮廓峰　在取样长度内轮廓与中线相交，连接两相邻交点向外的轮廓部分，也就是轮廓在中线以上的部分。

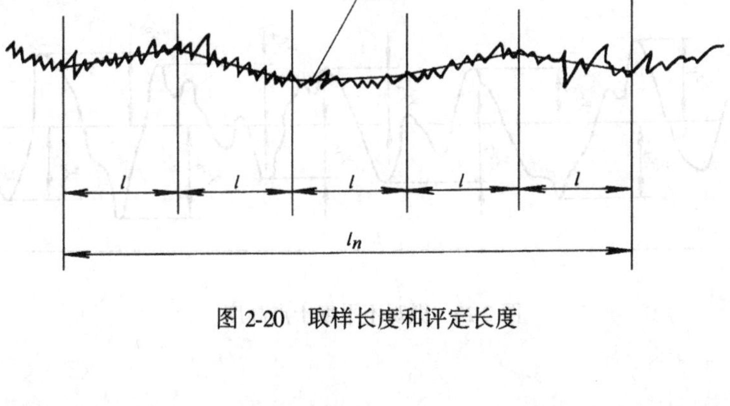

图 2-20　取样长度和评定长度

（6）轮廓谷　在取样长度内轮廓与中线相交，连接两相邻交点向内的轮廓部分，也就是轮廓在中线以下的部分。轮廓峰与轮廓谷就组成了在取样长度内的轮廓微观不平度，见图 2-21。

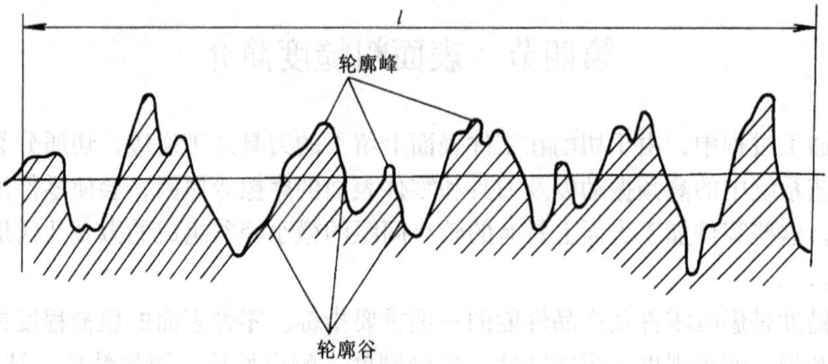

图 2-21　轮廓峰和轮廓谷

2. 评定表面粗糙度的参数　评定表面粗糙度的参数有多种，国标规定与高度特性有关的参数是主要的评定参数，它们是：

（1）轮廓算术平均偏差(R_a)　在取样长度 l 内，轮廓偏距绝对值的算术平均值称为轮廓算术平均偏差，如图 2-22 所示。图中各组线段(与 y 轴平行)是轮廓偏距，积分而得的 R_a 值形成了斜线区域的一块面积，R_a 的大小反映了整个轮廓上各点的微观不平度的平均状况，便于电算，实现仪器自动测量，因此，标准推荐优先选用 R_a 为表面粗糙度的主要评定参数。

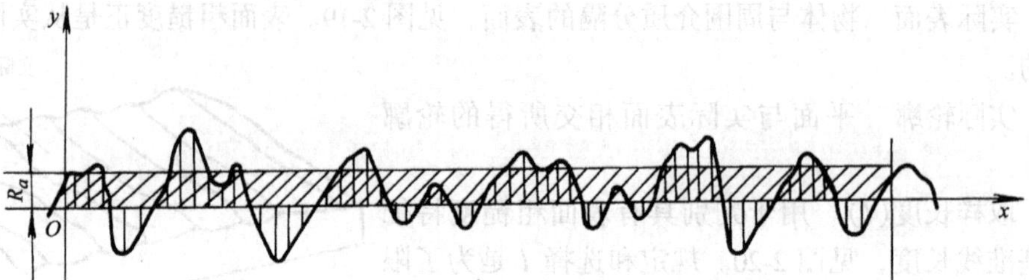

图 2-22　轮廓算术平均偏差

（2）微观不平度十点高度(R_z)　在取样长度内，5 个最大轮廓峰高(y_{pi})的平均值与 5 个最大轮廓谷深(y_{vi})的平均值之和称为微观不平度十点高度，如图 2-23 所示。由于 R_z 是十个突出点的值的平均值，而不是所有各点的平均值，因此此值应比 R_a 值大，因而不能同时采

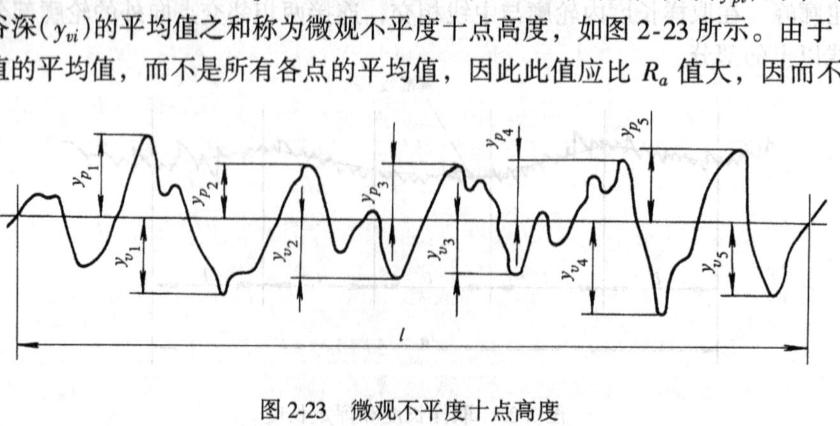

图 2-23　微观不平度十点高度

用 R_a 和 R_z 两个参数来控制同一表面。

(3) 轮廓最大高度(R_y)　在取样长度内，轮廓峰顶和轮廓谷底线之间的距离称为轮廓最大高度，如图 2-24 所示。从图中可见：

$$R_y = R_p + R_m$$

参数 R_y 很少单独使用，因为 R_y 只能控制在 l 内轮廓上的两突出点之间的距离，常见于 R_y 与 R_a 或 R_z 合用，以控制零件表面微观峰谷的最坏状况。

上述主要评定参数的数值，可查阅 GB/T1031—1995 的有关表格。

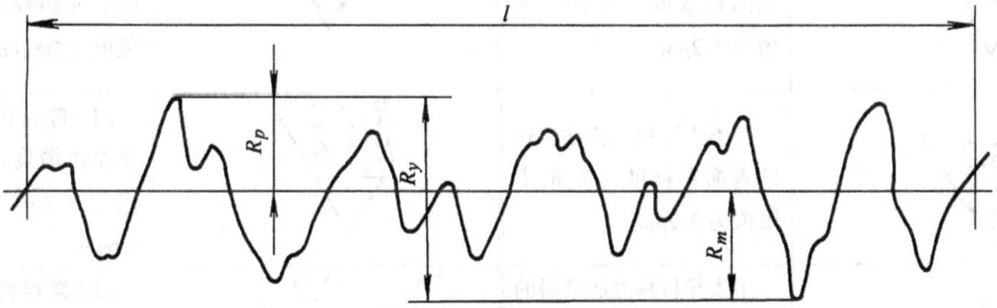

图 2-24　轮廓最大高度

二、表面粗糙度代号及选用

国标 GB131—93 规定了零件表面粗糙度代(符)号及其在图样上的标注方法，等效采用了国际标准 ISO1302—1992 图样表面特征的表示法。新标准能更好地表达各类零件加工表面的质量要求，更有利于现代化工业生产和国际技术交流。

1. 表面粗糙度代(符)号　表面粗糙度的基本符号是由两条不等长且与被注表面投影轮廓线成 60°的粗实线组成。当需要注明加工方法、表面处理等工艺条件时，应在符号的倾斜线上加一横线，用相应的文字或字母按规定的位置标注在横线的上方或下方。在倾斜长线与横线交点处加一小圆，表示零件的所有表面具有相同的粗糙度要求，见表 1-20。

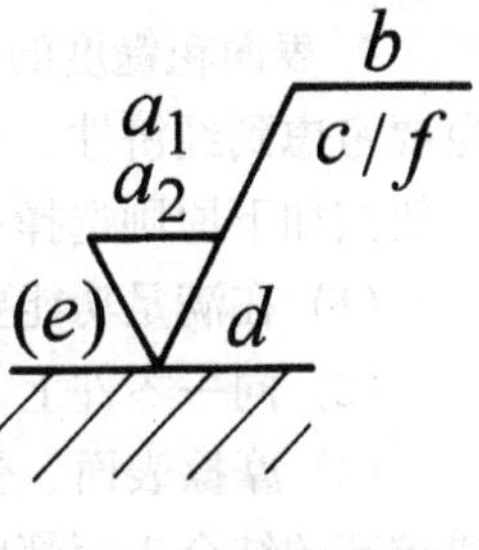

图 2-25　表面粗糙度数值及有关规定注写位置

在表面粗糙度符号的规定位置上标注表面粗糙度的参数值及其它有关要求，即构成表面粗糙度的代号，如图 2-25 所示。

代号注写的位置分别是：

a_1、a_2——粗糙度高度参数代号及其数值(单位为 μm)；

b——加工要求、镀覆、涂覆、表面处理或其它说明等；

c——取样长度(单位为 mm)或波纹度(单位为 μm)；

d——加工纹理方向符号；

e——加工余量(单位为 μm)；

f——粗糙度间距参数值(单位为 mm)或轮廓支承长度率。

2. 表面粗糙度的识读　表面粗糙度高度参数注写示例及意义如表 2-2 所示。从表中可知：R_a 值在代号中用数值表示(单位为 μm)，数值前不标注参数代号 R_a；而 R_z 和 R_y 值用数值表示(单位为 μm)。参数符号在标注中不能省略，在识读时应注意。

表 2-2　表面粗糙度注写示例及意义

代　　号	意　　义	代　　号	意　　义
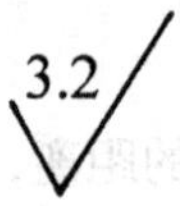	用任何方法获得的表面粗糙度，R_a 的上限值为 3.2μm	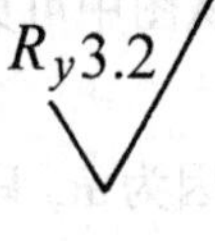	用任何方法获得的表面粗糙度，R_y 的上限值为 3.2μm
	用去除材料方法获得的表面粗糙度，R_a 的上限值为 3.2μm		用不去除材料方法获得的表面粗糙度，R_z 的上限值为 200μm
	用不去除材料方法获得的表面粗糙度，R_a 的上限值为 3.2μm	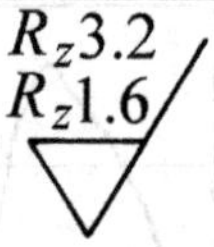	用去除材料方法获得的表面粗糙度，R_z 的上限值为 3.2μm，下限值为 1.6μm
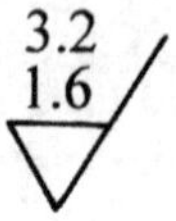	用去除材料方法获得的表面粗糙度，R_a 的上限值为 3.2μm，R_a 的下限值为 1.6μm	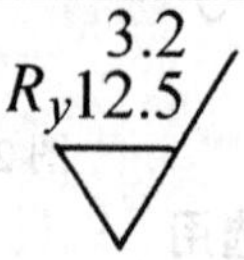	用去除材料方法获得的表面粗糙度，R_z 的上限值为 3.2μm，R_y 的上限值为 12.5μm

3. 表面粗糙度的选用　零件表面粗糙度参数值的选择既要满足零件表面的功能要求，也要考虑到经济性。具体选用时可参照一些经过验证的实例，用类比法来确定。对高度参数一般按如下原则选择：

（1）在满足功能要求的情况下，尽量选用较大的表面粗糙度数值。

（2）同一零件上，工作表面的粗糙度参数值应小于非工作表面的粗糙度参数值。

（3）摩擦表面、受循环载荷的表面及易引起应力集中的部位（如圆角、沟槽）和配合性质要求高的结合表面都应取较小的参数值。

（4）配合性质相同，零件尺寸越小时，表面粗糙度参数值应越小；同一公差等级，小尺寸比大尺寸，轴比孔的表面粗糙度参数值要小。

一般情况下，尺寸公差、表面形状公差值小时，表面粗糙度参数值也小。但这并不存在等同关系，如机器、仪器上的手柄、手轮的尺寸和形状、位置精度要求不高，但为了美观，其表面粗糙度参数值一般都小。

在精密机械和仪器中，其重要零件所选用的粗糙度参数值都比较小。

复　习　题

1. 什么是互换性？它在机械制造中有什么作用？
2. 试判断图 2-26 所示台阶轴零件各尺寸哪些是孔？哪些是轴？哪些是非孔非轴？
3. 什么是基本尺寸？什么是实际尺寸？它们之间有什么区别？
4. 什么是极限尺寸？试计算 $\phi50^{-0.025}_{-0.050}$mm、$\phi50^{+0.070}_{+0.054}$mm 的极限尺寸。
5. 已知下列各孔的基本尺寸和极限尺寸，试计算出它们的上、下偏差和公差。

（1）基本尺寸 = 55mm，最大极限尺寸 = 55.030mm，最小极限尺寸 = 55.000mm

（2）基本尺寸 = 90mm，最大极限尺寸 = 90.004mm，最小极限尺寸 = 89.982mm

6. 试绘出孔 $\phi25^{+0.021}_{0}$mm、轴 $\phi25^{-0.007}_{-0.028}$mm 的公差带图(单位 mm)。

7. 通过计算，求出下列孔和轴配合的极限间隙或极限过盈以及配合公差，并指出它们的配合性质。

(1) 孔$\phi20^{+0.033}_{0}$mm，轴 $\phi20^{-0.020}_{-0.041}$mm

(2) 孔$\phi28^{+0.006}_{-0.015}$mm，轴 $\phi28^{0}_{-0.013}$mm

(3) 孔$\phi65^{+0.030}_{0}$mm，轴 $\phi65^{+0.051}_{+0.032}$mm

8. 公差与偏差有什么区别和联系？

9. 公差与配合公差有什么区别和联系？举例说明。

10. 什么是基孔制配合？什么是基轴制配合？

11. 标准公差共分多少等级？试写出它们的代号。

12. 正确识读下列公差带代号和配合代号所表示的意义。

ϕ25H9；ϕ30F8；ϕ32f7；ϕ40h6；

ϕ30H7/m6；ϕ40H7/n7；ϕ55F7/h7。

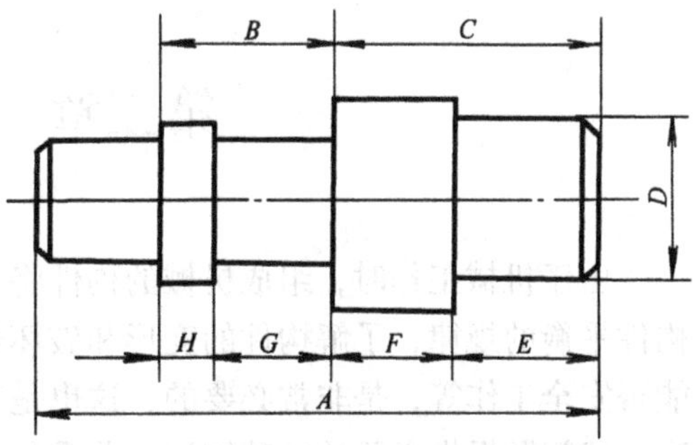

图 2-26 台阶轴

13. 什么是表面粗糙度？表面粗糙度对零件性能有什么影响？

14. 解释图 2-27 中标注的各表面粗糙度的参数值意义。

15. 评定表面粗糙度的参数主要有哪些？优先采用哪个评定参数？

16. 表面粗糙度的选择原则有哪些？

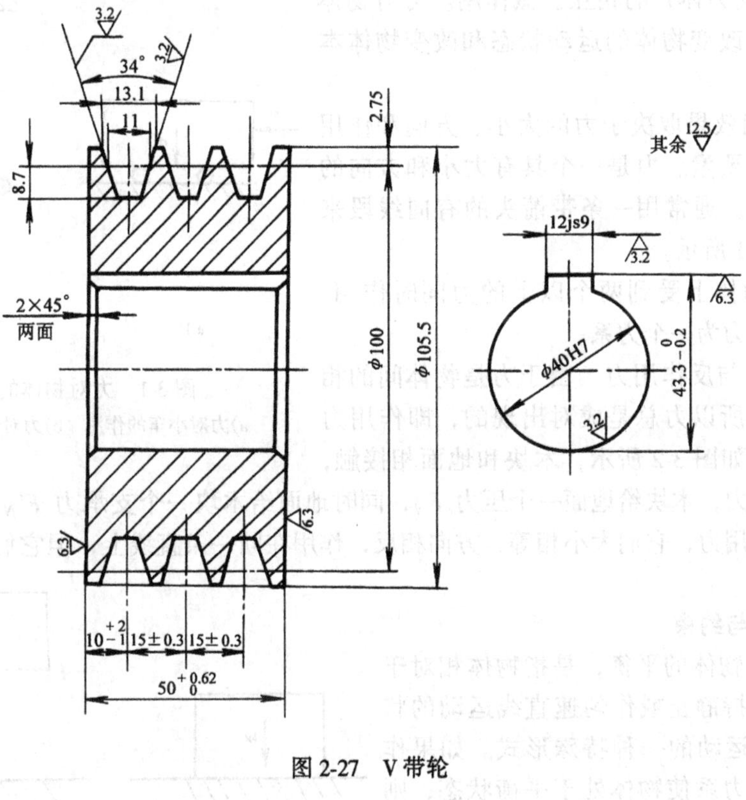

图 2-27 V 带轮

第三章　工程力学基础

由于机械工作时，组成机械的构件将受到外力的作用。因此，分析构件受力情况，掌握构件平衡的规律，了解构件的变形和破坏规律，合理地设计或选用构件截面尺寸，检验构件能否安全工作等，是非常必要的，这也是工程力学基础的主要内容。本章的任务，就是为解决上述问题提供必要的基础知识，着重分析怎样对零、构件进行受力分析，介绍多力平衡的规律，讲述零、构件有关强度计算的基本知识。

第一节　静力学基础

一、力的基本知识

1. 力和力系的概念　如图 3-1a 所示的小车，只有用力推它，才能改变它的运动状态；又如图 3-1b 所示的弹簧，只有用力拉它，才能改变其形态，使其伸长。因此力是两个物体间(施力体和受力体）的相互机械作用。力对物体的作用效果是改变物体的运动状态和改变物体本身的形状。

力的作用效果取决于力的大小、方向和作用点，即力的三要素。力是一个具有大小和方向的量，称为矢量。通常用一条带箭头的有向线段来表示，如图 3-1 所示。

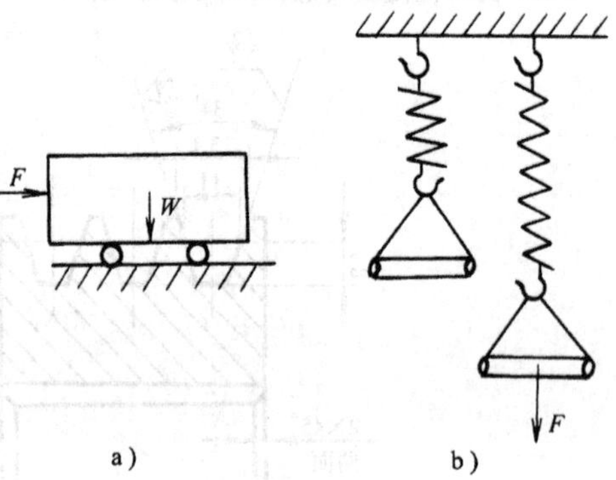

图 3-1　力对物体的作用

a)力对小车的作用　b)力对弹簧的作用

若一个物体上受到两个以上的力同时作用，就称这样一些力为一个力系。

2. 作用力与反作用力　由于力是物体间的相互机械作用，所以力总是成对出现的，即作用力与反作用力。如图 3-2 所示，木块和地面相接触，由于木块的重力，木块给地面一个压力 F_N，同时地面给木块一个支承力 F'_N，F_N 和 F'_N 为作用力与反作用力，它们大小相等，方向相反，作用在同一条直线上，但它们分别作用于两个物体上。

二、平衡与约束

1. 平衡　物体的平衡，是指物体相对于某一参照物保持静止或作匀速直线运动的状态。它是机械运动的一种特殊形式。如果作用于物体上的力系使物体处于平衡状态，则称该力系为平衡力系，力系所满足的条件称为平衡条件。

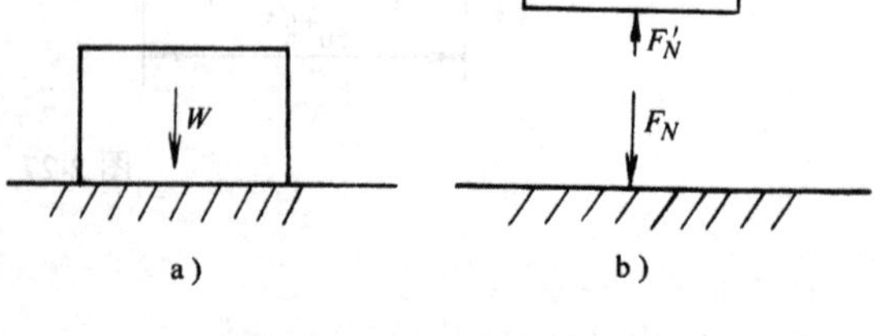

图 3-2　作用力与反作用力

a)木块放在地面上　b)木块与地面的受力关系

2. 约束和约束反力　在机械设备中，每

个构件的运动都被与它相联系的其它构件所限制。这些对物体运动起限制作用的周围物体，称为该物体的约束。约束对物体运动的限制，实质上就是约束有一个阻碍物体运动的反作用力，称为约束反力。约束反力三要素的特点是：1)作用点就是约束与被约束物体的接触点；2)其方向总是与约束所能限制的运动方向相反；3)约束反力的大小通常是未知的，需要我们通过平衡条件进行计算。

工程中常见的约束类型有柔性约束、光滑面约束、铰链约束和固定端约束四种。不同类型的约束，其约束反力的特点不同，在下面的受力分析中，将分别加以介绍。

三、物体的受力分析和受力图

研究物体在力系作用下处于平衡状态的问题，必须先分析物体受到哪些力的作用，并确定物体所受每个力的方向和作用点位置，然后才能通过平衡条件求出未知力的大小。为了清楚地表示出物体的受力情况，需要把所研究的物体从所受的约束中分离出来，单独画出其简单轮廓图，再在简图上画出它所受的全部力，即画出所研究物体的受力图。

物体所受的力通常分为两类,一类是使物体产生运动或运动趋势的力,称为主动力。如物体受到的重力及对物体所施加的驱动力和载荷等。主动力的大小和方向一般都是已知的。另一类是被动力,即约束反力,它们是阻碍物体运动的反作用力,其大小和方向往往是未知的。

对物体进行受力分析和画受力图时,一般应按下列步骤进行:

(1) 首先确定研究对象，并单独画出它的轮廓简图。

(2) 在研究对象简图上画出它所受到的全部主动力。

(3) 根据研究对象所受到的约束特点，画上全部约束反力。

总之，受力图必须画得准确无误，既不能漏画力，也不能多画力和画错力，否则以后的分析计算不可能得到正确的结果。

例 3-1 如图 3-3a 所示，匀质球重 W，用绳系住，并靠于光滑的平面上。试分析球的受力情况，并画出受力图。

解 1) 取球 O 为研究对象，把球从整体中分离出来，单独画出它的轮廓简图。

2) 由条件可知，小球只有一个主动力(重力) W，将其画在受力图上。

3) 画约束反力。首先寻找约束，由于小球 O 与周围物体在 A、B 两处接触，所以它有两个约束。A 点受到一条柔软的绳索约束，称为柔性约束。柔性约束只能承受拉力，而不能承受压力，所以它的约束反力作用于联接点且沿着绳索而背离物体，通常用 F_T 表示。B 点受到一个光滑面约束，称为光滑面约束。光滑面约束只能承受压力，而不能承受拉力，所以它的约束反力是通过接触点，沿接触表面公法线方向指向物体，通常用 F_N 表示。

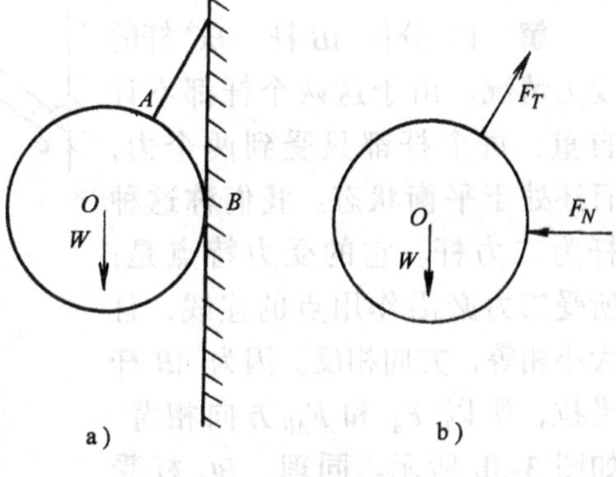

图 3-3 球的受力图

从分析得知，小球受到三个力作用而处于平衡状态，受力图如图 3-3b 所示。

例 3-2 如图 3-4a所示的 AB 梁，A 端是固定铰链约束，B 端是活动铰链约束，外力 F 作用在 AB 梁上，试画出 AB 梁的受力图。

解 首先介绍 A、B 两处约束的特点。A 处是固定铰链约束，该约束能限制物体(梁

AB)的移动，但不能限制它的转动。由于移动方向不易事先确定，所以约束反力的方向也不能确定，通常可用两个相互垂直的分力 F_x 和 F_y 来表示。B 端是活动铰链约束，它和光滑面

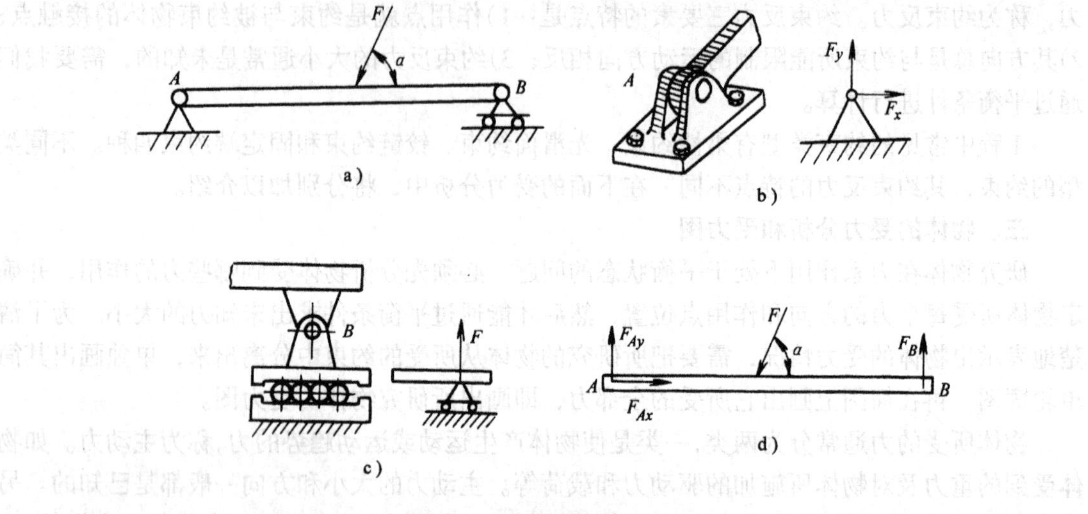

图 3-4　AB 梁及铰链约束

约束相似，其约束反力 F 垂直于支承面，但方向可上可下，即限制了物体沿垂直于支承面方向的双向移动，这也是它和光滑面约束的区别。

下面具体分析本题，取梁 AB 为研究对象，主动力有 F，约束反力有 A 处的 F_{Ax} 和 F_{Ay}，B 处的 F_B，受力图如图 3-4d 所示。

例 3-3　如图 3-5a 所示，AB 杆和 BC 杆用销钉 B 联接，A、C 端用铰链联接，重物挂在销钉 B 上，AB 杆和 BC 杆自重忽略不计，试画出 AB 杆、BC 杆及销钉 B 的受力图。

解　1）分析 AB 杆、BC 杆的受力情况。由于这两个杆都不计自重，每个杆都只受到两个力，且还处于平衡状态。我们称这种杆为二力杆。它的受力特点是：所受二力必沿作用点的连线，且大小相等，方向相反。因为 AB 杆受拉，所以 F_A 和 F_{AB} 方向相背，如图 3-5b 所示。同理，BC 杆受压，F_C 和 F_{BC} 方向相对，如图 3-5c 所示。

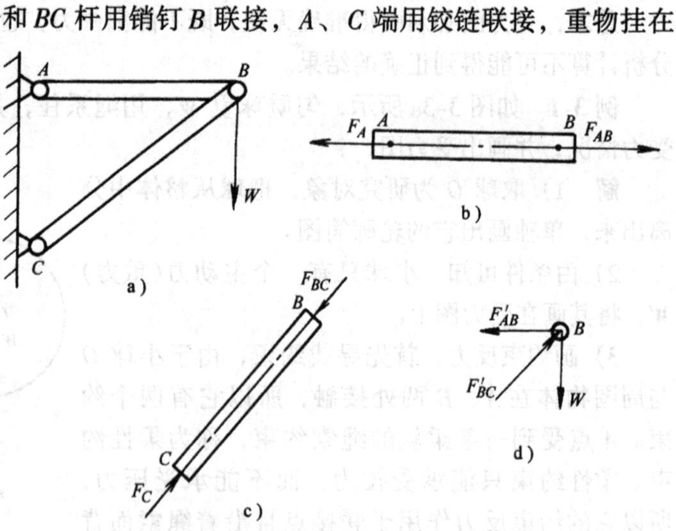

图 3-5　AB、BC 杆及销钉 B 的受力图

2）分析销钉 B 的受力情况。销钉 B 和 AB 杆、BC 杆组成圆柱铰链约束。一般情况下，方向不确定，与固定铰链约束反力一样。但在本题中，由于销钉 B 给 AB 杆和 BC 杆的约束反力 F_{AB} 和 F_{BC} 已由二力杆 AB 杆和 BC 杆所确定，根据作用力与反作用力关系，销钉 B 必然受到 AB 杆和 BC 杆的反作用力 F'_{AB} 和 F'_{BC}，所以它们的方向也就被确定了。由于重物挂在销钉 B 上，所以其受力图如图 3-5d 表示。

第二节　平面汇交力系及平衡

一、平面汇交力系

如果作用于物体上的所有力的作用线都在同一平面内，则称这个力系为平面力系。若平面力系中的各力作用线都汇交于一点，则称为平面汇交力系。如图 3-3 所示的小球和图 3-5d 所示的销钉所受的力均为平面汇交力系。

二、力在直角坐标轴上的投影

设在直角坐标 Oxy 平面内有一力 F，如图 3-6 所示，此力与 x 轴的夹角为 α，从力 F 的两端 A 和 B 分别向 x 轴、y 轴作垂线，得线段 ab 和 $a'b'$，其中 ab 为力 F 在 x 轴上的投影，以 F_x 表示；$a'b'$ 为力 F 在 y 轴上的投影，以 F_y 表示。力在坐标轴上的投影是代数量，有正负之分。当投影的指向与坐标轴的正向一致时，投影为正，如图 3-6a 所示，反之为负，如图 3-6b 所示。

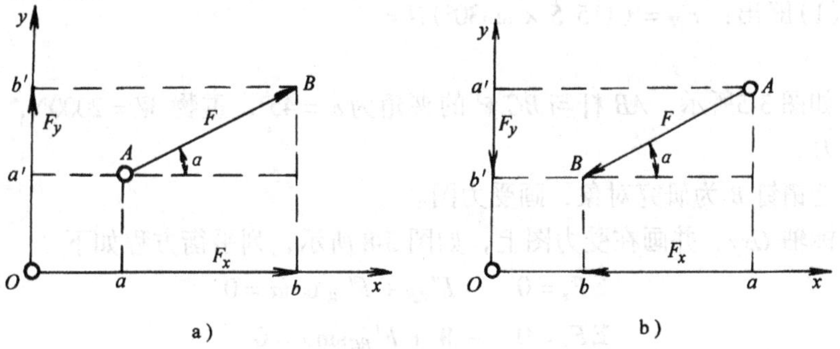

图 3-6　力的投影

$$\begin{aligned} F_x &= \pm F\cos\alpha \\ F_y &= \pm F\sin\alpha \end{aligned} \tag{3-1}$$

当力与坐标轴垂直时，力在该轴上的投影为零；力与坐标轴平行时，力在该轴上的投影的绝对值等于该力本身的大小。

三、平面汇交力系平衡方程及应用

平面汇交力系的平衡条件是：平面汇交力系中所有各力在 x 轴和 y 轴上投影的代数和都为零。即平面汇交力系的平衡方程为

$$\begin{cases} \Sigma F_x = 0 \\ \Sigma F_y = 0 \end{cases} \tag{3-2}$$

式中，Σ 为代数和符号，ΣF_x 表示所有各力在 x 轴上投影的代数和，ΣF_y 表示所有各力在 y 轴上投影的代数和。

平面汇交力系有两个独立的平衡方程，应用它可以求解出两个未知量。

应用平衡方程解决工程上的平衡问题是静力学的主要任务之一，解题时常按以下步骤进行：

(1) 选定研究对象，画受力图。

(2) 选定适当的坐标轴，画在受力图上，并列出平衡方程。

(3) 根据方程代入已知数据求解出未知量。

例 3-4 如图 3-7a所示，匀质球重 $W=100N$，用绳系住，以 $\alpha=30°$靠于光滑的平面上，试求绳的拉力和墙面的支承力。

解 1）选球为研究对象，其受力图如图 3-7b 所示。

2）选坐标轴 Oxy，并画在受力图上，列平衡方程。

$\Sigma F_x=0 \quad F_T\sin\alpha - F_N=0 \qquad (1)$

$\Sigma F_y=0 \quad F_T\cos\alpha - W=0 \qquad (2)$

3）代入已知数据，求解方程。

$F_T\sin30° - F_N=0 \qquad (1)$

$F_T\cos30° - 100N=0 \qquad (2)$

由式(2)解出：$F_T=(100/\cos30°)N=115.5N$

代入式(1)解出：$F_N=(115.5\times\sin30°)N=57.8N$

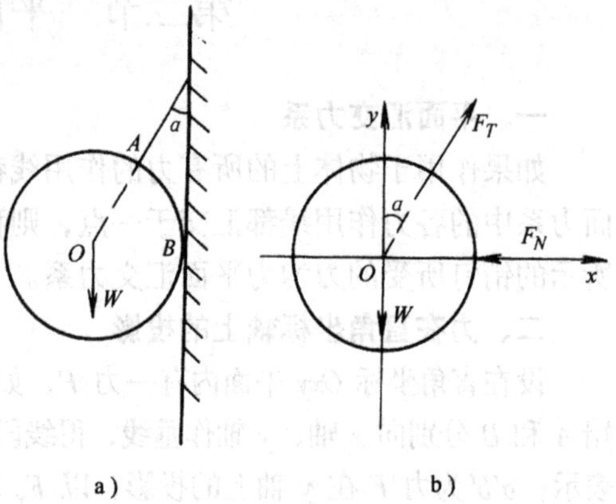

图 3-7 球的受力分析

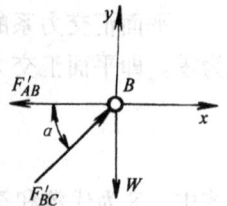

例 3-5 如图 3-5所示，AB 杆与 BC 杆的夹角为 $\alpha=45°$，重物 $W=2000N$，试求 AB 杆和 BC 杆所受的力。

解 1）选销钉 B 为研究对象，画受力图。

2）选坐标轴 Oxy，并画在受力图上，如图 3-8 所示，列平衡方程如下：

$$\Sigma F_x=0 \quad -F'_{AB}+F'_{BC}\cos\alpha=0$$

$$\Sigma F_y=0 \quad -W+F'_{BC}\sin\alpha=0$$

3）代入已知数据，求解方程

$$-F'_{AB}+F'_{BC}\cos45°=0$$

$$-2000N+F'_{BC}\sin45°=0$$

解得：$F'_{AB}=2000N$，$F'_{AC}=2828.4N$

根据作用力与反作用力的关系，可得杆 AB 受拉力 2000N，杆 BC 受压力 2828.4N。

此题中，选取研究对象时选用了销钉 B，这是由于销钉 B 的受力联系了已知量 W 和未知量的反作用力 F'_{AB}及 F'_{BC}，且它们构成平面汇交力系。在解决平衡问题时，不能以二力杆为研究对象，因为二力杆的特性已确定了二力等值、反向和共线的关系，它不能再建立新方程。但二力杆在平衡问题中又是非常重要的，通过二力杆的特性，减少了约束反力，减少了未知量，才使铰链约束未知方向的力变成方向确定的力。

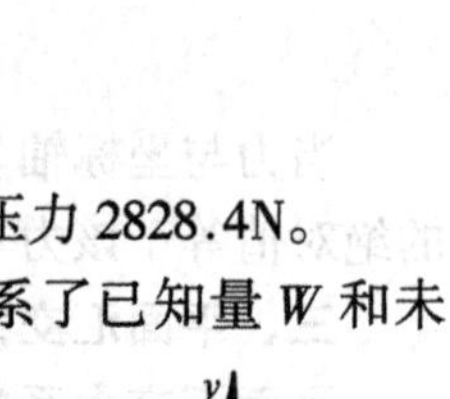

图 3-8 销钉 B 的受力图

例 3-6 重物 $G=2kN$，利用绞车和绕过定滑轮 B 的绳子吊起。滑轮由两端铰接的杆 AB 和 BC 支持。杆及滑轮的重量、大小及其中的摩擦可略去不计。试求杆 AB 和 BC 所受的力(见图 3-9a)。

解 1）取滑轮 B 为研究对象，并画滑轮 B 的受力图(见图 3-9b)，其中杆 AB 和杆 BC 给滑轮的约束反力 F_{AB}和 F_{BC}分别沿杆 AB 和杆 BC 方向，由于真实方向不好确定，可假设为 F_{AB}和 F_{BC}均背离滑轮 B。由于滑轮的摩擦忽略不计，所以绳子的拉力为 $F_T=G$。由于滑轮的大小可忽略不计，故这些力构成平面汇交力系。

2）选坐标轴(见图 3-9b)，列平衡方程。

$$\Sigma F_x = 0 \quad -F_{AB} - F_{BC}\cos30° - F_T\sin30° = 0$$

$$\Sigma F_y = 0 \quad -F_{BC}\sin30° - F_T\cos30° - G = 0$$

3）代入已知数据及 $F_T = G$，求解方程

$$-F_{AB} - F_{BC}\cos30° - 2\sin30° = 0$$

$$-F_{BC}\sin30° - 2\cos30° - 2 = 0$$

解得：$F_{AB} = 5.46\text{kN}$，$F_{BC} = -7.46\text{kN}$

F_{BC}为负值，说明原假定的 F_{BC}方向与实际方向相反，F_{BC}的真实方向是指向滑轮 B，此时不必再去修改受力图及平衡方程。

所以，AB 杆受拉力 5.46kN，BC 杆受压力 7.46kN。

通过以上例题，使我们熟悉了平面汇交力系平衡方程的应用。特别要注意选取研究对象画受力图时，一般要以与已知量和未知量相联系的物体为研究对象；遇有二力杆，应借助二力杆特性，假定出其受力方向。列取平衡方程时，要结合坐标轴注意各力投影的正负号。计算结果中出现负值时，说明假设方向与实际方向相反，而不必去改受力图。

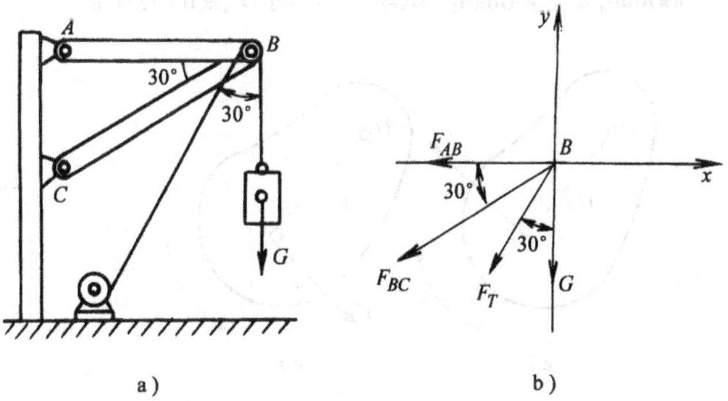

图 3-9　绞车受力情况及滑轮受力图

第三节　力矩和力偶

一、力矩

用扳手拧紧螺母时，力使扳手及螺母绕 O 点转动(见图 3-10)，为了度量力使物体绕定点转动的效果，引入“力对点的矩”(简称力矩)的概念。实践证明，使螺母绕 O 点转动的效果，不仅与力 F 的大小有关，而且与 O 点至该力作用线的垂直距离 h 有关。因此，以 F 与 h 的乘积并冠以正负号作为力使物体绕 O 点转动效果的度量，称为力 F 对 O 点的矩，简称力矩，以符号 $M_O(F)$表示，即

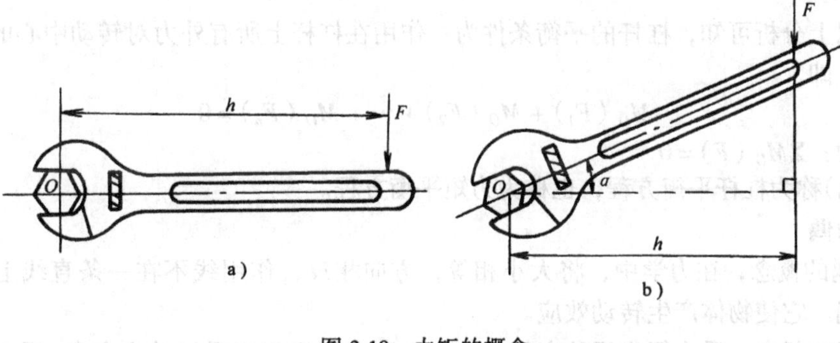

图 3-10　力矩的概念

$$M_O(F) = \pm Fh \tag{3-3}$$

式中　$M_O(F)$——力矩(N·m)；

F——力(N)；

h——力臂(m)，O 点到力 F 作用线的垂直距离。

力使物体绕 O 点转动有两种转向，通常用正负号加以区别。规定力使物体绕矩心作逆时针方向转动时，力矩为正(见图 3-11a)，反之为负(见图 3-11b)。

力矩在下列两种情况下等于零:(1)力等于零;(2)力的作用线通过矩心,即力臂等于零。

例 3-7　如图 3-12所示的曲柄扳手,在 A 点作用一力 $F = 100\text{N}$,力的作用线垂直于 OA, $a = 300\text{mm}$, $b = 400\text{mm}$。试求力 F 对 O 点的力矩。

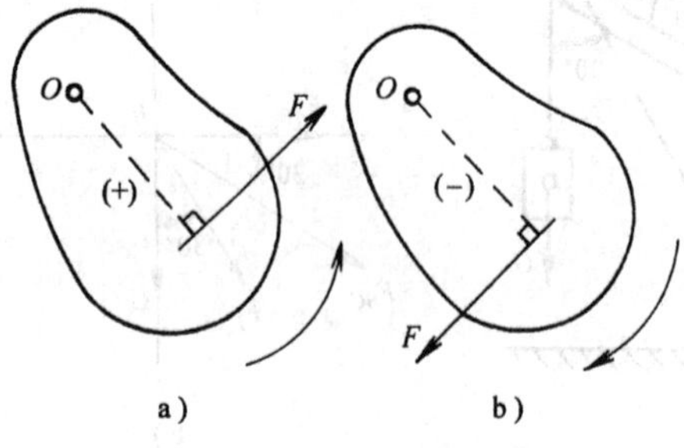

图 3-11　力矩正负的规定
a)力矩为正　b)力矩为负

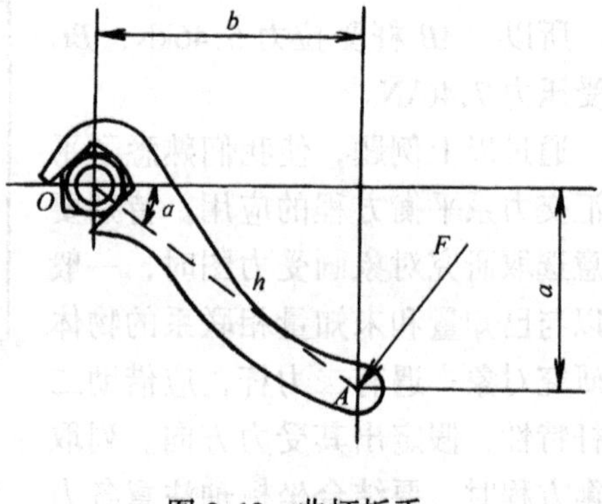

图 3-12　曲柄扳手

解　力臂 $h = \sqrt{a^2 + b^2} = \left(\sqrt{0.3^2 + 0.4^2}\right)\text{m} = 0.5\text{m}$

将 F 和 h 代入式(3-3)得

$$M_O(F) = -Fh = (-100 \times 0.5)\text{N·m} = -50\text{N·m}$$

负号表示该力矩使物体产生顺时针方向转动。

二、杠杆平衡原理

杠杆平衡原理在生产和生活中应用较广，如图 3-13 所示的杆秤、汽车制动踏脚、钳子和手动剪断机等，都是杠杆平衡原理应用的实例。它们在工作时都存在一个固定的转动中心，下面以杆秤为例，讨论杠杆的平衡(见图 3-13a)。

A 点作用有物重 P，B 点作用有秤砣重 W，不计杆秤自重，则杆秤平衡时，力 P 与力 W 对秤纽 O 点的力矩必然大小相等，转向相反，或者说两力对 O 点的矩的代数和为零，即：$Pa - Wb = 0$。

通过以上分析可知，杠杆的平衡条件为：作用在杠杆上所有外力对转动中心的力矩的代数和为零。即

$$M_O(F_1) + M_O(F_2) + \cdots + M_O(F_n) = 0$$

又记为：$\Sigma M_O(F) = 0$　　(3-4)

式(3-4)称为杠杆平衡方程，也称为力矩平衡方程。

三、力偶

1. 力偶的概念，在力学中，将大小相等，方向相反，作用线不在一条直线上的两平行力称为力偶。它使物体产生转动效应。

在工程实际中，受力偶作用的实例很多，如汽车司机用双手转动方向盘(图 3-14a)，用

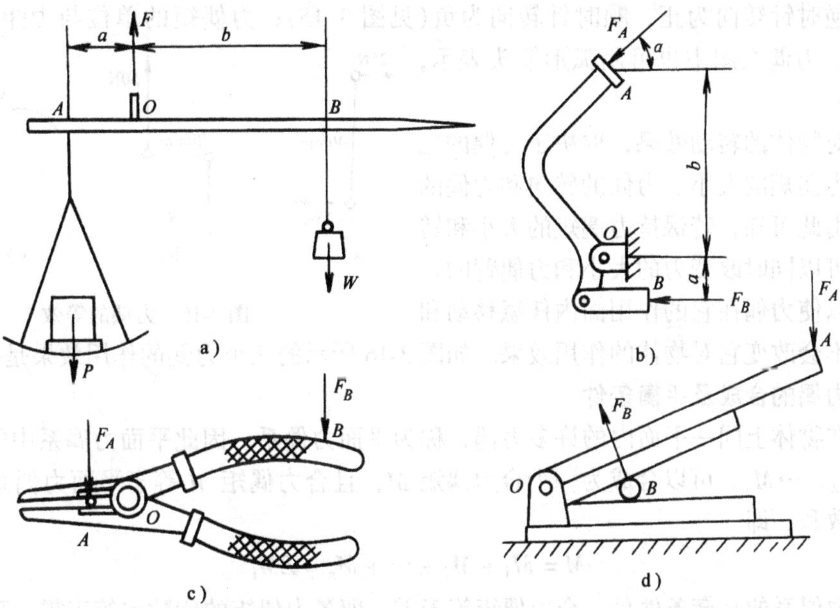

图 3-13　杠杆平衡原理应用

手指夹紧钳头的钥匙(图 3-14b)，钳工用钻头钻孔(图 3-14c)，电动机的定子磁场对转子的作用(图 3-14d)等，都是受力偶作用，产生转动效应。

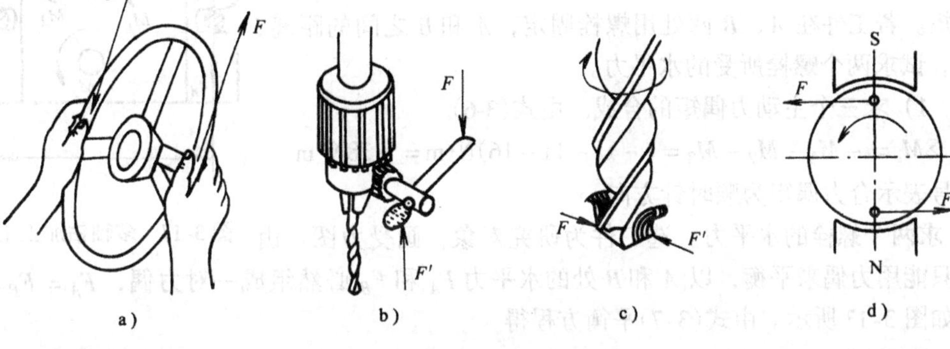

图 3-14　受力偶作用的实例

由力偶的定义可知，组成力偶的一对反向平行力在任何方向上的投影之和为零，因而力偶无合力；同样，力偶不能用一个力来平衡，力偶只能用力偶来平衡。所以，力和力偶是力学中的两个基本力学量。

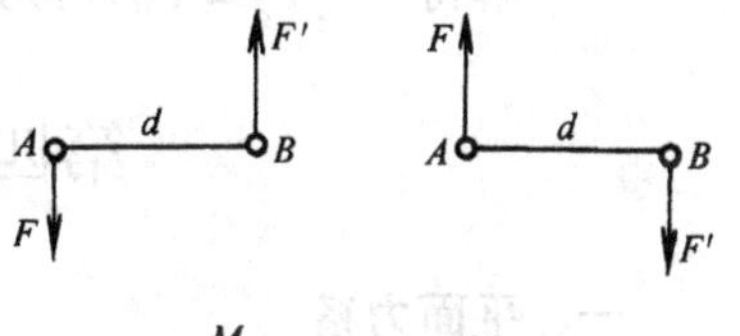

图 3-15　力偶矩正负规定

2. 力偶矩　在力偶作用面内，力偶使物体产生转动的效果，取决于力偶的转向和力偶中力 F 的大小以及力偶中两个力之间的距离 d（力偶臂）的大小。因此，用力 F 与力偶臂 d 的乘积来度量力偶作用效果的大小，称为力偶矩，用符号 M 表示

$$M = \pm Fd \tag{3-5}$$

用力偶矩的正、负号来表示力偶的转向，其规定与力矩

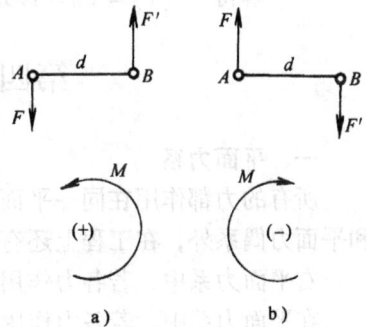

相同，即逆时针转向为正，顺时针转向为负(见图 3-15)；力偶矩的单位与力矩单位相同，也是 N·m。力偶在图中也可用弧形箭头表示，见图 3-16c。

力偶对物体的转动效果，取决于力偶的三要素，即力偶矩的大小、力偶的转向和力偶的作用面。由此可知，若保持力偶矩的大小和转向不变，可以同时改变力的大小和力偶臂的长短，也可以使力偶在它的作用面内任意移动和转动，都不会改变它对物体的作用效果。如图 3-16 所示的三个力偶的作用效果是一样的。

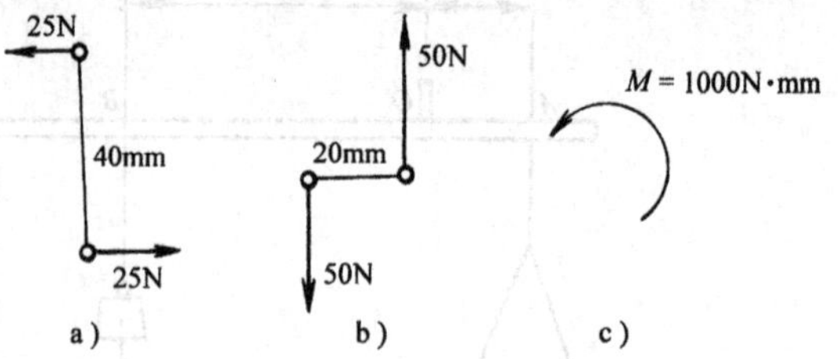

图 3-16　力偶的等效

四、力偶的合成及平衡条件

作用在物体上同一平面内的许多力偶，称为平面力偶系。因此平面力偶系中的许多力偶矩 M_1、M_2、$\cdots M_n$，可以合成为一个合力偶矩 M，且合力偶矩 M 等于平面力偶系中各分力偶矩的代数和，即

$$M = M_1 + M_2 + \cdots + M_n = \Sigma M_i \tag{3-6}$$

平面力偶系的平衡条件是：合力偶矩等于零，即各力偶矩的代数和等于零。平衡方程为

$$\Sigma M_i = 0 \tag{3-7}$$

平面力偶系只有一个平衡方程，而且说明力偶只能用力偶来平衡。

例 3-8　如图 3-17所示，在多轴钻床上加工某工件的三个孔。钻头的切削力偶矩 $M_1 = M_2 = 11\text{N·m}$，$M_3 = 16\text{N·m}$，求工件受到的合力偶矩。若工件在 A、B 两处用螺栓固定，A 和 B 之间的距离 $l = 0.2\text{m}$，试求两个螺栓所受的水平力。

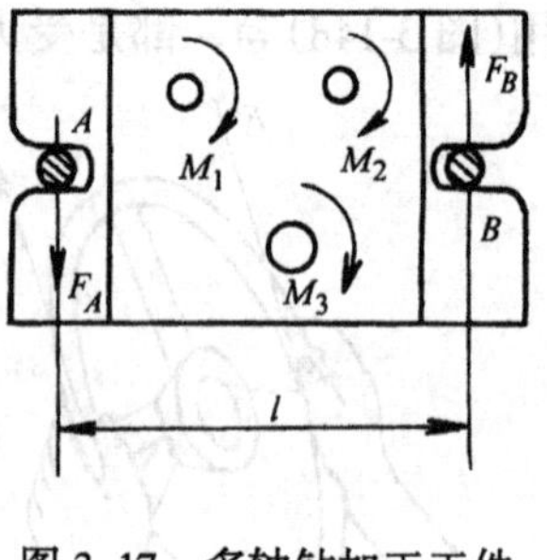

图 3-17　多轴钻加工工件

解　1）求三个主动力偶矩的合成。由式(3-6)

$M = \Sigma M_i = -M_1 - M_2 - M_3 = (-11 - 11 - 16)\text{N·m} = -38\text{N·m}$

负号表示合力偶矩为顺时针方向。

2）求两个螺栓的水平力。选工件为研究对象，画受力图。由于力偶只能用力偶来平衡，以 A 和 B 处的水平力 F_A 和 F_B 必然组成一对力偶，$F_A = F_B$，方向假设如图 3-17 所示。由式(3-7)平衡方程得

$\Sigma M_i = 0 \quad F_A l - M_1 - M_2 - M_3 = 0$

解得　　$F_A = F_B = 190\text{N}$

第四节　平面一般力系的平衡

一、平面力系

所有的力都作用在同一平面内的力系，称为平面力系。除了前面已介绍的平面汇交力系和平面力偶系外，在工程上还有两种常见的平面力系：平面平行力系和平面任意力系。

右平面力系中，若各力作用线都相互平行，则称为平面平行力系，如图 3-18 所示。

在平面力系中，若各力作用线既不汇交于一点，又不相互平行，则称为平面任意力系，如图 3-19 所示。

平面力系中，平面任意力系是一般情形，它具有平面力系的普遍特点，而其它几种平面

力系都是平面任意力系的特殊情形，具有一定的特殊要求。由于各种力系的特点不一样，它们的平衡条件和平衡方程形式也不一样。

二、平面平行力系的平衡方程

由于平面平行力系中各力彼此平行，设取 y 轴平行于各力作用线，则各力在 x 轴上的投影恒等于零，也就是说该力系不会使物体沿 x 轴方向移动。所以，平面平行力系的平衡，只需要求其物体不在作用力方向移动和不能绕平面内任意一点产生转动即可。故应满足

$$\begin{cases}\Sigma F_y = 0 \\ \Sigma M_O(F) = 0\end{cases} \tag{3-8}$$

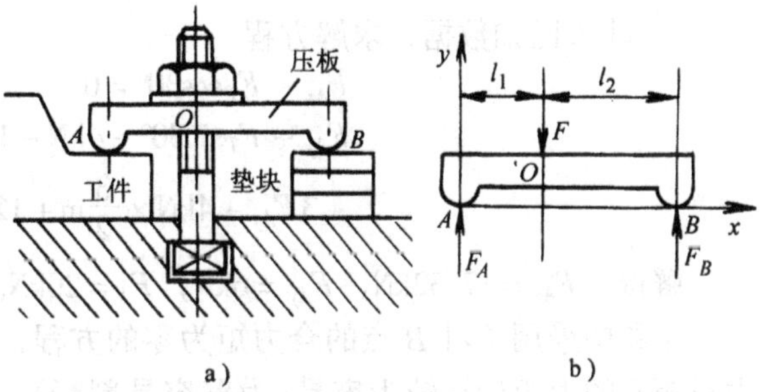

图 3-18　平面平行力系

式(3-8)为平面平行力系的平衡方程，它有两个独立方程，因此只能求解两个未知量。

例 3-9　图 3-18a 所示压板 AB，当拧紧螺母后，螺母对压板的压力 $F = 4000\text{N}$，$l_1 = 50\text{mm}$，$l_2 = 75\text{mm}$，试求压板对工件的压紧力及垫块所受的压力。

解　1）取压板为研究对象并画受力图(见图 3-18b)。

2）选坐标轴 Oxy，列平衡方程如下

$\Sigma F_y = 0 \qquad F_A + F_B - F = 0$

$\Sigma M_A(F) = 0 \quad F_B(l_1 + l_2) - Fl_1 = 0$

3）代入已知数据，求解方程

$$F_A + F_B - 4000\text{N} = 0$$

$$F_B(50 + 75)\text{mm} - 4000\text{N} \times 50\text{mm} = 0$$

解得：$F_B = 1600\text{N}$，$F_A = 2400\text{N}$

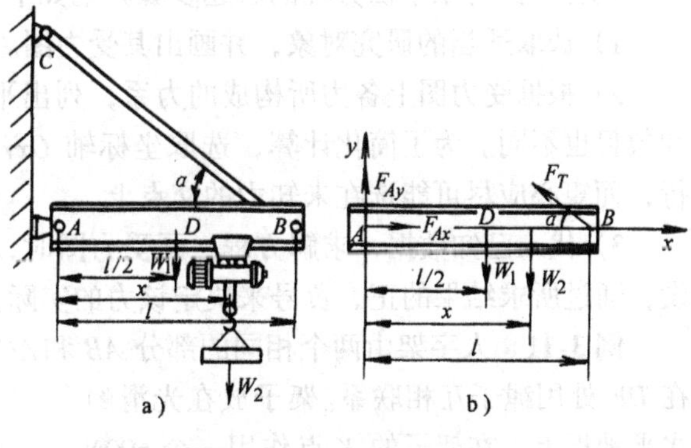

图 3-19　平面任意力系

本题中采用了对 A 点的合力矩为零的方程，也可以改用对 B 点或其它任意一点的合力矩为零的方程。

三、平面任意力系的平衡方程

由于平面任意力系中各力不但使物体有沿 x 轴方向和 y 轴方向产生移动的趋势，而且还使物体具有在力系所在的平面内发生转动的趋势。所以，平面任意力系的平衡，相当于平面汇交力系的平衡加平面力偶系的平衡。因此，平面任意力系的平衡方程为

$$\begin{cases}\Sigma F_x = 0 \\ \Sigma F_y = 0 \\ \Sigma M_O(F) = 0\end{cases} \tag{3-9}$$

平面任意力系有三个独立的平衡方程，所以能求解三个未知量。

例 3-10　图 3-19a 所示的吊车梁 AB，横梁重 $W_1 = 4\text{kN}$，小车及载荷重 $W_2 = 12\text{kN}$，梁长 $l = 3\text{m}$，载荷与 A 端距离 $x = 2\text{m}$，$\alpha = 30°$，试求支座 A 的约束反力和杆 BC 的拉力。

解　1）取横梁 AB 为研究对象并画受力图(见图 3-19b)。

2）选坐标轴 Oxy，并取 B 点为矩心，列平衡方程

$$\Sigma F_x = 0 \qquad F_{Ax} - F_T\cos\alpha = 0$$

$$\Sigma F_y = 0 \qquad F_{Ay} + F_T\sin\alpha - W_1 - W_2 = 0$$

$$\Sigma M_B(F) = 0 \quad -F_{Ay}l + W_1\frac{l}{2} + W_2(l - x) = 0$$

3）代入已知数据，求解方程

$$F_{Ax} - F_T\cos30^\circ = 0$$

$$F_{Ay} + F_T\sin30^\circ - 4\text{kN} - 12\text{kN} = 0$$

$$-3F_{Ay} + 4\text{kN} \times \frac{3}{2}\text{m} + 12\text{kN} \times (3-2)\text{m} = 0$$

解得：$F_{Ax} = 17.32\text{kN}$，$F_{Ay} = 6\text{kN}$，$F_T = 20\text{kN}$。

本题中采用了对 B 点的合力矩为零的方程，取 B 点为矩心时，F_{Ay}、F_{Ax}、W_1 和 W_2 各力对矩心的力矩计算较为容易(力臂容易判断)。若对 A 点取力矩，则 $M_A(F)$计算较为麻烦，所以矩心的选取对方程的建立难易程度有直接的影响。

现将平面力系平衡方程的解题步骤归纳如下：

1）选取适当的研究对象，并画出其受力图。

2）根据受力图上各力所构成的力系，列出平衡方程。注意力系不同，平衡方程的形式和数目也不同。为了简化计算，选取坐标轴 Oxy 时，应尽可能使未知力与坐标轴垂直或平行，而矩心应尽可能选在未知力的交点上。

3）代入已知数据，求解方程。画受力图时，对于铰链约束反力的方向，可以先进行假设，通过所求结果的正、负号来决定该力的实际方向。

例 3-11 人字架由两个相同的部分 AB 和 AC 构成，如图 3-20a 所示，A 点为铰链联接，在 DE 处用绳子互相联系。架子放在光滑的水平地板上，在架子的 K 点作用一个 600N 的力，设 $AB = AC = 3\text{m}$，$AD = AE = 2\text{m}$，$AK = 1\text{m}$，$\alpha = 45^\circ$，杆 AB 和杆 AC 自重不计。试求 B、C 两点的约束反力和绳子的拉力。

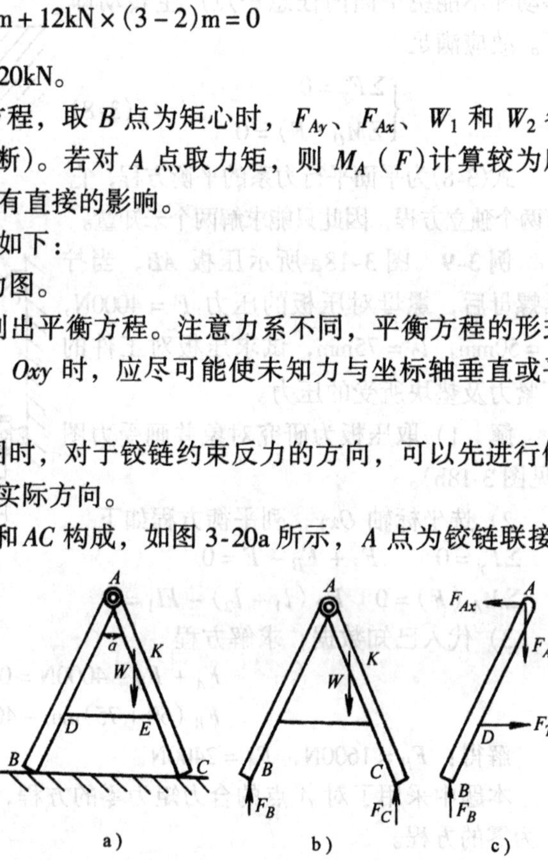

图 3-20 人字架及其受力分析

解 (1) 先取整个人字架为研究对象画受力图，此时绳子的拉力和铰链 A 的约束反力均属内力(以整体为对象时，没有出现的力)。因此人字架受到外力 W、地板约束反力 F_B 和 F_C，受力图如图 3-20b 所示。该力系为平面平行力系。

(2) 列平衡方程

$$\Sigma F = 0 \quad F_C + F_B - W = 0$$

$$\Sigma M_B(F) = 0 \quad F_C \times 2AC\sin\frac{\alpha}{2} - W(AB + AK)\sin\frac{\alpha}{2} = 0$$

(3) 代入数值 求解方程

$$F_C + F_B - 600\text{N} = 0$$

$$F_C \times 2 \times 3\text{m} \times \sin\frac{45^\circ}{2} - 600\text{N} \times (3+1)\text{m} \times \sin\frac{45^\circ}{2} = 0$$

解得：$F_C=400\text{N}$，$F_B=200\text{N}$。

(4) 为求绳子的拉力，必须把人字架拆开，以 AB 杆为研究对象画受力图，此时 AB 杆受到 F_B、绳子拉力 F_T 和铰链约束反力 F_{Ax}、F_{Ay}作用，受力图如图 3-20c 所示。该力系为平面任意力系。

(5) 列平衡方程。由于只需求解未知力 F_T，所以选用 A 点为矩心的力矩方程即可。

$$\Sigma M_A(F)=0 \quad -F_B\times AB\sin\frac{\alpha}{2}+F_T\times AD\cos\frac{\alpha}{2}=0$$

(6) 代入数值，求解方程

$$-200\text{N}\times 3\text{m}\times\sin\frac{45°}{2}+F_T\times 2\text{m}\times\cos\frac{45°}{2}=0$$

解得：$F_T=124\text{N}$。

第五节　拉伸与压缩

一、拉伸与压缩的受力特点及变形特点

前几节着重介绍了构件受力分析的方法，初步掌握了如何确定构件所受力的大小、方向和作用点。由于任何材料组成的物体在力的作用下都会产生相应的变形，甚至由于变形过大导致破坏，所以研究构件在外力作用下的变形特点和怎样才能保证构件正常安全工作，即强度计算知识就成为主要内容。其中强度是指构件抵抗破坏的能力。

在工程实际中，经常会遇到承受拉伸或压缩的杆件。如图 3-21a 所示的起重机，杆 AB 承受拉伸，杆 BC 承受压缩。

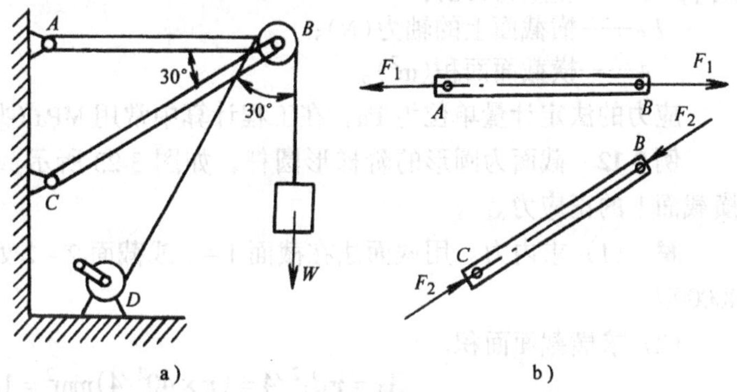

图 3-21　起重机受力分析

由图 3-21b 的杆件受力图可知，拉伸或压缩的受力特点是：作用在杆端的两力（或外力的合力）大小相等，方向相反，且作用线与杆的轴线垂合。拉伸时两个力的方向相背，其变形特点是杆件沿轴线方向伸长；压缩时两个力的方向相对，其变形特点是杆件沿轴线方向缩短。即拉伸或压缩的变形特点是：杆件在外力作用下沿轴线方向伸长或缩短。

二、拉伸与压缩的强度计算

1. 拉伸与压缩的内力和应力　作用在构件上的外力使构件发生变形时，构件内部就相应产生一种抵抗变形的力，这种抵抗变形的力叫做内力。如手拉长弹簧时，手上就会感到有力的作用；弹簧被拉得越长，手上感到的力就越大，这种抵抗力就是内力。通常我们用截面法求构件的内力。

图 3-22a 表示杆 AB 受到一对外力 F 的作用而处于平衡状态。在垂直于杆轴线的任意横截面上都存在内力。为分析计算 $m-m$ 截面上的内力，假想用一平面从该处将杆截开，分成Ⅰ、Ⅱ两段，取Ⅰ段为研究对象，见图 3-22b。由于杆件整体处于平衡状态，则Ⅰ段也必然处于平衡状态，所以Ⅰ段上除原有外力 F 外，在截面 $m-m$ 上必然存在内力 F_C 以保持平衡。内力

分布在横截面的各点上，其合力为 F_C，其方向与横截面垂直。根据平衡方程可得：$F_C = F$。

同理，研究Ⅱ段的平衡也可得到相应的结果，如图 3-22c 所示。

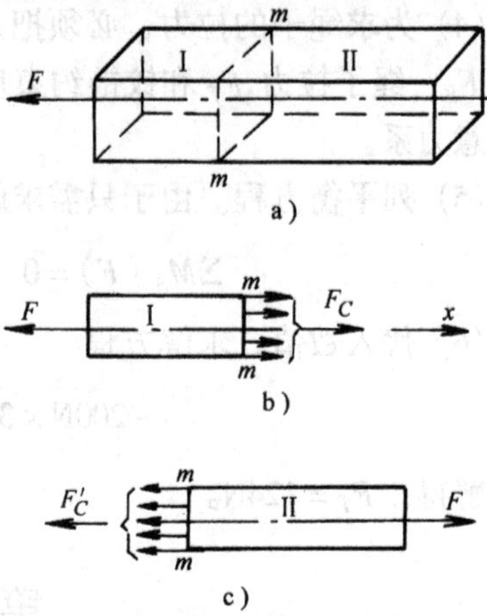

图 3-22　截面法求内力

a)受拉直杆　b)取左段求拉力

c)取右段求拉力

对于受拉伸或压缩的杆件，其内力 F_C 的作用线与外力共线，即和轴线重合，称为轴力。为了计算上区别拉伸与压缩，对轴力 F_C 规定：拉伸时 F_C 为正，指向横截面外；压缩时 F_C 为负，指向横截面内。轴力的单位仍然是 N。

只求出构件横截面上的内力还不足以说明其强度是否足够，例如用相同材料制成的两根粗细不同的绳子，受同样大小的外力作用，当外力同等增加时，两根绳子的内力都是相同的，但经验告诉我们，细绳必然先断。由此可见，构件的强度不仅与内力大小有关，而且还与横截面的面积大小有关。所以用单位横截面积上的内力即应力来衡量强度。

受拉伸或压缩的杆件，可以认为其内力在横截面上是均匀分布的，因此其应力的分布也是均匀的。所以，拉伸与压缩的应力计算公式为

$$\sigma = F_C / A \tag{3-10}$$

式中　σ——正应力(Pa)；

F_C——横截面上的轴力(N)；

A——横截面面积(m^2)。

应力的法定计量单位为 Pa，在工程计算中常用 MPa（兆帕），$1MPa = 10^6 Pa$。

例 3-12　截面为圆形的阶梯形圆杆，如图 3-23 所示，拉力 $F = 40kN$，试计算各段圆杆横截面上的正应力。

解　(1) 求内力。用截面法在截面 1－1 或截面 2－2 处截开，可计算出 $F_{C1} = F_{C2} = F = 40000N$。

(2) 求横截面面积。

$$A_1 = \pi d_1^{\,2}/4 = (\pi \times 40^2/4)mm^2 = 1256mm^2$$

$$A_2 = \pi d_2^{\,2}/4 = (\pi \times 20^2/4)mm^2 = 314mm^2$$

(3) 求应力

$$\sigma_1 = F_{C1}/A_1 = (40000/1256)MPa = 31.8MPa$$

$$\sigma_2 = F_{C2}/A_2 = (40000/314)MPa = 127.4MPa$$

由以上可知，圆杆细的一段截面应力较大，容易发生危险。通常把最大应力所在截面叫做危险截面。

2. 拉伸与压缩时的强度条件　为了保证受拉伸或压缩的杆件具有足够的强度，必须要求杆件在工作时产生的应力不超过材料在保证安全工作的条件下允许承受的最大应力，即许用应力。所以强度条件为

$$\sigma = F_C/A \leqslant [\sigma] \tag{3-11}$$

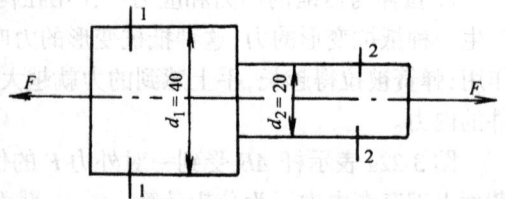

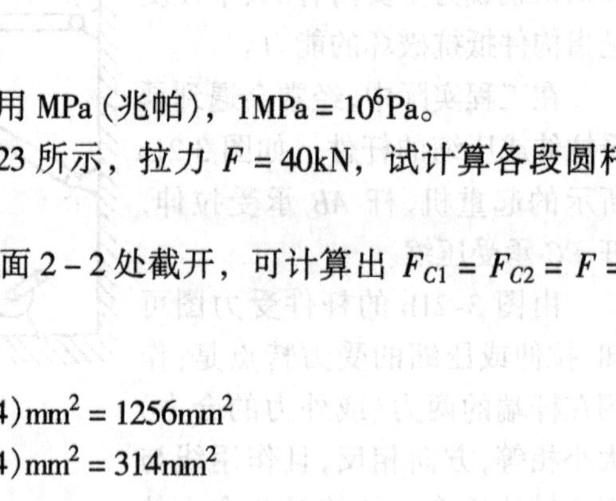

图 3-23　阶梯形圆杆

式中 σ——拉、压时的实际工作应力(MPa)；

〔σ〕——杆件材料的许用应力(MPa)。

3. 拉伸与压缩的强度计算　利用拉伸与压缩的强度条件进行工程计算，可以解决三种形式的强度计算问题。

(1) 强度校核　在已知截荷、构件截面尺寸和构件许用应力条件下，可校核构件的强度是否足够，即是否满足 $\sigma \leqslant [\sigma]$ 关系。

(2) 截面选择　根据构件承受的截荷和材料的许用应力，可用强度条件来确定构件截面尺寸，即 $A \geqslant F_C/[\sigma]$

(3) 确定许可载荷　根据给定构件的截面尺寸和材料的许用应力，可以确定该构件所能承受的最大内力，即：$F_C \leqslant A[\sigma]$；然后由静力学平衡关系，确定构件所能承受的最大载荷，即许可载荷。

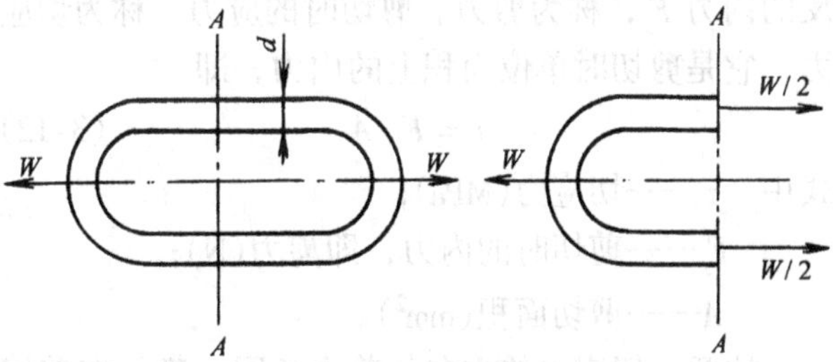

图 3-24　起重链及受力分析

例 3-13　图 3-24所示为起重链的受力情况。已知链环是用 Q235A 钢经冷弯制成,其许用应力〔σ〕= 60MPa,链环直径 d = 18mm,起重量 W = 34kN,试校核链环强度。若强度不够,确定最大起重量。

解　先分析链环受力情况。假想沿 $A-A$ 面截开,则每个截面上的内力 F_C 为 $W/2$,所以,链环截面上的工作应力为

$$\sigma = \frac{F_C}{A} = \frac{W/2}{\pi d^2/4} = \frac{34 \times 10^3/2}{3.14 \times 18^2/4}\text{MPa} = 66.8\text{MPa}$$

因为 $\sigma > [\sigma]$，所以链环强度不够，不能安全工作。

该链环能够承受的最大起重量为

$$\sigma = \frac{F_C}{A} \leqslant [\sigma]$$

$$F_C \leqslant A[\sigma] = \frac{\pi d^2}{4}[\sigma] = \frac{3.14 \times 18^2}{4} \times 60\text{N} = 15260\text{N}$$

由于 $F_C = W/2$，所以 $W = 2F_C = 2 \times 15260\text{N} = 30520\text{N} = 30.5\text{kN}$

即该链环的许可载荷为：小于或等于 30.5kN。

第六节　剪切与挤压

一、剪切与挤压的受力特点及变形特点

在工程结构的联接件上，常有剪切和挤压变形，如螺栓联接、铆钉联接和键联结等，见图 3-25。

剪切变形的受力特点是：作用在构件两个侧面上的外力大小相等，方向相反，作用线相距很近并与构件横截面平行。其剪切变形是构件在两力间发生相对错动或错动趋势的变形。

构件在受到剪切作用的同时，一般也都受到挤压作用。如图 3-25b 所示的铆钉联接，铆钉在受剪切的同时，铆钉与钢板在钉孔之间相互压紧，这种压紧作用不同于压缩，它的作用

只限于接触面比较小的区域，这种压紧作用就叫挤压。这种作用表现为，在联接件和被联接件的接触面上发生局部压陷现象。

二、剪切与挤压的强度计算

1. 剪切应力与强度条件　分析剪切的内力和应力，仍采用截面法，下面以图 3-26 所示铆钉联接为例进行分析。

以铆钉为研究对象，其受力图如图 3-26b 所示，沿受剪面 $m-m$ 切开，保留下段研究其平衡。由图 3-26c 可以看出，在剪切面 $m-m$ 上，必存在一个平行于外力 F、且大小等于外力 F、方向与其相反的内力 F_j，称为剪力。剪切时的应力，称为切应力，它是剪切时单位面积上的内力，即

$$\tau = F_j/A \tag{3-12}$$

式中　τ——切应力(MPa)；

F_j——剪切时的内力，即剪力(N)；

A——剪切面积(mm^2)。

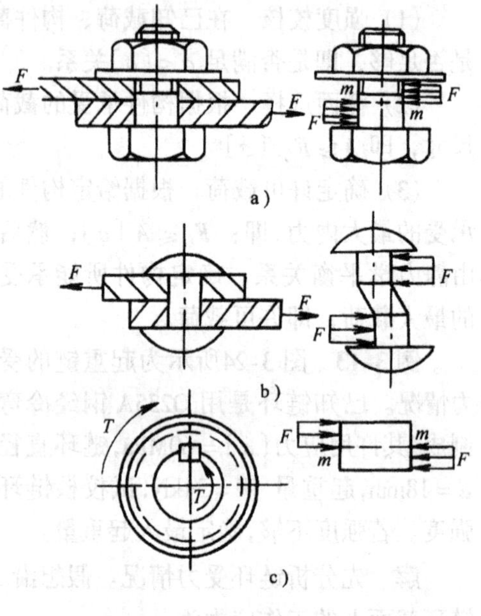

图 3-25　剪切与挤压实例

a)螺栓联接　b)铆钉联接　c)键联结

注意，切应力的方向与剪力相同，都是在剪切面上且与面相切。

所以，为了保证受剪的联接件不被剪断，受剪面上的切应力不能够超过材料的许用切应力，所以剪切强度条件为

$$\tau = F_j/A \leqslant [\tau] \tag{3-13}$$

式中$[\tau]$是剪切许用应力，其数值可查阅有关手册。对钢材可取$[\tau]=(0.6\sim0.8)[\sigma]$，$[\sigma]$是相应材料的许用拉应力。

利用剪切强度条件也可以对受剪切构件进行校核强度、选择截面面积和确定最大载荷的三类强度计算问题。

例 3-14　两块钢板用铆钉联接(见图 3-26)，已知铆钉杆部直径 $d=10$mm，许用切应力 $[\tau]=50$MPa，求铆钉所能承受的许可载荷。

解　根据前面分析，可得

$$A=\pi d^2/4=(3.14\times10^2/4)\text{mm}^2=78.5\text{mm}^2$$

由式(3-13)

$$\tau = F_j/A \leqslant [\tau]$$

整理为

$$F_j \leqslant A[\tau]=78.5\times50\text{N}=3925\text{N}$$

由于 $F=F_j$，所以铆钉所能承受的许可载荷是 3.9kN。

2. 挤压应力与强度条件

挤压作用引起的应力叫挤压应力，用符号 σ_{jy} 表示。挤压应力在接触面上的实际分布比较复杂，工程上通常都以假定 σ_{jy}是均匀分布来建立挤压应力计算公式，即

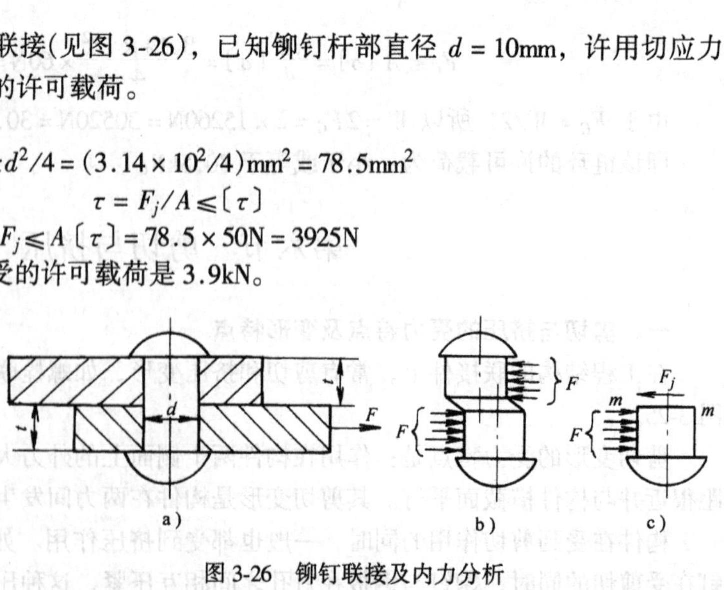

图 3-26　铆钉联接及内力分析

$$\sigma_{jy} = F_{jy}/A_{jy} \tag{3-14}$$

式中 σ_{jy}——挤压面上的挤压应力(MPa)；

F_{jy}——挤压面上的挤压力(N)；

A_{jy}——挤压面积(mm^2)。

必须指出，挤压面积的计算一般分成两种情况：

1）当挤压面为平面时，其挤压面积按接触面积计算，如图3-27所示键的挤压面积 $A_{jy} = Lh/2$。

2）当挤压面为半圆柱面时，在接触面上的挤压应力分布情况如图3-28a所示。为了简化计算，以受挤压部分圆柱表面在挤压方向上的投影面积为计算挤压面积，如铆钉、销钉等，挤压面积 $A_{jy} = d\delta$（见图3-28b）。

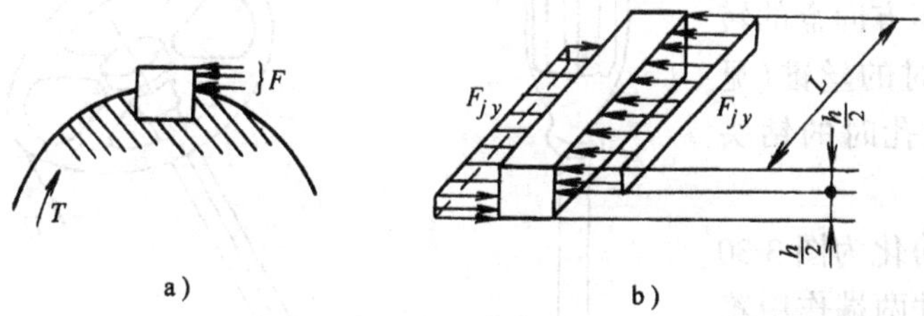

图3-27 键的挤压

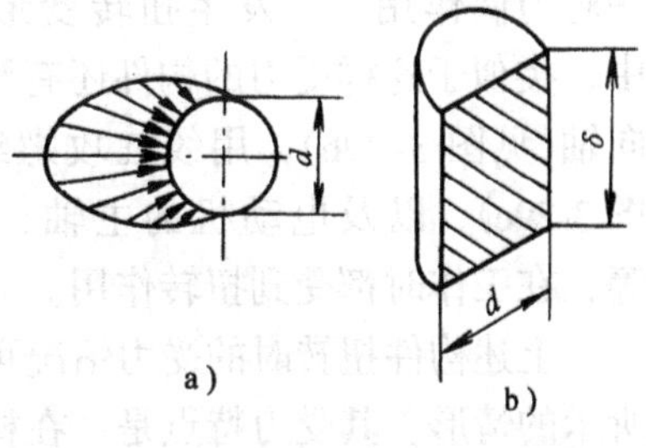

图3-28 圆柱面的计算挤压面积

为了保证联接件局部不产生挤压塑性变形，则要求工作挤压应力不超过许用挤压应力，所以挤压强度条件为

$$\sigma_{jy} = F_{jy}/A_{jy} \leqslant [\sigma_{jy}] \tag{3-15}$$

式中 $[\sigma_{jy}]$——材料的许用挤压应力，其数值可查阅有关手册，通常对钢材可取 $[\sigma_{jy}] = (1.7 \sim 2)[\sigma]$。

3. 剪切和挤压的强度计算　由于剪切和挤压同时存在，为了保证联接件能安全正常地工作，就必须同时满足剪切强度条件[见式(3-13)]和挤压强度条件[见式(3-15)]。利用两个强度条件，可解决强度校核、选择截面尺寸和确定最大载荷三类计算问题。

例3-15　图3-25c所示的平键联接，轴径 $d = 50\text{mm}$，传递的转矩 $T = 500\text{N}\cdot\text{m}$，平键的键宽尺寸 $b = 16\text{mm}$，键高 $h = 10\text{mm}$，键长 $L = 50\text{mm}$，键的许用切应力 $[\tau] = 60\text{MPa}$，许用挤压应力 $[\sigma_{jy}] = 100\text{MPa}$，试校核键的强度。

解　(1) 计算键受到的作用力 F。由 $T = F \cdot \dfrac{d}{2}$ 可求出

$$F = \frac{T}{d/2} = \left(\frac{500 \times 10^3}{50/2}\right)\text{N} = 20 \times 10^3\text{N}$$

(2) 按剪切校核键的强度。由式(3-13)

$$\tau = \frac{F_j}{A} = \frac{F}{bL} = \left(\frac{20 \times 10^3}{16 \times 50}\right)\text{MPa} = 25\text{MPa} < [\tau]$$

因此，满足剪切强度要求。

(3) 按挤压校核键的强度。由式(3-15)

$$\sigma_{jy} = \frac{F_{jy}}{A_{jy}} = \frac{F}{\dfrac{Lh}{2}} = \left(\frac{20 \times 10^3}{50 \times 10/2}\right)\text{MPa} = 80\text{MPa} < [\sigma_{jy}]$$

因此，满足挤压强度要求。由于剪切强度和挤压强度已同时被满足，所以键的强度足够。

实践证明，键联结的主要破坏形式是挤压，销钉、铆钉、螺栓之类联接构件的主要破坏形式是剪切。

第七节 扭转与弯曲

一、扭转

1. 扭转的概念 扭转是杆件变形的基本形式之一。如图 3-29a 所示，用一字旋具拧紧螺钉时，旋具柄上作用一力偶 M_1，旋具端部受到螺钉给它的一个反力偶 M_2。此时，旋具杆在这一对力偶作用下，发生扭转变形。在生产实践中，类似于这样受力的构件还有汽车方向盘的转向轴(见图 3-29b)，用绞杠攻螺纹时的丝锥(见图 3-29c)，以及电动机的主轴、钻孔时的钻头等，在工作时都受到扭转作用。

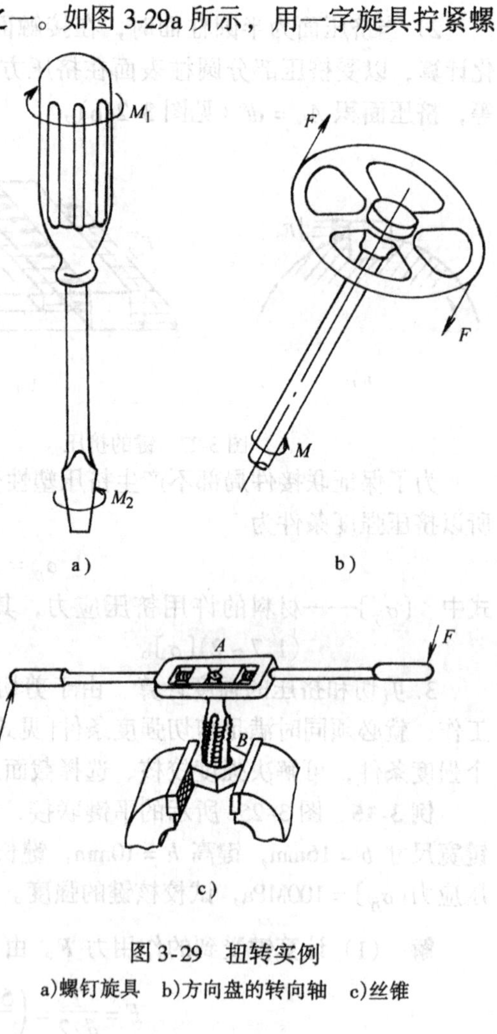

图 3-29 扭转实例

a)螺钉旋具 b)方向盘的转向轴 c)丝锥

上述构件扭转时的受力情况可简化为图 3-30 所示的情形。其受力特点是：在构件两端作用着一对力偶，它们大小相等，方向相反，且作用面垂直于构件的轴线。扭转变形的特点是：构件的任意两个横截面都发生绕轴线的相对转动。

2. 扭转时的内力——扭矩 为了分析扭转时的内力，首先应确定作用在轴上的外力偶矩(即转矩)。在实际计算中，通常给出的是该轴所传递的功率 P (kW)和转速 n (r/min)，则作用在该轴上的转矩为

$$T = 9500P/n\,(\mathrm{N\cdot m}) \tag{3-16}$$

当外力偶矩确定后，仍用截面法求其横截面上的内力。现以图 3-31a 所示扭转圆轴为例，假想将圆轴沿任一横截面 $n-n$ 切开，并取 A 段作为研究对象(图 3-31b)。由于整体是平衡的，所以 A 段也是平衡的，即 $n-n$ 横截面上的内力必须形成一个与外力偶相平衡的内力偶矩 T_n。

$$\Sigma M_i = 0 \quad T_n - M = 0$$

$$T_n = M$$

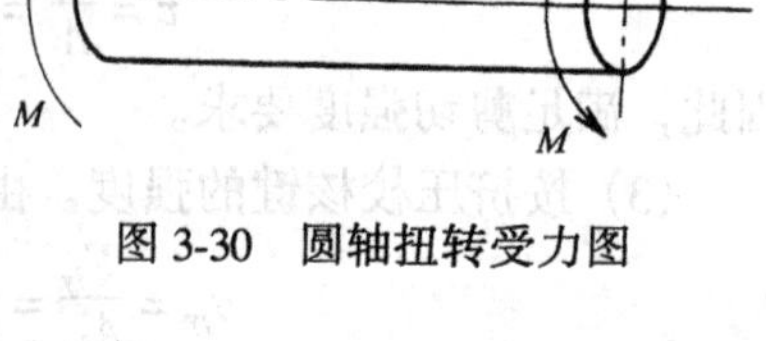

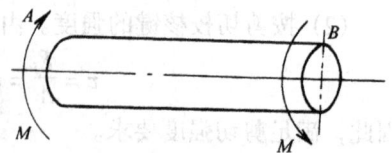

图 3-30 圆轴扭转受力图

T_n 称为圆轴截面 $n-n$ 上的扭矩，它的单位与外力偶矩 M 的单位相同，为 N·m。如果取 B 段为研究对象(图 3-31c)，仍然可以求得 $T_n = M$ 的结果，但 T_n 的方向与 A 段求出的扭矩相反。

为了使从两段轴上求得的同一截面上的扭矩数值和符号完全相同，通常按右手螺旋法则规定其正、负符号，即用右手四指的弯曲方向表示扭矩的旋转方向，当大拇指的方向背离横截面时扭矩为正(图 3-32a、b)；反之为负(图 3-32c、d)。

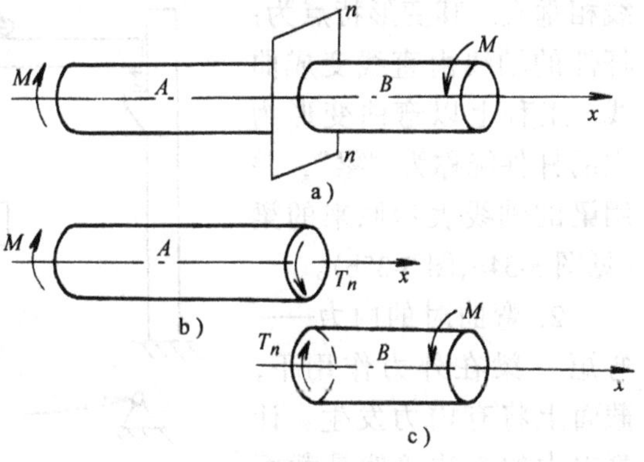

图 3-31　扭矩

例3-16　图 3-33a 所示为齿轮轴，已知轴的转速 $n = 300\text{r/min}$，主动轮 A 上传递的功率 $P_A = 50\text{kW}$，从动轮 B、C 上输出的功率 $P_B = 30\text{kW}$，$P_C = 20\text{kW}$，求轴上 1、2 两截面上的扭矩。

解　(1) 计算外力偶矩。由式(3-16)

$T_A = 9550P_A/n = (9550 \times 50/300)\text{N}\cdot\text{m} = 1592\text{N}\cdot\text{m}$

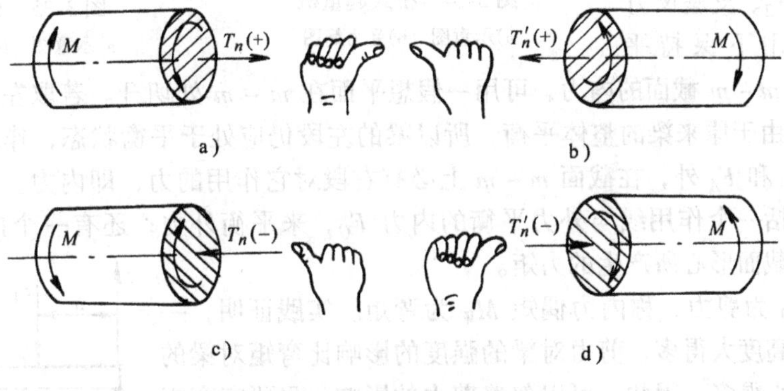

图 3-32　扭矩符号的规定

$T_B = 9550P_B/n = (9550 \times 30/300)\text{N}\cdot\text{m} = 955\text{N}\cdot\text{m}$

$T_C = 9550P_C/n = (9550 \times 20/300)\text{N}\cdot\text{m} = 637\text{N}\cdot\text{m}$

(2) 计算截面上的扭矩。从 1－1 处截开，研究左段(见图 3-33b)，T_1 假设为正向。

$\Sigma M_i = 0 \quad T_1 - T_B = 0$

$T_1 = T_B = 955\text{N}\cdot\text{m}$

从 2-2 处截开，研究左段(见图 3-33c)，T_2 假设为正向。

$\Sigma M_i = 0 \quad T_2 + T_A - T_B = 0$

$T_2 = T_B - T_A = (955 - 1592)\text{N}\cdot\text{m} = -637\text{N}\cdot\text{m}$

当然，也可以从 2－2 处截开研究右段，其结果为 $T_2 = -T_C = -637\text{N}\cdot\text{m}$ (见图 3-33d)，与上述结果相同。

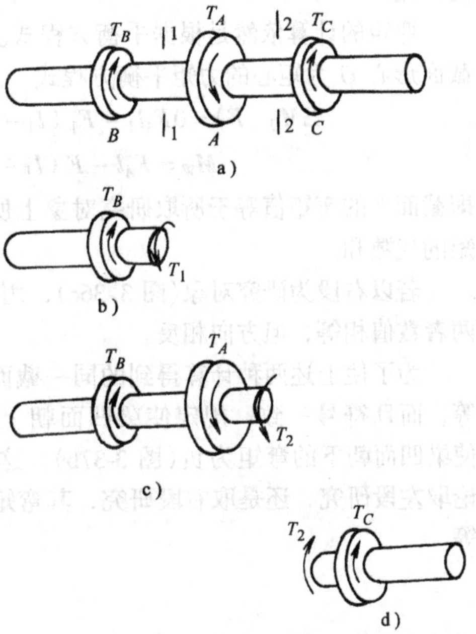

图 3-33　齿轮轴

二、弯曲

1. 弯曲的概念　弯曲变形的构件在日常生活中和工程实际中是经常遇到的，如图 3-34 所示的桥式起重机横梁和图 3-35 所示的火车轮轴，它们的受力特点是：外力的作用线都与杆件的轴线相垂直。其变形特点为：杆件的轴线由直线变成曲线。工程上以弯曲变形为主的杆件统称为“梁”，并用梁的轴线表示原来的梁(见图 3-34b、图 3-35b)。

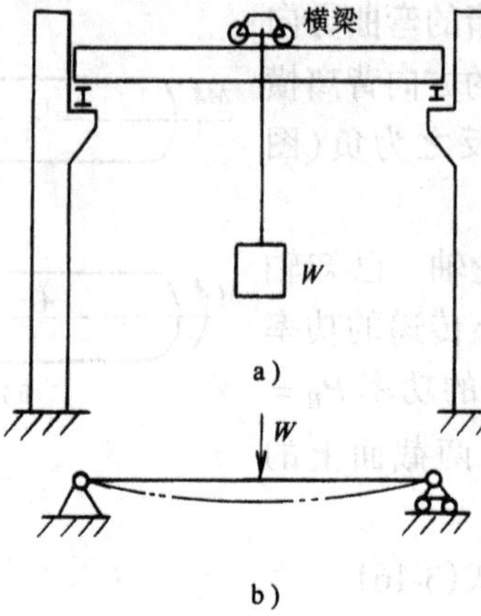

图 3-34　桥式起重机

a)示意图　b)受力简图

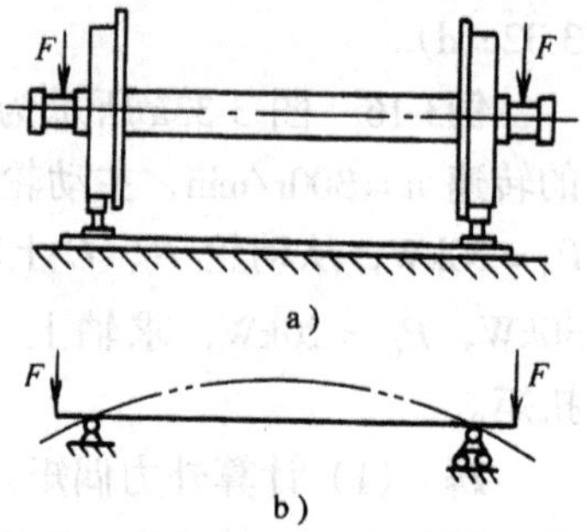

图 3-35　火车轮轴

a)示意图　b)受力简图

2. 弯曲时的内力——弯矩　梁在外力作用下，截面上将有内力发生。计算内力的方法仍然是截面法。如图 3-36a 所示的梁，在载荷 F_1 和 F_2、支座反力 F_A、F_B 的作用下保持平衡。若要计算 $m-m$ 截面的内力，可用一假想平面在 $m-m$ 处切开。若取左段为研究对象(见图 3-36b)，由于原来梁的整体平衡，所以梁的左段仍应处于平衡状态，作用在左段上的力，除外力 F_1 和 F_A 外，在截面 $m-m$ 上必有右段对它作用的力，即内力。为保持左段平衡，其内力包括一个作用线与外力平衡的内力 F_Q，来平衡外力；还有一个内力偶矩 M_W，来平衡外力对截面形心所产生的力矩。

称内力 F_Q 为剪力，称内力偶矩 M_W 为弯矩。实践证明，一般梁的跨度比高度大得多，剪力对梁的强度的影响比弯矩对梁的强度的影响要小得多。因此，可以忽略剪力的影响，只研究弯矩的作用。

弯矩的计算依然是根据平衡方程式。以左段为研究对象，取截面形心 O 为矩心的力矩平衡方程式

$$\Sigma M_O(F) = 0 \quad F_A l_1 - F_1(l_1 - a) - M_W = 0$$

$$M_W = F_A l - F(l_1 - a)$$

即截面上的弯矩值等于所取研究对象上所有外力对该截面形心力矩的代数和。

若以右段为研究对象(图 3-36c)，用相同方法也可求得 M'_W。两者数值相等，但方向相反。

为了使上述两种计算得到的同一截面上的弯矩，不仅数值相等，而且符号一致，规定使梁凹面朝上的弯矩为正(图 3-37a)，使梁凹面朝下的弯矩为负(图 3-37b)，这样同一截面上的弯矩不论取左段研究，还是取右段研究，其弯矩必定符号相同，数值相等。

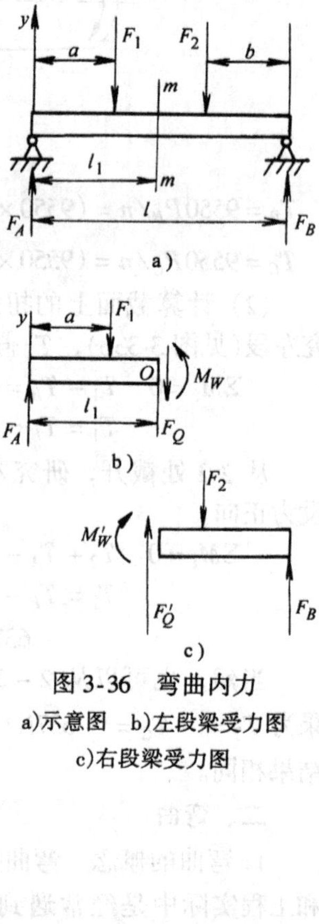

图 3-36　弯曲内力

a)示意图　b)左段梁受力图

c)右段梁受力图

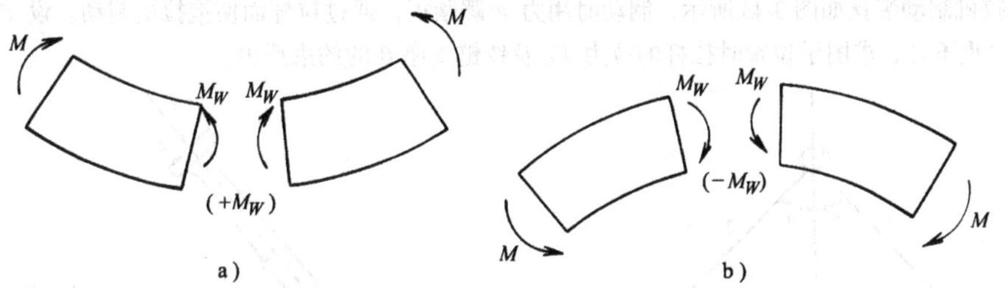

图 3-37　弯矩的符号规定

a）凹面朝上 $M_W>0$　b）凹面朝下 $M_W<0$

复　习　题

1. 什么是力？力的作用效果有哪两种？

2. 什么是约束？约束反力的特点有哪些？

3. 如图 3-38 所示，试画出球的受力图。

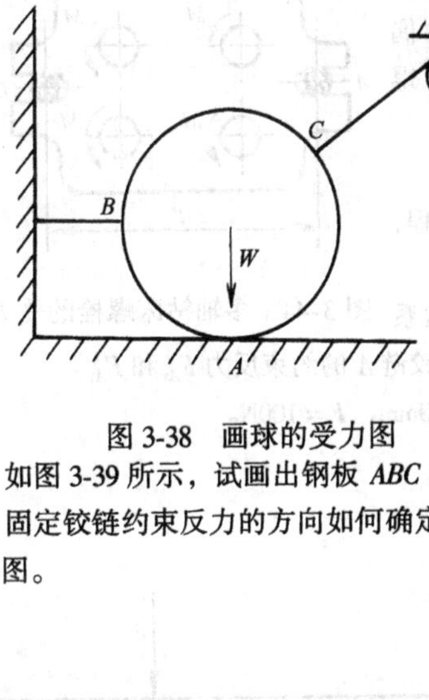

图 3-38　画球的受力图

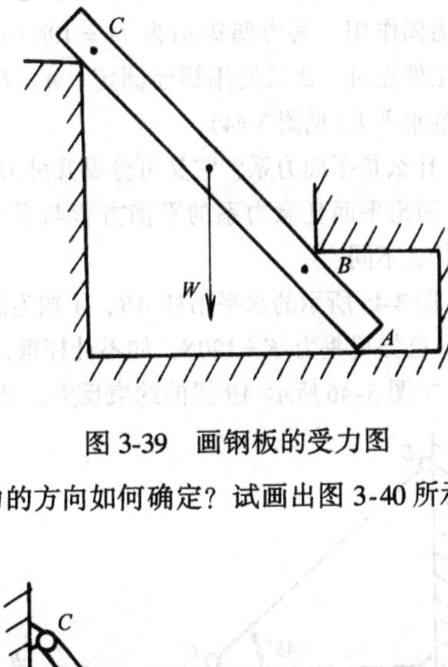

图 3-39　画钢板的受力图

4. 如图 3-39 所示，试画出钢板 ABC 的受力图。

5. 固定铰链约束反力的方向如何确定？活动铰链约束反力的方向如何确定？试画出图 3-40 所示 AB 杆的受力图。

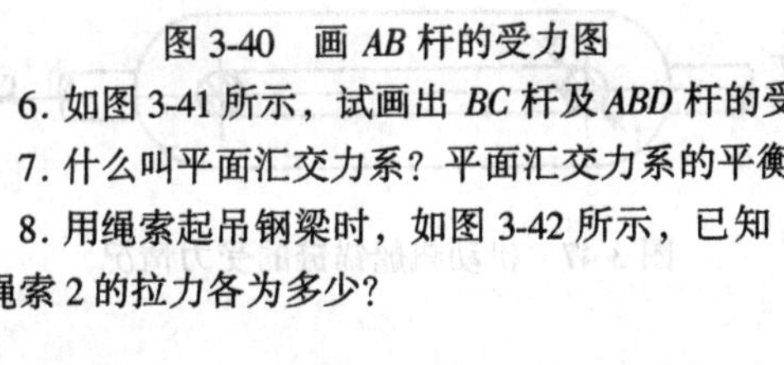

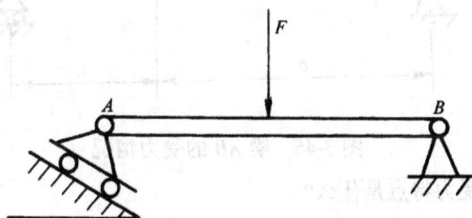

图 3-40　画 AB 杆的受力图

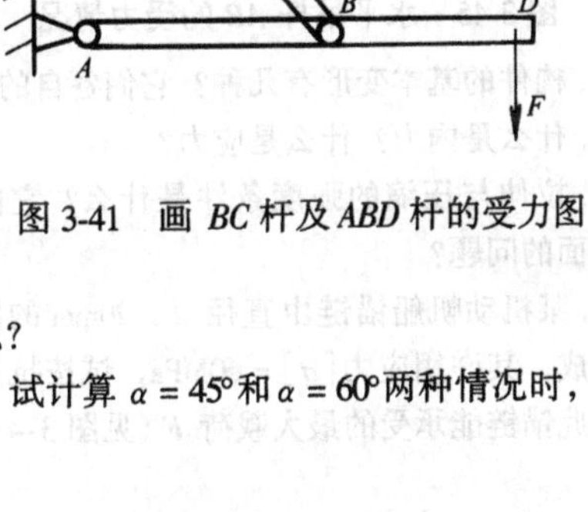

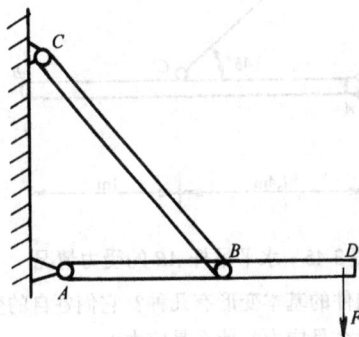

图 3-41　画 BC 杆及 ABD 杆的受力图

6. 如图 3-41 所示，试画出 BC 杆及 ABD 杆的受力图。

7. 什么叫平面汇交力系？平面汇交力系的平衡条件是什么？

8. 用绳索起吊钢梁时，如图 3-42 所示，已知 $W=8000\text{N}$，试计算 $\alpha=45°$ 和 $\alpha=60°$ 两种情况时，绳索 1 和绳索 2 的拉力各为多少？

9. 拖拉机制动装置如图 3-43 所示，制动时用力 F 踩踏板，通过拉杆而使拖拉机制动。设 $F=100\text{N}$，踏板和拉杆自重不计，求图示位置时拉杆的拉力 F_D 及铰链支座 B 的约束反力。

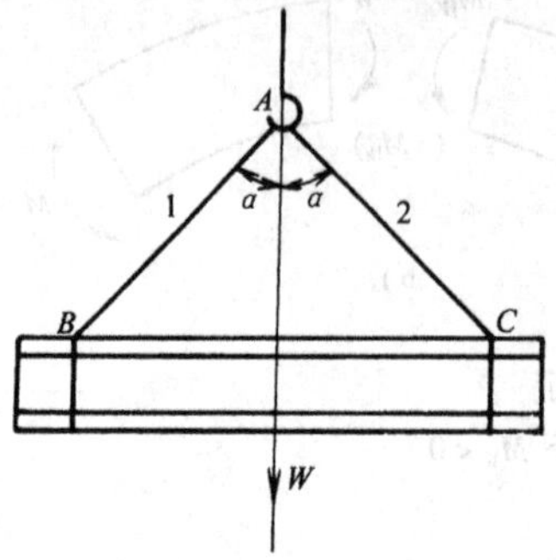

图 3-42　起重机绳索的受力情况

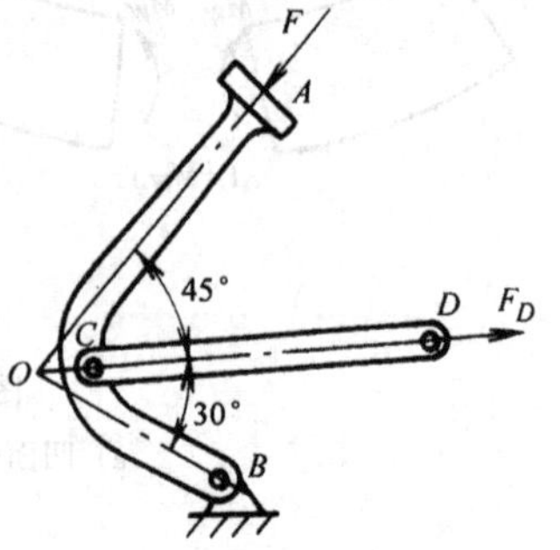

图 3-43　拖拉机制动装置受力情况

10. 什么叫力矩？什么叫力偶？什么叫力偶矩？写出力矩和力偶矩的计算公式。

11. 什么是杠杆平衡条件？写出杠杆平衡方程。

12. 用多轴钻床在工件上同时钻四个直径相同的孔，各孔都受到钻刃的力偶作用，其力偶矩均为 $M=10\text{N}\cdot\text{m}$，求工件受到的合力偶矩。若工件在 A、B 二处用螺栓固定，A、B 孔距为 250mm，求二螺栓所受的水平力(见图 3-44)。

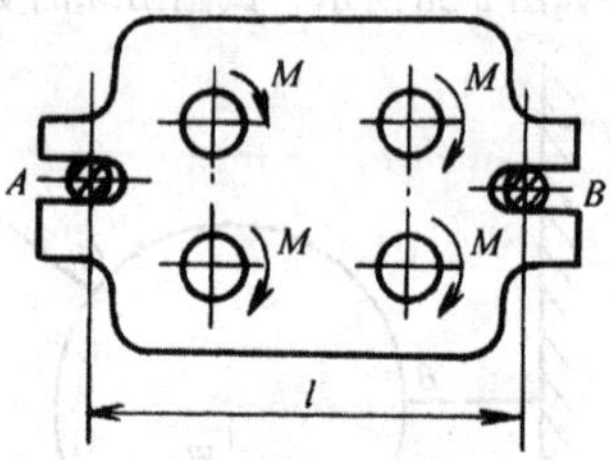

图 3-44　多轴钻床螺栓的受力情况

13. 什么是平面力系？它又可分哪几种力系？

14. 写出平面任意力系的平衡方程与平面平行力系的平衡方程，它们有什么不同？

15. 图 3-45 所示的水平吊杆 AB，A 端为固定铰链，C 点用绳索系于墙上，已知铅垂力 $F=120\text{N}$，如不计杆重，求绳索的拉力 F_T 及铰链 A 的约束反力 F_{Ax} 和 F_{Ay}。

16. 求图 3-46 所示 AB 梁的约束反力。已知 $a=200\text{mm}$，$b=300\text{mm}$，$F=100\text{N}$。

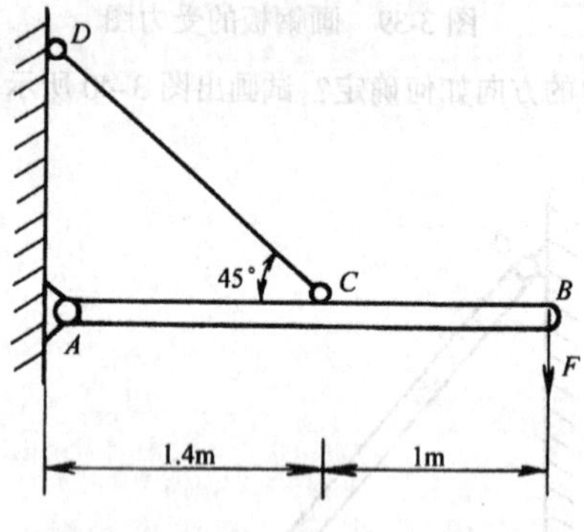

图 3-45　水平吊杆 AB 的受力情况

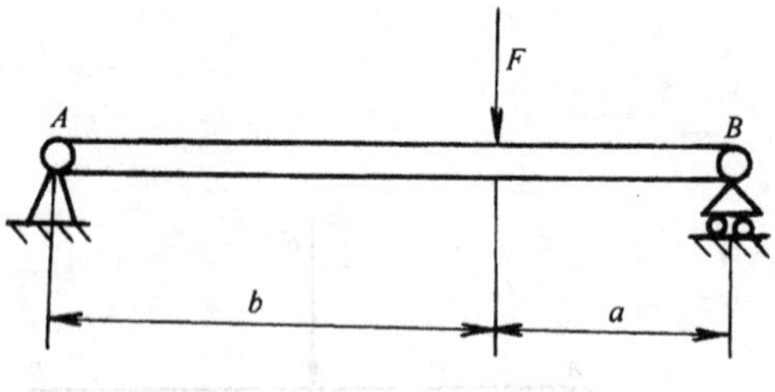

图 3-46　梁 AB 的受力情况

17. 构件的基本变形有几种？它们各自的变形特点和受力特点是什么？

18. 什么是内力？什么是应力？

19. 拉伸与压缩的强度条件是什么？它能解决哪几个方面的问题？

20. 某机动帆船锚链由直径 $d=20\text{mm}$ 的圆钢弯曲焊接而成，其许用应力$[\sigma]=60\text{MPa}$，试按抗拉强度条件确定此锚链能承受的最大载荷 F (见图 3-47)。

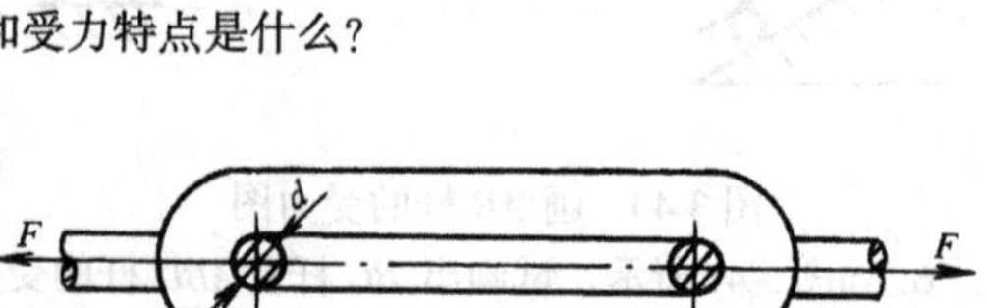

图 3-47　机动帆船锚链的受力情况

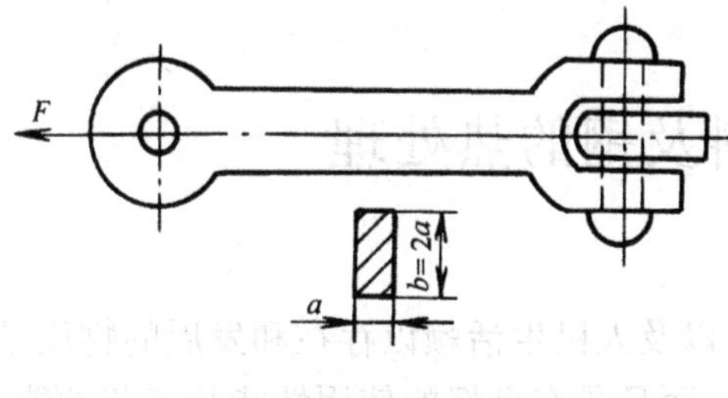

图 3-48　拉杆 *AB* 的受力情况

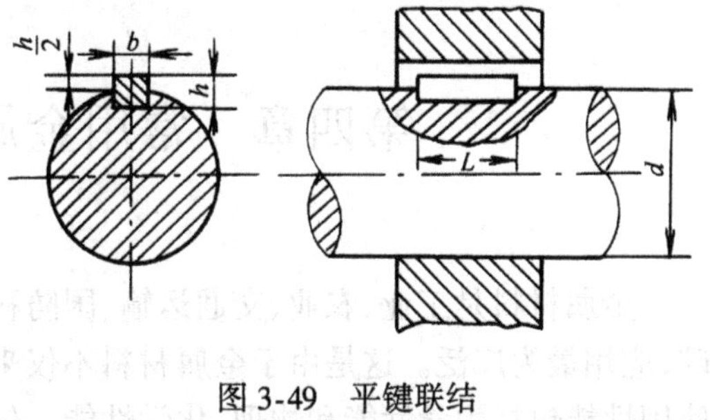

图 3-49　平键联结

21. 钢件拉杆受轴向载荷 $F = 40\text{kN}$，材料的许用应力$[\sigma] = 100\text{MPa}$，横截面为图 3-48 所示矩形，其中 $b = 2a$，试确定截面尺寸 a 和 b。

22. 图 3-49 所示轴的直径 $d = 80\text{mm}$，键的尺寸为键宽 $b = 22\text{mm}$，键高 $h = 14\text{mm}$，键长 $L = 120\text{mm}$，键所用材料的许用切应力$[\tau] = 60\text{MPa}$，许用挤压应力$[\sigma_{jy}] = 100\text{MPa}$，轴通过键所传递的转矩为 $T = 2500\text{N·m}$，试校核键的强度。

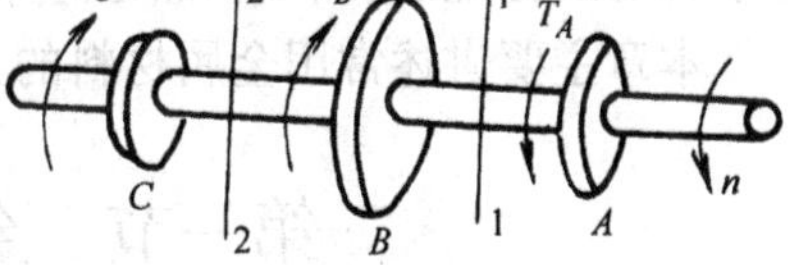

图 3-50　齿轮轴的受力情况

23. 扭转与弯曲的内力分别叫什么？

24. 图 3-50 所示齿轮轴的转速 $n = 200\text{r/min}$，主动齿轮 A 的输入功率 $P_A = 60\text{kW}$，从动齿轮 B、C 上的输出功率 $P_B = 20\text{kW}$，$P_C = 40\text{kW}$，求轴上 1、2 两截面处的扭矩。

第四章　常用金属材料及钢的热处理

金属材料是工业、农业、交通运输、国防科学技术以及人民生活赖以存在和发展的物质基础,应用最为广泛。这是由于金属材料不仅来源丰富,而且具有良好的使用性能与工艺性能。使用性能包括力学性能和物理、化学性能。优良的使用性能可满足生产和生活上的各种需要。优良的工艺性能可使金属材料易于采用各种加工方法制成各类零件和工具。金属材料还可通过不同的成分配制、加工和热处理来改变其组织和性能,从而进一步扩大其使用范围。

本章主要讲述常用金属材料的力学性能、分类及钢的热处理基本知识。

第一节　金属材料的力学性能及指标

一、概述

机械设备、工程结构、工具等在使用过程中不可避免地会受到各种外力的作用,它们能否在外力作用下正常工作,很大程度上取决于金属材料的力学性能。所谓力学性能是指金属材料在外力作用下表现出来的各种特性。其主要指标有强度、硬度、塑性、韧性等。

金属材料在加工和使用过程中所受的外力在工程技术上称作载荷。根据其作用性质的不同,可分为静载荷、冲击载荷和交变载荷。

(1) 静载荷　恒定的或缓慢增加的载荷称为静载荷。

(2) 冲击载荷　突然增加的载荷称为冲击载荷。它的加载速度快，作用时间短，容易产生局部变形。

(3) 交变载荷　大小、方向或大小和方向随时间发生周期性变化的载荷称为交变载荷。

金属材料受载荷作用而发生的尺寸和形状的变化称为变形。由于载荷作用形式的不同，金属材料的变形方式也不同。一般分为弹性变形和塑性变形。

在外力作用下，材料在发生变形的同时，其内部原子间会产生一种阻止变形的抗力，称为内力，其数值大小与外力相等。单位面积上的内力称为应力，用下式计算

$$\sigma = F/S$$

式中　σ——应力(Pa);

F——内力(N);

S——横截面积(m^2)。

二、强度

金属材料在外力作用下抵抗变形或断裂的能力称为强度。按外力的作用方式不同，可分为抗拉、抗压、抗弯、抗剪强度等。最常用的金属材料强度指标有屈服强度和抗拉强度，通常采用拉伸实验来测定。图 4-1 为低碳钢拉伸实验测得的拉伸图。实验时将材料制成标准试样，在拉伸试验机上对试样施加轴向静拉力 F，试样在外力作用下产生变形，得到拉伸曲线，揭示出材料从弹性变形直到断裂的各种力学特性。

1. 屈服强度　在图 4-1 中，当载荷未达到 e 点之前，试样只产生弹性变形，这种变形与

应力成正比。e 点对应的σ_e 为弹性极限。当载荷超过 e 点后，试样开始产生塑性变形；当载荷继续增加到 s 点时，虽不继续增加载荷，但试样仍继续产生变形，曲线近似水平线段，这种现象称为屈服。此时 s 点对应的应力值称为屈服强度，用 σ_s 表示。它代表材料抵抗微量塑性变形的能力，可按下式计算

$$\sigma_s = F_s / S_0$$

式中 σ_s——屈服强度(Pa)；

F_s——试样产生屈服现象时的载荷(N)；

S_0——试样初始截面积(m^2)。

2. 抗拉强度　在图 4-1 中，当载荷继续增加到 b 点时，试样发生不均匀变形，截面出现局部变细的缩颈现象，至 k 点时被拉断。b 点的应力 σ_b 是试样在拉断前所能承受的最大应力，称为抗拉强度，它代表材料抵抗大量塑性变形的能力，可按下式计算

$$\sigma_b = F_b / S_0$$

式中 F_b——试样拉断前承受的最大载荷(N)。

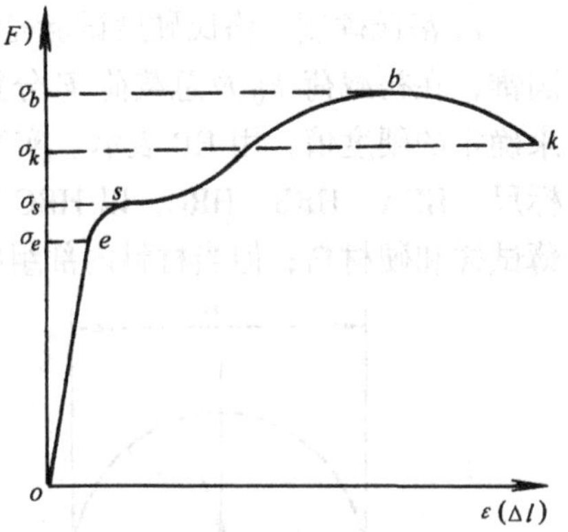

图 4-1　低碳钢的拉伸图

显然，金属零件不能在应力超过 σ_s 的条件下工作，否则会导致零件的破坏。

三、塑性

金属材料在外力作用下产生永久性变形(即去掉外力后不能恢复原状的变形)，而不破坏的性能称为塑性。衡量塑性的指标有伸长率 δ 和断面收缩率 ψ。它们分别表示断裂后试样标距长度的相对伸长值和断裂后试样截面的相对收缩值。

$$\delta = \frac{L_1 - L_0}{L_0} \times 100\%$$

$$\psi = \frac{S_0 - S_1}{S_0} \times 100\%$$

式中 L_1——试样拉断后的标距长度；

L_0——试样初始长度；

S_1——试样断裂处的最小截面积。

由于同一材料试样的长短不同，所测得的 δ 不同，对于长试样($L_0 = 10d_0$)用 δ_{10}或 δ 表示；对于短试样($L_0 = 5d_0$)则用 δ_5 表示。同一种材料 $\delta_5 = (1.2 \sim 1.5)\delta_{10}$。

δ 和 ψ 值愈大，则材料的塑性愈好。良好的塑性使零件在受力过大时，由于塑性变形使材料强度提高而避免突然断裂，提高工作可靠性。

四、硬度

金属材料抵抗更硬物体压入表面的能力称为硬度。硬度不是一个单纯的物理量，而是反映弹性、强度、塑性和韧性的综合性能指标，它与材料的耐磨性关系密切。一般来讲，硬度愈高，耐磨性愈好。所以，硬度是金属材料的一个重要指标。生产中常用压入硬度试验法测定布氏硬度和洛氏硬度。

1. 布氏硬度　布氏硬度试验是将直径为 D 的淬火钢球在一定载荷 F 的作用下，压入被测金属表面(如图 4-2 所示)，保持一定时间后卸除载荷，测量压痕直径 d。载荷除以压痕表面积的值即为布氏硬度，用 HBS (压头为钢球)或 HBW (压头为硬质合金)表示。

$$HBS = 0.102 \times 2F/\pi D\left(D - \sqrt{D^2 - d^2}\right)$$

在实际工作中通过 d 查阅布氏硬度表即可得出 HB 值。HB 值越大，材料硬度越高。布氏硬度试验一般适用于测定≤450HBS 范围内的金属材料，对于硬度较高的金属及较薄的板、带材则不适用。

2. 洛氏硬度　洛氏硬度试验是用规定直径的淬火钢球(1.588mm)或锥角为 120°的金刚石圆锥，在初载荷 F_0 及总载荷 F 分别作用下压入试样表面(如图 4-3 所示)，根据压痕的深度来确定的硬度值，用 HR 表示。实测时，其 HR 值可由试验机上直接读出。洛氏硬度有三种标尺：HRA、HRB、HRC，以 HRC 应用最广。因洛氏硬度压痕小不损伤工件表面，因此可测薄试样和硬材料；但当材料内部组织不均匀时，硬度值的代表性也较差。

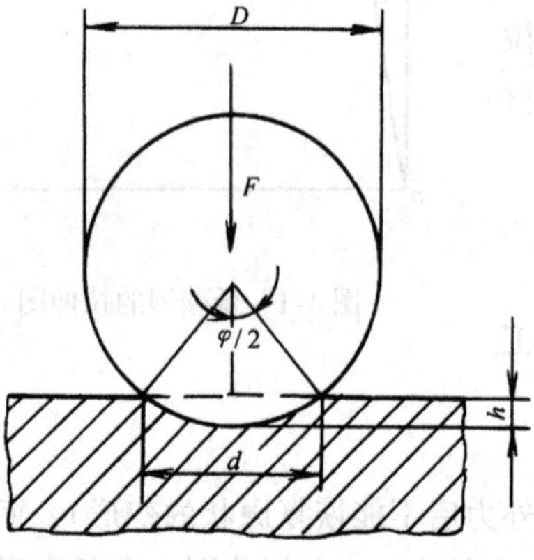

图 4-2　布氏硬度试验原理示意图

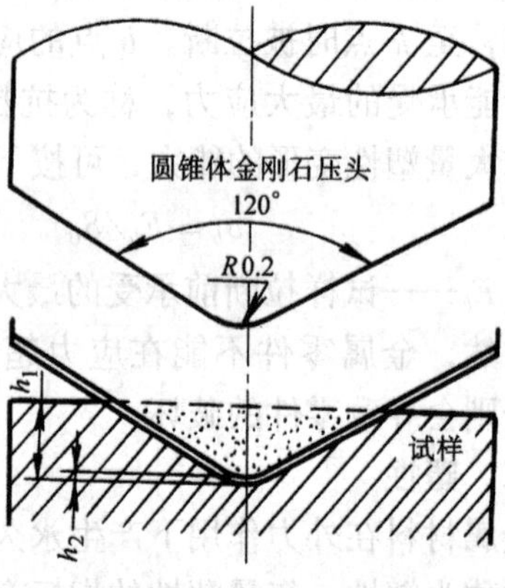

图 4-3　洛氏硬度试验原理示意图

五、冲击韧性

金属材料对冲击载荷的抵抗能力称为冲击韧性(简称韧性)，常用一次摆锤冲击试验进行测定，其原理如图 4-4 所示。将待测材料制成试样，放在试验机的支座上，试样缺口应背向摆锤冲击方向，再将具有一定质量的摆锤，由一定高度自由落下，测得一次冲断时试样缺口处单位面积所消耗的功，称为冲击韧度(J/cm²)，用 a_K 表示，其计算公式为

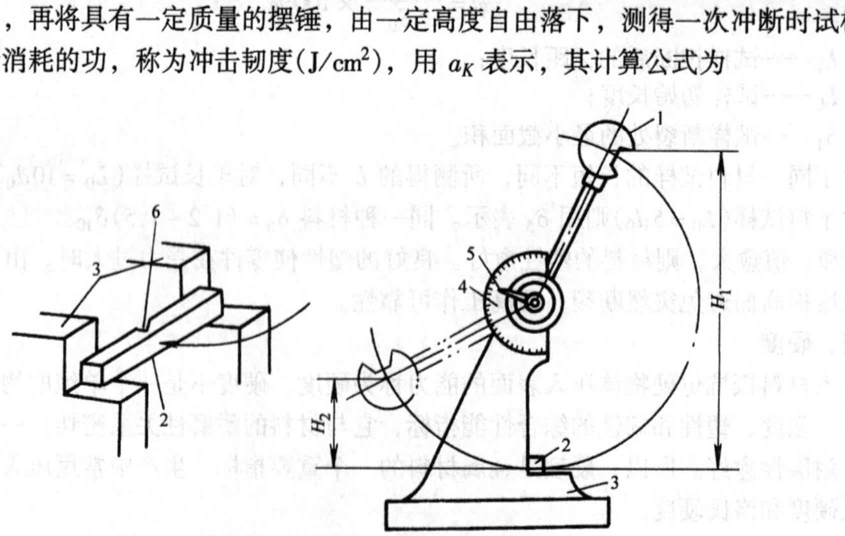

图 4-4　一次摆锤冲击试验示意图

1—摆锤　2—试样　3—支座　4—表盘　5—指针　6—试样缺口

$$a_K = A_K / S_0$$

式中　A_K——冲断试样所吸收的功(J)；

S_0——试样缺口处截面积(cm^2)。

值得指出的是，由于 A_K 在很大程度上取决于金属体积，而不取决于 S_0，所以用 a_K 值表示材料韧性的好坏，有不科学的一面。目前已有许多国家直接用 A_K 来衡量材料的韧性。再者，在动载荷下工作的零部件，实际很少受一次冲击被破坏，而是受小能量的多次重复冲击才被破坏，因而应以多次重复冲击试验来度量。

第二节　常用金属材料

金属材料通常分为黑色金属和有色金属两大类。黑色金属是指铁及其合金制成的原材料，其中最重要的是钢和生铁。有色金属是指黑色金属以外的所有金属和合金制成的原材料，如铜、铝、镁等。常用的金属材料一般都是合金。合金是以一种金属元素为基础，与其它元素(一种或几种金属或非金属元素)组成的具有金属性质的物质。如黄铜是由铜和锌两种金属元素组成的合金，碳素钢是由铁和碳元素组成的合金。与纯金属相比，合金除具有更好的力学性能外，还可以调整组成元素之间的比例，以获得一系列性能不同的合金，从而满足工业生产上的各种需要。

一、钢的分类及牌号

钢是国民经济中应用最广泛的金属材料。它具有适用于制造各种机械零件及金属构件的综合力学性能，通过调整其化学成分和热处理，还能得到各种特殊的使用性能。

钢是指碳的质量分数小于 2.11% 的铁碳合金。在冶炼过程中，不可避免地参入一些杂质，如锰、硅、硫、磷等元素以及少量气体。对钢的质量有一定影响。对于有害元素，必须严格控制。

钢的种类繁多，分类方法也有多种，为了便于管理，综合钢的质量、用途等，对钢进行综合分类，是金属材料实际管理工作中常用的方法。钢的综合分类如下：

根据国家标准有关规定：我国钢牌号用汉语拼音字母、化学元素符号及阿拉伯数字结合起来表示。即用汉语拼音字母表示钢的名称、用途、冶炼方法和质量、脱氧方法等，用国际化学元素符号表示钢中元素成分，数字表示元素平均含量、牌号、顺序号及某一特性。

各类钢的牌号具体表示方法见表 4-1 和表 4-2。

二、铸铁的分类、牌号及用途

铸铁是以铁、碳、硫、硅为主要成分的多元铁碳合金，其中碳的质量分数在 2.11% ~ 6.69%之间。为了改善和提高铸铁的力学性能以及获得某些特殊性能，可在铸铁中加入一定量的锰、铬等合金元素而制成合金铸铁或特殊性能铸铁，使铸铁性能得到很大提高。它是工业生产中广泛应用的金属材料。

铸铁有许多种，有着不同的分类方法。根据碳在铸铁中的存在形式可分为：

1. 白口铸铁　碳在铸铁中以化合态 Fe_3C 存在，断口呈亮白色而得名。其性能特点是硬而脆且非常耐磨，难以切削加工，一般很少应用。但可利用其硬度高、耐磨性好来制造耐磨零件，如犁铧、磨球等。

2. 灰铸铁　碳以片状的石墨形式存在，因断口为灰暗色而得名。

灰铸铁的牌号用“灰铁”二字的汉语拼音字头“HT”与一组表示抗拉强度值的数字(MPa)组成。如 HT100 为抗拉强度值为 100MPa 的灰铸铁。灰铸铁还有 HT150、HT200、HT250、HT300、HT350 和 HT400 等牌号。

- 综合分类
  - 普通钢
    - 碳素结构钢
      - Q195
      - Q215 (A、B)
      - Q235 (A、B、C、D)
      - Q255 (A、B)
      - Q275
    - 低合金结构钢
  - 优质钢（包括高级优质钢）
    - 结构钢
      - 优质碳素结构钢
      - 合金结构钢
      - 弹簧钢
      - 易切钢
      - 轴承钢
    - 工具钢
      - 碳素工具钢
      - 合金工具钢
      - 高速工具钢
    - 特殊性能钢
      - 不锈耐酸钢
      - 耐热不起皮钢
      - 电热合金钢
      - 电工用钢
      - 高锰耐磨钢

表 4-1 碳素钢牌号方法

分类	牌号方法		用途
	举例	说明	
碳素结构钢	Q235-A·F	“Q”为屈字汉语拼音字首，数字为屈服强度(MPa)。A 表示质量等级，分为 A、B、C、D，从左至右质量依次提高。F 表示脱氧方法，为沸腾钢。Q235-A·F 表示屈服强度为 235MPa，质量为 A 级的沸腾钢	主要用作工程建筑钢筋、桥梁构件及普通的机械零件，如杠杆、螺钉、销轴，亦可作焊接、铆接构件
优质碳素结构钢	45	两位数字表示钢中平均含碳量的万分之几，例如 45 钢表示碳的平均质量分数 w_C 为 0.45%的优质碳素结构钢	主要用作冷冲压件、焊接件、较重要的螺栓、高压法兰、渗碳件、凸轮、齿轮、轴、连杆、弹簧、垫圈等
优质碳素工具钢	T12 T8A	T 为碳字的汉语拼音字首，数字表示钢中平均含碳量的千分之几。T12 表示碳的平均质量分数 w_C 为 1.2%的优质碳素工具钢 A 表示高级优质	主要用作量具、刀具、模具等，例如冲模、钻头、车刀、锉刀、丝锥等

灰铸铁的铸造性能、切削加工性能、耐磨性能和消振性能都优于其它铸铁，并且有较高

的抗压强度和硬度；但抗拉强度和塑性低。可用于铸造机器的支柱、底座、机架、机身、缸套、缸体、箱体类零件，是目前应用最多、最广的一种铸铁，在各类铸铁总产量中，灰铸铁占80%以上。

表4-2　合金钢牌号方法

分类	牌号方法		用途
	举例	说明	
合金结构钢	40Cr 37CrNi3	采用数字+元素符号+数字的形式表示。前面数字表示钢中平均含碳量的万分之几，元素符号表示钢中加入的合金元素，后面数字表示合金元素平均含量的百分之几。当合金元素含量小于1.5%时，不标明含量。如37CrNi3表示钢中碳的平均质量分数 w_C 为0.37%，铬平均质量分数 w_{Cr} 小于1.5%，镍平均质量分数 w_{Ni} 为3%	主要用作高压容器、车辆、机床主轴高负荷齿轮、各种车辆的减震板簧等
工具钢	9SiCr Cr12MoV W18Cr4V	编号采用形式与合金结构钢相同，前面数字表示钢平均含碳量的千分之几，当钢中碳的平均质量分数 w_C 大于1%时不标明含量。高速钢例外，其中碳的平均质量分数 w_C 小于1%时不标明含量。如9SiCr钢表示钢的碳平均质量分数 w_C 为0.9%，Si、Cr的平均质量分数 w_{Si}、w_{Cr} 小于1.5%，不予标出	主要用作高速切削刀具及成形刀具、精密丝杠、量规及各种冷作模具和热作模具等
特殊性能钢	2Cr13 1Cr18Ni9Ti ZGMn13	编号方法与合金工具钢基本相同。如2Cr13表示钢的碳平均质量分数 w_C 为0.2%，铬的平均质量分数 w_{Cr} 为13%	主要用作医疗器械、耐酸容器、锅炉材料、汽轮机叶片、发动机排气阀等

3. 麻口铸铁　碳以游离碳化铁形式存在，少部分以石墨形式存在，其断口呈灰白色相间的麻点而得名。这种铸铁很脆，工业上很少应用。

按铸铁中的石墨形态不同可分为：

1）普通灰铸铁　石墨呈粗片状，由于石墨的润滑作用和断屑作用，使灰铸铁有良好的切削加工性能。石墨能吸收振动能，其消振性比钢好得多，这也是灰铸铁常用来制作承受振动的机床底座等零件的原因之一。

2）可锻铸铁　将白口铸铁经高温退火，使渗碳体分解，而获得团絮状石墨的铸铁。与灰铸铁片状石墨比，大大减小了对基体的割裂作用，其强度、塑性、韧性都高于灰铸铁。可锻铸铁其实是不可锻的，是历史沿用下来的名称。主要用于铸造薄壁件和形状复杂的管件，如管接头、水龙头等。其牌号用“KTH”（黑心体）、“KTB”（白心体）和“KTZ”（珠光体）与后面的两组数字表示。如KTB380－12表示抗拉强度值为380MPa、伸长率为12%的白心可锻铸铁。

3）球墨铸铁　石墨呈球状的铸铁。其强度、塑性均高于可锻铸铁，抗拉强度高于碳钢，是一种以铁代钢、以铸代锻的材料，大量用来制作受力复杂的重要零件，如曲轴、凸轮轴等。

球墨铸铁的牌号用“QT”与两组数字表示。“QT”为球铁代号，第一组数字表示抗拉强度，第二组数字表示伸长率，如QT400－18。

4）蠕墨铸铁　石墨呈蠕虫状的铸铁。其形态介于球状与片状之间，其强度及塑性高于灰铸铁、低于球墨铸铁，有较高耐磨性和一定的韧性，铸造性能良好，有较高的热导率，所以可制造承受热疲劳的零件。这是其它铸铁所不及的，是近年来发展的一种新型铸铁。

蠕墨铸铁的牌号用“RuT”与后面一组数字组成。“RuT”是蠕铁代号，数字表示抗拉强度。

三、有色金属及硬质合金

有色金属指黑色金属以外的所有金属和合金。其使用量和产量虽不及黑色金属,但因它们有许多特殊性能,如良好的导电性和导热性,较低的熔化温度和密度,耐蚀性好。因此,也在现代化生产中占有重要的地位。

有色金属习惯上分成重金属、轻金属、半金属、贵金属和稀有金属。在实际工作中,往往简单分为普通有色金属和稀有金属两大类。通常还把产量大、用途广的10种金属称为常用有色金属,即:铜、铝、铅、锌、锡、锑、镍、钨、钼、汞。

有色金属按用途可分为铸造合金、轴承合金、硬质合金、变形合金等。

1. 铜及铜合金

(1) 纯铜　纯铜呈玫瑰红色，在空气中氧化形成氧化膜后，外观呈紫红色，故又称紫铜。它突出的特点是导电、导热性好，具有良好的抗蚀性和可焊性。主要用作各种导电材料，在电气工业中可制造电刷、电线、电缆、发电机、电动机、变压器等；在机械设备制造中可制作散热器、冷却器等；铜的化合物在农业上用作杀虫剂和除草剂等，还大量用来与其它元素配制多种重要铜合金。

现行纯铜有 Cu-1、Cu-2 两个牌号。

纯铜加工产品包括纯铜材和无氧铜材。纯铜材有 T1 ~ T3 三个牌号；无氧铜代号是在“T”和顺序号之间加“U”，如 TU1。磷脱氧铜则在“T”和顺序号之间加“P”，如 TP2。

(2) 铜合金　为了改善铜的力学性能，在纯铜中加入合金元素制成铜合金。常用的铜合金主要有黄铜和青铜。

1) 黄铜　黄铜是以锌为主要添加元素的铜锌合金。按化学成分不同，又分为普通黄铜和特殊黄铜。普通黄铜是铜锌二元合金，牌号用“H”(黄字拼音字头)加铜平均百分含量表示。如 H96 表示铜的质量分数为 96%，余量为锌的黄铜。常用的有：H96 塑性好，导电、导热及耐蚀性均好，适于制造船舶及一般工业用的散热器等。H68 力学性能高，强度和塑性特别好，适于冷冲或拉伸形状复杂的零件，如弹壳和炮筒。

在普通黄铜基础上加入铝、锡、硅、锰等元素而形成的三元或多元铜合金称特殊黄铜。其目的是为了提高黄铜的某些性能。其牌号表示为 H 后加第二个主加元素符号及除锌以外的成分数字。如 HNi65 – 5 为镍黄铜。

2) 青铜　青铜是指除黄铜和白铜(铜镍合金)以外的所有其它铜基合金。习惯上人们常将其中的铜锡合金称为锡青铜，而其它的称为无锡青铜(包括铝青铜、锰青铜、铍青铜、硅青铜等)。

按生产方法不同，青铜分为压力加工青铜和铸造青铜两类。

青铜牌号是用汉语拼音字母“Q”加主添加元素符号，以及除铜以外的成分数字组表示。铸造用的在牌号前加“Z”字。青铜的牌号、成分、性能及用途可查阅 GB5233 – 85。常用的青铜牌号有 QSn4 – 3、QSn4 – 0.3、QAl5、ZCuSn10Pb1 等。

2. 铝及铝合金

(1) 纯铝　纯铝是一种银白色的轻金属，有很好的导电性和导热性，在室温时铝的导电能力约为铜的 62%，导热性约为铜的 56%。在大气中铝具有良好的抗蚀性。纯铝的强度很低，塑性很好，容易加工。如果经过合金化及热处理强化后可制成高强度的铝合金。因此，纯铝广泛应用于航空航天、电气工业和汽车等制造部门以及日常生活用品中。

纯铝按其纯度可分为高纯铝和工业纯铝两类；纯铝产品则有冶炼产品(铝锭)和加工产品(铝材)两大类。

纯铝的加工产品牌号依杂质含量顺序编号，用“L＋数字”表示。如L1、L2…L6，顺序号越大，则纯度越低。

(2) 铝合金　工业用纯铝的硬度和强度都低，其应用受到限制。为提高其力学性能，可在纯铝中加入某些合金元素，如铜、镁、硅、锰等，制成铝合金。铝合金除保持纯铝密度小，抗蚀性好的特点外，并有足够高的强度和良好的塑性，大部分铝合金通过热处理可进一步得到强化。

铝合金可分为铸造铝合金和变形铝合金。铸造铝合金所含合金元素较多而适于铸造，不能承受塑性变形加工，其牌号用“ZL”和三位数字表示。第一位数字表示铝合金类别，后面两位数字是铝合金顺序号。如“ZL102”为铝铜铸造合金。铸造铝合金主要用于飞机、坦克等大型受力铸件。变形铝合金含有一定数量的铜、锰、锌等合金元素，经冷、热加工变形后以板材、管材、线材、棒材等形式存在。根据变形铝合金的性能和使用特点，分为防锈铝合金(LF)、硬铝合金(LY)、超硬铝合金(LC)、锻铝合金(LD)、特殊铝合金(LT)等。变形铝合金的牌号分别用相应的汉语拼音字母和顺序号表示，如LF5为五号防锈铝合金。

3. 硬质合金　硬质合金是由难熔金属的碳化物和粘结金属组成的合金。其主要特点是具有高硬度、高耐磨性及优良的红硬性，其硬度高达86～93HRA以上，并在800～1000℃的高温下仍可保持高硬度而正常使用，因而可用来加工硬质材料。但其缺点是韧性和抗弯强度较差。

硬质合金广泛应用于制造切削刀具、模具、量具及某些耐磨零件。

按化学成分及使用性能，硬质合金分为钨钴合金(YG)、钨钛钴合金(YT)、钨钛钽(铌)钴合金(YW)和碳化钛镍钼合金(YN)。牌号用表示合金类别的汉语拼音字母及决定合金特性的主要元素或化合物的成分数字(或顺序号)表示。有的牌号尾部还加注性能、添加元素的字母。如YG3X表示钴的质量分数为3%的钨钴类细颗粒合金。

第三节　钢的热处理简介

随着我国科学技术的发展，钢铁材料在国民经济中的作用越来越重要，它们的使用范围日益扩大。人们对钢材提出了各种不同性能要求。实践证明，合理选用金属材料并选择适当的热处理工艺，对发挥钢的性能，保证其良好的加工工艺性，以获得良好的使用性能，从而提高产品质量，降低成本，延长使用寿命起着重要作用。

热处理是指对固态的金属或合金通过不同的加热、保温和冷却过程，获得所需要的组织结构与性能的工艺。钢是金属和合金中采用热处理工艺最广泛的金属材料，热处理的工艺方法虽有不同，但都是通过加热、保温和冷却三个工艺环节实现的，其工艺曲线如图4-5所示。

热处理的目的是改善钢的性能，就是通过钢在加热和冷却过程中发生内部组织转变而实现的。钢中组织转变的规律，就是热处理的原理。它包括钢在加热时的转变和钢在冷却时的转变。

一、钢在加热、冷却时的组织转变

钢的热处理首先是把钢由低温加热至高温，保温一定时间，使其组织转变为细小而成分均匀的奥氏体,获得奥氏体就是加热的主要目标。钢只有呈奥氏体状态,才有可能以不同的冷却形式和速度转变成不同的组织,从而获得预期性能。这才是热处理的最终目的。例如:碳的质量分数同为0.8%的两块钢,一块加热到800℃左右后在炉中缓慢冷却,另一块加热到同样温度后在水中急剧冷却,然后检验它们的硬度,前者为15HRC,后者为65HRC,后者做成刀具可以切削前者。可见同一成分的钢,采用不同的热处理工艺可以得到不同的性能。如果把两块试样在金相显微镜下观察,就会发现不同的两种组织,前者是珠光体,后者是马氏体。可见钢的性能不仅取决于它的成分,还取决于它的组织。

二、普通热处理和表面热处理的目的、方法及应用

根据热处理加热和冷却条件的不同,钢的热处理可分为普通热处理、表面热处理及其它热处理。下面对常用热处理工艺进行简介。

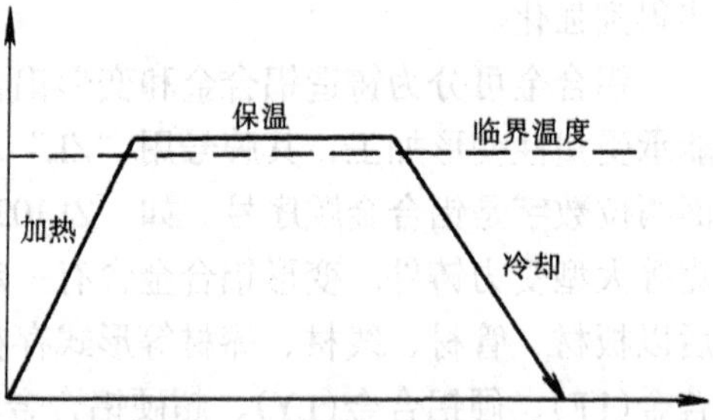

图4-5 热处理工艺曲线示意图

1.普通热处理　普通热处理是使用最早、最广泛的热处理方法,所用设备是加热炉,有箱式电炉、盐浴炉等,冷却方式有炉冷、空冷、水冷及油冷。普通热处理包括正火、退火、淬火和回火。

(1) 退火　将钢件加热到一定温度,经过保温,然后缓慢冷却的热处理工艺,称为退火。退火的主要目的是降低硬度,以便于切削加工;细化组织,提高钢的力学性能;消除内应力及为后续热处理作准备。根据钢的成分、性能及退火的目的不同,退火通常分为完全退火、等温退火、球化退火、去应力退火和扩散退火等。完全退火主要用于亚共析钢的锻件、铸件和热轧型材等。球化退火用于制造工具等。

(2) 正火　将钢加热到一定温度,保温一定时间后在空气中冷却的热处理工艺,称为正火。与退火相比,冷却较快,得到的珠光体组织较细,其强度和硬度比退火高。正火的目的与退火基本相同,但正火不占用加热设备,生产效率高。低、中碳钢用正火即可达到目的,故不用退火而采用正火。

(3) 淬火　将钢加热到一定温度,经保温后,快速冷却的热处理工艺,称为淬火。其目的是获得马氏体,以提高钢件的硬度和耐磨性,使其获得较高的综合力学性能。因淬火需快速冷却,故一般都在冷却介质中进行,常用的有水、油等。淬火主要用于尺寸较小、形状复杂且要求具有较高硬度和韧性的工件。

(4) 回火　将淬火后的钢件重新加热到一定温度,经保温后以一定的方式冷却到室温的热处理工艺,称为回火。它是钢件热处理的最后一道工序。回火的目的是钢件淬火后不能直接使用,必须及时回火,否则淬火后得到的马氏体组织性能很脆,内部的应力如不及时消除,会变形或开裂。因此,回火决定了钢的组织和使用性能,同时也稳定了形状和尺寸。根据回火加热温度的高低,回火可分为低温回火、中温回火和高温回火三种。低温回火主要用于刃具、量具、轴承、模具和渗碳件的热处理;弹簧、热冲模及承受冲击的工具多采用中温回火处理;而高温回火又称调质热处理,广泛应用于重要的机械结构零件,如轴、齿轮及连杆等。

2.表面热处理　有些零件如曲轴等,要求表层具有高硬度、耐磨性和疲劳强度,而心部要有足够的塑性和韧性,以承受冲击载荷。这种用来改善钢件表层性能的热处理工艺,称为表面热处理。具体有表面淬火和化学热处理。

(1) 表面淬火　表面淬火是通过快速加热，使钢件表层达到淬火温度后就迅速冷却的热处理工艺。淬火后表层具有高硬度。适用于大型钢及铸铁零件，其中应用最广的是中碳钢的表面淬火。表面淬火方法主要有感应加热淬火、火焰淬火和电接触加热淬火等。

(2) 化学热处理　化学热处理是将钢件放在某种化学活性介质中加热、保温，使介质中的一种或几种元素渗入它的表层，以改变表层的化学成分和组织，从而使表层获得所需要的性能的热处理工艺。其主要特点是表层不仅有组织变化，而且有化学成分的变化，可以获得一些特殊性能，如耐热性、耐蚀性、减摩性等，对于提高钢的使用性能、延长使用寿命有重要作用，越来越受到重视而愈加广泛应用。

化学热处理工艺有渗碳、渗氮等，起强化作用。如汽车的传动齿轮采用渗碳工艺，提高其表面硬度、耐磨性和强度；还有渗铬、渗硅等，用来改善钢件表面的物理、化学性能。

随着科技的发展，在金属热处理中，还有形变热处理及真空热处理等，近年来在冶金和机械制造业中获得广泛应用，其前景广阔。

复　习　题

1. 试述金属材料的强度、硬度、塑性、韧性等概念及其常用指标。
2. 已知两种材料的伸长率分别为 $\delta_{10}=18\%$ 和 $\delta_5=18\%$，试问这两种材料的塑性是否一样？为什么？
3. 钢是如何分类的？各类钢的牌号如何表示？
4. 说明下列钢号属于什么钢？并解释其代号意义。
   Q215A、T10A、10MnSiCu、20MnV。
5. 铸铁有哪些类型？说明下列铸铁牌号表示的意义。
   QT400-18、HT100、KTH300-06、RuT420
6. 有色金属分哪五大类？我国常用的有色金属指哪十种？
7. 普通黄铜与特殊黄铜的牌号如何表示？并各举一例说明。
8. 说明下列青铜代号的意义。
   QSn4-3、QAl7、QBe2、ZCuSn10Pb1
9. 根据铝的性能特点，说明其适合哪些方面的应用。
10. 举例说明铸造铝合金和变形铝合金的牌号是如何表示的？
11. 什么叫热处理？其目的是什么？
12. 什么是退火、正火、淬火和回火？它们各自的目的是什么？试比较它们的不同？

第五章　机械传动

机械传动是机器设备不可缺少的重要组成部分，它的作用是把原动部分(如电动机、内燃机等)的运动和动力传递给工作部分(如起重机的吊钩、机床的主轴等)。机械传动的形式有许多种，其中带传动、链传动和齿轮传动是应用最广泛的形式。

第一节　带　传　动

一、带传动的类型、工作原理、特点及应用

1. 带传动的类型　带传动由主动轮、从动轮和张紧在两轮上的封闭环形带组成，见图5-1。

按照带的横截面形状不同，可分为平带、V带、圆带等多种带型，见图5-2。由于平带比较薄，挠曲性能和扭转柔性好，它不仅适用于开口传动(见图5-1)，还可用于交叉传动和半交叉传动(见图5-3)。而V带传动只适用于开口传动，但应用最广泛。

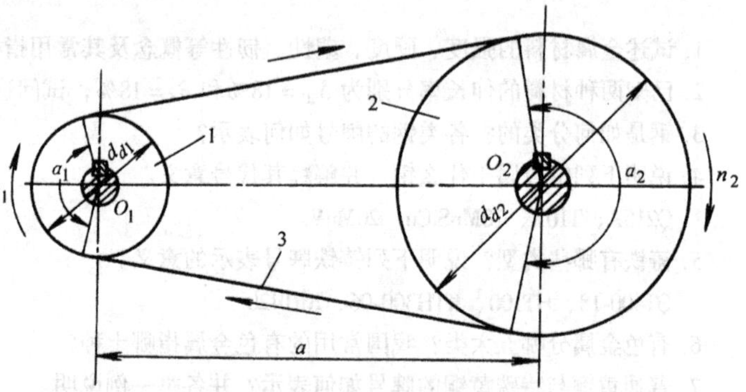

图5-1　带传动简图

1—主动轮　2—从动轮　3—环形带

2. 带传动的工作原理　由带传动简图(图5-1)可知，由于带的张紧作用，使带与带轮互相压紧，当主动轮转动时，依靠带与带轮接触弧面间的摩擦力，将主动轮的运动和动力传递给从动轮，它属于摩擦传动。

由于是摩擦传动，所以带传动的工作可靠性就取决于摩擦力的大小。带与带轮表面的摩擦因数、预加的张紧力和带与带轮的接触弧长都是影响带传动能力的因素。其中增大摩擦因数、增加带与带轮的接触弧长(即增大包角)是经常采用的提高带传动能力的办法；而增加过大预加的张紧力，将加速带的磨损，缩短带的使用寿命，这是不可取的。

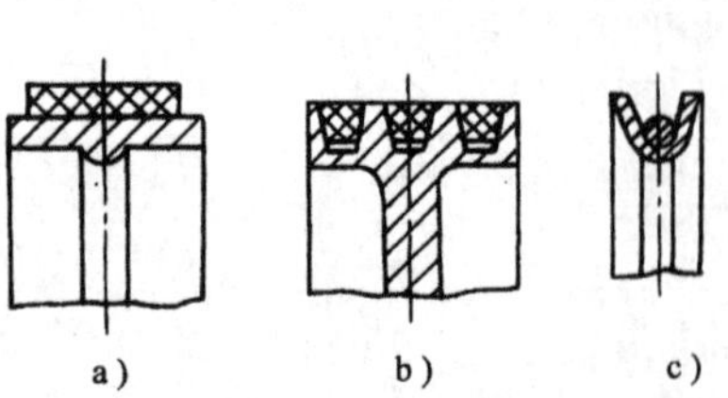

图5-2　带的类型

a)平带　b)V带　c)圆带

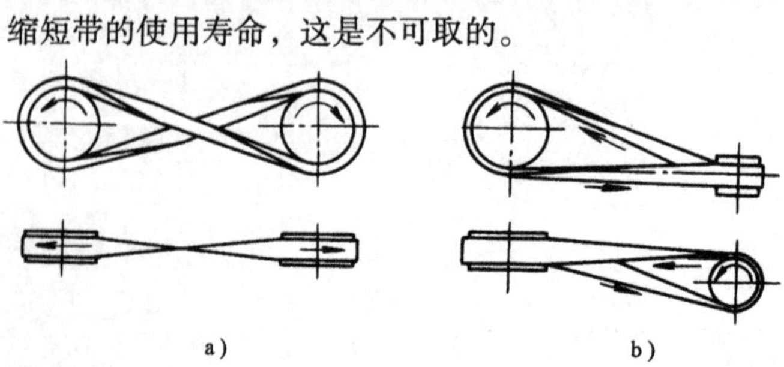

图5-3　平带传动

a)交叉式　b)半交叉式

所谓包角，就是带与带轮接触弧长所对应的中心角，常用 α 表示(见图 5-1)。包角越大，带与带轮的接触弧越长，带的传动能力也就越大。由于带传动一般都是减速传动装置，从动轮 2 比主动轮 1 大，α_2 也相应比 α_1 大，所以包角常指小轮上的包角，限制 α_1 不能太小，要求 $\alpha_1 \geqslant 120°$。

假定带传动过程中，带与带轮之间没有相对滑动现象，则主动轮的圆周速度 v_1、带速 v、从动轮的圆周速度 v_2 三者相等。设 n_1、n_2 分别为主、从动轮的转速，即有 $v = \pi d_{d1} n_1 = \pi d_{d2} n_2$，把主动轮的转速 n_1 与从动轮的转速 n_2 之比叫做传动比，记为 i，则

$$i = n_1 / n_2 = d_{d2} / d_{d1} \tag{5-1}$$

说明带轮的转速与直径成反比。$i > 1$ 时，表示为减速运动。在工程中，由于工作部分速度通常要低于动力部分提供的速度，所以大量使用的是减速传动。

3. 带传动的特点及应用　由于传动带是挠性件，又是依靠摩擦力来传动，所以带传动具有如下特点：

(1) 富有弹性，能缓冲、吸振，传动平稳，噪声小。

(2) 当过载时带与带轮会自动打滑，起过载安全保护作用，可防止其它零件的损坏。

(3) 结构简单，制造与维护方便，成本低。

(4) 不能保证准确的传动比，传动效率较低，带的寿命较短。

根据带传动的特点，所以带传动主要用于传动比要求不严格、中心距较大的场合以及需要对电动机提供过载保护的场合。一般带传动的传动比 $i \leqslant 7$，传递功率 $P \leqslant 50\text{kW}$，传动效率 $\eta = 0.90 \sim 0.96$。

二、V 带型号及选用

1. V 带的结构及型号　V 带是没有接头的环形带，截面形状为梯形，楔角 $\theta = 40°$，两个侧面是工作面。它由包皮层、拉伸层、强力层、压缩层四部分组成，见图 5-4。根据强力层的结构又分为帘布芯结构(见图 5-4a)和绳芯结构(见图 5-4b)两种。

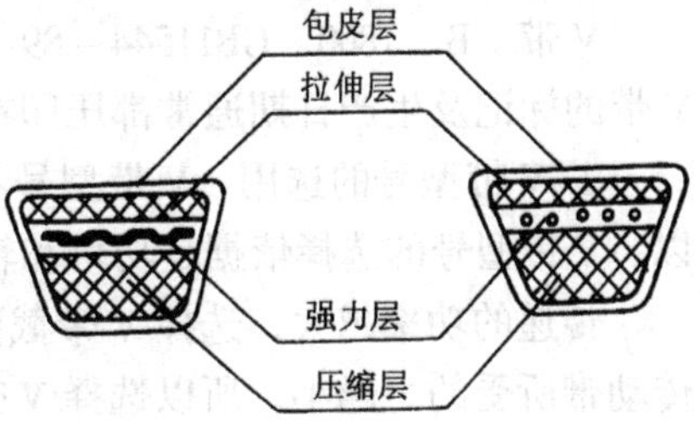

a)　　b)

图 5-4　V 带的结构

a)帘布芯结构　b)绳芯结构

普通 V 带已标准化，按截面尺寸由小到大分为 Y、Z、A、B、C、D、E 七种型号。表 5-1 列出了各种型号 V 带的截面尺寸及参数。

表 5-1　普通 V 带的型号及其截面尺寸(GB11544—89)

V 带截型 / 尺寸	Y	Z	A	B	C	D	E	V 带截面
顶宽 b/mm	6.0	10.0	13.0	17.0	22.0	32.0	38.0	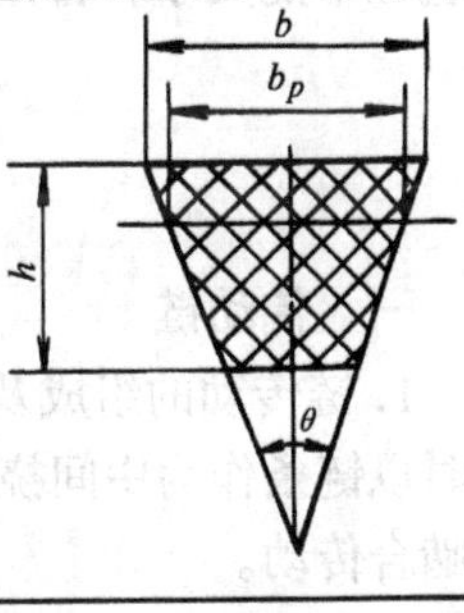
节宽 b_p/mm	5.3	8.5	11.0	14.0	19.0	27.0	32.0	
高度 h/mm	4.0	6.0	8.0	11.0	14.0	19.0	25.0	
楔角 θ/(°)	40°							
单位长度质量 m/(kg/m)	0.02	0.06	0.10	0.17	0.30	0.63	0.92	

当 V 带在带轮上弯曲时，外层受拉而伸长，底层受压而缩短，而在其中必有一层既不受拉，也不受压的中性层，其长度保持不变，称其周线为节线，节线长度是基准长度，用 L_d 表示，它是 V 带的公称长度。V 带基准长度的尺寸系列见表 5-2。

表 5-2 普通 V 带基准长度 L_d 的标准系列值(GB11544—89) (mm)

L_d	200	224	250	280	315	355	400	450	500	560	630	710	800	900	1000	1120	1250	1400	1600	1800	2000	2240	2500	2800	3150	3550	4000	4500	5000	5600	6300	7100	8000	9000	10000	11200	12500	14000	16000

适用型号

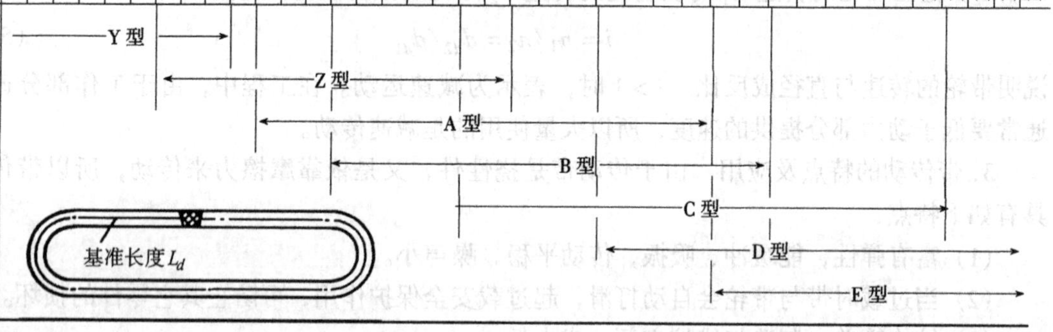

普通 V 带的标记是由型号、基准长度和标准号三部分组成，如基准长度为 1800mm 的 B 型普通 V 带，其标记为：

V 带 B 1800 GB11544－89

V 带的标记及生产日期通常都压印在带的顶面。

2. V 带型号的选用 V 带型号不同，其截面尺寸不同，传递功率的能力也必然不同。所以，V 带型号的选择依据是功率和转速。

传递的功率越大，选择 V 带截面尺寸也应越大。小带轮转速越高，在传递功率一定时，传动带所受的力越小，所以选择 V 带截面尺寸反而应越小。表 5-3 列出了不同型号的单根普通 V 带的最大额定功率。

表 5-3 单根普通 V 带的最大额定功率 (kW)

带 型	Y	Z	A	B	C	D	E
最大额定功率	0.6	2.3	3.3	6.4	14	35	50

小截面带型可以用较小的带轮直径，使传动结构紧凑，而且可减小离心力的影响。所以，应尽可能选择小截面带型。若单根传递功率不够，可适当增加带的根数。但应注意小带轮直径不能太小，否则将使带的弯曲应力增大，缩短带的寿命。

第二节 链 传 动

一、传动链

1. 链传动的组成及类型 链传动由主、从动链轮和闭合的环形链条(图 5-5)所组成。传动时以链条作为中间挠性件，通过链节与链轮轮齿的啮合来传递运动和动力。因此链传动属于啮合传动。

根据用途不同，链传动分为传动链、起重链和牵引链。传动链用于一般机械中传递运动和动力，起重链用于起重机械中起吊重物，牵引链用于运输机械中移动重物。常用的传动链按结构不同又分为滚子链(图 5-6a)和齿形链(图 5-6b)。滚子链结构简单，磨损较轻，应用广泛。

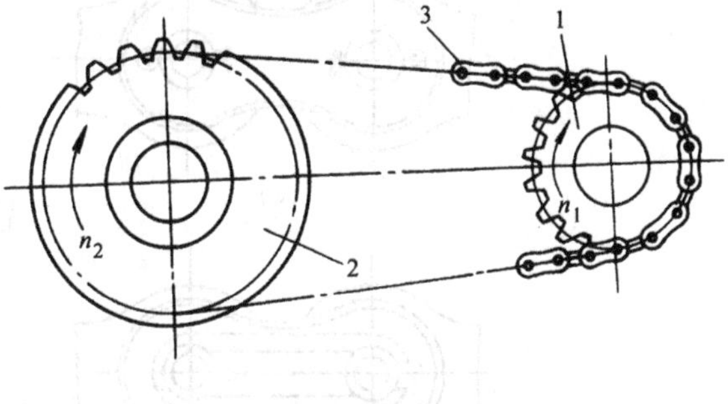

图 5-5　链传动简图
1—主动链轮　2—从动链轮　3—链条

2. 滚子链的结构　滚子链的结构如图 5-6a 所示，由内链板、外链板、销轴、套筒、滚子组成。销轴与外链板、套筒与内链板之间均采用过盈配合，而销轴与套筒、套筒与滚子之间则采用间隙配合。当链屈伸时，通过套筒绕销轴自由转动，可使内、外链间作相对转动。当链条与链轮啮合时，滚子沿链轮齿廓滚动，减轻了链与链轮轮齿的磨损。链板制成“8”字形，可使各截面强度接近相等，并减轻重量及运动时的惯性。

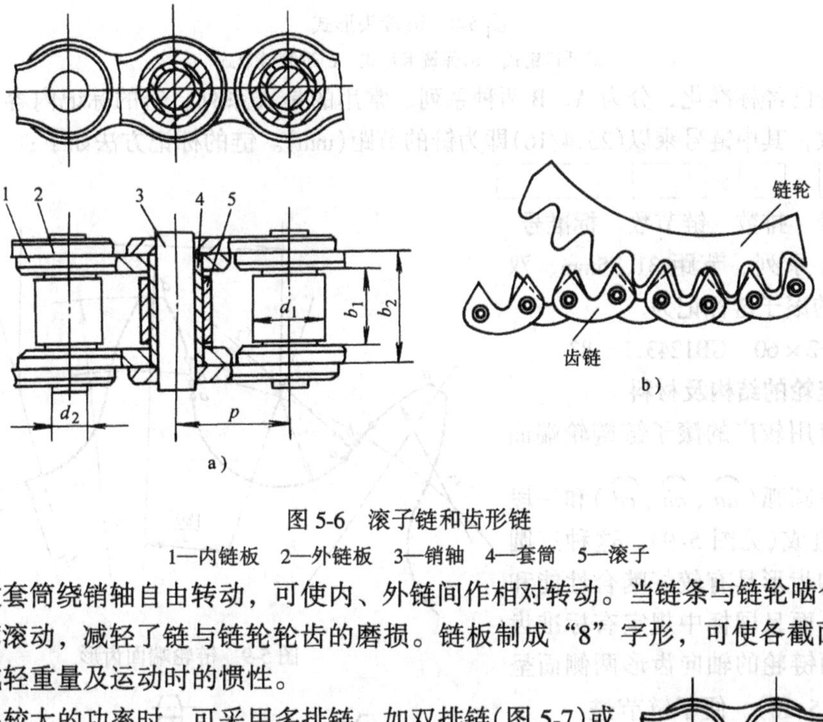

图 5-6　滚子链和齿形链
1—内链板　2—外链板　3—销轴　4—套筒　5—滚子

当传递较大的功率时，可采用多排链，如双排链(图 5-7)或三排链等。多排链由几排普通单排链用长销轴联接起来，由于难以保证制造和装配精度，易产生载荷分布不均现象，故排数一般不超过 4 排，其中双排用得较多。

滚子链相邻两销轴中心的距离称作链的节距，以 p 表示(见图 5-6)，它是链的主要参数。节距越大，链条各部分尺寸越大，传递的功率也越大。链条的长度以链节数表示。链节数最好取偶数，便于链条闭合成环形时，内链板与外链板相联接。接头处可用开口销(图 5-8a)或弹簧卡(图 5-8b)联接。当链节数为奇数时，需用过渡链节(图 5-8c)才能构成环形。过渡链节在工作中不仅受拉力，而且还受到附加弯矩的作用，一般应尽量避免使用。

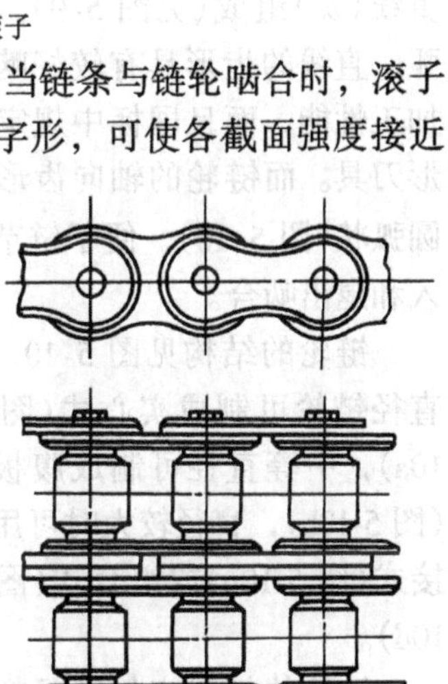

图 5-7　双排链

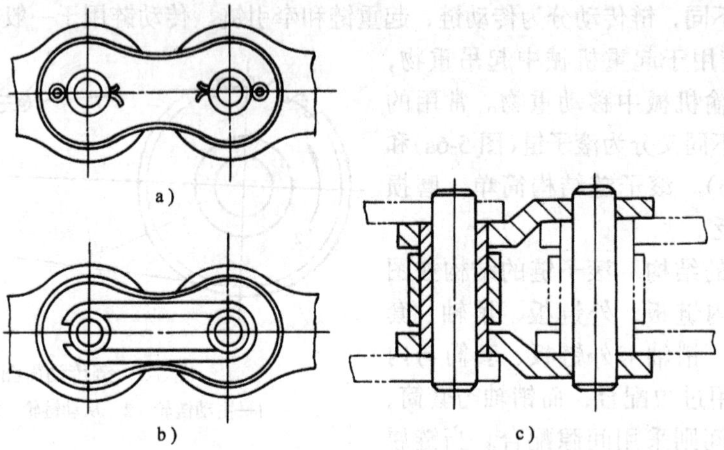

图 5-8　链接头形式

a)开口销式　b)弹簧卡片式　c)过渡链节式

滚子链已经标准化，分为 A、B 两种系列，常用的是 A 系列。链的标记内容有链号、排数和链节数，其中链号乘以(25.4/16)即为链的节距(mm)。链的标记方法如下：

☐ – ☐ × ☐　☐

链　号　排数　链节数　标准号

例：A 系列、节距 31.75mm、双排、60 节的滚子链标记为

20A—2×60　GB1243.1—83

二、链轮的结构及材料

目前应用较广的滚子链链轮端面齿形由三段圆弧($\overset{\frown}{aa}$、$\overset{\frown}{ab}$、$\overset{\frown}{cd}$)和一段直线(bc)组成(见图 5-9)。这种三圆弧—直线的齿形具有较好啮合性能和加工性能，而且国标中规定有标准齿形刀具。而链轮的轴向齿形两侧面呈圆弧状(图 5-10)，便于链节进入和退出啮合。

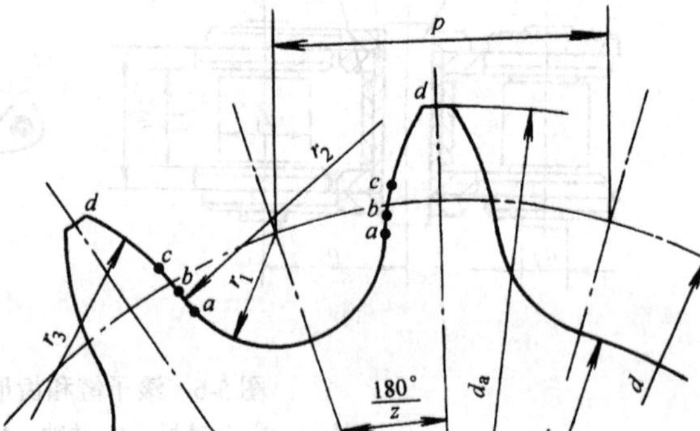

图 5-9　链轮端面齿形

链轮的结构见图 5-10，小直径链轮可制成实心式(图 5-10a)，中等直径可制成腹板式(图 5-10b)，直径较大时可用焊接式(图 5-10c)或组合式(图 5-10d)。

链轮的材料应保证具有足够的强度和良好的耐腐蚀性、耐磨性，通常选用优质碳素钢

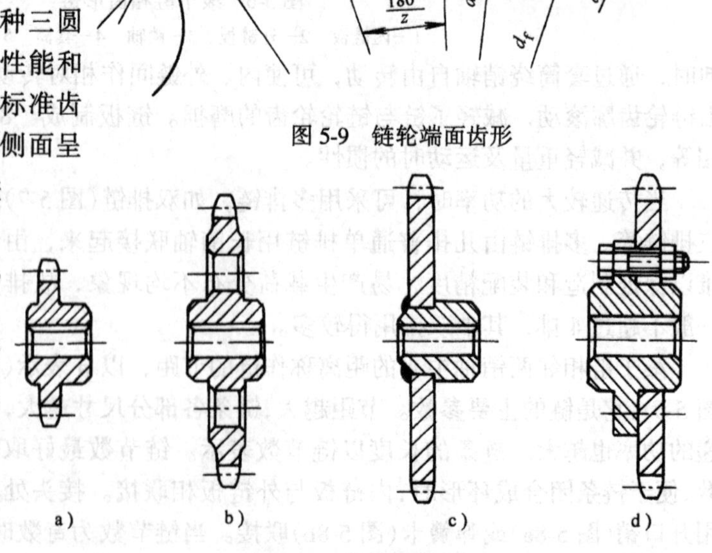

图 5-10　链轮的结构

a)实心式　b)腹板式　c)焊接式　d)组合式

或合金钢。传动中，因小链轮的啮合次数多于大链轮，其选用的材料应优于大链轮。链轮常用材料见表5-4。

表5-4 链轮常用材料及应用

钢号	齿面硬度	应用
15、20	50~60HRC	$z \leqslant 25$，有冲击载荷的主、从动链轮
35	160~200HBS	$z > 25$，主、从动链轮
45、50、ZG310-570	40~45HRC	无剧烈冲击的主、从动链轮
15Cr、20Cr	50~60HRC	$z < 25$ 的大功率传动链轮
40Cr、35SiMn、35CrMo	40~50HRC	重要的、使用A系列链条的主、从动链轮
Q235	140HBS	中速、中等功率、直径较大的链轮

三、链传动的特点和应用

1. 链传动的传动比　主动链轮的齿数为 z_1，转速为 n_1，从动轮的齿数为 z_2，转速为 n_2。由于链传动是啮合传动，所以主、从动轮在相同时间内转过的齿数是一样的，即 $z_1 n_1 = z_2 n_2$，所以其传动比为

$$i = n_1/n_2 = z_2/z_1 \tag{5-2}$$

2. 链传动的特点和应用　链传动与其它传动相比，主要有以下特点：

(1) 链传动是有中间挠性件的啮合传动，与带传动相比，能保证准确的平均传动比，传动效率较高，传递功率大。

(2) 与齿轮传动相比，链传动结构简单，加工成本低，安装精度要求低，适用于较大中心距的传动，能在高温、多尘、油污等恶劣环境中工作。

(3) 链传动的瞬时传动比不恒定，传动平稳性较差，有冲击和噪声，不宜用于高速和急速反向的场合。

一般链传动的应用范围是：传动比 $i \leqslant 7$，传递功率 $P \leqslant 100\text{kW}$，链速 $v \leqslant 15\text{m/s}$，中心距 $a \leqslant 5 \sim 6\text{m}$，效率 $\eta = 0.95 \sim 0.97$。

链传动适用于两轴线平行且距离较远、瞬时传动比无严格要求以及工作环境恶劣的场合。链传动多用于轻工机械、运输机械、石油化工机械、农业机械及机床、摩托车、自行车等机械传动上。

第三节　齿 轮 传 动

一、齿轮传动特点及类型

1. 齿轮传动的特点　齿轮传动是应用最广泛的一种机械传动形式，它在机床和汽车变速箱等机械中被普遍采用。它是通过两个齿轮上的齿相互啮合，把运动和动力由一个齿轮直接传递给另一个齿轮。它是典型的啮合传动。

齿轮传动的特点有：

(1) 齿轮传动传递功率、速度范围大，传递的功率可以从很小到几万千瓦，圆周速度可以从很小至40m/s。

(2) 能保证传动比恒定不变，传动平稳、准确、可靠，效率高，$\eta=0.94\sim0.99$。

(3) 结构紧凑，种类繁多，寿命长。

(4) 制造和安装精度高，需要专用机床和刀具加工，成本较高。

2. 齿轮传动的类型　齿轮传动的类型很多(图 5-11)，按照两齿轮轴线的相对位置和齿向分类如下：

(1) 平行轴齿轮传动(圆柱齿轮传动)　齿轮的外形为圆柱体，用于传递两平行轴间的运动。根据齿向不同又可分为：

1) 直齿圆柱齿轮传动　齿轮轮齿的排列方向与齿轮的轴线平行。它又可分为：

① 外啮合齿轮传动(图 5-11a)　两轮的轮齿都排列在圆柱体的外表面上，两轮的转动方向相反。

② 内啮合齿轮传动(图 5-11b)　一个齿轮的轮齿排列在圆柱体的外表面上，另一个齿轮的轮齿则排列在圆柱体的内表面上，两轮的转向相同。

③ 齿轮齿条传动(图 5-11c)　一个齿轮的轮齿排列在圆柱体的外表面上，另一个的轮齿排列在平板或直杆上，该带齿的平板或直杆称为齿条。工作时，齿轮转动，齿条作直线运动。

2) 斜齿圆柱齿轮传动(图 5-11d)　齿轮的轮齿是沿螺旋线方向排列在圆柱体表面上的，它也可分为外啮合、内啮合和齿轮齿条三种传动形式。

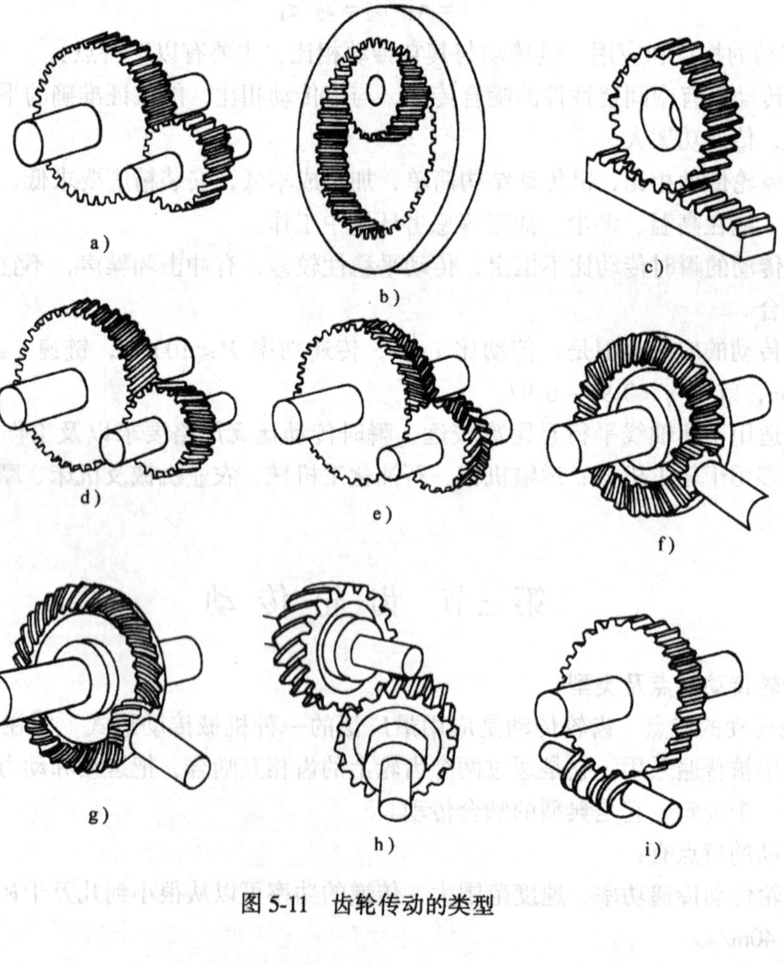

图 5-11　齿轮传动的类型

3）人字齿轮传动(图 5-11e)　轮齿沿两条方向相反的螺旋线排列在圆柱体表面上。

(2) 相交轴齿轮传动(锥齿轮传动)　齿轮的外形是圆锥体的截体(即圆台)，它用于传递两相交轴之间的运动。按轮齿排列方向，又可分为直齿锥齿轮传动(图 5-11f)、斜齿锥齿轮传动和曲齿锥齿轮传动(图 5-11g)。

(3) 交错轴齿轮传动　两轴线既不平行、也不相交的齿轮传动，主要有交错轴斜齿轮传动(图 5-11h)和蜗杆传动(图 5-11i)。

另外，根据齿轮的齿廓曲线形状又可分为渐开线齿轮、摆线齿轮、圆弧线齿轮等。其中渐开线齿轮应用最广，也是本节所要介绍的内容。

二、渐开线齿轮的啮合原理

1. 渐开线齿形　渐开线齿轮的齿廓曲线是渐开线上的一段。在平面内，一条动直线 *AB* 沿着一个固定的圆作纯滚动(即直线与圆无相对滑动)时，此动直线上任意一点 *K* 的轨迹就是该圆的渐开线。如图 5-12 所示，半径为 r_b 的圆称为渐开线的基圆，r_b 是基圆半径，动直线 *AB* 称为渐开线的发生线，*K* 点的轨迹 *CKD* 是渐开线。

由图 5-12 可知，渐开线的形状取决于基圆的大小。基圆越小，渐开线越弯曲；基圆越大，渐开线越平直。基圆内部没有渐开线。

渐开线齿轮上每个轮齿左、右两侧齿廓都是由同一基圆上两条对称的渐开线所组成的，如图 5-13 所示。

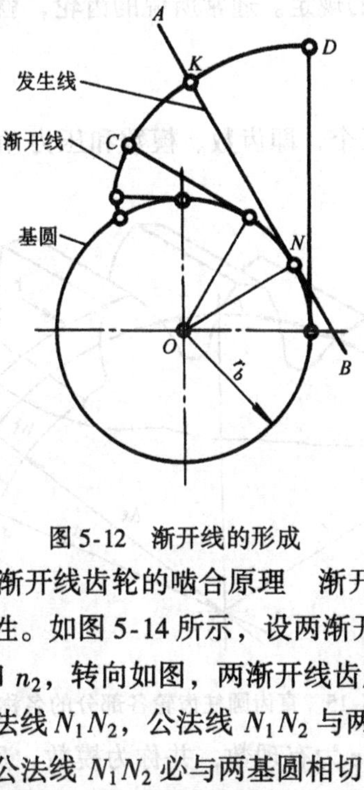

图 5-12　渐开线的形成

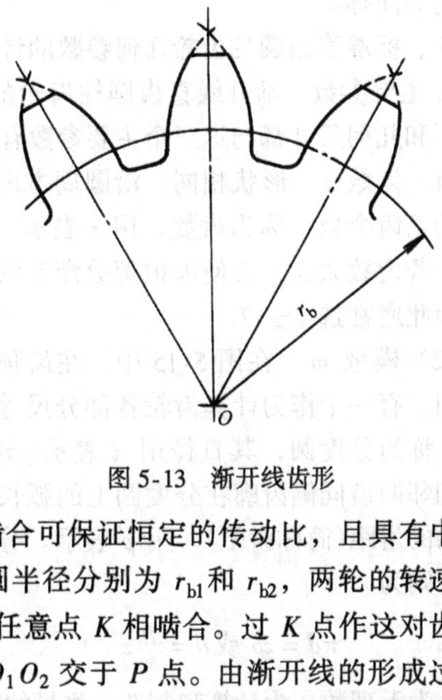

图 5-13　渐开线齿形

2. 渐开线齿轮的啮合原理　渐开线齿廓相互啮合可保证恒定的传动比，且具有中心距的可分性。如图 5-14 所示，设两渐开线齿轮的基圆半径分别为 r_{b1} 和 r_{b2}，两轮的转速分别为 n_1 和 n_2，转向如图，两渐开线齿廓 E_1 和 E_2 在任意点 *K* 相啮合。过 *K* 点作这对齿廓曲线的公法线 N_1N_2，公法线 N_1N_2 与两轮的连心线 O_1O_2 交于 *P* 点。由渐开线的形成过程可知，此公法线 N_1N_2 必与两基圆相切，即为两基圆的内公切线。因在传动过程中两基圆的大小、位置都不变，则两基圆在同一方向的内公切线只有一条，即 N_1N_2，所以两齿廓无论在何处啮合，过啮合点所作两齿廓的公法线必与两基圆的内公切线重合，所以它与两轮连心线 O_1O_2 的交点 *P* 必为定点。

分析表明，两齿轮的瞬时传动比必为

$$i_{12}=\frac{n_1}{n_2}=\frac{O_2P}{O_1P}$$

由于 O_2P/O_1P 为常数，所以两齿轮的瞬时传动比为常数，即传动比恒定不变。图 5-14 中的内公切线 N_1N_2 称为啮合线，它是啮合点的运动轨迹。啮合线与连心线的交点 P 称为节点。

又由图 5-14 中知：$\triangle O_1N_1P \backsim \triangle O_2N_2P$，所以传动比还可以表示为

$$i_{12}=\frac{n_1}{n_2}=\frac{O_2P}{O_1P}=\frac{r_{b2}}{r_{b1}} \qquad (5\text{-}3)$$

当齿轮完成加工后，基圆半径便已确定，即传动比已恒定，且不受中心距的变化而改变。渐开线齿轮中心距的变化不影响传动比的这种性质，称为渐开线齿轮传动中心距的可分性。它给齿轮的制造和安装带来极大的方便，精度不需要很高，中心距允许有一定的误差存在，而不会影响齿轮传动。

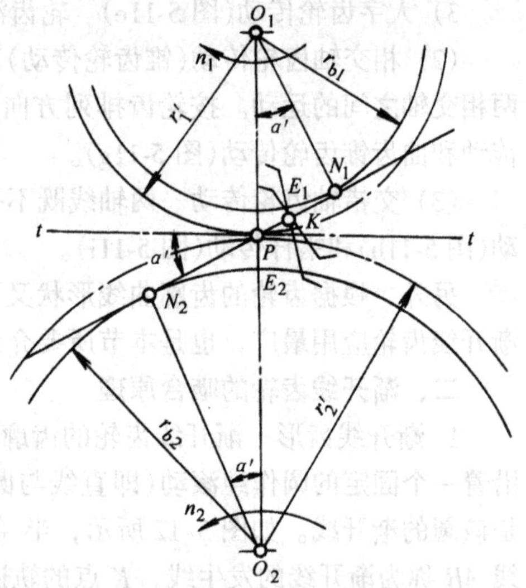

图 5-14　渐开线齿轮的啮合传动

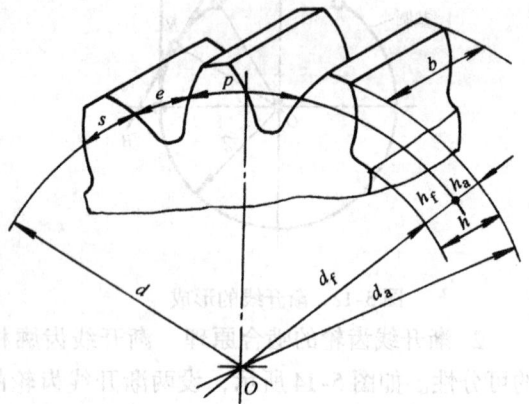

根据渐开线齿轮的啮合原理，说明了渐开线齿轮应用最广的理由。渐开线齿轮的参数、几何尺寸、加工刀具及测量等，国家标准也已有了相应的规定。通常所说的齿轮，就是渐开线齿轮的简称。

三、标准直齿圆柱齿轮几何参数的计算

1. 主要参数　渐开线直齿圆柱齿轮的主要参数有三个，即齿数、模数和压力角。齿轮的齿形和几何尺寸都与这三个主要参数有关。

(1) 齿数 z　形状相同、沿圆周方向均匀分布的轮齿个数，称为齿数，用 z 表示。在加工时，若齿数太少，会使齿根部分渐开线被切去，为此通常选 $z \geqslant 17$。

(2) 模数 m　在图 5-15 中，在齿顶与齿根之间，有一个作为计算齿轮各部分尺寸基准的圆，称为分度圆，其直径用 d 表示(半径为 r)。相邻两齿同侧齿廓在分度圆上的弧长称为分度圆的齿距(简称齿距)，用 p 表示。分度圆的周长则为

$$\pi d = zp \text{ 或 } d=\frac{p}{\pi}z$$

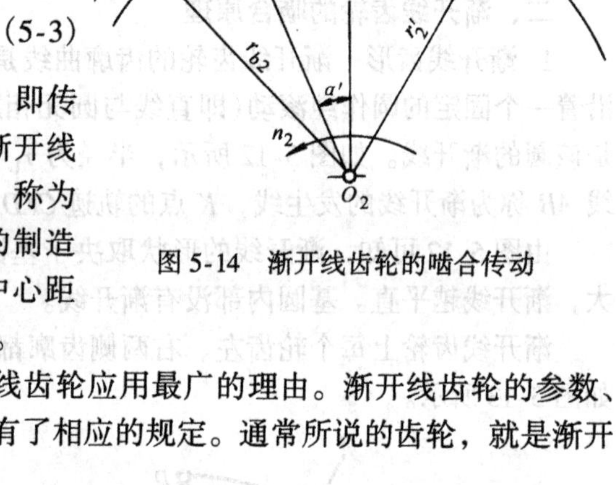

图 5-15　直齿圆柱齿轮各部分的名称

式中 π 为无理数。为计算和制造、测量的方便，规定 p/π 为有理数，并称为模数，用 m 表示，即

$$m = p/\pi \qquad (5\text{-}4)$$

模数 m 的单位为 mm，国家标准对模数规定了标准值，见表 5-5。模数越大，轮齿越大，齿轮的几何尺寸也越大，齿轮承载能力也越强。

表 5-5　齿轮模数系列(摘自 GB1357－87)　(mm)

第一系列	0.1	0.12	0.15	0.2	0.25	0.3	0.4	0.5	0.6	0.8	1
	1.25	1.5	2	2.5	3	4	5	6	8	10	12
	16	20	25	32	40	50					
第二系列	0.35	0.7	0.9	1.75	2.25	2.75	(3.25)	3.5	(3.75)	4.5	5.5
	(6.5)	7	9	(11)	14	18	22	28	(30)	36	45

注：选用模数时，应优先采用第一系列，其次是第二系列，括号内的模数尽可能不用。

(3) 压力角 α　渐开线齿形上任意点 K 的受力方向线(忽略摩擦时为该点的法线方向)和运动方向线之间的夹角，称为压力角，记为 α_k (见图 5-16a)。由渐开线的形成可知，渐开线上各点的压力角是不相等的，通常所说的压力角，是指分度圆上的压力角，记为 α。我国国家标准规定：分度圆上的压力角为标准压力角，标准值为 20°，见图 5-16b。

压力角 α 是决定渐开线齿形的基本参数。压力角变大，则齿形的齿顶变尖，齿根变粗；反之，齿顶变宽，齿根变细。

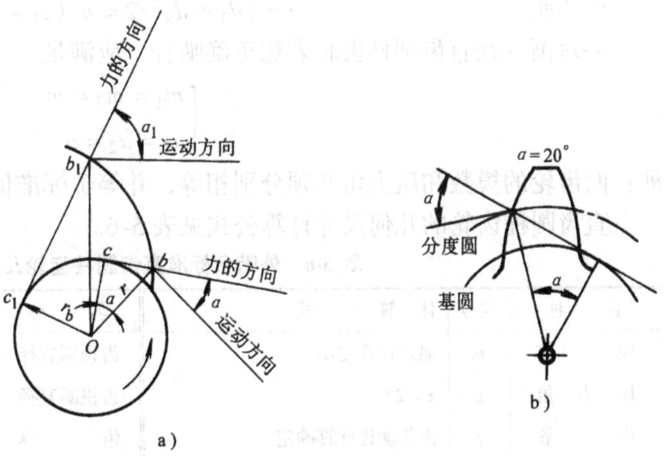

图 5-16　压力角

a)压力角的定义　b)标准压力角

2. 标准直齿圆柱齿轮各部分名称和几何尺寸计算　见图 5-15。

(1) 分度圆　根据模数和压力角的数值，可重新给分度圆下一个完整、确切的定义：分度圆是具有标准模数和标准压力角的圆。分度圆直径 $d = mz$。

(2) 齿距　相邻两齿同侧齿廓在分度圆上的弧长，称为齿距，用 p 表示。由模数定义可知：$p = \pi m$。

(3) 齿厚和槽宽　一个轮齿两侧之间的分度圆弧长，称为齿厚，用 s 表示。一个齿槽(相邻两齿之间的空间)两侧之间的分度圆弧长，称为槽宽，用 e 表示。

齿厚、槽宽和齿距的关系为

$$p = s + e$$

分度圆上的齿厚和槽宽相等的齿轮，称为标准齿轮。对标准齿轮有

$$s = e = p/2 = \pi m/2$$

(4) 齿顶圆和齿根圆　由轮齿顶部所确定的圆称为齿顶圆，用 d_a 表示齿顶圆直径。由齿槽底部所确定的圆称为齿根圆，直径用 d_f 表示。

(5) 齿顶高、齿根高　齿顶圆与分度圆之间的径向距离称为齿顶高，用 h_a 表示。齿根圆与分度圆之间的径向距离称为齿根高，用 h_f 表示。它们都是模数 m 的倍数，其值为

$$h_a = h_a^* m$$

$$h_f = (h_a^* + c^*) m$$

式中　h_a^*——齿顶高系数，对于正常标准齿轮，$h_a^* = 1$；

c^*——顶隙系数，对于正常标准齿轮，$c^*=0.25$。

由此可知，$h_f>h_a$，这样做是为了避免一个齿轮的齿顶与另一个齿轮的齿根相接触，为此留有一定的间隙，称为顶隙 c，$c=c^*m$。

由齿顶高、齿根高计算公式，可推出齿顶圆直径 d_a 和齿根圆直径 d_f 的计算公式，即

$$d_a=d+2h_a$$

$$d_f=d-2h_f$$

（6）全齿高　齿顶圆和齿根圆之间的径向距离称为全齿高，用 h 表示，显然

$$h=h_a+h_f$$

以上各项均为单个标准直齿圆柱齿轮的参数和计算公式。若是一对外啮合直齿圆柱齿轮相互啮合，则还有两个参数，即传动比和中心距。

传动比　$$i=n_1/n_2=z_2/z_1 \quad (5\text{-}5)$$

中心距　$$a=(d_1+d_2)/2=m(z_1+z_2)/2 \quad (5\text{-}6)$$

一对渐开线直齿圆柱齿轮若想正确啮合，应满足

$$\begin{cases} m_1=m_2=m \\ \alpha_1=\alpha_2=\alpha \end{cases} \quad (5\text{-}7)$$

即：两齿轮的模数和压力角必须分别相等，并等于标准值。

直齿圆柱齿轮的几何尺寸计算公式见表 5-6。

表 5-6　外啮合标准直齿圆柱齿轮几何尺寸计算

名　称	代号	计　算　公　式	名　称	代号	计　算　公　式
模　数	m	通过计算定出	齿顶圆直径	d_a	$d_a=d+2h_a=m(z+2)$
压力角	α	$\alpha=20°$	齿根圆直径	d_f	$d_f=d-2h_f=m(z-2.5)$
齿　数	z	由传动比计算确定	齿　厚	s	$s=p/2=\pi m/2$
分度圆直径	d	$d=mz$	槽　宽	e	$e=p/2=\pi m/2=s$
齿　距	p	$p=\pi m$	顶　隙	c	$c=c^*m=0.25m$
齿顶高	h_a	$h_a=h_a^*m=m$	齿　宽	b	$b=(6\sim12)m$，通常取 $b=10m$
齿根高	h_f	$h_f=(h_a^*+c^*)m=1.25m$	中心距	a	$a=(d_1/2)+(d_2/2)=(m/2)(z_1+z_2)$
全齿高	h	$h=h_a+h_f=2.25m$			

例 5-1　已知一标准直齿圆柱齿轮，$m=4\text{mm}$，$z=40$，试求其各部分尺寸。

解　根据表 5-6 得

分度圆直径　$$d=mz=4\times40\text{mm}=160\text{mm}$$

齿距　$$p=\pi m=3.14\times4\text{mm}=12.56\text{mm}$$

齿厚和槽宽　$$s=e=\frac{p}{2}=\frac{12.56}{2}\text{mm}=6.28\text{mm}$$

齿顶高　$$h_a=m=4\text{mm}$$

齿根高　$$h_f=15.2m=1.25\times4\text{mm}=5\text{mm}$$

全齿高　$$h=h_a+h_f=(4+5)\text{mm}=9\text{mm}$$

齿顶圆直径　$$d_a=d+2h_a=(160+2\times4)\text{mm}=168\text{mm}$$

齿根圆直径　$$d_f=d-2h_f=(160-2\times5)\text{mm}=150\text{mm}$$

例 5-2 已知一对标准直齿圆柱齿轮传动，其中心距 $a=360\text{mm}$，传动比 $i=3$，模数 $m=10\text{mm}$，主动轮转速 $n_1=960\text{r/min}$，试求两轮的齿数、分度圆直径和从动轮转速。

解 根据传动比和中心距计算公式，可列出二元一次方程组

$$\begin{cases} i=\dfrac{z_2}{z_1} \\ a=\dfrac{z_1+z_2}{2}m \end{cases} \Rightarrow \begin{cases} 3=\dfrac{z_2}{z_1} \\ 360=\dfrac{z_1+z_2}{2}\times 10 \end{cases}$$

解方程组得 $z_1=18 \quad z_2=54$

分度圆直径 $d_1=mz_1=10\times 18\text{mm}=180\text{mm}$

$d_2=mz_2=10\times 54\text{mm}=540\text{mm}$

从动轮转速 $n_2=\dfrac{n_1}{i}=\dfrac{960}{3}\text{r/min}=320\text{r/min}$

第四节 定 轴 轮 系

一、定轴轮系的功用

由多对齿轮组成的传动装置，称为轮系。而各齿轮的几何轴线相对机架都是固定的轮系，则称为定轴轮系。图 5-17 为两级圆柱齿轮减速器的定轴轮系，图 5-18 为汽车变速箱中的定轴轮系。

定轴轮系的功用主要有：

(1) 可获得很大的传动比 一对齿轮传动，受其结构限制，传动比不能太大($i\leqslant 8$)。而定轴轮系通过多级传动，则可得到很大的传动比。

(2) 可实现较远距离的传动 由于一对齿轮传动比不能太大，若作较远距离传动，齿轮的尺寸必然很大，若采用定轴轮系，则可减少传动装置空间，并能节省材料。

(3) 可实现变速要求 在不改变主动轴转速条件下，通过滑移齿轮等变速机构，可改变从动轴的转速。如图 5-18 中，通过调整滑移齿轮位置，可使轮 5 和轮 4 啮合，或 3 和 6 啮合，得到不同的传动比，从而使从动轴获得不同的转速。

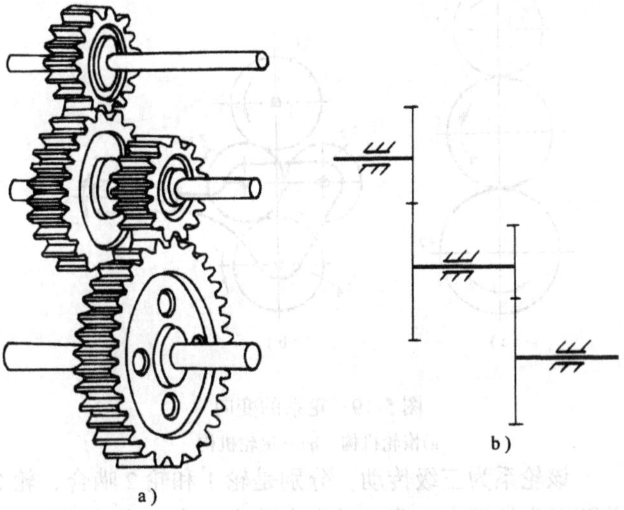

图 5-17 两级圆柱齿轮减速器

a)轴测图 b)运动简图

(4) 可实现变向要求 在主动轮转向恒定条件下，可用惰轮、三星轮等机构实现从动轮的正反转变向要求，见图 5-19。

二、定轴轮系传动比的计算

定轴轮系的传动比是指该轮系始端主动轮 1 与末端从动轮 k（或输入轴与输出轴）的转速之比，常用符号 i_{1k}表示，即

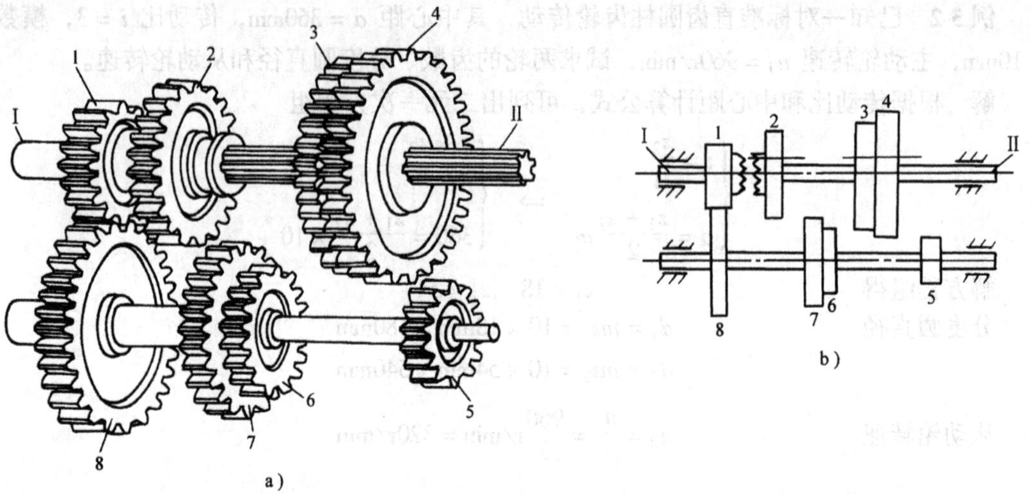

图 5-18　汽车变速箱

a)轴测图　b)运动简图

$$i_{1k} = n_1 / n_k$$

对于轮系的传动比计算，既需要求出首末两轮速比的大小，又需要确定这两轮的转向关系。现以图 5-20 所示轮系为例介绍轮系传动比的计算。

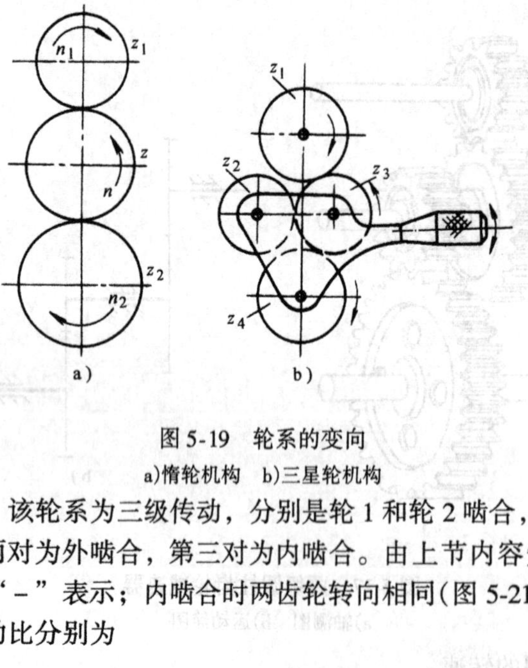

图 5-19　轮系的变向

a)惰轮机构　b)三星轮机构

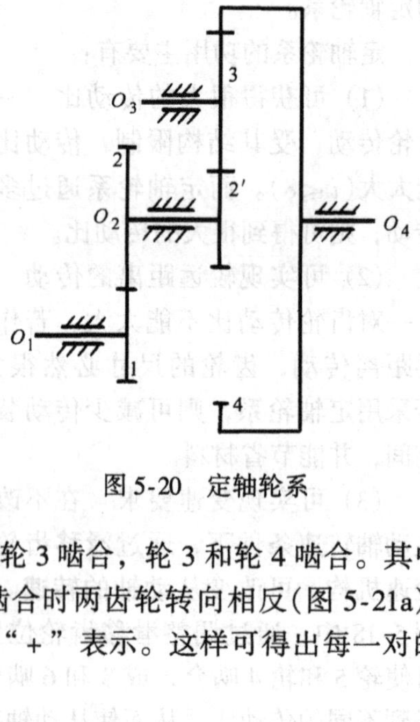

图 5-20　定轴轮系

该轮系为三级传动，分别是轮 1 和轮 2 啮合，轮 2′和轮 3 啮合，轮 3 和轮 4 啮合。其中前两对为外啮合，第三对为内啮合。由上节内容知，外啮合时两齿轮转向相反(图 5-21a)，用“－”表示；内啮合时两齿轮转向相同(图 5-21b)，用“＋”表示。这样可得出每一对的传动比分别为

$$i_{12} = \frac{n_1}{n_2} = -\frac{z_2}{z_1}$$

$$i_{2'3} = \frac{n_2'}{n_3} = -\frac{z_3}{z_2'}$$

$$i_{34} = \frac{n_3}{n_4} = +\frac{z_4}{z_3}$$

将三式连乘后得

$$\frac{n_1}{n_2}\frac{n_2'}{n_3}\frac{n_3}{n_4}=\left(-\frac{z_2}{z_1}\right)\left(-\frac{z_3}{z_2'}\right)\left(+\frac{z_4}{z_3}\right)$$

由于轮 2 和轮 2′为同一轴上的齿轮，其转速相同，即 $n_2=n_2'$，所以

$$i_{14}=\frac{n_1}{n_4}=(-1)^2\frac{z_2 z_3 z_4}{z_1 z_2' z_3}=(-1)^2\frac{z_2 z_4}{z_1 z_2'}$$

由上式可知：定轴轮系的传动比等于轮系中所有从动轮齿数乘积与所有主动轮齿数乘积之比，传动比的符号决定外啮合齿轮的对数 m，i_{1k}为正时，说明首末两轮转向相同(m 为偶数)；i_{1k}为负时，说明首末两轮转向相反(m 为奇数)。定轴轮系传动比的一般表达式为

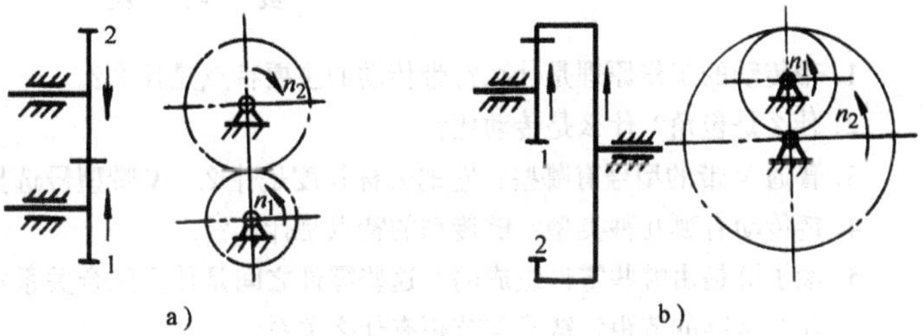

图 5-21　齿轮啮合转向关系
a)外啮合传动　b)内啮合传动

$$i_{1k}=\frac{n_1}{n_k}=(-1)^m\frac{\text{所有各从动轮齿数的乘积}}{\text{所有各主动轮齿数的乘积}}\tag{5-8}$$

式中　n_1——首端主动轮转速(r/min)；

n_k——末端从动轮转速(r/min)；

m——轮系中外啮合齿轮对数。

图 5-20 中的齿轮 3 既是从动轮，又是主动轮，它对传动比的大小不起作用，只改变了传动装置的转向，这种齿轮称为惰轮。其应用可见图 5-19。

首、末两端齿轮的转向关系，除用“±”号表示外，还可用图 5-21 所示的画箭头的方法确定，其结果与用计算结果的正负号判断相同。若定轴轮系中有轴线不平行的齿轮(如锥齿轮、蜗杆蜗轮等)，则只能用画箭头的方法来表示转向关系。

例 5-3　在图 5-22所示的定轴轮系中，已知齿轮 1 为主动轮，其转速 $n_1=1400\text{r/min}$，转向如图所示，各轮齿数分别为 $z_1=18$，$z_2=34$，$z_2'=17$，$z_3=54$，$z_3'=18$，$z_4=24$，$z_5=42$。求该轮系的传动比 i_{15}，齿轮 5 的转速和转向。

解　1) 计算轮系传动比　该轮系中外啮合齿轮对数 $m=3$ (1 和 2、3′和 4、4 和 5)，根据式(5-8)得

$$i_{15}=\frac{n_1}{n_5}=(-1)^m\frac{z_2 z_3 z_4 z_5}{z_1 z_2' z_3' z_4}=(-1)^3\frac{34\times54\times24\times42}{18\times17\times18\times24}=-14$$

2) 计算齿轮 5 的转速 n_5

$$n_5=n_1/i_{15}=(1400/14)\text{r/min}=100\text{r/min}$$

3) 判断齿轮 5 的转向　由传动比 i_{15}的结果中的“－”号，说明齿轮 5 和齿轮 1 的转向相反。

也可用画箭头的方法，如图示箭头，说明齿轮 5 和齿轮 1 转向相反。

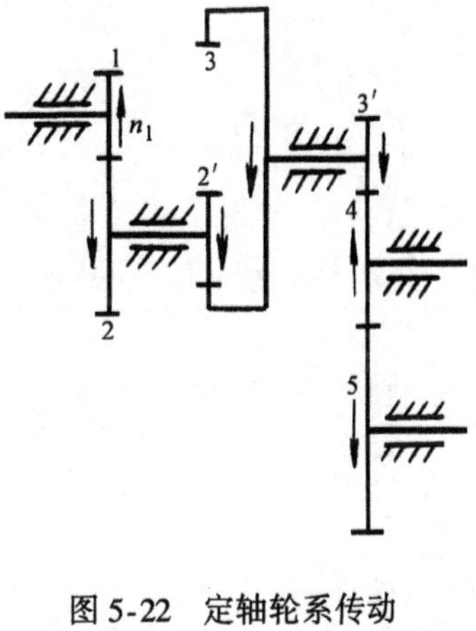

图 5-22　定轴轮系传动

在本题传动比计算中，齿轮 4 实为惰轮，其齿数对传动比的大小没有影响，也可以计算时不计算其数值，但计算外啮合齿轮对数 m 时不可忽略齿轮 4 的存在，即

$$i_{15}=(-1)^m\frac{z_2z_3z_5}{z_1z_2{'}z_3{'}}=(-1)^3\frac{34\times54\times42}{18\times17\times18}=-14$$

结论与上述相同。

复 习 题

1. 带传动的工作原理是什么？带传动的主要特点是什么？

2. 什么是包角？什么是传动比？

3. 普通 V 带的型号有哪些？它的公称长度是什么？V 带型号选择的依据是什么？

4. 链传动有哪几种类型？链传动的特点是什么？

5. 滚子链是由哪些零件组成的？这些零件之间是什么配合关系？

6. 什么是链的节距？链号与节距有什么关系？

7. 齿轮传动的类型有哪些？其传动特点是什么？

8. 渐开线齿轮的啮合原理说明了哪两个性质？

9. 什么是模数？什么是压力角？对二者的取值有何要求？

10. 什么是分度圆？什么是齿距？它们的计算公式是怎样的？

11. 已知一标准直齿圆柱齿轮，$m=2\text{mm}$，$\alpha=20°$，$z=30$。试求其各部分几何尺寸。

12. 已知一对标准直齿圆柱齿轮外啮合，$z_1=20$，$z_2=50$，$m=4\text{mm}$，$\alpha=20°$。求两轮的 d_1、d_2、d_{a1}、d_{a2}、d_{f1}、d_{f2}及 i、a。

13. 渐开线直齿圆柱齿轮的正确啮合条件是什么？

14. 定轴轮系的功用有哪些？

15. 定轴轮系的传动比的定义是什么？它的计算公式是什么？

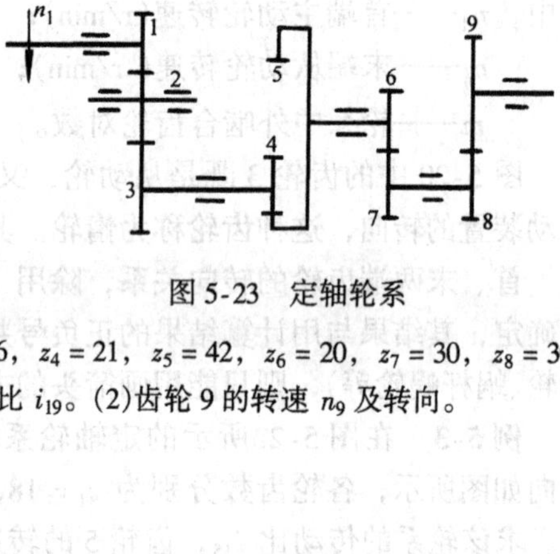

图 5-23　定轴轮系

16. 图 5-23 所示的定轴轮系中，$z_1=18$，$z_2=20$，$z_3=36$，$z_4=21$，$z_5=42$，$z_6=20$，$z_7=30$，$z_8=30$，$z_9=60$，$n_1=1440\text{r/min}$，n_1 的转向如图。求：(1)轮系的传动比 i_{19}。(2)齿轮 9 的转速 n_9 及转向。

第六章　常 用 机 构

一台机器由许多零件所组成，其中一些没有相对运动关系的零件组成构件，而具有确定的运动关系的构件组合就成为机构。机构的主要功用在于传递或转变运动，所以也可以说机器是由一系列作用不同的机构所组成。

常用的机构有铰链四杆机构、凸轮机构、间歇运动机构及前一章中的齿轮传动机构、带传动机构等。

第一节　铰链四杆机构

一、铰链四杆机构的组成及类型

1. 铰链四杆机构的组成　图 6-1a 所示的剪刀机是铰链四杆机构的一种具体应用。图中 *AD* 为固定不动的杆，称为机架；*AB* 杆和 *CD* 杆通过转动铰链与机架相联接，称为连架杆；*BC* 杆通过转动铰链分别与 *AB* 杆和 *CD* 杆相联接，且不与机架直接相联，称为连杆。工作时，*AB* 杆转动一周，通过 *BC* 杆带动 *CD* 杆绕 *D* 点往复摆动一次，刀口就一开一合地工作。这种由四个构件通过转动铰链联接而成的机构称为铰链四杆机构。

为了研究和讨论问题方便，用四条线段分别代表四个杆件，画成铰链四杆机构简图，如图 6-1b 所示。

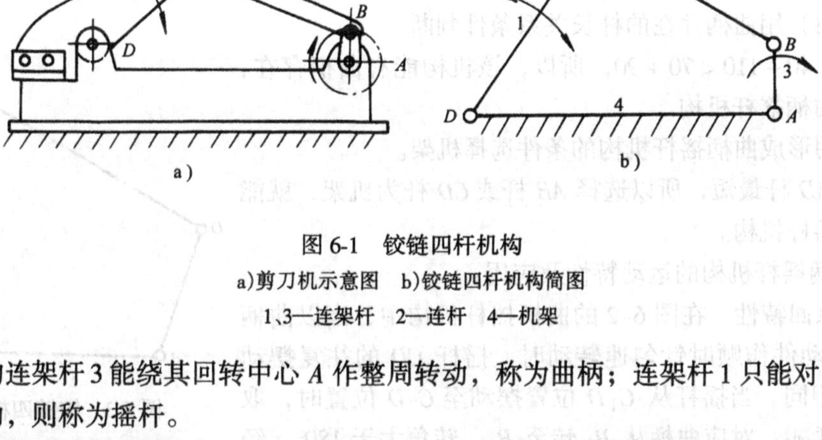

图 6-1　铰链四杆机构

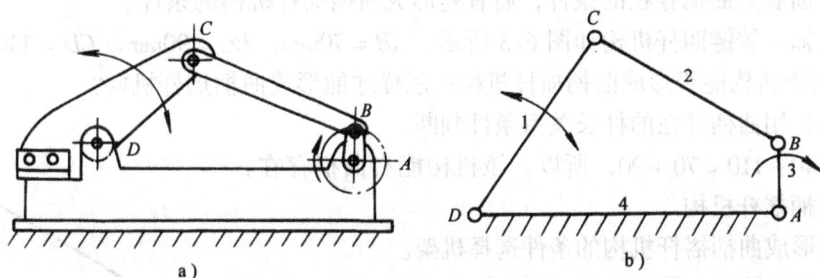

a)剪刀机示意图　b)铰链四杆机构简图

1、3—连架杆　2—连杆　4—机架

图中的连架杆 3 能绕其回转中心 *A* 作整周转动，称为曲柄；连架杆 1 只能对回转中心 *D* 作往复摆动，则称为摇杆。

2. 铰链四杆机构的类型　铰链四杆机构中，机架和连杆总是存在的，根据连架杆能否成为曲柄，将铰链四杆机构分为三种基本形式：

（1）曲柄摇杆机构　即两连架杆中一个可作整周转动，另一个只能往复摆动。

（2）双曲柄机构　即两个连架杆都能作整周转动。

（3）双摇杆机构　即两连架杆都只能作往复摆动。

二、曲柄摇杆机构的特性及应用

1. 曲柄摇杆机构的形成　在铰链四杆机构中，曲柄是否存在，取决于机构中四个构件的相对尺寸。

图 6-2 为一个曲柄摇杆机构，其中 AB 为曲柄，BC 为连杆，CD 为摇杆，AD 为机架。各杆长度分别以 $AB=a$、$BC=b$、$CD=c$ 和 $AD=d$ 来表示。

由图 6-2 可知，要使曲柄 AB 能整周转动，就必须保证其能通过 B_1AC_1 和 AB_2C_2 两次与连杆共线的位置，此时摇杆 CD 相应处于 C_1D 和 C_2D 两个极限位置上，分别形成△AC_1D 和△AC_2D。根据三角形两边之和必大于第三边的关系，得

$$b-a+c>d;\ b-a+d>c$$

$$a+b<c+d$$

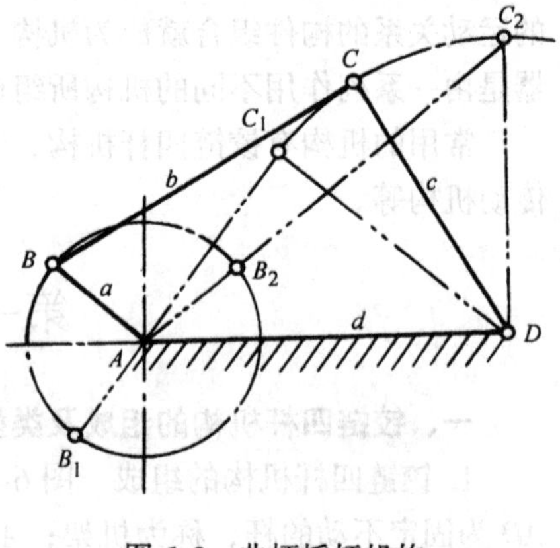

图 6-2　曲柄摇杆机构

考虑到杆 AB、杆 BC、杆 CD 重合为直线时的极限情况，可写成如下形式

$$\left.\begin{aligned}a+d&\leqslant b+c\\a+c&\leqslant b+d\\a+b&\leqslant c+d\end{aligned}\right\}$$

将上式中的三个不等式两两相加化简后可得

$$a\leqslant b;\ a\leqslant c;\ a\leqslant d$$

由此可知，铰链四杆机构中，要使连架杆 AB 为曲柄，它必须是四杆中的最短杆，且最短杆与最长杆长度之和应小于或等于其余两杆长度之和。

所以，要形成曲柄摇杆机构，首先必须满足曲柄存在的杆长关系条件，并取最短边的邻边为机架。前者是曲柄存在的条件，后者是形成曲柄摇杆机构的条件。

例　已知一铰链四杆机构如图 6-3 所示，$AB=70$mm，$BC=90$mm，$CD=110$mm，$AD=40$mm，试问该机构能否形成曲柄摇杆机构？怎样才能形成曲柄摇杆机构？

解　(1) 用曲柄存在的杆长关系条件判断。

因为，$40+110<70+90$，所以，该机构能有曲柄存在，可以形成曲柄摇杆机构。

(2) 用形成曲柄摇杆机构的条件选择机架。

由于 AD 杆最短，所以选择 AB 杆或 CD 杆为机架，就能形成曲柄摇杆机构。

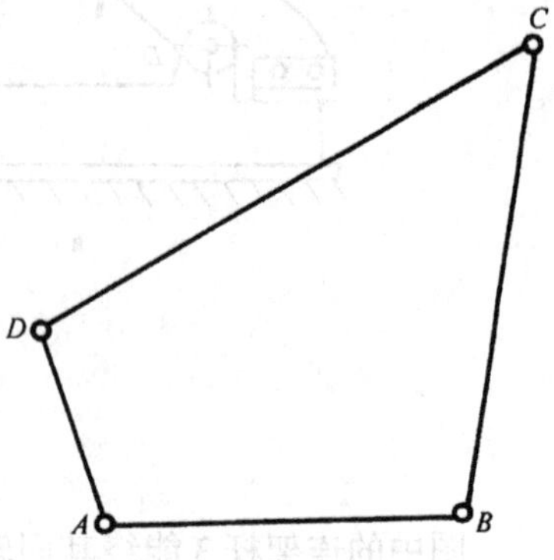

图 6-3　铰链四杆机构

2. 曲柄摇杆机构的运动特性及应用：

(1) 急回特性　在图 6-2 的曲柄摇杆机构中，当以曲柄 AB 杆为主动件作顺时针匀速转动时，摇杆 CD 的往复摆动速度并不相同。当摇杆从 C_1D 位置摆动至 C_2D 位置时，取其平均速度 v_1，对应曲柄从 B_1 转至 B_2，转角大于 180°，经过时间为 t_1。而当摇杆从 C_2D 位置摆动回 C_1D 位置时，取平均速度 v_2，这时曲柄从 B_2 转至 B_1，转角小于 180°，经过时间为 t_2。因为曲柄是等速转动的，所以对应时间 $t_1>t_2$。而摇杆往复摆动弧长 $\overset{\frown}{C_1C_2}$ 是不变的，所以

$$v_1 = \frac{\overset{\frown}{C_1C_2}}{t_1} < \frac{\overset{\frown}{C_1C_2}}{t_2} = v_2$$

即摇杆的返回速度较快，称为急回运动特性。

在某些机械中，常利用曲柄摇杆机构的急回特性来缩短空回行程的时间，以提高生产率。如图 6-4 所示的牛头刨床进给机构、图 6-5 所示的液体搅拌器机构及图 6-1 所示的剪刀机等。

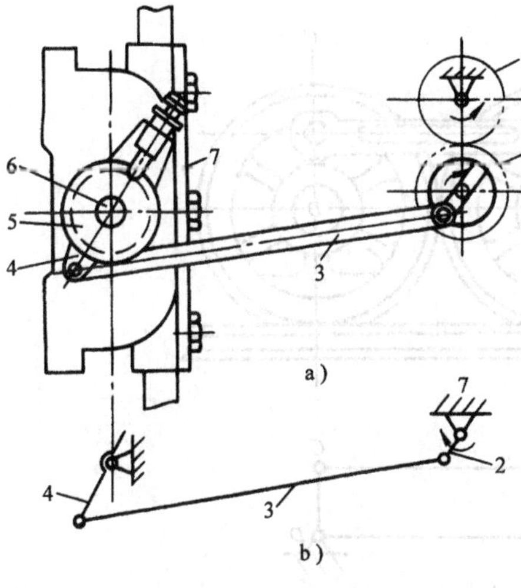

图 6-4　牛头刨床进给机构

a)进给机构　b)运动简图

1—齿轮　2—齿轮(曲柄)　3—连杆

4—摇杆　5—棘轮　6—丝杠　7—机架

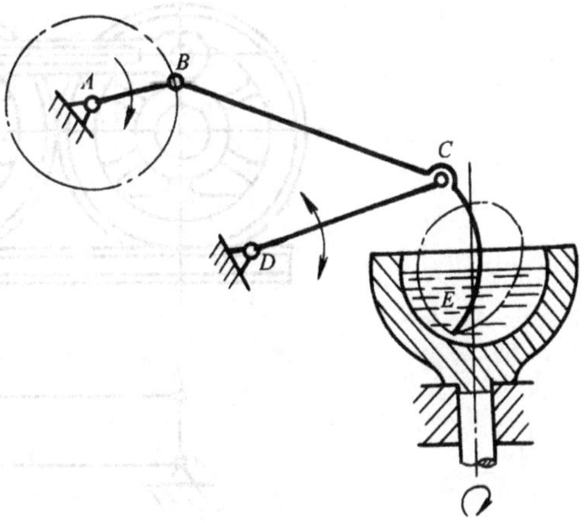

图 6-5　液体搅拌器机构

(2) 死点位置　在图 6-2 所示的曲柄摇杆机构中，当以摇杆 CD 杆为主动件时，该机构能将摇杆的往复摆动转变为曲柄的整周转动。但在摇杆摆到极限位置 C_1D 和 C_2D 时，连杆与曲柄共线，此时通过连杆传给曲柄的作用力将通过铰链中心 A，此力对 A 点不产生力矩，因此不能使曲柄转动，机构的这种位置称为“死点位置”。在机构中，死点位置将使机构的从动件出现卡死或运动不确定的现象。如家用缝纫机踏板机构中，若踏板处于极限位置时，无论用多大力去踩踏板，都无法产生运动。为了消除死点位置的不良影响，可对从动

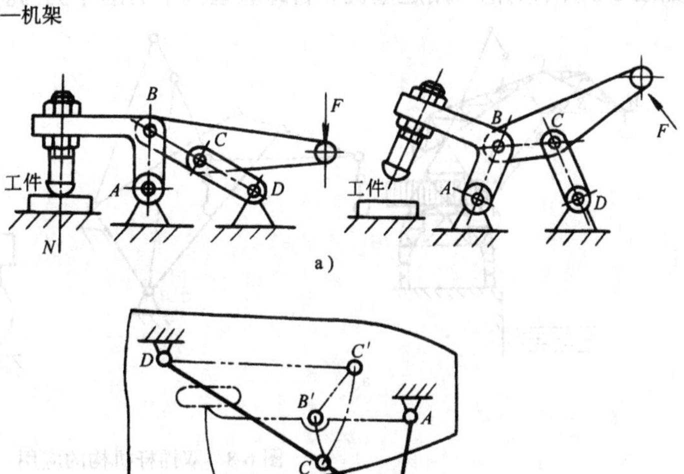

图 6-6　死点位置的利用

a)钻床夹紧机构　b)飞机起落架机构

曲柄施加外力，或利用构件自身及飞轮的惯性作用来保证机构顺利通过死点位置。

死点位置对传动是有害的，但在某些场合却可实现一定的工作要求。如图 6-6a 所示的钻床夹紧机构和图 6-6b 所示的飞机起落架机构，就是利用死点位置完成夹紧工件和保持支撑作用。

三、双曲柄机构和双摇杆机构

1. 双曲柄机构及其应用　在铰链四杆机构中，若两个连架杆都是曲柄时，称为双曲柄机构，如图 6-7 所示的机车主动轮联动装置。

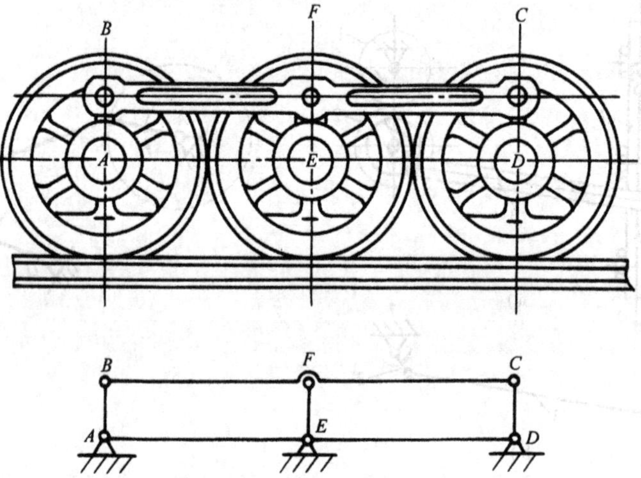

图 6-7　机车主动轮联动装置

2. 双摇杆机构及其应用　双摇杆机构是两个连架杆都只能作摆动，机构中无曲柄存在。如图 6-8 所示的港口用起重机和自卸载重汽车的翻斗机构。

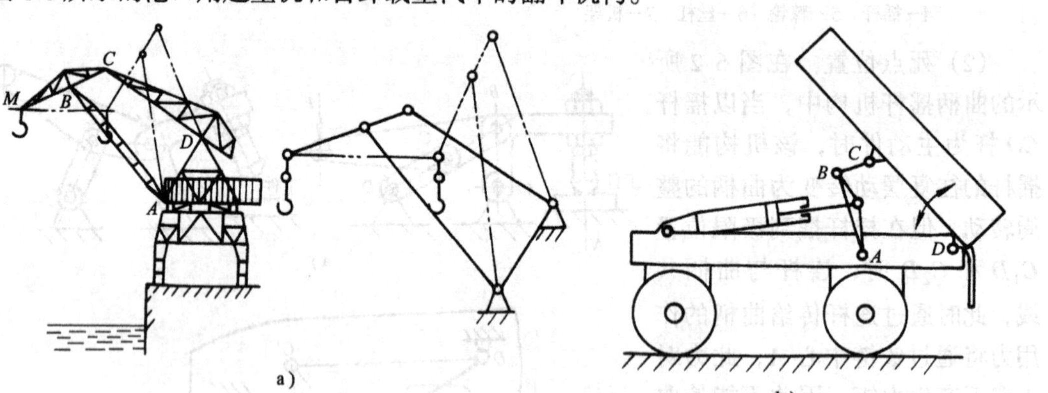

图 6-8　双摇杆机构的应用
a)港口用起重机　b)自卸汽车翻斗机构

第二节　凸轮机构及间歇运动机构

一、凸轮机构

1. 凸轮机构的组成和特点　凸轮机构由凸轮、从动件和机架三个构件组成。如图 6-9 所示，凸轮是一个具有曲线轮廓或凹槽的构件，一般为主动件，作等速回转运动或往复直线运动，控制从动件的运动规律。与凸轮轮廓相接触，并在凸轮轮廓驱动下传递动力和实现预定的运动规律的构件，称为从动件，一般作往复直线运动或摆动。

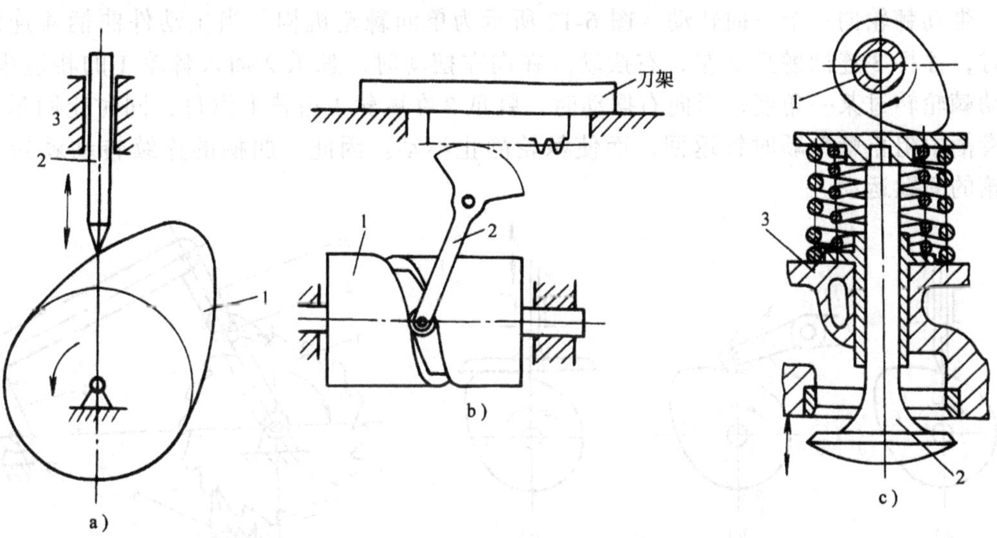

图 6-9 凸轮机构

a)凸轮机构简图 b)自动车床横刀架进给机构 c)内燃机配气机构

1—凸轮 2—从动件 3—机架

凸轮机构是机械中的一种常用机构，主要特点是能使从动件获得较复杂的运动规律，并且从动件动作准确可靠，结构简单、紧凑。当凸轮作等速转动时，图 6-9b 中的从动件 2 依靠凸轮的轮廓作往复摆动，通过齿轮带动横刀架完成进刀和退刀的动作，图 6-9c 中的从动件 2 依靠凸轮的轮廓作往复直线运动，实现气阀的开启和关闭。所以说，从动件的运动规律取决于凸轮轮廓曲线形状。另外，由于凸轮轮廓与从动件之间为点或线接触，接触处压强大，易磨损，因此不能承受很大的负荷。凸轮机构多用于传递动力不大的操纵控制机构中。

2. 凸轮机构的分类　由于凸轮的形状和从动件的结构形式、运动方式不同，所以凸轮机构有不同的类型。

(1) 按凸轮的形状分　可分为盘形凸轮(图 6-10a)、移动凸轮(图 6-10b)和圆柱凸轮(图 6-10c)等。其中盘形凸轮应用最为广泛。

(2) 按从动件的运动方式分　分为移动从动件(图 6-9c)和摆动从动件(图 6-9b)。

(3) 按从动件的形式分　分为尖顶从动件(图 6-11a)、滚子从动件(图 6-11b)和平底从动件(图 6-11c)。

二、间歇运动机构

1. 间歇运动机构的类型　间歇运动机构是一种将主动件的连续转动转变为从动件周期的运动和停歇的机构。常用类型有：棘轮机构、槽轮机构、不完全齿轮机构(如

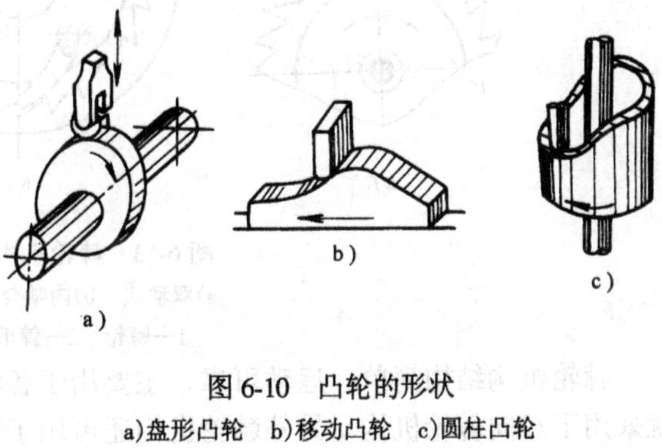

图 6-10 凸轮的形状

a)盘形凸轮 b)移动凸轮 c)圆柱凸轮

电度表中的计数机构)等。

2. 棘轮机构　棘轮机构由棘爪、棘轮和机架所组成。工作时，棘爪往复摆动或移动，带动棘轮向一个方向转动。图 6-12 所示为单向棘轮机构，当主动件曲柄 4 连续转动时，摇杆 3 连同棘爪 2 左、右摆动。在向左摆动时，棘爪 2 插入棘轮 1 的相应齿槽，推动棘轮转过某一角度；当向右摆动时，棘爪 2 在棘轮 1 齿背上滑过，同时止回爪 5 插在齿槽中阻止棘轮顺时针返回，而使棘轮静止不动。因此，曲柄的连续转动就转变为棘轮的间歇运动。

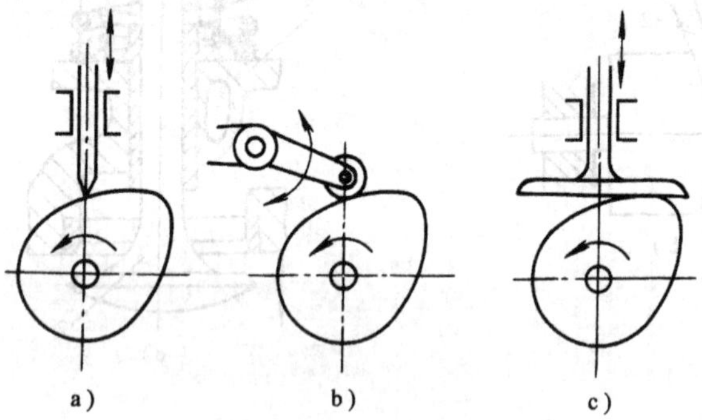

图 6-11　从动件的形式

a)尖顶从动件　b)滚子从动件　c)平底从动件

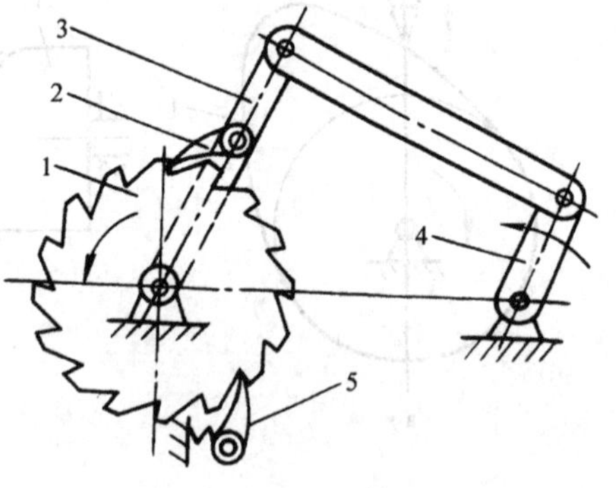

图 6-12　棘轮机构

1—棘轮　2—棘爪

3—摇杆　4—曲柄　5—止回爪

按照结构特点，棘轮机构可分为单动式(图 6-12)和双动式(图 6-13a)。单动式的特点是摇杆向某一个方向摆动时，棘轮静止不动。双动式则可实现摇杆往复摆动时，分别带动大棘爪或小棘爪推动棘轮沿单一方向连续运动。另外，还可将棘轮机构分为外啮合式(图 6-12、图 6-13a)和内啮合式(图 6-13b)。若把棘轮制成矩形齿，摇杆上装一可翻转的双向棘爪(见图 6-13c)，则成为双向棘轮机构。

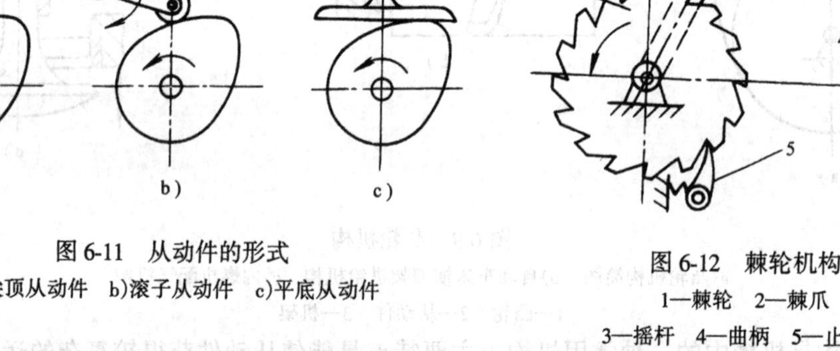

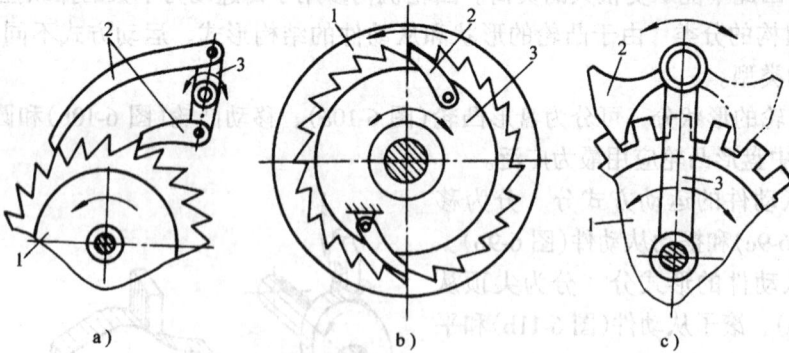

图 6-13　棘轮机构的常见形式

a)双动式　b)内啮合式　c)双向式

1—棘轮　2—棘爪　3—摇杆

棘轮机构结构简单，运动可靠，主要用于各种机械的进给装置中，如牛头刨床进给机构就采用了双向棘轮机构。另外棘轮机构还可用于实现超越运动(自行车的后轮轴内啮合棘轮机构)、防止逆转(卷扬机中的棘轮停止器)等。

3. 槽轮机构　图 6-14 所示为外啮合槽轮机构，它由带有圆销 A 的主动拨盘 1、具有径向槽的从动槽轮 2 和机架所组成。

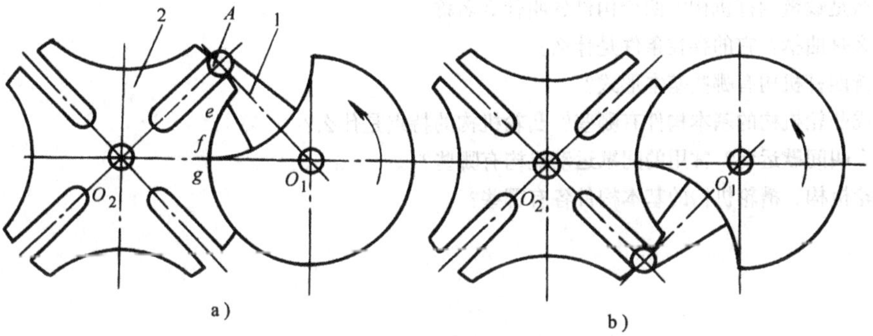

图 6-14　外啮合槽轮机构
1—主动拨盘　2—从动槽轮

槽轮机构工作时，主动件连续转动，当拨盘 1 上的圆销 A 未进入槽轮 2 的径向槽时，槽轮的内凹弧 $\widehat{efg}$ 被拨盘上的外凸圆弧卡住，此时槽轮静止不动。当圆销开始进入径向槽时(见图 6-14a)，槽轮的内凹弧 $\widehat{efg}$ 被松开，因而圆销推动槽轮沿与拨盘相反的方向转动。当圆销从槽轮的径向槽脱出时(见图 6-14b)，槽轮上的另一段内凹弧又被拨盘上的外凸圆弧卡住，致使槽轮又静止不动，直至拨盘上的圆销再进入槽轮上的另一径向槽时，两者又重复以上的运动循环。这样，就把主动拨盘的连续转动变成槽轮的单向间歇运动。

除外啮合形式外，还有内啮合槽轮机构。槽轮机构结构简单，工作可靠，效率较高。与棘轮机构相比，运转平稳，能准确控制转角的大小，但不能调节槽轮的转角。

图 6-15a 所示为转塔车床刀架转位装置中的槽轮机构，图 6-15b 所示为电影放映机中用以间歇走片的槽轮机构。

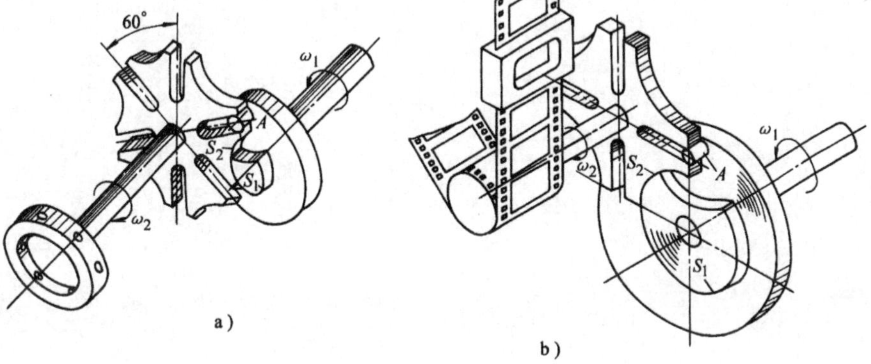

图 6-15　槽轮机构的应用
a)刀架转位机构　b)走片机构

复 习 题

1. 什么叫做机构？它的功用是什么？
2. 什么是铰链四杆机构？四个构件各叫什么名称？
3. 什么是曲柄？它的存在条件是什么？
4. 铰链四杆机构有哪些基本形式？
5. 组成凸轮机构的基本构件有哪些？凸轮机构的特点是什么？
6. 什么叫间歇运动？常用的间歇运动机构有哪些？
7. 棘轮机构、槽轮机构的基本构件各有哪些？

第七章　联　　接

机器设备都是由各种零件装配而成，因此零件之间就具有不同形式的联接。根据联接件之间是否存在相对运动，联接形式可分为动联接和静联接；根据不影响使用性能前提下是否允许拆装，又分为可拆联接和不可拆联接。

第一节　键、销及其联接

一、键及其联结

键联结主要用于联结轴和轴上零件(如带轮、齿轮等)，实现零件的周向固定并传递转矩。因为键联结的结构简单、工作可靠、装拆方便，并且键是标准件，所以在机械中应用极广。

键联结包括平键、半圆键、楔键和花键等多种联结类型，其中平键联结应用最多。如图7-1a所示，平键是矩形截面的联结件，两侧面为工作面，使用时装在轴和零件轮毂的键槽内。平键分为普通平键和导向平键两大类。根据平键的头部形状不同，普通平键有圆头(A型)，平头(B型)和单圆头(C型)三种(见图7-1b)。其中A型圆头平键因为在键槽中不会发生轴向移动，应用最广。导向平键是用螺钉将键固定在轴上，键与轮毂槽之间采用间隙配合，从而使轴上零件能作轴向移动(见图7-1c)。

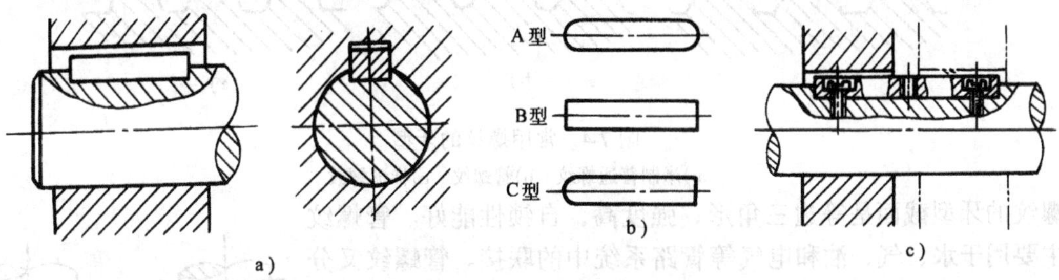

图7-1　平键联结

a)普通平键联结　b)普通平键种类　c)导向平键联结

二、销及其联接

销也是标准件，主要有圆柱销、圆锥销和安全销等(见图7-2)。

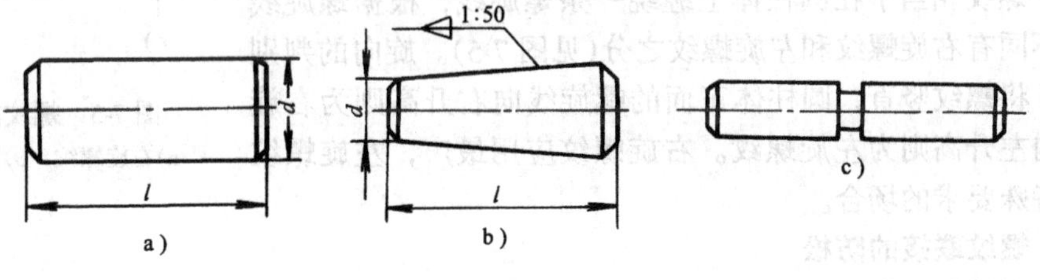

图7-2　销

a)圆柱销　b)圆锥销　c)安全销

销联接的主要用途有三种，一是可以用来确定零件间的相互位置(见图 7-3a)，此时销一般不承受载荷，应用时通常不少于 2 个；二是可以用来传递横向力或转矩(见图 7-3b)；三是可用来起过载保护作用，当联接过载时，销被切断，从而保护被联接件不被损坏(见图 7-3c)。

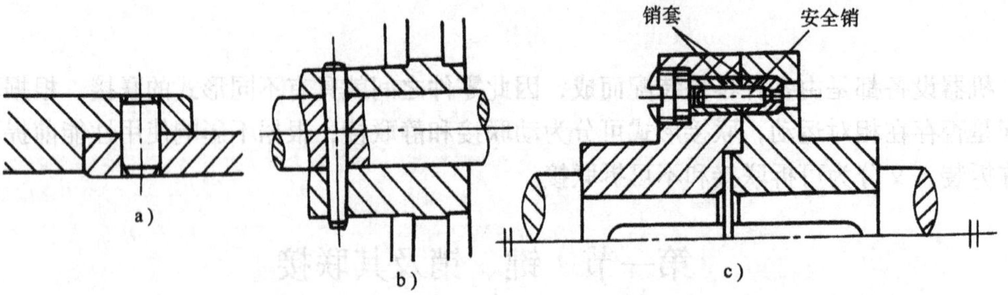

图 7-3　销的用途

a)定位销　b)传力销　c)安全销

第二节　螺纹联接

一、螺纹联接的种类及应用

联接螺纹采用的是三角形牙型的螺纹，它主要有米制普通螺纹和管螺纹两种。米制普通

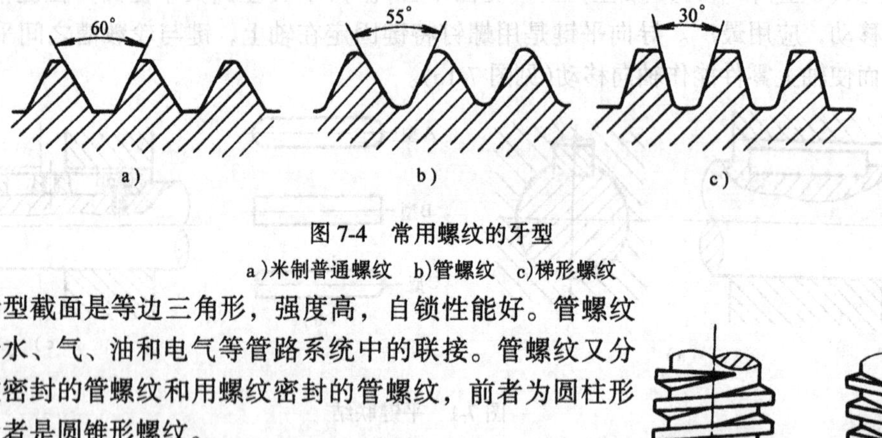

图 7-4　常用螺纹的牙型

a)米制普通螺纹　b)管螺纹　c)梯形螺纹

螺纹的牙型截面是等边三角形，强度高，自锁性能好。管螺纹主要用于水、气、油和电气等管路系统中的联接。管螺纹又分为非螺纹密封的管螺纹和用螺纹密封的管螺纹，前者为圆柱形螺纹，后者是圆锥形螺纹。

传动螺纹采用的是梯形螺纹和锯齿形螺纹。

常用的螺纹牙型见图 7-4。

由于螺纹相当于在圆柱体上缠绕一条螺旋线，根据螺旋线的方向不同有右旋螺纹和左旋螺纹之分(见图 7-5)。旋向的判别方法是：将螺纹竖直，圆柱体正面的螺旋线向右升高则为右旋螺纹；向左升高则为左旋螺纹。右旋螺纹应用最广，左旋螺纹用于有特殊要求的场合。

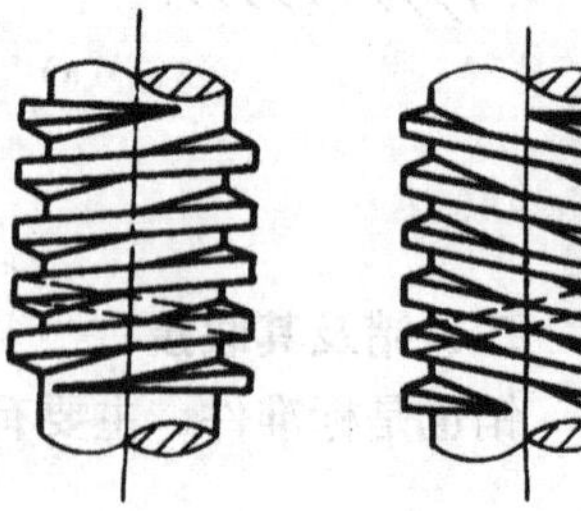

图 7-5　螺纹的旋向

a)右旋螺纹　b)左旋螺纹

二、螺纹联接的防松

普通联接螺纹螺旋面之间的摩擦力，在一般情况下可以防止螺纹联接的自动脱落。但受

变载作用，并受到长时间的冲击、振动时，联接螺纹会出现自动脱落，所以应有必要的防松措施。常用的防松措施，根据其防松特点分为三种。

1. 靠摩擦力防松　利用增大螺旋面间的正压力，造成足以阻止螺母相对螺杆转动的摩擦阻力矩，常用形式有双螺母(图 7-6a)、弹簧垫圈(图 7-6b)等。

2. 利用机械元件防松　利用便于更换的具有特殊形状要求的止动元件直接防松，常用形式有槽形螺母与开口销(图 7-6c)、止动垫圈(图 7-6d)等。

3. 永久制动　通常是将螺纹联接好以后，将螺母与螺栓焊接在一起，或用粘合剂粘结在一起。永久制动只适用于联接后不再拆开的场合。

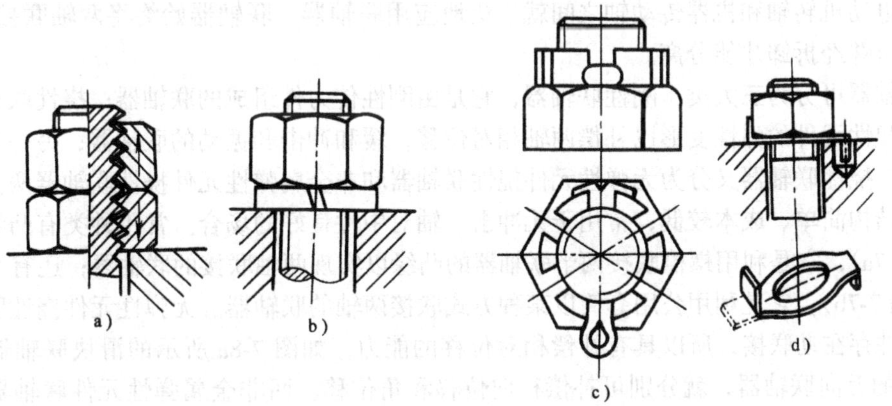

图 7-6　螺纹联接的防松

a)双螺母　b)弹簧垫圈　c)槽形螺母与开口销　d)止动垫圈

第三节　焊　　接

一、焊接的概念

焊接是一种不可拆卸的联接方法，它通过加热、加压或两者兼施的方法，使两个分离的零件结合在一起。焊接的主要特点是：节省材料与加工时间；接头密封性能好，产品质量高；可用型材等拼焊成大型结构件；设备简单、操作方便、成本低等等。焊接方法广泛用于汽车、船舶、化工容器、建筑等产品的制造中。

二、焊接的种类

按照焊接过程的特点，可将焊接方式分为三类。

1. 熔焊　将待焊处的母材金属熔化以形成焊缝的焊接方法称为熔焊。这类焊接方法的共同特点是将焊件连接处局部加热至熔化状态，然后冷却凝固成一体，不加压力完成焊接。它包括最常用的电弧焊、气焊等。

2. 压焊　焊接过程中，必须对焊件施加压力(加热或不加热)，以完成焊接的方法称为压焊。它包括电阻焊(又分点焊、缝焊、对焊)、摩擦焊、冷压焊等。

3. 钎焊　钎焊是采用比母材金属熔点低的金属材料作钎料，将钎料和焊件加热到高于钎料熔点、低于母材熔化温度，利用液态钎料润湿母材，填充接头间隙并与母材相互扩散实现连接焊件的方法。钎焊加热温度低、变形小、接头光滑平整，在电器部件、电机等方面应用较多。它包括软钎焊和硬钎焊，电器元件常用的锡焊就属于软钎焊。

第四节　联轴器、离合器、制动器

一、联轴器

联轴器是联接两轴或轴和回转件，在传递运动和动力过程中一同回转而不脱开的一种装置。在电动机转轴和机器传动轴之间就广泛地应用联轴器，联轴器始终将两轴联接在一起，只有停机并经拆卸才能分离。

联轴器可分为三大类：刚性联轴器，它是由刚性传力件组成的联轴器；挠性联轴器，它是利用弹性元件的弹性变形以补偿两轴相对位移，缓和冲击和振动的联轴器；另一类是安全联轴器。挠性联轴器又分为无弹性元件挠性联轴器和非金属弹性元件挠性联轴器两类。刚性联轴器结构简单、成本较低，常用于无冲击、轴对中性良好的场合。常用种类有凸缘联轴器(见图 7-7a)，它是利用螺栓联接两半联轴器的凸缘以实现两轴联接的联轴器；还有套筒联轴器(见图 7-7b)，它是利用公用套筒以某种方式联接两轴的联轴器。无弹性元件挠性联轴器的工作零件存在动联接，所以具有补偿相对位移的能力，如图 7-8a 所示的滑块联轴器和图 7-8b 所示的万向联轴器，就分别可补偿径向位移和角位移。而非金属弹性元件联轴器利用弹性元件，不但可以补偿相对位移，而且具有缓冲作用，如图 7-9 所示的弹性套柱销联轴器，就是利用橡胶材料制成的弹性套，来补偿相对位移和起缓冲、吸振作用，它常用于频繁起动及换向的传递中、小转矩的高、中速轴的联接。

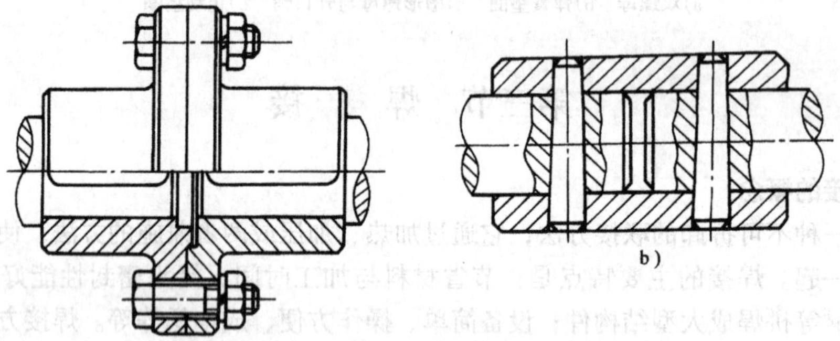
a)　b)

图 7-7　刚性联轴器

a)凸缘联轴器　b)套筒联轴器

二、离合器

离合器是主、从动部分在同轴线上传递动力或运动时，具有接合或分离功能的装置。用离合器联接，可在机器运转中随时分离或接合两轴，进而实现变速及换向要求，如汽车行驶中的变挡等。

常用的离合器有牙嵌离合器和片式离合器等。前者结构简单，尺寸小，传递转矩大，主、从动轴可同步回转，但接合时有冲击，只适用于低速时接合；后者离合平稳，可实现高速接合，且具有过载打滑的保护作用，但主、从动轴不能严格同步。图 7-10a

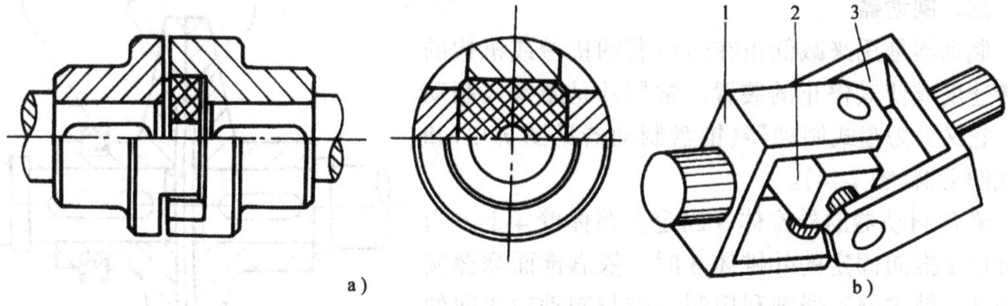

图 7-8　无弹性元件挠性联轴器

a)滑块联轴器　b)万向联轴器

1、3—万向接头　2—十字销

所示为牙嵌离合器，它由两个端面带牙的半离合器 1、3 组成，其中 1 固定在主动轴上，而 3 由滑环 4 操纵，在从动轴上可作轴向移动，以实现离合。为保证导向和定心，在半离合器 1 上装有对中环 2。牙嵌离合器的常用牙型有梯形、三角形、矩形和锯齿形等(见图 7-10b)。片式离合器的常用类型是干式单片离合器、双片离合器和多片离合器等。干式单片离合器靠一定压力下主动片 1 和从动片 2 接合面上的摩擦力传递转矩，操纵滑环 3 使从动片作轴向移动，以实现离合(见图 7-11)。多片离合器比单片离合器径向尺寸小，摩擦片多，所以能传递较大转矩，并适于高速传动。机械操纵的多片离合器(见图 7-12a)，主要由外片组 4(图 7-12b)和内片组 5(图 7-12c)构成。外片组 4 与外套筒 2 用花键联结，并同主动轴 1 一起转动。内片组 5 与内套筒 3 也用花键联结，并与从动轴 8 一起转动。内、外相间地叠合，当滑环 7 向左移动时，通过杠杆 6 的作用，将所有摩擦片压紧(即图示位置)，实现接合；当滑环 7 向右移动时，摩擦片松开，实现分离。摩擦片压紧力的大小可用螺母 9 调节。此外，还有用电磁力操纵动作的电磁离合器。

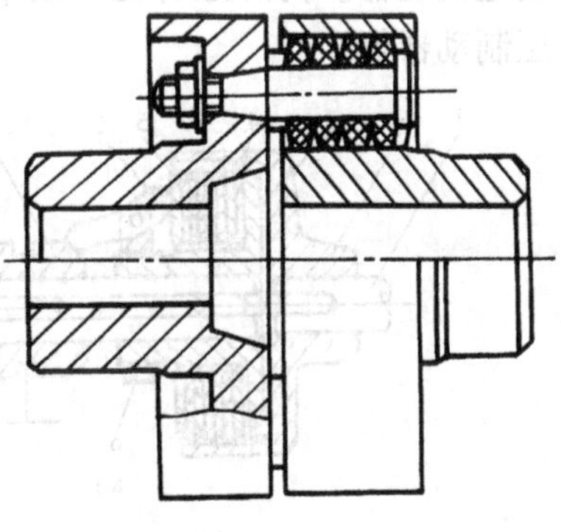

图 7-9　弹性套柱销联轴器

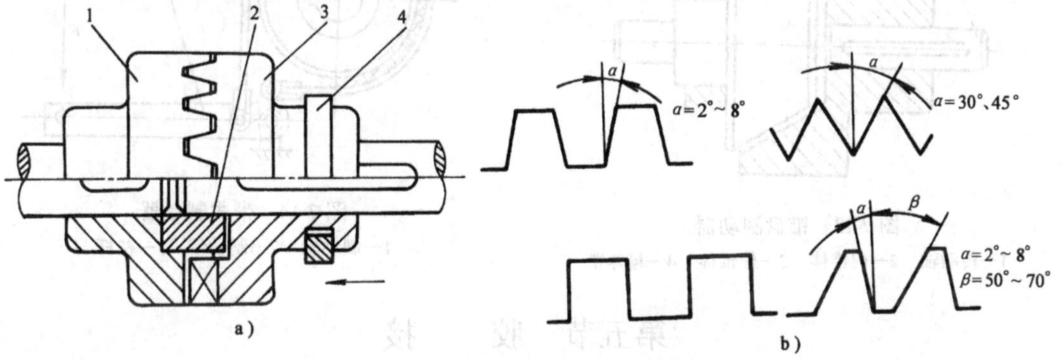

图 7-10　牙嵌离合器

a)结构　b)常用牙型

1、3—半离合器　2—对中环　4—滑环

三、制动器

制动器是用来减低正在运行着的机械或机构的运转速度或使其停止的装置。常用的是摩擦式制动器，它又分为盘式制动器(锥盘制动器见图 7-13)和带式制动器(图 7-14)。

锥盘制动器的外锥体 3 固定在箱体壁 4 上，当内锥体 2 推向固定的外锥体 3 时，依靠锥面摩擦实现制动。带式制动器则利用制动带与制动轮之间的摩擦来制动。锥盘制动器通常安装在转矩较小的高速轴上，带式制动器则常装在低速轴或卷筒上作为安全制动器。另外还有瓦块制动器及电力制动、液压制动器等。

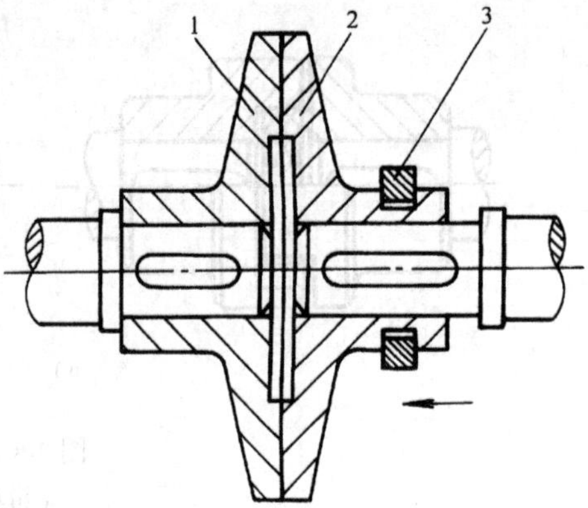

图 7-11 单片离合器

1—主动片 2—从动片 3—滑环

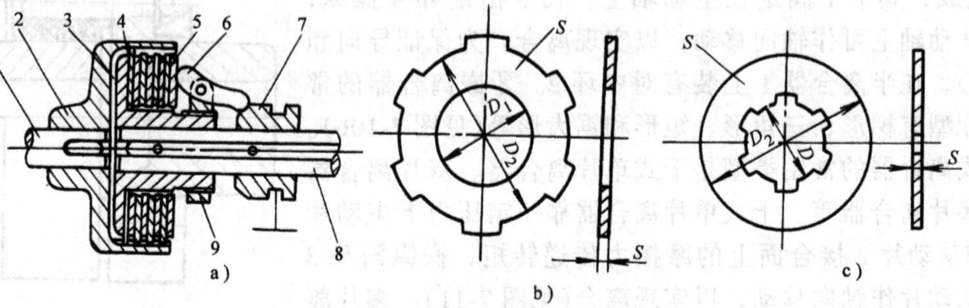

图 7-12 多片离合器

a)结构 b)外摩擦片 c)内摩擦片

1—主动轴 2—外套筒 3—内套筒 4—外摩擦片

5—内摩擦片 6—杠杆 7—滑环 8—从动轴 9—调压螺母

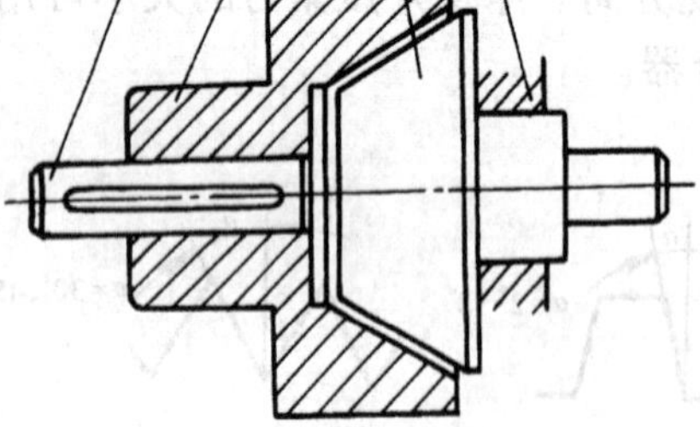

图 7-13 锥盘制动器

1—传动轴 2—内锥体 3—外锥体 4—箱体壁

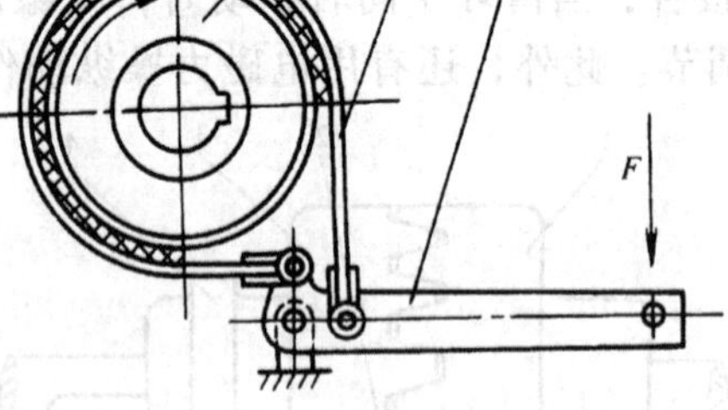

图 7-14 带式制动器

1—制动轮 2—制动带 3—杠杆

第五节 胶 接

胶接是一种不可拆联接，它是利用胶粘剂把零件粘合在一起的联接方法。

胶接与焊接、螺纹联接相比有以下特点：①传力面积大，应力分布均匀。②能联接各种不同种类的材料。③工艺简单，被联接件不易产生变形及组织变化。④有较好的密封性能和电热绝缘性能。⑤耐热性较差，胶粘剂易老化。

胶接在电子工业、机械制造、轻工业等方面都有较广泛的应用。图 7-15 为胶接的实例，其中图 a 为套筒与凸缘的胶接，图 b 为蜗轮齿面与轮心的胶接。另外，现代飞机制造中采用胶接来联接机翼、机身、螺旋桨等。

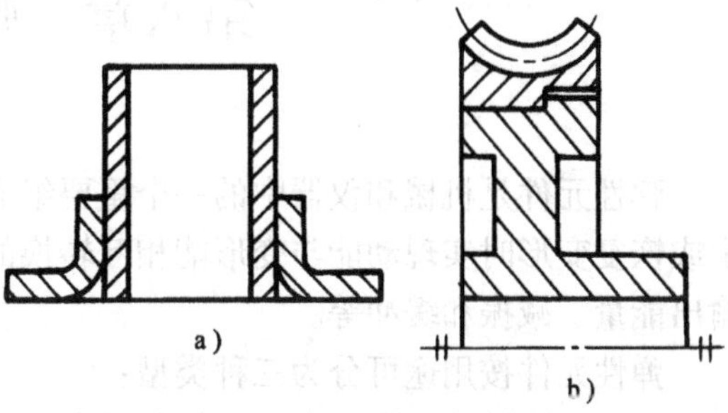

图 7-15　胶接的实例

胶接用的胶粘剂分为合成胶粘剂(如环氧树脂)、天然胶粘剂(如动物的皮胶)和无机胶粘剂(如硅酸盐胶)三类。其中合成胶是以高分子材料为主体的结合物，应用最多。选用时要考虑被胶接材料、受力情况和工作环境等因素，胶接时应保证有足够的胶接面积。胶接的工作温度要低于 180℃，受力形式最好是受拉、受剪，尽量避免剥落和扯开。

复　习　题

1. 常用的可拆联接与不可拆联接都有哪些形式?
2. 键联结的主要用途是什么? 键有哪些种类?
3. 销联接的用途是什么?
4. 联接螺纹的牙型是什么? 它又分为哪些种类?
5. 螺纹联接的防松措施有哪三种? 各有什么方法?
6. 什么是焊接? 它有什么特点? 按焊接过程可分为哪几类?
7. 联轴器、离合器、制动器三者的用途各是什么? 它们之间有什么区别?
8. 胶接的特点是什么?

第八章　弹性元件

弹性元件是机械和仪器中的一个重要组成部分。它是利用材料的弹性和结构特点，在产生或恢复变形时实现动能与变形能相互转换的弹性零件。其主要功用有测量物理量、储存及输出能量、减振和缓冲等。

弹性元件按用途可分为三种类型：

(1) 弹性敏感元件　在仪器仪表及自动控制系统中，将力、压强、温度等物理量的变化转换成位移量，以便测量或控制。该类元件包括片弹簧、螺旋弹簧、弹簧管、膜片和膜盒等。

(2) 力弹性元件　该类元件是利用弹性变形产生的弹性力或力矩使其它元件运动或压紧。如片弹簧、螺旋弹簧、发条等。

(3) 弹性支承元件　在起支承作用的同时，利用弹性变形起缓冲吸振或测量、控制作用。如板弹簧、拉丝等。

第一节　弹性元件基本特性和常用材料

一、弹性元件的基本特性

图 8-1a 所示为一片弹簧示意图，该弹簧在外力 F 作用下必将产生变形，体现为端部的位移 s。根据弹性材料的特点，弹性元件的变形和工作载荷(力或力矩)具有一定的相互关系，称弹性元件的变形和工作载荷之间的关系为弹性特性。把弹性特性用直角坐标系中的图线表示，则称为弹性元件的特性曲线。如图 8-1b 所示，横坐标代表工作载荷(力或力矩)，纵坐标表示相应的变形(位移或转角)。

根据特性曲线的形状，通常分为两类：一类是线性弹性元件，其变形和工作载荷成正比关系，其图象是直线，如图 8-1b 中的直线 1；另一类是非线性弹性元件，其变形和载荷不是正比关系，其图象是曲线，如图 8-1b 中的曲线 2。

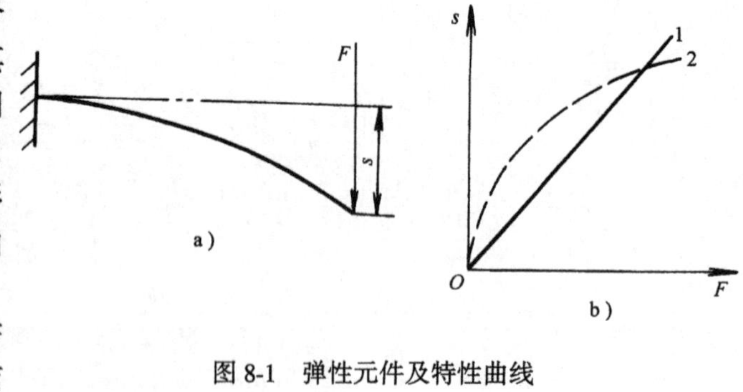

图 8-1　弹性元件及特性曲线

1—线性弹性元件的特性曲线　2—非线性弹性元件的特性曲线

使弹性元件产生单位变形所需要的载荷称为弹性元件的刚度。而在单位载荷作用下产生的变形则称为弹性元件的灵敏度。刚度大的弹性元件，灵敏度小，使其产生变形的外力大，说明该元件较“硬”。弹性元件的刚度和灵敏度互为倒数，成反比例关系。线性弹性元件的各点刚度相同，又称为定刚度弹性元件；而非线性弹性元件各点的刚度则不相同，所以是变刚度弹性元件。

图 8-2a 所示的特性曲线中，曲线 1 为加载时的特性曲线，曲线 2 为卸载时的特性曲线。这种弹性元件的加载曲线与卸载曲线不重合的现象，称为弹性元件的弹性滞后。这种现象说明

外力对弹性元件所作的功,在它恢复变形时并没有完全释放出来,而是有一少部分消耗在弹性元件本身的内摩擦上。

图 8-2b 所示的弹性元件的特性曲线,不仅有弹性滞后现象,而且当加在弹性元件上的载荷全部去掉后,曲线 2 并没有立即回到原位,仍保留一小部分残余的变形 s_1,要经过一段时间 s_1 才能消失,这种现象称为弹性后效。它说明弹性元件恢复变形是需要一定时间的。

弹性元件的弹性滞后和弹性后效，在工作过程中是同时产生的(见图 8-2b)，它们是造成仪表指示误差的主要因素。它们的出现与弹性元件的材料、结构及工作温度有关。

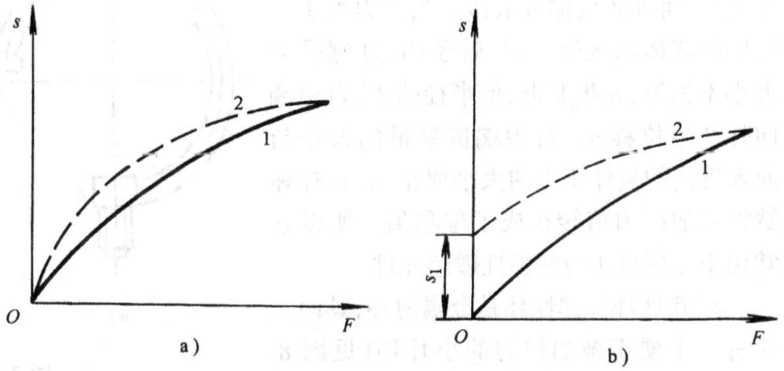

图 8-2　弹性滞后和弹性后效

a)弹性滞后　b)弹性后效

1—加载时的特性曲线　2—卸载时的特性曲线

二、弹性元件的常用材料

为了使弹性元件能够可靠地工作和便于制造，弹性元件材料必须具有较高的弹性极限和疲劳极限，同时还应具有足够的冲击韧度、良好的工艺性和热处理性能。

弹性元件的常用材料有：

1. 弹簧钢　如 65Mn、60Si2Mn 等，常用于制造螺旋弹簧。

2. 黄铜　如 H62、H80 等，用于制造载荷较小时的弹簧或膜片等。

3. 青铜　锡青铜有 QSn4—3、QSn6.5—0.1 等，铍青铜有 QBe2 等。前者的耐蚀性好，后者则是一种综合性能优良的弹性材料。

4. 不锈钢　如 1Cr18Ni9，用于制造强度高、耐蚀性能好的弹性元件。

此外，还有橡胶、石英等非金属材料，用于制造弹性元件。

第二节　弹　簧

一、弹簧的种类及应用

弹簧是应用较为普遍的弹性元件，在机械、仪表中被大量使用。其类型很多，下面仅介绍一些常用类型的弹簧及其特点和应用。

1. 螺旋弹簧　螺旋弹簧是应用最多的弹簧，它又分为圆柱螺旋拉伸弹簧、圆柱螺旋压缩弹簧、圆柱螺旋扭转弹簧等。

螺旋弹簧结构简单，制造方便，可以有较大的变形位移。拉伸、压缩弹簧应用最为广泛，扭转弹簧主要用于各种装置的压紧和蓄能，圆锥弹簧多用于承受大载荷和减振的场合。

2. 片弹簧　片弹簧实质上就是一块弹性薄片。它可以用来压紧零件,也可做弹性导轨和继电器中的触点片等。片弹簧基本属于线性弹性元件。在要求强度高、承受载荷较大的场合采用弹簧钢片;要求灵敏度高和耐蚀的场合可用锡青铜片;重要的仪表中可采用铍青铜片。

3. 弹簧管　弹簧管是一种薄壁空心管，其形状有C形弹簧管，见图8-3a；螺旋形弹簧管，见图8-3b，其中应用较为普遍的是C形弹簧管。弹簧管的横截面形式也有多种，常见的为椭圆形。

如图8-3a所示，弹簧管一端封口，为自由端(如图中A端)，另一端固定(如图中B端)并可通入气体或液体。当压力大于大气压的流体通入管内时，管子内、外侧受力大小不相等，发生变形，使半径增大，自由端向外产生位移s。自由端位移量的大小与通入管内的流体压力的大小成正比，这样弹簧管就把压力值转换成了位移值。所以它常用来作测量压力的弹性敏感元件。

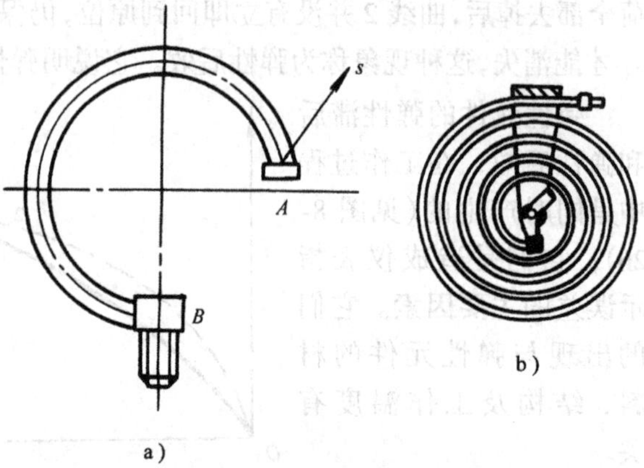

图8-3　弹簧管

a)C形管　b)螺旋形管

4. 弹性环　弹性环是金属薄环，其两边各有一个便于施加拉力的小耳环(见图8-4a)。在拉力作用下，弹性环发生变形，由圆变成椭圆。其弹性变形量可通过机械传动输出，或在环壁上贴电阻应变片，转换成电信号输出。

5. 双金属弹簧　双金属弹簧是由线胀系数不同的两种金属片焊在一起构成的，如图8-4b所示。线胀系数大的称为主动层，线胀系数小的为被动层。当温度发生变化时，由于两金属片的线胀系数不同，产生的变形不相等，双金属片必然产生弯曲，此时只要双金属弹簧的一端是固定的，则另一端必将产生位移。所以它常用来测量温度的变化。

双金属弹簧已系列化，常用材料是黄铜和镍钼铁合金，应用时只需根据结构要求和灵敏度要求合理地选择即可。

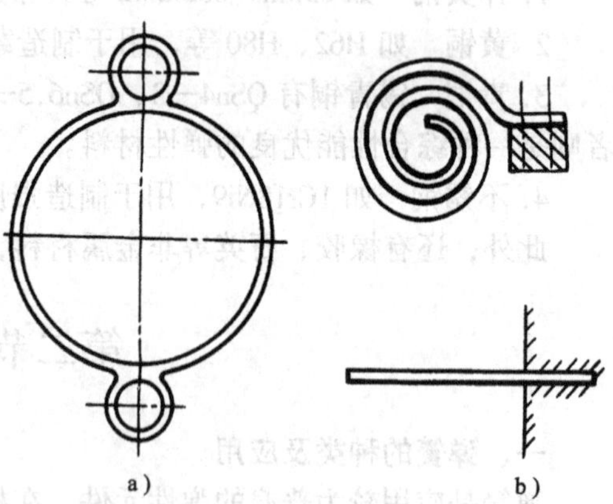

图8-4　弹性环和双金属弹簧

a)弹性环　b)双金属弹簧

二、螺旋弹簧的结构和制造方法

1. 螺旋弹簧的结构　螺旋拉伸弹簧一般都绕成密圈，各圈之间没有间隙，弹簧两端用弹簧直接弯曲成钩环，而且钩环必须位于弹簧的轴线上，以使工作时拉力能通过弹簧的轴线。

螺旋压缩弹簧各圈之间有间隙，并且在压缩弹簧承受最大工作载荷时仍留有适当的间隙。为了得到可靠的支承平面，应把两端卷紧并磨平，这样才能保证工作压力通过弹簧的轴心线。另外，当弹簧的高径比(弹簧的自由高度H_0与弹簧中径D_2的比值)较大时，弹簧就会发生失稳现象(见图8-5a)，发生较大的侧向弯曲，使弹簧不能正常工作。所以，一般情况下压缩弹簧的高径比不能太大，通常应小于4。若长径比必须取较大值时，应加装导杆(图8-5b)或导套(图8-5c)。弹簧与导杆或导套之间应留有一定的间隙。

扭转弹簧通常要套在心轴上，以防止扭转弹簧工作时失稳，在弹簧与心轴之间也应留有一定的间隙，避免工作时弹簧内径缩小而抱住心轴。

2. 螺旋弹簧的制造　螺旋弹簧是用弹簧丝绕在心轴上卷制而成的。其制造过程为：卷制、端部加工、热处理等。

弹簧的卷制分冷卷和热卷两种。当弹簧丝直径不超过 8mm 时，常用冷卷法。冷卷弹簧一般采用冷拔的碳素弹簧钢丝在常温下卷成，卷成后一般不再进行淬火处理，只用低温回火以消除内应力。当弹簧丝直径大于 8mm 时，常用热卷法，热卷后必须经过淬火与回火热处理。对于重要用途的弹簧，还需进行表面保护处理，如镀锌，普通弹簧一般用氧化处理或涂漆。

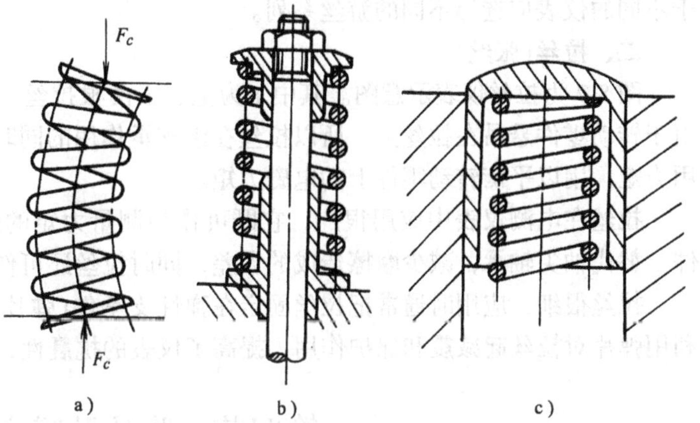

图 8-5　螺旋压缩弹簧
a)失稳现象　b)导杆　c)导套

第三节　游丝和拉丝

在指示仪表中由电磁力产生的转动力矩是驱动仪表指针偏转的力矩。但是若只有转动力矩，则只能反映被测量的有无，而不能反映出其大小。为此，在仪表可动部分的转轴上必须加一反作用力矩，反作用力矩与转动力矩方向相反，而其大小与可动部分偏转角成正比，从而达到用偏转角来表示被测量大小的目的。在指示仪表中常用游丝、拉丝等弹性元件来产生反作用力矩。

一、游丝

游丝是用带状材料绕成的螺线状弹性体，见图 8-6a。在电气仪表中，用游丝的反作用力矩平衡电磁力产生的转动力矩，见图 8-6b。同时游丝还可作为导电元件，把被测电流导入、导出可动线圈。在机械钟表中，游丝和摆轮组成机械振荡系统，为钟表提供动力。

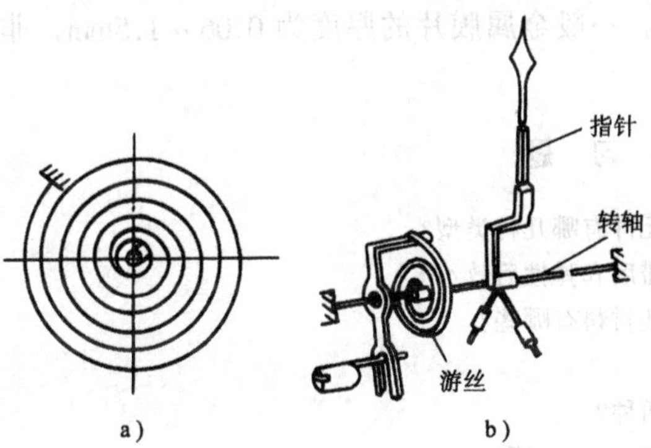

图 8-6　游丝
a)游丝的形状　b)游丝产生反作用力矩的装置

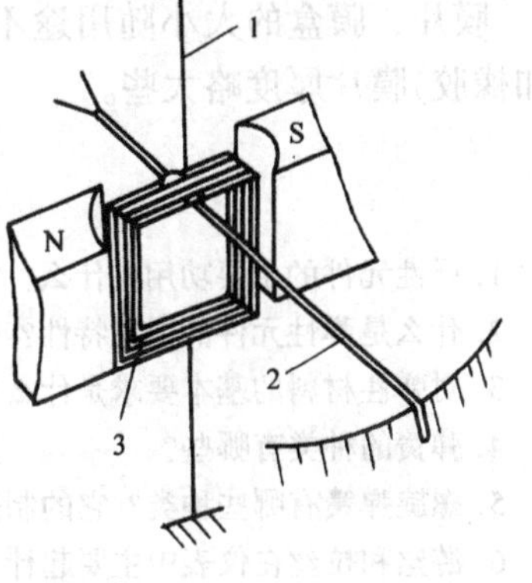

图 8-7　拉丝仪表示意图
1—拉丝　2—指针　3—转动件

工作时，游丝的外端固定在机架上，内端则固定在转轴上。游丝大致都有标准系列，对于不同的仪表应选择不同的游丝系列。

二、拉丝(张丝)

图 8-7 为拉丝仪表示意图。其中 1 为上、下两根拉丝，2 为指针，3 是仪表的转动零件。由于转动零件悬吊在拉丝上，所以拉丝在起支承作用的同时，还利用拉丝弹性变形产生反作用力矩，用以平衡转动零件上的电磁力矩。

拉丝在电测仪表中应用很广，它既可作为测量力矩的弹性元件，也可作为弹性支承元件，替代轴尖轴承，减少摩擦造成的误差，同时拉丝还可作为导电元件。

拉丝很细，应用时通常把拉丝固定在弹性支承件(弹片)上，再将支承件固定在机架上。利用弹片对拉丝起减震和保护作用，提高了仪表的抗震性，在便携式仪表中大量被采用。

第四节　膜片及膜盒

膜片是用金属或非金属制成的薄片。断面是平的称为平膜片，断面带波纹的称为波纹膜片(见图 8-8a)。两片膜片在边缘对焊起来则构成膜盒(见图 8-8b)。几个膜盒连起来则组成膜盒组。

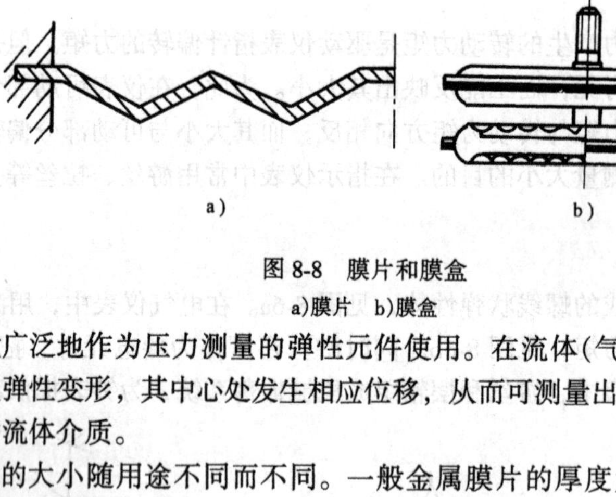

图 8-8　膜片和膜盒

a)膜片　b)膜盒

膜片、膜盒广泛地作为压力测量的弹性元件使用。在流体(气体、液体)的压力作用下，膜片、膜盒发生弹性变形，其中心处发生相应位移，从而可测量出压力的大小。此外膜片还可用来隔离两种流体介质。

膜片、膜盒的大小随用途不同而不同。一般金属膜片的厚度为 0.06 ~ 1.5mm，非金属(如橡胶)膜片厚度略大些。

复　习　题

1. 弹性元件的主要功用是什么？按用途弹性元件有哪几种类型？
2. 什么是弹性元件的弹性特性？什么是弹性滞后和弹性后效？
3. 对弹性材料的基本要求是什么？常用的弹性材料有哪些？
4. 弹簧的种类有哪些？
5. 螺旋弹簧有哪些种类？它的制造方法分哪两种？
6. 游丝和拉丝在仪表中主要起什么作用？两者有什么区别？

第九章　示数装置

示数装置是仪器仪表中不可缺少的部分，通过观察其标尺与指针的相对位置，来确定仪器仪表工作的结果数据。

第一节　示数装置的种类

示数装置的种类很多，一般可分为：标尺指引示数装置、记录装置和计数装置三大类。

一、标尺指引示数装置

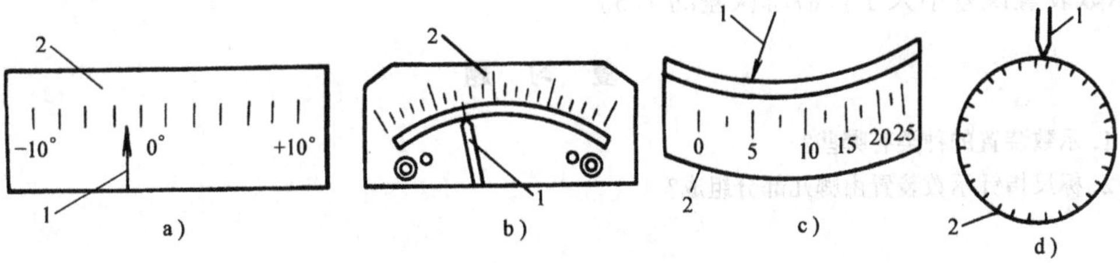

图 9-1　标尺指引示数装置

1—指针　2—标尺

它是利用标尺与指针的相对运动来实现示数作用的，根据观察标尺与指针的相对位置确定该时刻下的数据。常见的类型见图 9-1，它多用在慢速的指示仪表中。

二、记录装置

记录装置是将被测量值在一定时间内的变化情况记录下来，以便于分析研究。如图 9-2 所示的压力记录仪示意图，能把一定时间内通入导管 4 的气体压力变化情况，自动记录在圆盘纸上，画出压力的变化曲线。

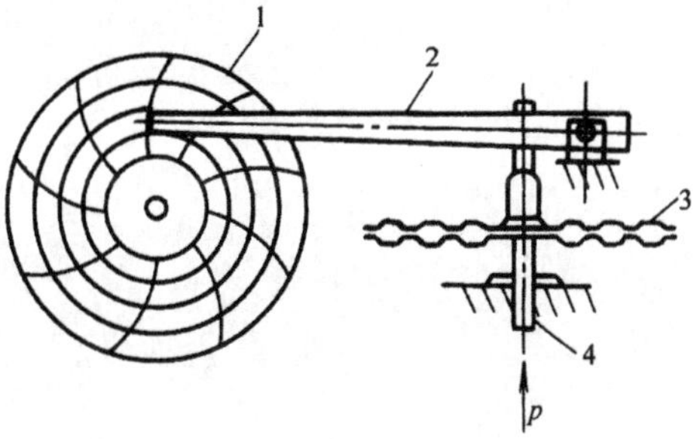

图 9-2　记录装置

1—圆盘记录纸　2—杠杆　3—膜盒　4—导管

三、计数装置

它可以把被测量在一定过程中的总数显示出来，如家用水表、电度表等。

第二节　标尺指引示数装置

一、标尺指引示数装置的组成

标尺指引示数装置一般由标尺、指针和传动部分组成。

1. 标尺　标尺又称刻度尺或度盘。在标尺上刻有与被测量数值相对应的一系列标线，标尺上相邻两标线间所代表的物理量或几何量为分度值，即该仪器的测量精度，而最小被测量到最大被测量之间的范围，是该仪器的测量范围。标尺类型有直线刻度、扇形刻度、圆刻度等(见图 9-1)。

2. 指针　指针是与标尺作相对运动，用以指示被测量相对应标线的位置。为了便于读数和保证测量的精度，指针具有明显的尖端部分，通常采用轻金属制造，常用形状见图 9-3。

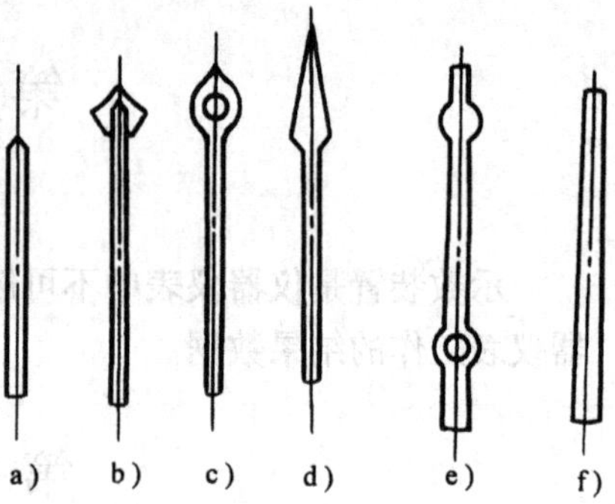

图 9-3　指针形状

a)刀刃形　b)、c)、d)矛形　e)、f)杠形

3. 传动部分　带动指针和标尺作相对运动的部分为传动部分，一般常用的有杠杆、弹簧、齿轮等。

二、示数装置的误差

示数装置的误差主要来源于结构误差、视差和传动误差三部分。其中结构误差一般是由于制造、安装不准确而造成的，如刻线间距误差、指针变形误差等。原则上示数装置误差不大于仪器总误差的 1/3。

复　习　题

1. 示数装置的种类有哪些?
2. 标尺指针示数装置由哪几部分组成?

第十章　液压传动

液压传动是利用密闭系统中的受压液体(液压油)来传递运动和动力的一种传动方式。液压传动与其它传动方式相比，具有许多优点，所以在机械工程中被广泛采用。特别是近年来，液压技术与微电子、计算机技术相结合，使液压技术的发展进入了一个新的阶段。

第一节　压力、流量和功率简介

一、液压传动的原理和组成

1. 液压传动的工作原理　液压传动系统是先将机械能转换为液体的压力能，在密封容器中以受压液体为工作介质来传递运动和动力，最终再将液体的压力能转换为工作机构的机械能。下面以图 10-1 所示的简单机床液压传动系统为例，分析其工作过程，了解其工作原理。

图 10-1 表示一台简化了的机床液压传动系统，液压缸 8 固定在床身上，活塞 9 连同活塞杆带动工作台 10 作直线往复运动，液压泵 3 由电动机驱动，从油箱 1 中吸油并把压力油输入管路，经节流阀 6 至换向阀 7。当换向阀两端的电磁铁均不通电，其阀芯在两端弹簧力作用下处于中间位置(图 10-1a)时，管路中 P、A、B、O 均不相通，液压缸左、右两腔油路被封闭，活塞及工作台停止不动。

若换向阀左端的电磁铁通电，衔铁吸合，将阀芯推至右端(图 10-1b)，使管路 P 和 A 接通，B 和 O 接通。这时液压缸进油路为：泵 3→节流阀 6→换向阀 7（P→A）→液压缸 8 左腔；回油路为：液压缸右腔→换向阀 7（B→O）→油箱。由于液压缸被固定，活塞 9 连同工作台 10 在左腔内压力油对其产生的推力作用下向右移动，同时右腔内的没有压力的油液流回油箱。当工作台右移至挡铁 11 与行程开关 12 相碰时，控制换向阀 7 左侧电磁铁断电，右侧电磁铁通电，换向阀阀芯移至左端(图 10-1c)，使管路 P 和 B 接通，A 和 O 接通。此时液压缸进油路改为：泵 3→节流阀 6→换向阀 7（P→B）→液压缸 8 右腔；回油路为：液压缸左腔→换向阀 7（A→O）→油箱。这时，活塞带动工作台向左移动。当挡铁 13 再碰到行程开关 12 时，又可控制电磁铁通断，使换向阀阀芯换位，从而实现工作台自动往复运动。

通过调节节流阀 6 的开口大小，可改变进入液压缸压力油的数量，从而调整工作台的移动速度。调节溢流阀 5 弹簧的预紧力，就能调整泵出口油液的压力，且能将系统中多余的油液在达到相应压力下经打开的溢流阀溢回油箱。图中 2 为过滤器，起过滤和净化油液的作用；4 为压力表，用以测定系统中的油压。

2. 液压传动系统的组成及特点　从图 10-1 可看出，液压传动系统一般由五部分组成，即以液压泵为代表的动力元件，以液压缸为代表的执行元件，以各种阀为代表的控制调节元件和为保证系统正常工作的辅助元件(如油箱、油管、压力表等)，还有工作介质即液压油。

液压传动与其它传动方式相比，具有以下特点：

(1) 液压传动可以输出很大的力或转矩。

(2) 在相同功率条件下，液压传动装置体积小，重量轻，结构紧凑。

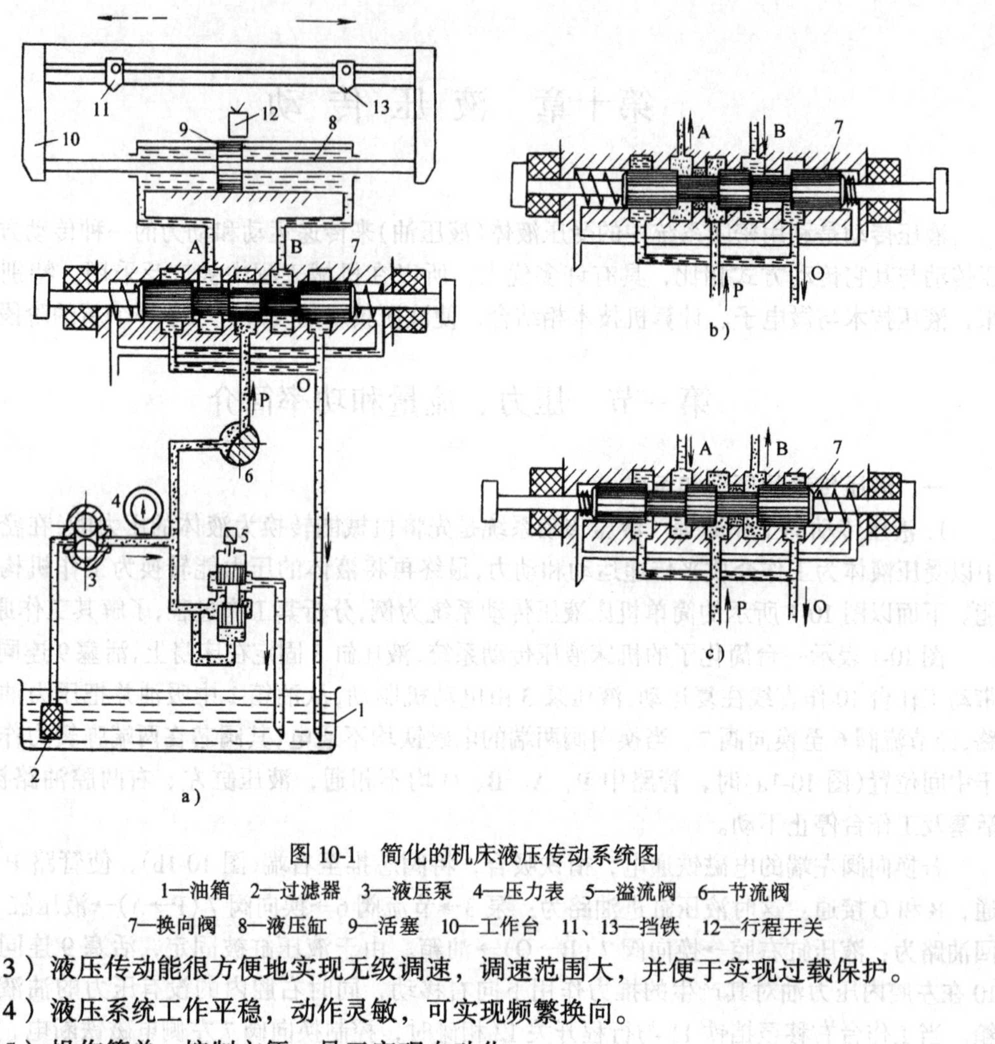

图 10-1 简化的机床液压传动系统图

1—油箱 2—过滤器 3—液压泵 4—压力表 5—溢流阀 6—节流阀
7—换向阀 8—液压缸 9—活塞 10—工作台 11、13—挡铁 12—行程开关

(3) 液压传动能很方便地实现无级调速，调速范围大，并便于实现过载保护。

(4) 液压系统工作平稳，动作灵敏，可实现频繁换向。

(5) 操作简单，控制方便，易于实现自动化。

(6) 油的泄漏会影响执行元件运动的准确性，无法保证严格的传动比。

二、压力、流量和功率

1. 压力 液体只能受压而不能受拉。当液体受到压缩时，其单位面积上所受的垂直压向液面的作用力称为压力，用 p 表示，即

$$p = F/A \tag{10-1}$$

式中 p——压力(Pa)；

F——作用力(N)；

A——液体受力作用面积(m^2)。

压力 p 在物理中称为压强，但在工程实际中习惯称为压力。压力的单位是 Pa 或 N/m^2，由于此单位太小，常用 kPa、MPa，它们之间的关系是

$$1MPa = 10^3 kPa = 10^6 Pa = 1N/mm^2$$

根据物理学中的帕斯卡定律可知，在密闭容器中的静止液体，由外力作用所产生的压力可以传递到液体内所有各点，而且其大小处处相等。液压传动就是在这个静压传递原理的基

础上建立的。

如图 10-2 所示，在两个互相连通的密封液压缸中装有油液，小、大活塞的面积分别为 A_1、A_2，在大活塞上放有重物，重力为 W，在小活塞上加一外力 F_1。由式(10-1)有

小缸内的油液压力 $$p_1 = F_1/A_1$$

大缸内的油液压力 $$p_2 = W/A_2$$

根据帕斯卡定律 $p_1 = p_2$，则有

$$F_1/A_1 = W/A_2 \tag{10-2}$$

由式(10-2)可知，若 $A_2 > A_1$，则 $F_1 < W$，即能用较小的力 F_1，获得较大的作用力来推动重物 W，实现了力的放大作用。液压压力机和液压千斤顶就是利用这个原理工作的。

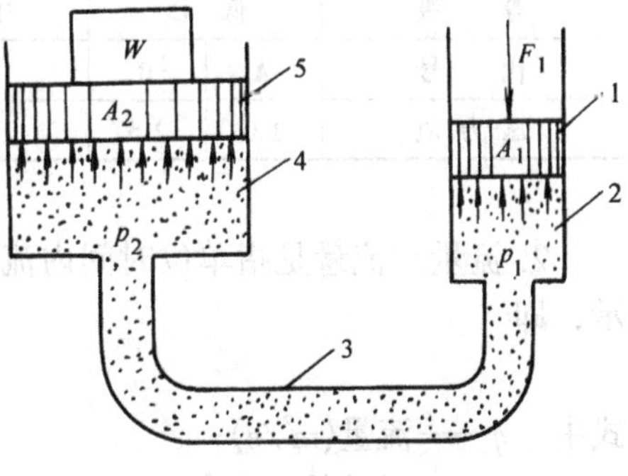

图 10-2　压力及其传递

1—小活塞　2—小液压缸　3—连通管　4—大液压缸　5—大活塞

液压传动的静压传递原理，也适用于流动液体压力的建立和传递。由于在一般液压传动中，流动液体的动压力较小，通常可忽略不计，所以主要考虑静压力，下面以图 10-3 来说明静压力的建立过程。

在图 10-3a 中，假设负载阻力(工作阻力、摩擦力、弹簧力等)为零，即 $F = 0$。液压泵输入液压缸左腔的油液没有受到挤压作用就能推动活塞向右运动，因此

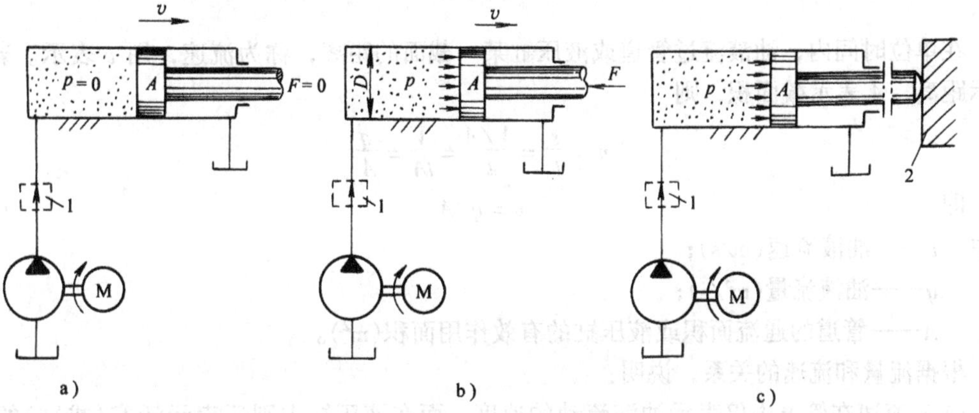

图 10-3　液压系统压力的建立

1—各种液压阀　2—固定挡铁

压力无法建立，即 $p = F/A = 0$。

在图 10-3b 中，输入液压缸左腔的油液受到负载阻力 F 的阻挡，不能立即推动活塞运动，但液压泵总是不断地供油，液压缸左腔中的油液必然受到挤压，油液压力也就随之增大，作用在活塞有效面积 A 上的液压作用力 F_p 也相应增大。直到 $F_p = F$ 时，液压泵输出的油液才推动活塞向右运动，此时油液的压力 $p = F/A$。在活塞运动过程中，若负载 F 保持不变，则油液就不再受更大的挤压作用，压力也就不会继续上升。所以液压系统中某处油液的压力是在油液由于前面受负载作用的阻挡，后面受液压泵输出油液的不断推动，即所谓“前阻后推”的状态下产生的。

图 10-3c 表示运动着的活塞受到固定挡铁的阻挡，液压缸左腔的容积无法继续增大，但液压泵继续供油，所以油液受到极大的挤压，压力急剧升高。若液压系统没有保护措施，则系统中的薄弱环节就将损坏。

由以上分析可知：液压系统中的压力大小取决于负载。它从无到有，从小到大，并随负载的变化而变化。

液压系统中的压力按其大小可分为五级，见表 10-1。

表 10-1　液压压力的分级　　　　(1×10^5Pa)

等　级	低　压		中压	中 高 压		高　压		超 高 压
代　号	A	B	C	D	E	F	G	H
压 力 值	1.0	2.5	6.3	10	16	20	25	31.5

2. 流量　流量是指单位时间内流过管道或液压缸某一截面的油液体积，常用字母 q 表示，即

$$q = V/t \tag{10-3}$$

式中　q——流量(m^3/s)；

V——油液体积(m^3)；

t——时间(s)。

工程应用中还常用 L/min (升/分)为流量单位，它们之间的换算关系为 $1m^3/s = 6 \times 10^4 L/min$。

在单位时间内，油液流过管道或液压缸某一截面的距离，称为流速，用 v 表示。若以 s 表示距离，A 表示截面积，则

$$v = \frac{s}{t} = \frac{V/A}{t} = \frac{V}{tA} = \frac{q}{A}$$

即

$$v = q/A \tag{10-4}$$

式中　v——油液流速(m/s)；

q——油液流量(m^3/s)；

A——管道的通流面积或液压缸的有效作用面积(m^2)。

根据流量和流速的关系，说明：

(1) 流速在管道中仅表示油液流动的速度，而在液压缸中则还表示活塞(或缸)的运动速度。

(2) 流速 v 仅与面积 A 及流量 q 有关，而与压力大小无关。

(3) 当管道或液压缸的面积 A 一定时，流速与流量成正比。对于液压缸，其活塞(或缸)的运动速度 v 仅取决于进入液压缸内的流量 q。即要调节工作元件的运动速度，只需调节进入液压缸的流量。

由于油液具有“不可压缩性”，所以油液在无分支的管道中流动时，流经每一横截面上的流量在同一时间内都是相等的。如图 10-4 所示的管道中，任取两个截面 1、2，其截面积分别为 A_1、A_2，油液过截面的流速分别为 v_1、v_2，根据 $q_1 = q_2 =$ 常量，得

$$A_1 v_1 = A_2 v_2 \tag{10-5}$$

上式称为液流连续性方程。它说明在无分支的管道中，流过任一截面的流量相等，因而

流速与流经截面积成反比。

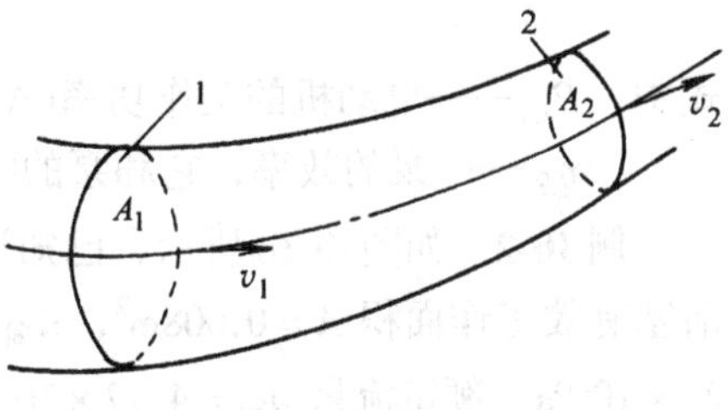

图 10-4 液流的连续性

例 10-1 如图 10-2所示的液压千斤顶，已知活塞1的面积 $A_1 = 1.13 \times 10^{-4} m^2$，活塞2的面积 $A_2 = 9.62 \times 10^{-4} m^2$，管道3的面积 $A_3 = 0.13 \times 10^{-4} m^2$。在小活塞上作用力 $F_1 = 5.78 \times 10^3 N$，小活塞向下运动的速度 $v_1 = 0.2 m/s$。试求：(1)能顶起多重的重物？(2)大活塞5上升速度为多大？(3)管道3内油液的流速为多大？

解 (1) 计算小液压缸内的压力 p_1。由式(10-1)

$p_1 = F_1/A_1 = (5.78 \times 10^3)/(1.13 \times 10^{-4}) Pa = 512 \times 10^5 Pa$

根据静压传递原理可知 $p_2 = p_1$，则大活塞向上的推力 F_2 为

$$F_2 = p_2 A_2 = p_1 A_2 = 512 \times 10^5 \times 9.62 \times 10^{-4} N = 4.9 \times 10^4 N$$

所以能顶起重物的重力 $W = F_2 = 4.9 \times 10^4 N$。

(2) 活塞2上升速度 v_2。由式(10-5)可得

$$v_2 = \frac{A_1 v_1}{A_2} = \frac{1.13 \times 10^{-4} \times 0.2}{9.62 \times 10^{-4}} m/s = 0.0235 m/s$$

(3) 管道内油液流速 v_3

$$v_3 = \frac{A_1 v_1}{A_3} = \frac{1.13 \times 10^{-4} \times 0.2}{0.13 \times 10^{-4}} m/s = 1.74 m/s$$

3. 功率　单位时间内所做的功称为功率，用符号 P 表示，其单位为 W 或 kW。

通常功率等于力与速度的乘积。在液压系统中，最终是通过液压缸等执行元件来做功的，所以系统的输出功率就是液压缸克服外界负载的功率，即

$$P_{缸} = Fv$$

式中 F 是负载阻力，v 是活塞的运动速度。由于 $F = p_{缸} A$，$v = q_{缸}/A$，所以

$$P_{缸} = p_{缸} q_{缸} \tag{10-6}$$

式中 $P_{缸}$——液压缸的输出功率(W)；

$p_{缸}$——液压缸的油液工作压力(Pa)；

$q_{缸}$——液压缸的油液流量(m^3/s)。

液压系统中的压力和流量是由液压泵提供的，并经过一系列的管道和控制阀才将油液输送到液压缸。油液在输送过程中不可避免地存在各种形式的摩擦阻力和漏油现象，必然造成一定程度的压力降低和流量减少，所以液压泵输出的压力和流量都应大于液压缸的工作压力和流量。因此，液压泵的输出功率应为

$$P_{泵} = p_{泵} q_{泵} = K_{压} p_{缸} K_{漏} q_{缸} \tag{10-7}$$

式中 $P_{泵}$——液压泵的输出功率(W)；

$p_{泵}$——液压泵的最大工作压力(Pa)，且 $p_{泵} = K_{压} p_{缸}$；

$q_{泵}$——液压泵的输出流量(m^3/s)，且 $q_{泵} = K_{漏} q_{缸}$；

$K_{压}$——压力损失系数，一般为 1.3～1.5；

$K_{漏}$——漏油系数，一般为 1.1～1.3。

确定了液压泵的功率后，进而可确定拖动液压泵的电动机功率。同样，液压泵工作时，也存在压力损失、流量损失以及摩擦造成的机械损失，所以电动机的功率应大于液压泵的输

出功率，即

$$P_{电}=P_{泵}/\eta_{泵} \tag{10-8}$$

式中 $P_{电}$——电动机的工作功率(W)；

$\eta_{泵}$——泵的效率，它和泵的结构及工作情况有关在0.6~0.95之间。

例 10-2 如图10-3b所示，已知活塞向右运动的速度 $v=0.04\text{m/s}$，外界负载 $F=9720\text{N}$，活塞有效工作面积 $A=0.008\text{m}^2$，$K_{漏}=1.1$，$K_{压}=1.3$。现有一定量液压泵的额定压力 $p_{额}=25\times10^5\text{Pa}$，额定流量 $q_{额}=4.17\times10^{-4}\text{m}^3/\text{s}$ (25L/min)。问此泵是否可用？若该泵的效率 $\eta_{泵}=0.8$，拖动电机功率应为多少千瓦？

解 （1）输入液压缸的流量为

$$q_{缸}=Av=0.008\times0.04\text{m}^3/\text{s}=3.2\times10^{-4}\text{m}^3/\text{s}$$

（2）液压泵应具备的流量为

$$q_{泵}=K_{漏}q_{缸}=1.1\times3.2\times10^{-4}\text{m}^3/\text{s}=3.52\times10^{-4}\text{m}^3/\text{s}$$

（3）液压缸的工作压力为

$$p_{缸}=F/A=(9720/0.008)\text{Pa}=12.15\times10^5\text{Pa}$$

（4）液压泵应具备的压力为

$$p_{泵}=K_{压}p_{缸}=1.3\times12.15\times10^5\text{Pa}=15.8\times10^5\text{Pa}$$

（5）因为 $p_{泵}<p_{额}$，$q_{泵}<q_{额}$，所以此泵适用。

（6）拖动该泵所需电机功率，一般使用泵铭牌上标定的额定压力和额定流量计算，即

$$P_{电}=P_{泵}/\eta_{泵}=(p_{额}q_{额})/\eta_{泵}=(25\times10^5\times4.17\times10^{-4}/0.8)\text{W}=1303.1\text{W}$$

即 $P_{电}=1.3\text{kW}$

第二节　泵、缸、阀的图形符号及作用

一、液压泵

1. 液压泵的作用和图形符号　液压泵是液压系统的动力元件，它把原动机(电动机等)的机械能转换成为输出油液的压力能。

液压泵按其结构不同可分为齿轮泵、叶片泵、柱塞泵和螺杆泵等；按输出流量能否变化可分为定量泵和变量泵。

液压系统中的各元件，通常用规定的图形符号来表示，这些符号可表示液压元件的功能、控制方式及外部连接口，但它不表示元件的具体结构、参数、连接口的实际位置等。图形符号的绘制应符合国家标准 GB786.1—93，液压泵的图形符号见图 10-5。

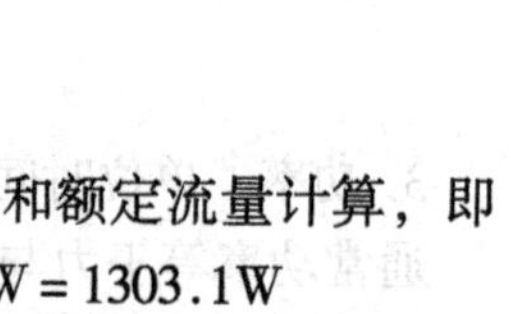

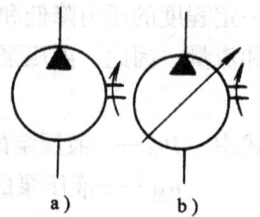

图 10-5　泵的图形符号
a)定量泵　b)变量泵

2. 液压泵的工作原理　液压泵的工作原理如图 10-6 所示，泵体 4 和柱塞 5 构成一个密封的容积 a，偏心轮 6 由电动机带动旋转，结合弹簧 2 的作用，从而实现柱塞的上下往复移动。当柱塞 5 从上向下移动时，密封容积 a 逐渐增大，形成局部真空，油箱内的油液在大气压力作用下，顶开单向阀 1 进入油腔 a，实现吸油。当柱塞 5 从下向上移动时，容积 a 逐渐减小，油液受柱塞挤压而产生压力，使单向阀 1 关闭，同时顶开单向阀 3 而输入系统，从而完

成压油。这样液压泵就把电动机输入的机械能转换成油液的压力能。由以上分析可知，液压泵是通过密封容积的变化来完成吸油和压油的，其输出油液的流量大小取决于单位时间内密封腔的容积变化的大小。为了保证泵的正常工作，单向阀 1、3 使吸、压油腔不相通，起到配油作用。为了保证液压泵的吸油，油箱必须和大气相通。

液压泵的结构较为复杂，下面只对常用液压泵的工作部分作简单介绍。图 10-7a 所示为齿轮泵，齿轮各齿槽和泵体及齿轮前后端面贴合的前后端盖间形成密封工作腔，而啮合线又把它们分隔为两个不相通的吸油腔和压油腔，轮齿脱开啮合使容积增大吸油，轮齿进入啮合使容积缩小压油。图 10-7b 所示为单作用叶片泵，转子和定子不同心，矩形叶片可在转子槽内滑动。工作时，转子旋转并在离心力作用下，将叶片甩出靠在定子内表面上，每两叶片之间与转子外表面、定子内表面形成密封容积，随转子转动，密封容积发生变化完成吸油、压油。

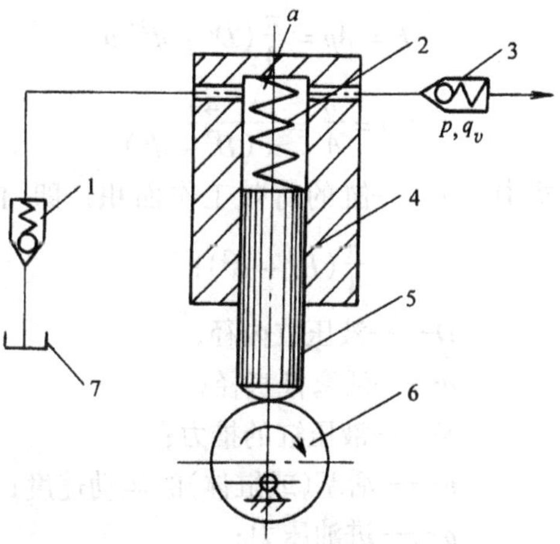

图 10-6　液压泵工作原理图

1、3—单向阀　2—弹簧　4—泵体

5—柱塞　6—偏心轮　7—油箱

二、液压缸

1. 液压缸的作用和图形符号　液压缸是液压系统的执行元件，它把液体的压力能转换为运动部件的机械能，使运动部件实现往复直线运动或摆动。

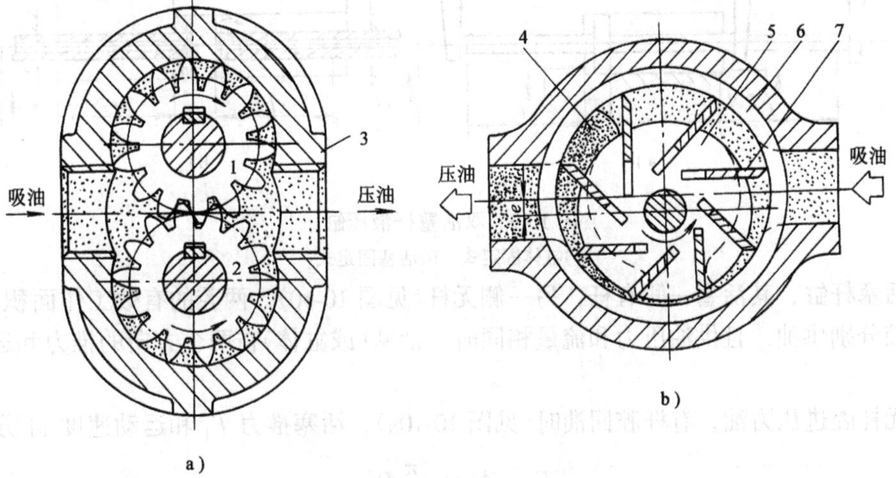

图 10-7　齿轮泵和叶片泵原理

a)齿轮泵　b)单作用叶片泵

1、2—齿轮　3—泵体　4—配油盘　5—转子　6—定子　7—叶片

液压缸按结构特点的不同可分为活塞缸、柱塞缸和摆动缸三类。其中活塞缸应用最为广泛，它又分为双活塞杆缸和单活塞杆缸，图形符号有详细符号和简化符号两种，见图 10-8。

2. 液压缸的工作原理　液压缸的活塞将缸内分为左、右两腔，利用压力油的压力、流量来产生推力和运动速度。

双活塞杆缸的两活塞杆直径相同，若分别进入两腔的供油压力和流量不变，则活塞(或缸体)两个方向的运动速度和推力也都相等。因此，常用于要求往复运动速度和负载相同的场合，如各种磨床。

双活塞杆缸的推力和速度计算公式为

$$F = Ap = \frac{\pi}{4}(D^2 - d^2)p$$

$$v = \frac{q}{A} = \frac{4q}{\pi(D^2 - d^2)}$$

式中 A——缸的有效工作面积，即 $A = \frac{\pi}{4}(D^2 - d^2)$；

D——液压缸内径；

d——活塞杆直径；

F——液压缸的推力；

v——活塞(或缸体)的运动速度；

p——进油压力；

q——进入液压缸的流量。

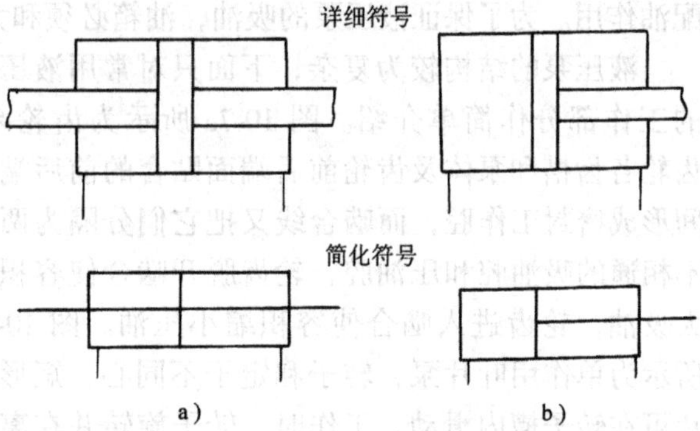

图 10-8 液压缸图形符号
a)双活塞杆缸 b)单活塞杆缸

双活塞杆缸可以使用缸体固定式(见图 10-9a)，此时活塞杆为实心杆；还可以使用活塞固定式(见图 10-9b)，此时为空心活塞杆。

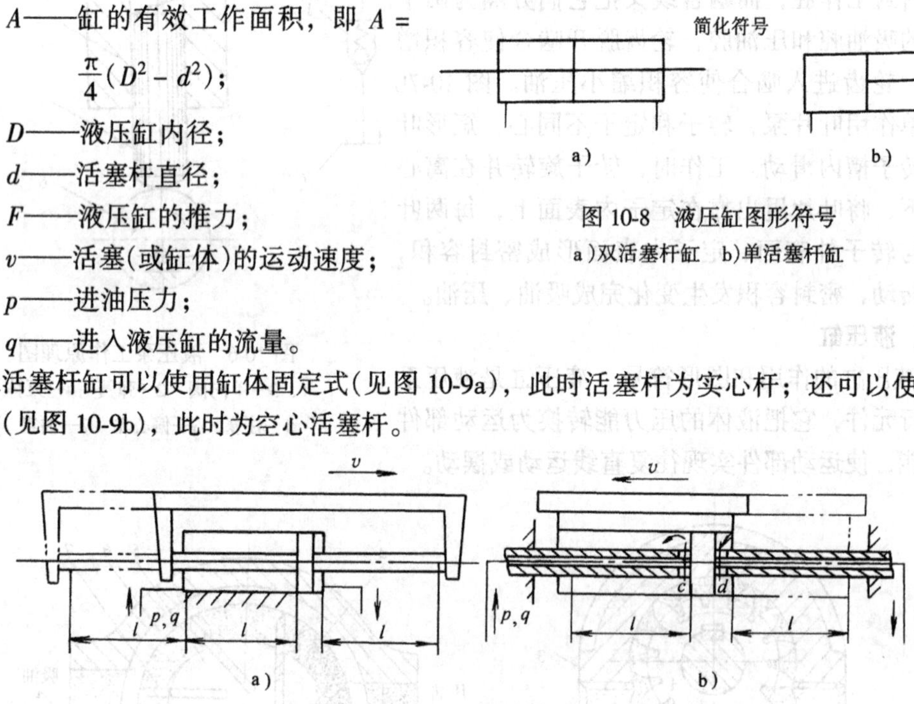

图 10-9 双活塞杆液压缸
a)缸体固定式 b)活塞固定式

单活塞杆缸，其活塞一侧有杆，另一侧无杆(见图 10-10)，两腔的有效工作面积不相等。当向两腔分别供油，且供油压力和流量相同时，活塞(或缸体)在两个方向的推力和运动速度不相等。

当无杆腔进压力油，有杆腔回油时(见图 10-10a)，活塞推力 F_1 和运动速度 v_1 分别为

$$F_1 = A_1 p = \frac{\pi}{4}D^2 p$$

$$v_1 = \frac{q}{A_1} = \frac{4q}{\pi D^2}$$

当有杆腔进压力油，无杆腔回油时(见图 10-10b)，活塞推力 F_2 和运动速度 v_2 分别为

$$F_2 = A_2 p = \frac{\pi}{4}(D^2 - d^2)p$$

$$v_2 = \frac{q}{A_2} = \frac{4q}{\pi(D^2 - d^2)}$$

式中　A_1——无杆腔有效工作面积，$A_1=\frac{\pi}{4}D^2$；

A_2——有杆腔有效工作面积，$A_2=\frac{\pi}{4}(D^2-d^2)$。

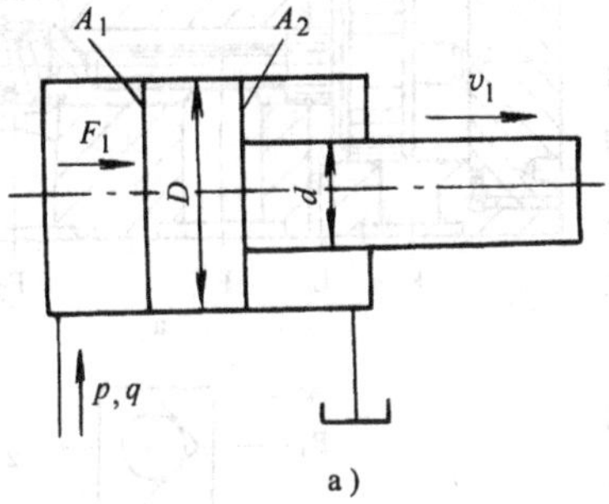

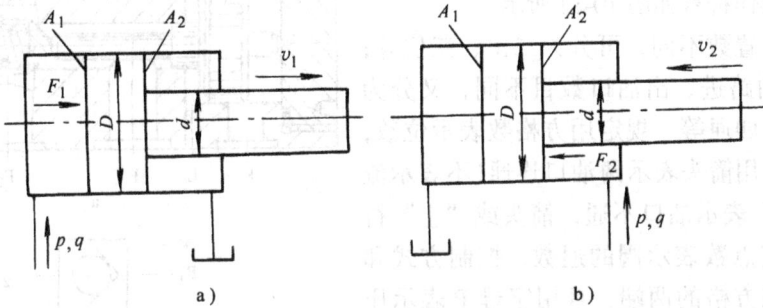

图 10-10　单活塞杆液压缸

由此可知：$v_1<v_2$，$F_1>F_2$。即无杆腔进压力油工作时，推力大，速度低；有杆腔进压力油时，推力小，速度高。因此，单活塞杆缸常用于一个方向有负载工作，另一个方向为空载快速退回的设备，如压力机、注塑机等。

三、液压控制阀

液压控制阀是液压系统的控制调节元件，用来控制和调节液流方向、压力和流量，从而控制执行元件的运动方向、输出的力或力矩和运动速度。液压阀按用途分为方向控制阀、压力控制阀和流量控制阀三类。

1. 方向控制阀　方向阀主要用来接通、关断或改变液流的方向，从而控制执行元件的起动、停止或改变其运动方向。它主要包括单向阀和换向阀。

（1）单向阀　只允许油液按一个方向流动而反向截止的阀，称为普通单向阀，也简称单向阀。它由阀体 1、阀芯 2、弹簧 3 等零件组成，如图 10-11 所示。当压力油从左端进油口 P_1 流入时，油液压力作用在阀芯 2 上的推力大于弹簧 3 的作用力，使阀芯向右移动，打开阀口，使油液从右端出油口 P_2 流出。当油液反向流动时，油液压力和弹簧力方向相同，使阀芯压紧在阀座上，阀口关闭，油液则无法通过。

除了普通单向阀外，还有液控单向阀，如图 10-12 所示。它在结构上增加了控制油口 K 和控制活塞 1，当控制油口 K 通以一定压力的压力油时，推动活塞 1 使锥阀芯 2 右移，阀保持开启状态，使单向阀也可以反方向通过油液。

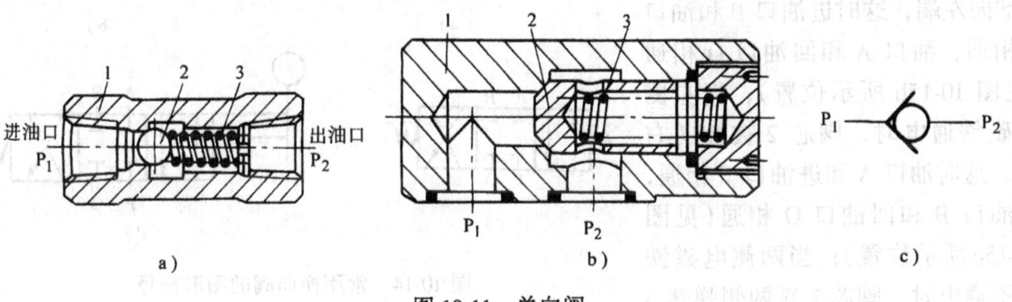

图 10-11　单向阀

a）管式单向阀　b）板式单向阀　c）图形符号

1—阀体　2—阀芯　3—弹簧

（2）换向阀　换向阀的作用是利用阀芯位置的改变，使阀体上各油口为连通或断开状态，从而控制油路连通、断开或改变方向。

换向阀的操纵方式有手动、机动、电磁动、液动等，其操作符号如图 10-13 所示。

按阀芯位置数不同，可分为二位、三位等；按阀体上主油路进、出油口数目不同，又分为二通、三通、四通等。规定用方格数表示位数；每一方格内，用箭头表示两油口连通（不表示流向），用“⊥”表示油口不通，箭头或“⊥”符号与方格的交点数表示阀的通数；控制方式和复位弹簧画在方格的两端，且用字母 P 表示压力油的进口，O 表示与油箱连通的回油口，A、B 表示连接其它油路的工作油口。常用换向阀的图形符号见图 10-14。

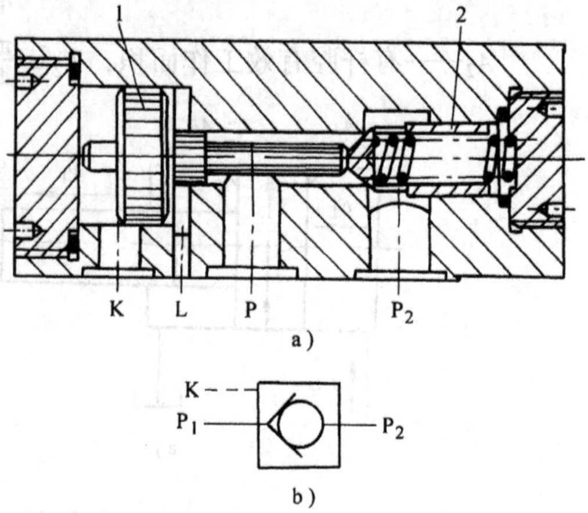

图 10-12　液控单向阀

a）结构示意图　b）图形符号

1—控制活塞　2—锥阀芯

下面以应用最广泛的三位四通电磁换向阀为例，介绍其工作原理。图 10-15a 为其结构原理图，阀芯 2 的两侧各装有一个电磁铁。当右侧电磁线圈 4 通电时，吸动衔铁 5 将阀芯 2 推向左端，这时进油口 P 和油口 B 相通，油口 A 和回油口 O 相通（见图 10-15b 所示位置）；当左侧电磁铁通电时，阀芯 2 被推向右端，这时油口 A 和进油口 P 相通，而油口 B 和回油口 O 相通（见图 10-15c 所示位置）；当两侧电磁铁都不通电时，阀芯 2 靠两侧弹簧 3 的作用而处于中间位置，此时四

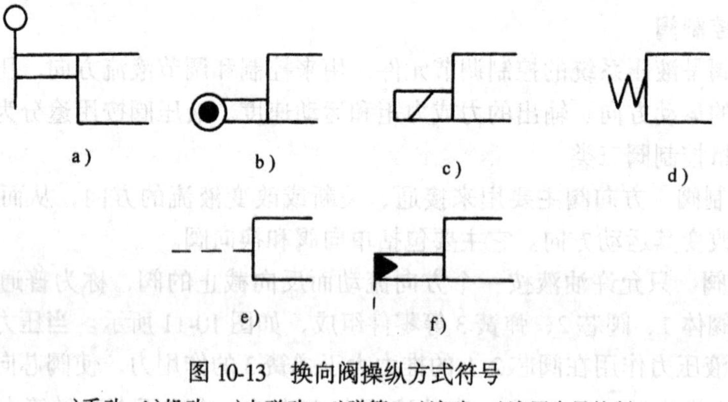

图 10-13　换向阀操纵方式符号

a）手动　b）机动　c）电磁动　d）弹簧　e）液动　f）液压先导控制

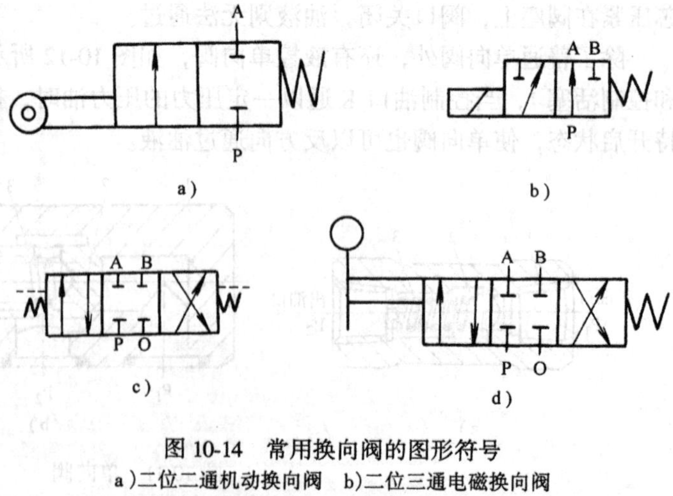

图 10-14　常用换向阀的图形符号

a）二位二通机动换向阀　b）二位三通电磁换向阀

c）三位四通液动换向阀　d）三位四通手动换向阀

个油口 A、B、P、O 各不相通(见图 10-15a)。图 10-15d 为其图形符号。

2. 压力控制阀　在液压系统中，控制液压系统压力或利用压力作为信号来控制其它元件动作的阀，统称压力控制阀。按其功能和用途不同可分为溢流阀、减压阀、顺序阀和压力继电器等。压力阀是利用作用在阀芯上的液压作用力和弹簧力相平衡的原理进行工作的。

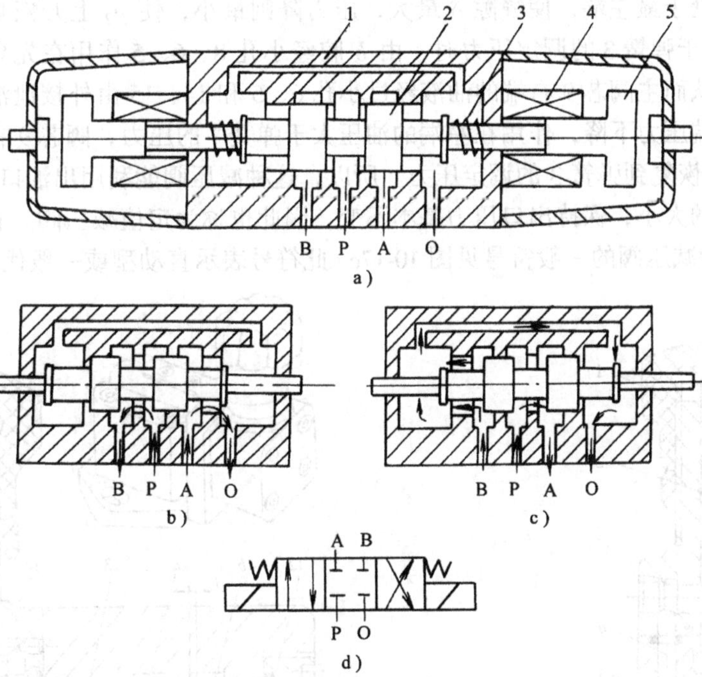

图 10-15　三位四通电磁换向阀

a)结构原理图(中位)　b)阀芯处于右位　c)阀芯处于左位　d)图形符号

1—阀体　2—阀芯　3—弹簧　4—电磁线圈　5—衔铁

(1) 溢流阀　溢流阀有直动型和先导型两种。直动型一般用于低压系统，先导型用于中、高压系统。

图 10-16a 为直动型溢流阀的结构原理，图 10-16b 为其图形符号。

在图 10-16a 中，P 是进油口，O 是回油口，进口压力油经阀芯 3 中间的阻尼孔 a 作用在阀芯的底部端面上。当进油压力较小时，阀芯在弹簧 2 的作用下处于下端位置，P 和 O 两油口不能相通。当进油压力升高，阀芯下端产生的作用力超过弹簧 2 的压紧力时，阀芯上升，阀口被打开，油液流回油箱，即溢流。阻尼孔 *a* 的作用是保持阀的工作平稳性，泄油孔 *b* 的作用是将阀芯间隙处泄漏到弹簧腔的油液排入回油口。调节螺母 1，可改变弹簧力，即调整了进油口处的油液最大压力。

溢流阀可以使进口处的压力保持为定值，所以在液压系统中能起到调压溢流、安全保护、使泵卸荷等作用。

(2) 减压阀　减压阀是利用油液流过缝隙时产生压力下降的原理，使系统某一支油路获得比系统压力低而且平稳的压力油，如控制油路、润滑油路、夹紧油路等。减压阀也有直动型和先导型两大类，其中应用较多的是先导型减压阀。

图 10-17a 所示为先导型减压阀的结构原理，压力油自进油口 P_1 流入阀内 *a* 腔，经缝隙

δ 到 b 腔，再自出油口 P_2 流出。由于缝隙 δ 的液阻作用，出口油压 p_2 显然小于进口油压 p_1。另外，进入 b 腔的油液也同时通过阀芯 9 上的中间小孔 11 和 8 作用在主阀芯 9 的左、右两端，并经小孔 6、5 作用在先导阀芯 4 上。当出油口压力 p_2 小于弹簧 3 的调定压力时，先导阀芯 4 关闭先导阀，主阀芯 9 左、右两端油腔 12、13 受的油压力平衡，主阀芯 9 在弹簧 7 的作用下处于最左端，使缝隙 δ 最大，压力降则最小，使 p_2 上升恢复到调定值。当出油口压力 p_2 大于弹簧 3 的调定压力时，由 b 腔经小孔 8、6、5 作用在先导阀芯 4 上，并将阀芯 4 顶开，从而主阀芯 9 右端的油液经过小孔 6、5 和 14、15 由外接泄油口流回油箱，因此主阀芯 9 右端压力下降，作用在左端的油压大于弹簧 7 的压力，阀芯 9 右移，使缝隙 δ 减小，则 p_2 下降恢复到弹簧 3 的调定压力。所以，这种减压阀能利用出油口压力的反馈作用，自动控制缝隙的大小，保持出口压力基本不变，因此也称为定值减压阀。它的图形符号见图 10-17b，而作为减压阀的一般符号见图 10-17c（此符号表示直动型或一般代表的符号）。

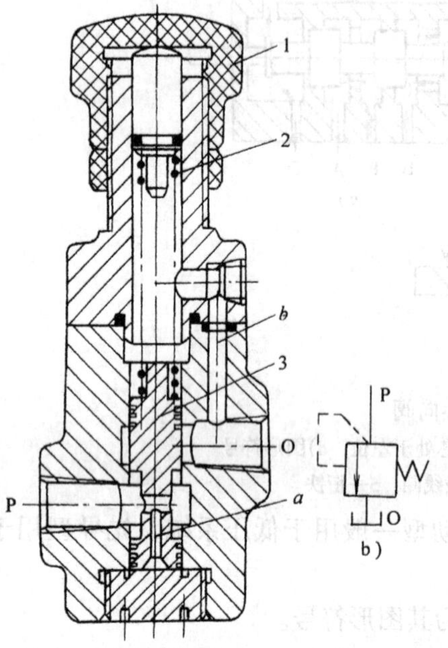

图 10-16　溢流阀

a）结构原理图　b）图形符号

1—螺母　2—弹簧　3—阀芯

a—阻尼孔　b—泄油孔

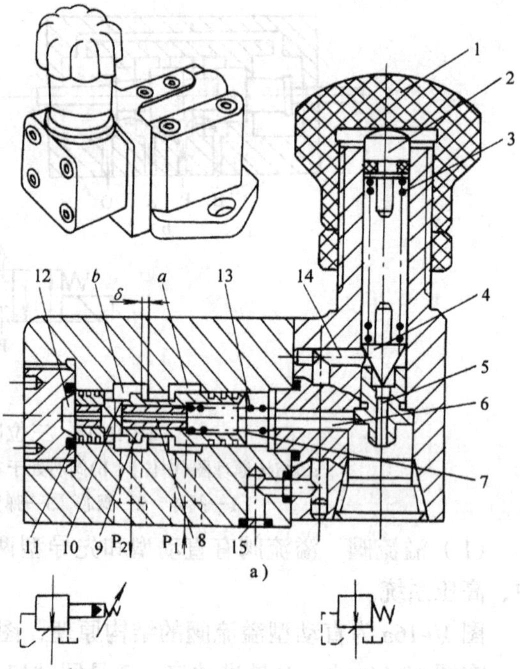

图 10-17　先导型减压阀

a）结构原理　b）图形符号　c）一般符号

1—螺母　2—柱塞　3、7—弹簧　4—先导阀芯

5、6、8、10、11、14、15—孔　9—主阀芯　12、13—油腔

（3）顺序阀　该阀的作用是利用油路本身的压力来控制执行元件的动作顺序。只有当油路本身的压力达到顺序阀的调定压力时，顺序阀才能打开阀口，接通油路，使油液通过，并让阀后面的油路开始工作。

顺序阀的结构原理与溢流阀相似，图 10-18a 为直动型顺序阀结构原理图，图 10-18b 是其图形符号。它的出油口接后面动作的油路，泄油口需单独接回油箱。

（4）压力继电器　压力继电器是使油液压力达到预定值时发出电信号的液-电信号转换元件。当其进油口压力达到弹簧的调定值时，能自动接通或断开电路，使电磁铁、继电器、电动机等电气元件通电工作或断电停止，以实现对液压系统工作程序的控制、安全保护或动作的联动等。

图 10-19a 为压力继电器的结构原理图，其图形符号见图 10-19b。当控制油口 K 的压力达到弹簧 6 的调定值时，膜片 1 在液压力的作用下产生中凸变形，使柱塞 5 向上移动。柱塞上的圆锥面使钢球 2 和 8 向左、右两边移动，钢球 8 推动杠杆 9 绕下支点摆动，其上部压下微动开关的触销，发出电信号，接通或断开某一电路。当控制油口 K 压力下降到弹簧 6 调定值以下时，柱塞下移，钢球复位，杠杆返回，微动开关复位，切断电信号，断开或接通电路。螺钉 7、弹簧 6 用来调整、控制开启压力；螺钉 4、弹簧 3 用来调整闭合压力。开启压力与闭合压力之差(又称压力继电器通断返回区间)应具有适当的数值，否则在系统压力出现波动时会使压力继电器时断时通，影响正常工作。

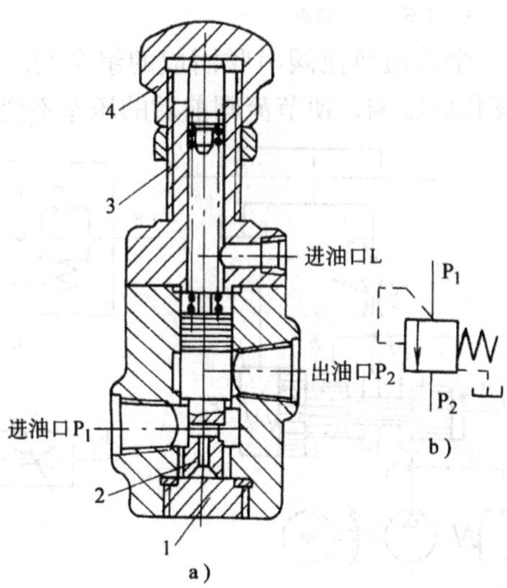

图 10-18　顺序阀及其图形符号

1—螺堵　2—孔　3—弹簧　4—调节螺母

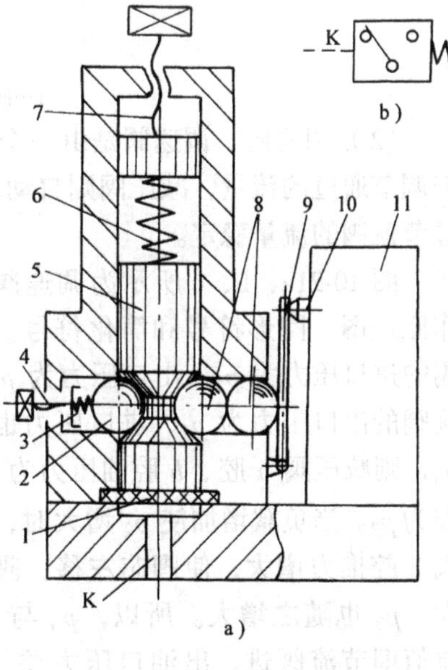

图 10-19　膜片式压力继电器

1—膜片　2、8—钢球

3、6—弹簧　4、7—调节螺钉　5—柱塞

9—杠杆　10—触销　11—微动开关

3. 流量控制阀　流量控制阀是通过改变阀口的通流截面积来调节油液通过阀口的流量，从而控制执行元件运动速度的控制阀。常用的流量阀有节流阀和调速阀。

(1) 节流阀　图 10-20a 所示为普通节流阀，它的节油口为轴向三角槽式。压力油从进油口 P_1 流入，经阀芯左端的轴向三角槽后由出油口 P_2 流出。此时的流量明显小于进油流量，并且基本稳定在一个数值上。阀芯 1 在弹簧 4 的作用下始终紧贴在推杆 2 的端部。旋转手轮 3，可使推杆轴向移动，改变节流口的通流截面积，从而调节通过节流阀的流量。图 10-20b 为节流阀的图形符号。

节流口是任何流量控制阀都必须具备的节流部分。节流口的形式除轴向三角槽外，还有偏心式、针阀式、周向缝隙式、轴向缝隙式等形式。

当节流阀单独使用时，通过节流阀的流量受节流阀进、出油口压力差的影响。当外载荷出现波动时，将造成节流阀两端的压力差随之波动，从而使通过节流阀的流量不稳定，使执行元件的运动速度产生波动。所以在工作速度要求平稳的场合，应使用调速阀来替代节流阀。

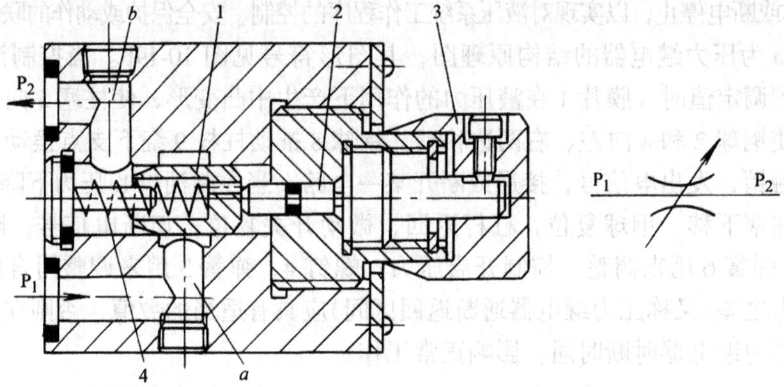

图 10-20 节流阀

1—阀芯 2—推杆 3—手轮 4—弹簧

（2）调速阀 调速阀是由一个减压阀和一个普通节流阀串联而成的组合阀。节流阀用来调节通过的流量，减压阀则自动补偿负载变化的影响，使节流阀前后的压差不变，保持通过节流阀的流量稳定。

图 10-21a、b、c 所示为调速阀的工作原理图、图形符号和简化符号。减压阀的进口压力为 p_1，出口压力为 p_3，节流阀的出口压力为 p_2，进口压力也就是 p_3，则减压阀 a 腔、b 腔油压力为 p_3，c 腔为 p_2。当负载增加使 p_2 增大时，减压阀 c 腔推力增大，使阀芯左移，阀口开大，p_3 也随之增大。所以，p_3 与 p_2 的差值即节流阀进、出油口压力差 Δp 不变，节流阀流量稳定。反之负载减小，p_2 减小，阀芯右移，p_3 减小，Δp 仍然不变，节流阀的流量被稳定。

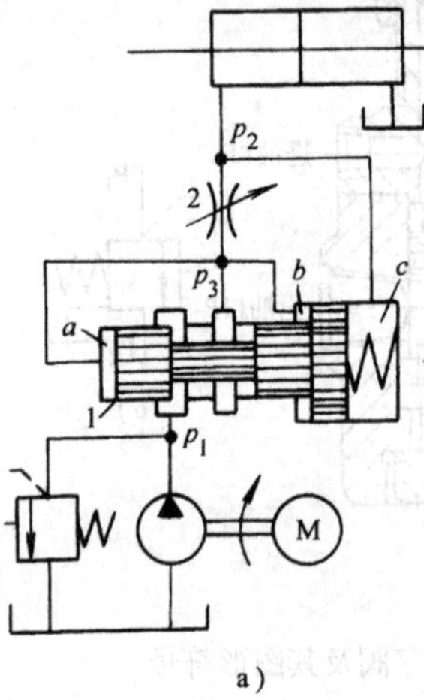

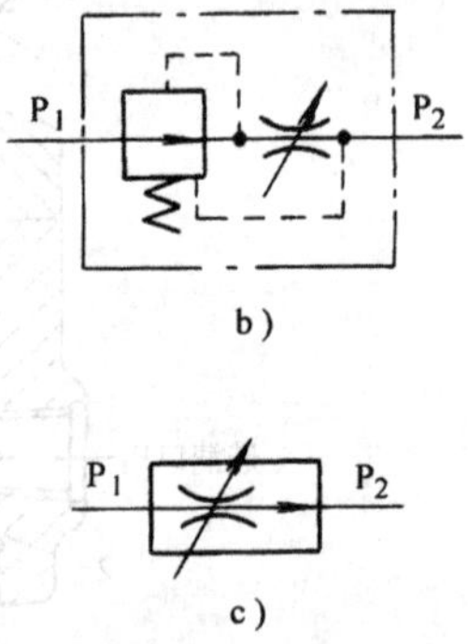

图 10-21 调速阀

a）工作原理 b)图形符号 c)简化符号

1—减压阀芯 2—节流阀

四、液压辅件

液压系统的辅助元件很多，包括油箱、过滤器、密封装置、压力计、油管、管接头、蓄能器、流量计、冷却器或加热器等等。应用时，随着液压系统工作的要求不同，其选用的项目也有所不同。一般来说，前六种辅助元件是必须具备的。

油箱是用来储存和供给液压系统用油的，同时通过油箱还可使渗入的气体逸出、污物沉淀和散热。

过滤器是用来清除油液中的各种杂质，以免其划伤、磨损、甚至卡死有相对运动的零件，或堵塞零件上的小孔、缝隙，影响系统的正常工作。

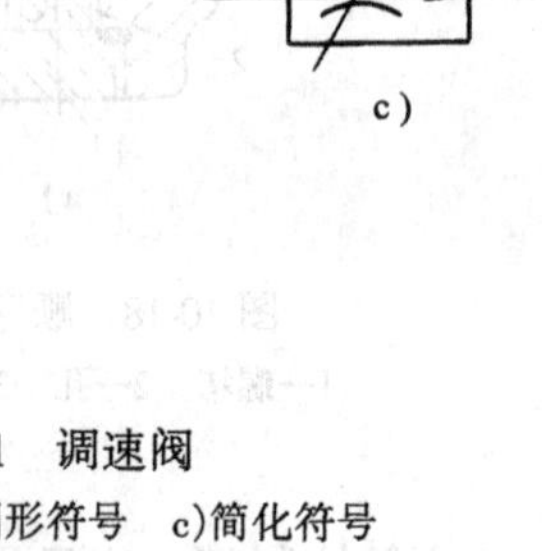

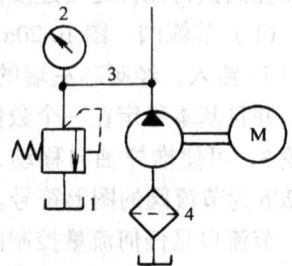

图 10-22 辅助元件的图形符号

1—油箱 2—压力计

3—油管 4—过滤器

压力计用于观测系统中的压力大小，以便调整和控制。

密封装置是用于防止液压元件和液压系统中液压油的内漏和外泄。它有间隙密封和密封圈密封两种方法。

油管用于连接液压元件和输送油液。常用的油管有钢管、铜管、橡胶软管、尼龙管等。

常用辅助元件的图形符号见图 10-22。

第三节　液压基本回路

一、液压基本回路的工作原理

一台设备的液压系统，不论它的复杂程度如何，总是由若干个基本回路组成的。每一个液压基本回路由一些相关的液压元件按一定的需要组合而成，并能完成液压系统的某一特定的功能(如换向、调压、调速等)。这样只要对组成液压系统的各类液压基本回路的特点、组成方法、所完成的功能及它们与整个系统的关系进行分析、研究，就可掌握液压系统构成的基本规律，从而能方便、迅速地分析、使用各种液压系统。

按完成的功能不同，液压基本回路可分为以下几类：

（1）方向控制回路　如换向回路、锁紧回路等。

（2）压力控制回路　如调压回路、减压回路、卸荷回路等。

（3）速度控制回路　如调速回路、速度转换回路等。

（4）顺序动作回路　如多缸顺序动作回路、平衡回路等。

下面将逐一对其介绍和分析，并结合液压系统应用实例，来熟悉和掌握液压基本回路的应用和工作原理。

二、方向控制回路

在液压系统中，执行元件的启动、停止或改变方向是利用控制进入执行元件油液的接通、切断或变更流向来实现的，实现这些控制的回路称为方向控制回路。方向控制回路包括换向回路、锁紧回路等。

方向控制回路的换向回路主要是利用各种换向阀来改变油路的流向，实现执行元件动作方向的改变。换向回路遍及后面的液压回路和液压系统中，图 10-23a 为典型的利用电磁换向阀的换向回路。当三位四通电磁换向阀的电磁铁 1YA 通电、2YA 断电时，阀的左位工作，压力油由泵输出经换向阀左位进入液压缸左腔，推动活塞向右运动，液压缸右腔油液经换向阀左位流回油箱。当改变电磁铁通、断电情况，1YA 断电、2YA 通电时，则换向阀右位工作，压力油进入缸右腔，推动活塞向左运动，完成换向工作。

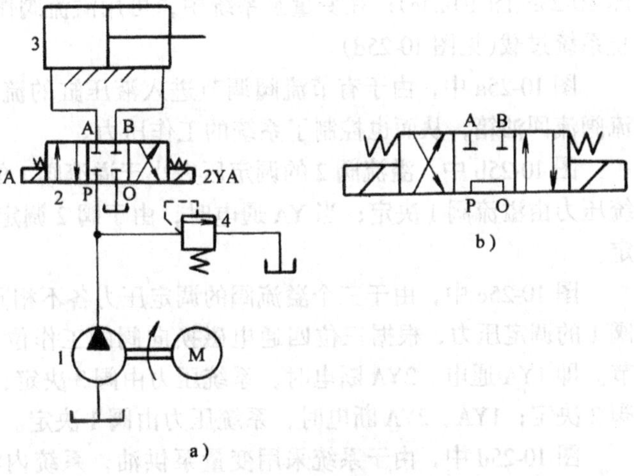

图 10-23　换向回路

a)换向回路(O 型阀)　b)M 型三位四通换向阀

1—液压泵　2—三位四通电磁换向阀　3—液压缸　4—溢流阀

此回路中还包含有锁紧回路，即能使液压缸在任意位置上停留，且停留后不会因外力作用而移动位置的回路。当1YA、2YA均为断电时，换向阀工作于中间位置，此时液压缸的左、右腔油口被封闭，油液不能流入、流出，活塞停止不动，即活塞被双向锁紧。同时，由于换向阀中位把泵的压力油进口也封闭，造成泵的输出压力不断上升，当达到溢流阀的调定压力时，溢流阀被打开泄流，起到卸荷作用。这种四个油口都被封闭的中位，称为“O”型中位。另外还可用“M”型中位的三位四通换向阀实现缸的锁紧和泵的直接卸荷，图10-23b所示为M型三位四通换向阀。若用M型阀替代图10-23a中的O型阀，这时溢流阀仅起过载保护作用，在泵直接通过M型中位卸荷时，溢流阀不会被打开。

图10-24是采用液控单向阀的锁紧回路。当换向阀处于左位时，压力油经单向阀1进入液压缸左腔，同时压力油还进入单向阀2的控制油口K，打开阀2，使活塞右行，液压缸右腔的油经阀2和换向阀左位流回油箱；反之换向阀处于右位时，活塞左行。而当换向阀处于中位（H型）或液压泵停止供油时，两个单向阀1和2立即关闭，活塞停止运动并双向锁紧。这种回路主要用于汽车起重机的支腿油路和矿山机械中液压支架油路中。

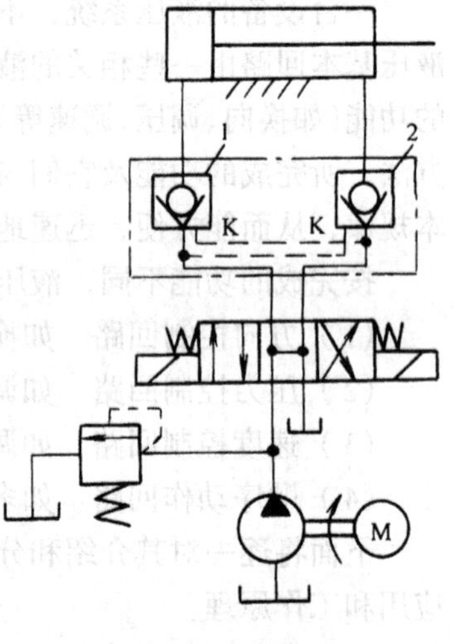

图10-24 采用液控单向阀的锁紧回路

1、2—液控单向阀

三、压力控制回路

压力控制回路是利用压力阀对系统整体或系统中的某一部分油路的压力进行调节控制，以满足执行元件对压力的不同要求。它包括调压、减压、卸荷等回路。

调压回路的作用是使液压系统整体或部分的压力保持恒定或不超过某个数值。调压回路一般都由溢流阀组成。在定量泵系统中，液压泵的供油压力，即系统的工作压力，可以通过溢流阀来调节（见图10-25a）；若系统中需要两种以上的压力，则使用多级调压回路（见图10-25b、图10-25c）；在变量泵系统中，可用溢流阀作安全阀来限定系统的最高压力，以防止系统过载（见图10-25d）。

图10-25a中，由于有节流阀调节进入液压缸的流量，则液压泵提供的多余流量须经溢流阀流回油箱，从而也控制了系统的工作压力。

图10-25b中，溢流阀2的调定压力小于溢流阀1的调定压力，当电磁铁YA断电时，系统压力由溢流阀1决定；当YA通电时，由于阀2调定压力小，所以系统压力由溢流阀2决定。

图10-25c中，由于三个溢流阀的调定压力各不相同，其中阀2、阀3的调定压力要小于阀1的调定压力，根据三位四通电磁换向阀的工作位置不同，可实现对系统压力的三级调节。即1YA通电、2YA断电时，系统压力由阀3决定；1YA断电、2YA通电时，系统压力由阀2决定；1YA、2YA断电时，系统压力由阀1决定。

图10-25d中，由于系统采用变量泵供油，系统内没有多余的油需溢流，此时溢流阀为安全阀，只在过载时才打开。

减压回路的作用是使系统中的某一部分油路具有的工作压力低于系统的工作压力，它在夹紧系统、控制系统、润滑系统中应用较多。图10-26所示的减压回路，主系统的工作压力

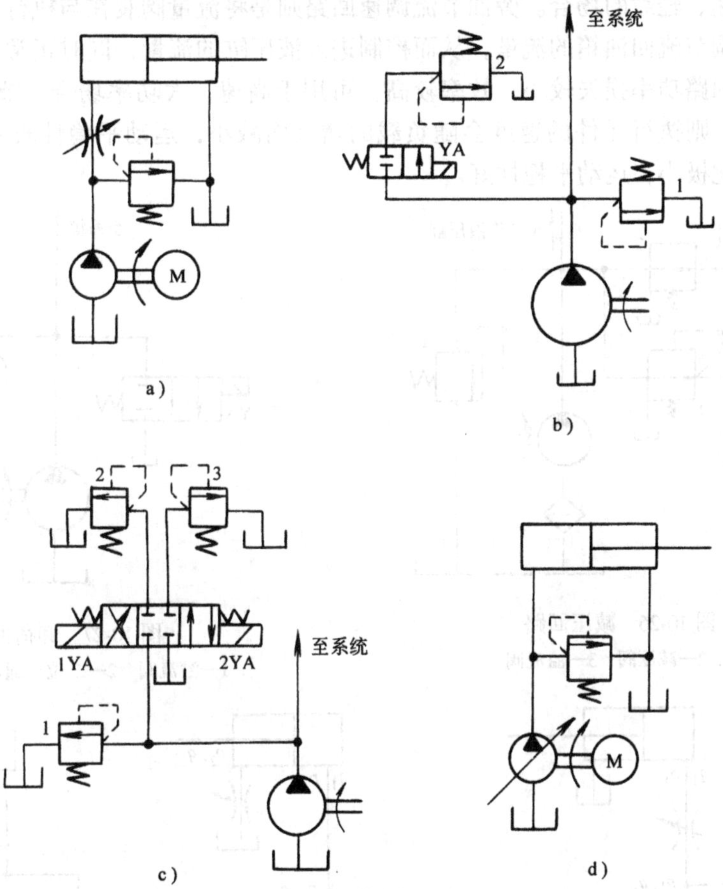

图 10-25　调压回路

a)调压溢流　b)二级调压　c)三级调压　d)安全保护

由溢流阀 3 调定，而控制系统压力、润滑系统压力分别由减压阀 2、1 调定。

当液压系统中的执行元件停止运动后，应使液压泵输出的油液以最小压力流回油箱，实现卸荷。这样可以节省能量损耗，减少系统发热，并可延长液压泵的使用寿命。使液压泵卸荷的回路，称为卸荷回路。可使用三位四通换向阀的中位机能，实现卸荷。如图 10-23b 中的 M 型中位、图 10-24 中的 H 型中位都能直接使泵卸荷。另外，还可使用二位二通换向阀实现卸荷。图 10-27 中，当执行元件停止运动后，使电磁铁 YA 通电，二位二通换向阀左位接入系统，液压泵输出的油液经该阀流回油箱，实现卸荷。

四、速度控制回路

液压系统中的速度控制回路是用来调节或转换执行元件运动速度的。常用的有调速回路和速度转换回路。

在定量泵液压系统中，用流量阀(节流阀或调速阀)对执行元件的运动速度进行调节，称为节流调速。按照流量阀的位置不同可分为进油节流调速(图 10-28a)、回油节流调速(图 10-28b)和旁油节流调速(图 10-28c)。

由图可知，进、回油节流调速回路中串接了一个流量阀，定量泵的供油压力由溢流阀调定，且泵多余的流量由溢流阀流回油箱。这两种回路的功率损失较大，效率较低，所以，它们只适用于低速、轻载的场合。旁油节流调速回路则是将流量阀装在与执行元件并联的支路上，用流量阀调节流回油箱的流量，从而控制进入液压缸的流量，同时正常工作时溢流阀不打开，所以该回路功率损失较小，效率较高，可用于高速，大功率场合。节流调速回路中，若使用节流阀，则执行元件的速度会随负载的增大而减小，运动平稳性较差；若改用调速阀，则速度变化极小，运动平稳性好。

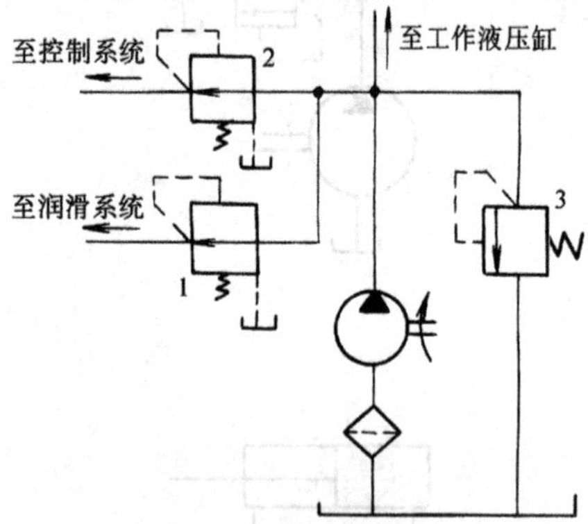

图 10-26　减压回路

1、2—减压阀　3—溢流阀

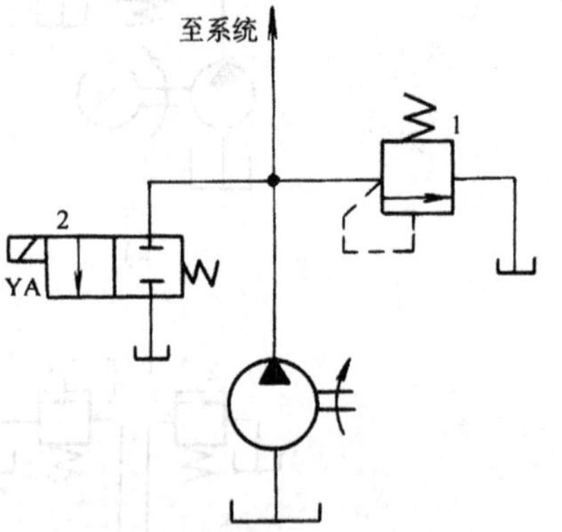

图 10-27　卸荷回路

1—溢流阀　2—二位二通电磁换向阀

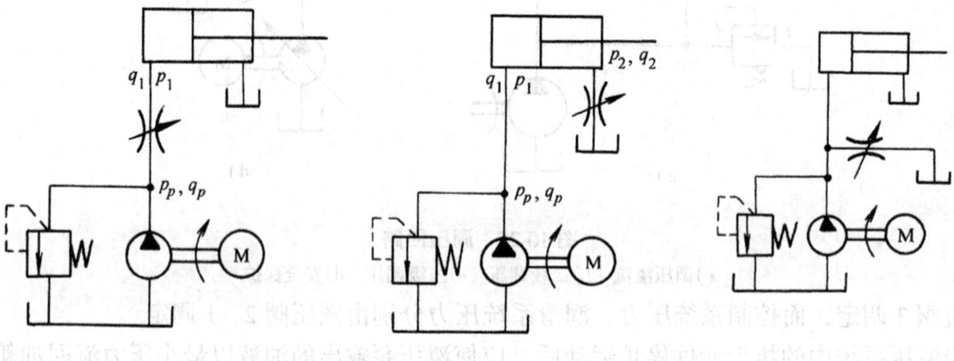

图 10-28　节流调速回路

a)进油节流调速　b)回油节流调速　c)旁油节流调速

除节流调速以外，还有使用变量泵的容积调速回路，见图 10-25d。

液压系统的工作部件在实现自动工作循环过程中，需要进行速度的转换，如由快速转变为慢速工作(快进→工进的过程)。实现执行元件速度改变的回路，称为速度转换回路。

图 10-29 所示回路，是利用二位二通电磁换向阀与调速阀并联实现快速转慢速的速度转换回路。当图中电磁铁 1YA、3YA 同时通电时，压力油经阀 3 左位、阀 4 左位进入液压缸左腔，缸右腔回油，活塞实现快进；当活塞运动到需变速位置时，可利用行程开关(图中省略)使 3YA 断电，阀 4 油路断开，调速阀 5 接入油路，压力油经阀 3 左位、阀 5 进入液压缸左腔，缸右腔回油，实现慢速工进；当 1YA 断电，而 2YA、3YA 通电时，压力油经阀 3 右位进入液压缸右腔，缸左腔回油经阀 4 左位、阀 3 右位流回油箱，实现快退。该工作循环过程可用电磁铁动作顺序表来表示各电磁铁的通、断电情况和动作的对应关系。该回路的电磁铁动

作顺序见表 10-2。

表 10-2　电磁铁动作顺序表

动作＼电磁铁	1YA	2YA	3YA	动作＼电磁铁	1YA	2YA	3YA
快进	+	−	+	工进	+	−	−
快退	−	+	+	停止	−	−	−

注：“+”表示电磁铁通电；“−”表示断电。

图 10-30 是用单向行程调速阀(组合阀)实现的速度转换回路。当电磁铁 1YA 断电时，压力油经阀 3 右位进入液压缸左腔，缸右腔油经行程阀 5 下位、阀 3 右位流回油箱，实现快进。当活塞上的挡块压下行程阀 5 时，其回油路被切断，缸右腔油只能经调速阀 6 流回油箱，从而转变为工进(慢速运动)。当 1YA 通电时，压力油经换向阀左位、单向阀 4 进入液压缸右腔，缸左腔回油，活塞快退；当活塞挡块脱开行程阀 5 时，行程阀 5 打开，进油直接经阀 5 下位进入缸右腔，继续快退。

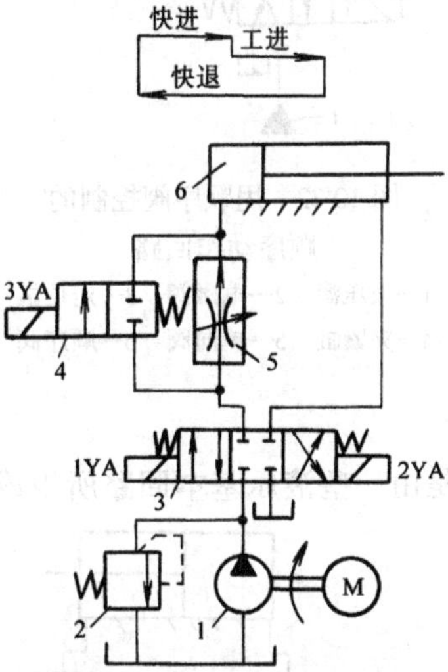

图 10-29　速度转换回路

1—泵　2—溢流阀　3、4—换向阀

5—调速阀　6—液压缸

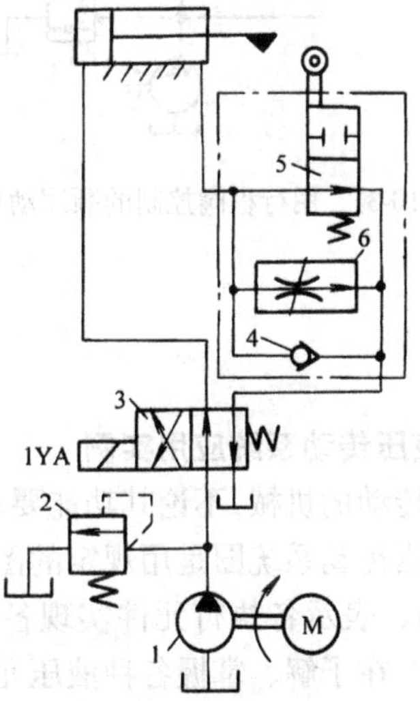

图 10-30　用行程阀的速度转换回路

1—泵　2—溢流阀　3—换向阀

4、5、6—单向行程调速阀

五、顺序动作回路

在多缸液压系统中，往往需要按照预先给定的动作次序来实现顺序动作。例如自动车床中刀架的纵、横向运动，夹紧机构的定位和夹紧运动等。顺序动作回路可分为压力控制和行程控制两类。

图 10-31 为用行程阀控制的顺序动作回路。当电磁阀 YA 通电时，则 A 缸活塞向右运动，实现 A 进；当活塞杆上挡块压下行程阀时，则 B 缸活塞向下运动，实现 B 下。当电磁阀 YA 断电复位时，A 缸活塞向左运动，同时挡块离开行程阀，使行程阀复位，则 B 缸活塞向上运动，因此实现 A 退和 B 上。

图 10-32 为机床夹具上用顺序阀实现工件先定位后夹紧的顺序动作回路。图中“▲”代表

液压源，在此表示经减压阀减压后低于主系统压力的压力油。当电磁阀2断电时，压力油先进入定位缸3下腔，缸上腔回油，活塞向上运动，实现对工件的定位。此时由于压力低于顺序阀6的调定压力，因而压力油不能进入夹紧缸4的下腔，工件不能夹紧。当定位缸3活塞停止运动时，油路压力升高，顺序阀开启，压力油进入夹紧缸4的下腔，缸上腔回油，夹紧活塞抬起，将工件夹紧，实现了先定位后夹紧的顺序要求。当电磁阀2通电时，压力油同时进入定位缸、夹紧缸上腔，两缸下腔回油(夹紧缸经单向阀5回油)，使工件松开并退出定位。顺序阀的调整压力应高于先动作缸的最高工作压力，才能保证顺序动作。

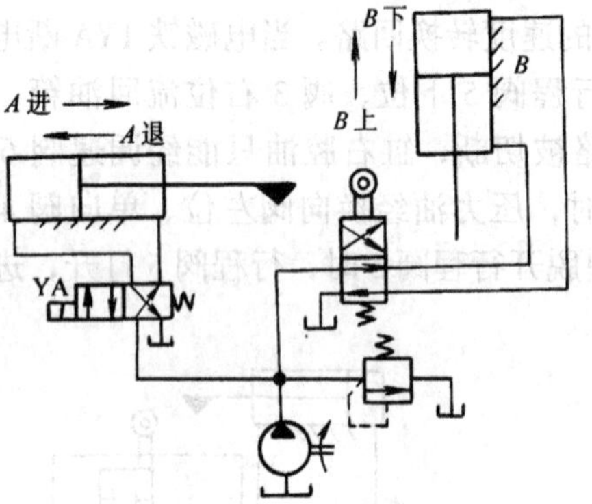

图 10-31　用行程阀控制的顺序动作回路

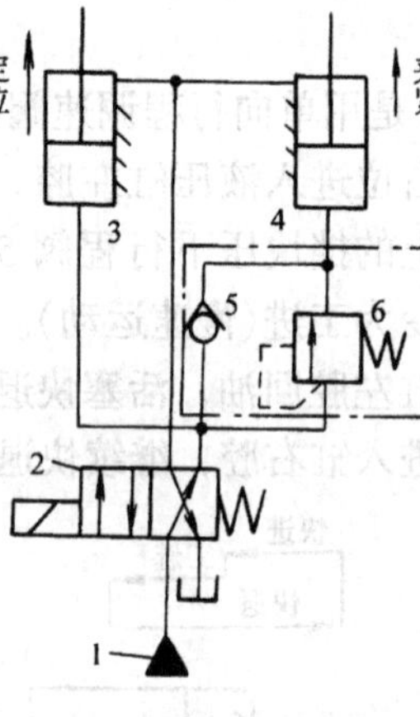

图 10-32　用顺序阀控制的顺序动作回路

1—液压源　2—电磁阀　3—定位缸　4—夹紧缸　5—单向阀　6—顺序阀

六、液压传动系统应用实例

液压传动的机械，不论其功能要求简单还是复杂，都是由一些液压基本回路所组成的完整系统。液压传动系统图是用规定的图形符号(GB786.1—93)绘制的、表示各执行元件实现各种功能和动作的工作原理图。在了解、掌握各种液压元件的作用、图形符号以及各种基本回路的工作原理的基础上，通过对液压传动系统图分析，应做到：①了解该系统的基本功能和动作顺序；②看清各功能和动作的油路走向；③分析各元件在油路中的作用；④按系统功能和动作列出工作状态表。

1. 识读某专用铣床液压系统图　见图10-33，它的动作循环为“快进—工进—快退—停止”。

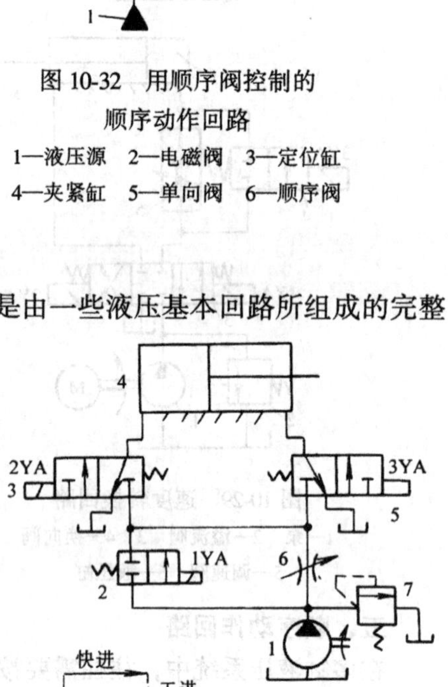

图 10-33　专用铣床液压系统图

(1) 主要元件及其作用

1) 液压泵1(定量泵)　是系统的动力元件，为系统提供定量的压力油。

2) 二位二通电磁换向阀2　控制进油的不同油路，用于换接二种不同的工作速度。

3) 二位三通电磁换向阀3　与换向阀5配合使用，用来控制活塞的运动方向。

4）单活塞杆液压缸 4　是系统的执行元件，完成进、退、停的工作要求。

5）二位三通电磁换向阀 5　作用同换向阀 3。

6）节流阀 6　用于控制进入液压缸的流量，实现慢速运动。

7）溢流阀 7　在节流阀工作时，起溢流作用；在停止时起卸荷作用。

（2）系统的工作情况及油路走向。

1）快进　活塞快速向右运动。此时，电磁铁 1YA、2YA 通电、3YA 断电。

进油路：泵 1→阀 2 右位→阀 3 左位→缸 4 左腔。

回油路：缸 4 右腔→阀 5 左位→油箱。

2）工进　利用 1YA 的断电，使活塞慢速向右运动。此时，1YA 断电，2YA 通电，3YA 断电。

进油路：泵1→ 节流阀 6 → 阀 3 左位 → 缸 4 左腔。
　　　　　└→溢流阀 7 → 油箱。

回油路：缸 4 右腔→阀 5 左位→油箱。

3）快退　利用 2YA、3YA 改变通断电状态，使活塞快速向左运动。此时，1YA 通电、2YA 断电、3YA 通电。

进油路：泵 1→阀 2 右位→阀 5 右位→缸 4 右腔。

回油路：缸 4 左腔→阀 3 右位→油箱。

4）停止　利用三个电磁阀对压力油口的关闭，使活塞停止运动，同时需打开溢流阀实现卸荷。此时，1YA、2YA、3YA 断电。

油路：泵 1→溢流阀 7→油箱。

（3）电磁铁动作顺序表

表 10-3　电磁铁动作顺序表

动作＼电磁铁	1YA	2YA	3YA	动作＼电磁铁	1YA	2YA	3YA
快进	+	+	−	工进	−	+	−
快退	+	−	+	停止	−	−	+

（4）该系统中所含有的液压基本回路。

1）换向回路　由阀 3 和阀 5 组成。

2）卸荷回路　由溢流阀 7 与阀 3、阀 5 组成。

3）调速回路　由节流阀 6 与溢流阀 7 组成。

4）速度转换回路　由换向阀 2 和节流阀 6 组成。

2. 识读某组合机床的液压滑台传动系统　如图 10-34 所示，其工作循环为“快进—工进(1)—工进(2)—快退—停止”，其中工进(1)速度比工进(2)速度快。

1）快进　压力油从泵 1 经换向阀 3 左位进入液压缸 4 左腔，回油从缸 4 右腔经液控单向阀 7、换向阀 3 左位回油箱。此时，换向阀 9 应工作在左位，才能接通液控单向阀 7。

2）工进(1)　由于工作速度比快进慢，比工进(2)快，所以应接通一个调速阀。进油路同快进，回油从缸 4 右腔经调速阀 5、液控单向阀 8 回油箱。为此，换向阀 9 应工作在右位，关闭阀 7，换向阀 10 应工作在左位，打开阀 8。

3）工进(2)　由于速度更慢，应接通两个调速阀。进油路同快进，回油从缸 4 右腔经调

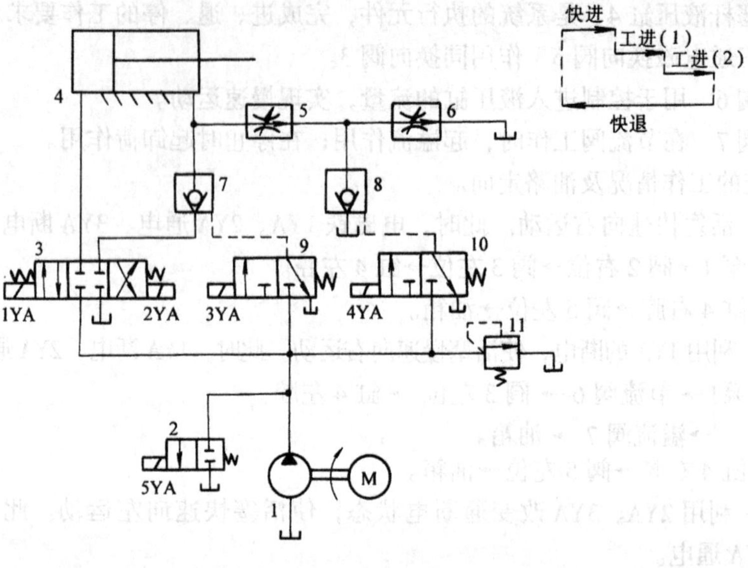

图 10-34 液压滑台传动系统图

速阀 5 和 6 回油箱。为此，液控单向阀 7 和 8 都应关闭，换向阀 9 和 10 都必须工作在右位。

4）快退　直接利用换向阀 3 右位，即可完成。

5）停止　换向阀 3 应工作在中位，同时换向阀 2 打开直接卸荷。

通过以上分析，可得出电磁铁动作顺序表见表 10-4。

表 10-4　电磁铁动作顺序表

	1YA	2YA	3YA	4YA	5YA
快进	+	−	+	−	−
工进(1)	+	−	−	+	−
工进(2)	+	−	−	−	−
快退	−	+	−	−	−
停止	−	−	−	−	+

溢流阀 11 在系统工进时，起溢流作用。另外还起过载保护作用，但不再有卸荷作用。

复 习 题

1. 什么是液压传动？它的传动特点是什么？

2. 液压传动系统由哪几部分组成？各部分的作用和典型元件是什么？

3. 液压系统中的压力是什么？其单位是什么？形成压力的大小取决于什么因素？

4. 什么叫流量？其单位是什么？它与管道中液体的流速及执行元件的运动速度有什么关系？

5. 图 10-35 所示液压回路，已知作用在活塞杆上的外载荷 $F=2.4\times10^3$N，液压缸左腔有效工作面积 $A=0.008\text{m}^2$，要求活塞向右运动的速度 $v=0.05\text{m/s}$，取 $K_{漏}=1.2$，$K_{压}=1.4$。试问额定流量 $q_{额}=10.5\times10^{-4}\text{m}^3/\text{s}$，额定压力 $p_{额}=6.3\times10^5\text{Pa}$ 的液压泵是否可用？设泵的效率 $\eta_{泵}=0.8$，拖动泵的电机功率应为多少千瓦？

6. 试述液压泵的工作原理和必须具备的条件。

7. 画出定量泵、变量泵、双活塞杆缸、单活塞杆缸的图形符号。

8. 双活塞杆缸和单活塞杆缸各有什么特点？往复运动速度和推力有何不同？

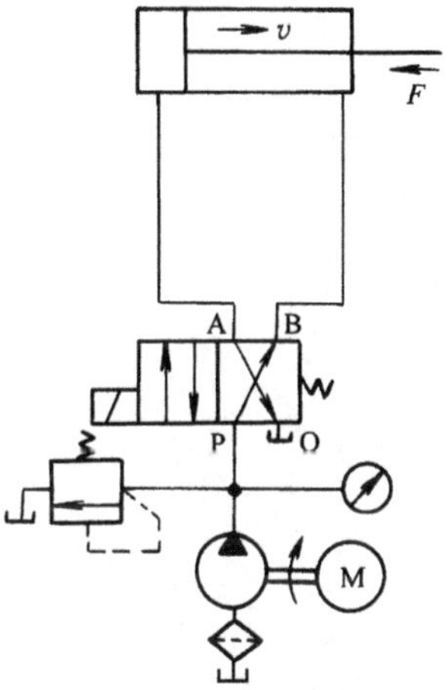

图 10-35　液压回路(一)

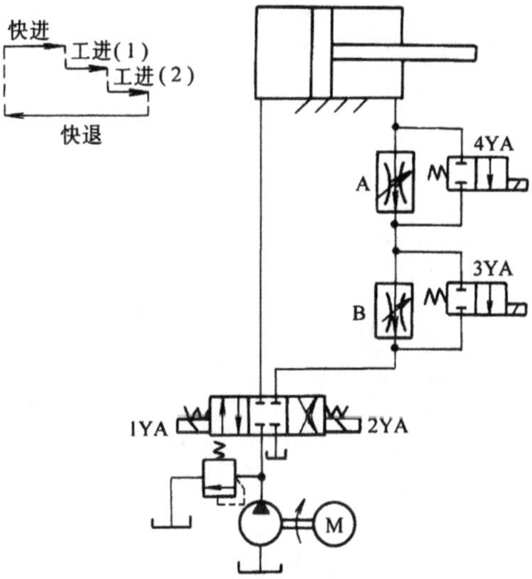

图 10-36　液压回路(二)

9. 液压控制阀的作用是什么？它又分几类？各起什么作用？

10. 画出单向阀、液控单向阀、二位二通机动换向阀、二位三通电磁换向阀、三位四通电磁换向阀的图形符号。

11. 画出溢流阀、减压阀、顺序阀三者的图形符号，并说出它们各自的作用及相互的区别。

12. 调速阀是由什么组成的？它与节流阀相比有什么优点？画出调速阀和节流阀的图形符号。

13. 常用液压辅件有哪些？画出它们的图形符号。

14. 什么是液压基本回路？它又分为几种类型？每种基本回路的作用是什么？

15. 调压回路的作用是什么？主要利用什么阀来完成？

16. 减压回路主要用于什么场合？

17. 节流调速回路有哪几种类型？简单画出它们的液压系统图。

18. 图 10-36 所示液压系统中具有哪些基本回路？若调速阀 A 的节流口大于调速阀 B 的节流口，要完成液压缸活塞的“快进→第一工进→第二工进→快退”的动作，其中第一工进速度比第二工进速度快，做出该系统的电磁铁动作顺序表。

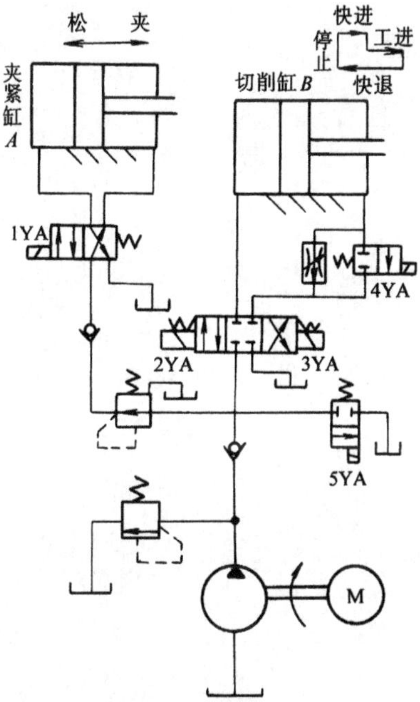

图 10-37　液压回路(三)

19. 图 10-37 为一液压机床系统图。该系统具有两个液压缸，分别完成夹紧和切削工作。其动作顺序为“A 夹紧→B 快进→B 工进→B 快退→B 停止→A 松开→泵卸荷”。要求填写电磁铁动作顺序表，并说明各液压元件在该系统中的作用。

电磁铁 / 动作	1YA	2YA	3YA	4YA	5YA	电磁铁 / 动作	1YA	2YA	3YA	4YA	5YA
A 夹紧						B 停止					
B 快进						A 松开					
B 工进						泵卸荷					
B 快退											